Über dieses Buch

»Wieder«, schrieb die Wochenzeitung *Die Zeit,* »hat Packard einen großen Griff getan. Er hat eines der aufregendsten Themen angepackt, die uns jetzt in den nächsten Jahrzehnten gestellt sind. Das Thema: ›Freiheit des Privatlebens‹, die Frage nach dem Schutz des einzelnen gegen Eingriffe anderer – seien es Beamte, Arbeitgeber oder Nachbarn – in seine private Sphäre. Das Buch sollte aber nicht als Sensation hingenommen, sondern gründlich ausgewertet und diskutiert werden.«
Dieses neue Werk ist zweifellos das bedeutendste Buch, das Packard bisher geschrieben hat. Anhand einer Fülle von Beispielen aus Schulen, Universitäten, der Wirtschaft und den Unternehmen, aus der Regierung und den privaten Lebensbereichen des Menschen schildert Packard, welchen Bespitzelungen und geheimen Überwachungen der einzelne Mensch heute schon ausgesetzt ist. Auf Tonbändern, Filmen und in den Speichern der Elektronenrechner werden Informationen über Arbeitsuchende, Angestellte oder Kreditbewerber, über Männer, Frauen und Kinder gesammelt. Mikrophone in Toiletten der Betriebe, Fernsehgeräte, Tonbandgeräte und versteckte Kameras in Banken, Warenhäusern; Abhörgeräte, Lügendetektoren und Fragebogen: sie alle registrieren Zuverlässigkeit, Leumund, private Gepflogenheiten und sogar intime Einzelheiten des Liebeslebens. Sie kontrollieren und werten. Manche dieser Überwachungs- und Testmaßnahmen mögen notwendig sein. Aber wo liegt die Grenze? Und wer vor allem ist berechtigt, eine solche Grenze zu ziehen? Wie steht es um den Schutz des einzelnen durch die Gerichte?
Packard schildert amerikanische Verhältnisse, aber der Leser wird immer wieder Parallelen zu ähnlichen Zuständen in Europa finden. Die Freiheit des einzelnen ist bedroht. Deshalb geht dieses Buch jeden an. Denn »was einst George Orwell in seinem Roman 1984 als utopische Vision darstellte, der ›Große Bruder‹, der diktatorische Staat, der seine Bürger auf Schritt und Tritt überwacht, das alles«, so schreibt der Autor, »ist heute in den USA keine Vision mehr ...«

Vollständige Taschenbuchausgabe
Droemersche Verlagsanstalt Th. Knaur Nachf.
München/Zürich
Lizenzausgabe mit freundlicher Genehmigung
der Econ-Verlag GmbH., Düsseldorf
Titel der im Verlag David McKay Company, Inc,
New York erschienenen Originalausgabe: »The
Naked Society«

Umschlaggestaltung Horst Lemke
Gesamtherstellung Van Boekhoven-Bosch nv, Utrecht
Printed in Holland
ISBN 3 426 00128 4

1.–15. Tausend November 1966
16.–21. Tausend Oktober 1967
22.–29. Tausend November 1968
30.–36. Tausend April 1970
37.–42. Tausend Juli 1971
43.–48. Tausend Februar 1972

Vance Packard:

Die wehrlose Gesellschaft

Droemer Knaur

Inhalt

Harriet F. Pilpel
in Verehrung und Dankbarkeit

»Die Freiheit ruht in den Herzen der Männer
und Frauen; wenn sie dort stirbt, kann
keine Verfassung, kein Gesetz und kein
Gericht sie retten ...«

Richter Learned Hand

1. Individuum in Not
(Eine Einführung)

> *»Die Umwelt drängt sich ständig in das Leben des einzelnen hinein. Ihm bleiben nur einige wenige Gebiete, in denen er noch er selbst sein kann, ohne Einengung oder beobachtende Blicke von außen.«*
>
> *US-Senator Edward V. Long, Missouri*

In der Absicht, ein wenig die Zeit, in der wir leben, kritisch zu beobachten, wollen wir einen Blick in das Leben einer durchschnittlichen, erfolgreichen Familie in einer typischen Stadt des Landes der Freiheit werfen. Wir schreiben das Jahr 1964.

Wir sehen Mama in einer der Kabinen eines Warenhauses, wo sie gerade ein neues Kleid anprobiert. Eine hinter einem dreiteiligen Spiegel versteckt eingebaute Fernsehkamera nimmt alles auf, was in der Kabine vor sich geht, um darüber zu wachen, daß Mama nicht etwa irgendwelche Sachen heimlich in ihrer Tasche verschwinden läßt.

Papa finden wir derweil in seinem Büro, wo er mit einer Gruppe von Kollegen am Konferenztisch sitzt und über die Arbeit seiner Abteilung spricht. Der neben ihm sitzende Kollege gehört einem Detektivbüro an, das in allen amerikanischen Staaten Zweigstellen unterhält. Er ist heimlich von der Firma, in der Papa arbeitet, eingestellt worden, um das Verhalten und die Arbeit der höheren Angestellten des Betriebes ständig zu beobachten. Ein zweiter mit Nachforschungen betrauter Mann führt im gleichen Augenblick von irgendwoher mit Papas Bank ein Telephongespräch über die Höhe seines Bankkontos und irgendwelche noch nicht zurückgezahlten Darlehen. Wie es scheint, hat Papa erst kürzlich Antrag auf Versicherung seines persönlichen Eigentums gestellt.

Sohn John, nach absolvierter Hochschule, sitzt unterdessen auf einem etwas anderen Stuhl, ein luftgefüllter Schlauch ist um seinen Brustkasten und eine Elektrode an seiner Handfläche befestigt. John hat sich um den Posten eines Verkaufsvertreters in einem Elektronikkonzern beworben. Er muß sich nun dem üblichen Lügendetektortest unterziehen, durch den seine Rechtschaffenheit, seine Männlichkeit und eventuelle gefährliche Gewohnheiten geprüft werden sollen. Währenddessen unterhält sich ein anderer Ermittler mit

Johns ehemaligen Professoren, um sie über die politischen Ansichten zu befragen, die John als Junge möglicherweise in Klassendiskussionen geäußert hat.
Tochter Mary, ein reizendes Mädelchen, das noch zur Schule geht, plagt sich in diesem Moment auf ihrem Platz in der zweiten Klasse einer Oberschule mit einem aus 250 Fragen bestehenden Fragebogen. Sie soll der Wahrheit gemäß Fragen beantworten, wie: Hast du den Eindruck, daß deine Eltern häufig Streit miteinander haben? – Haben deine Eltern mit dir schon jemals über sexuelle Dinge gesprochen? – Machst du dir Sorgen wegen deiner Menstruation?
Sollten Marys Eltern von dieser Befragung zufällig etwas erfahren, würde man ihnen jede Auskunft über Marys Antworten sowie deren Auswertung und Bewertung verweigern.
Alle diese Dinge passieren natürlich nicht an einem einzigen Tage im Leben einer einzigen Familie; aber sie passieren tagtäglich im Leben vieler Menschen. Sie alle sind zu sattsam bekannten Erscheinungen geworden und rechtfertigen die schwerwiegende Frage nach dem, was unsere Gesellschaft des ausgehenden 20. Jahrhunderts von der Zukunft zu erwarten hat.
Gibt es unbestimmte Kräfte in unserer modernen Welt, die das Privatleben des einzelnen zu vernichten drohen? Und wenn es solche unbestimmten Kräfte tatsächlich gibt, schaffen sie die Voraussetzungen für den Totalitarismus, der zur Gefahr für die persönliche Freiheit des modernen Menschen werden könnte?
Dies sind die Fragen, über die es nachzudenken gilt, wenn wir das seit kurzem ungeheure Wuchern der Beobachtung, Überprüfung und Kontrolle anderer und den Austausch von Informationen über andere zu erforschen trachten. Jede dieser neuartigen gesellschaftlichen Kontrollarten, der wir begegnen, tritt uns im Gewand einer vernünftigen Maßnahme entgegen. Und bei einigen lassen sich möglicherweise sogar komische Wesenszüge erkennen. Betrachten wir sie jedoch in ihrer Gesamtheit, dann müssen wir mit der Möglichkeit rechnen, daß sie einen heimtückischen, folgenschweren Eingriff in unsere herkömmlichen Rechte, als freie Bürger unser eigenes Leben zu leben, darstellen.
Eine Vielzahl dieser neuartigen Kräfte bewirkt einen Druck, dem die meisten von uns auf Schritt und Tritt ausgesetzt sind, sei es zuhause, im Berufsleben, beim Einkaufen, in der Schule, oder gar in den Augenblicken, wenn wir die Einsamkeit suchen. Millionen Amerikaner leben in einer Atmosphäre, in der die bohrenden Blicke von Elektronenaugen, unbekannte und unerkannte Agenten, Lügendetektoren, verborgene Tonbänder, bürokratische Ermittler und zu-

dringliche Fragebogen zu – wenn auch oft nur beargwöhnten – Tatsachen im Alltagsleben geworden sind.

Es wird immer schwieriger, sich angesichts der in steigendem Maße das Leben durchdringenden Kontrollen sein Privatleben zu erhalten. Hierzu bemerkte William O. Douglas, einer der Richter des Obersten Bundesgerichtes, einmal sehr treffend: »Die Mächte, die sich gegen den einzelnen verschworen haben, waren noch nie stärker.«

Die Überwachung der Bevölkerung in den Vereinigten Staaten – und in weiten Teilen Westeuropas – hat von Jahr zu Jahr zugenommen. Einen Hinweis auf das Ausmaß, das das Kontrollieren und Überwachen in den Vereinigten Staaten bereits angenommen hat, gibt eine vor wenigen Jahren ausgearbeitete Analyse unseres Sicherheitssystems. Nach diesen Angaben wurden – sogar damals schon – mehr als 13 500 000 Amerikaner, oder anders ausgedrückt, annähernd ein Fünftel aller Beschäftigten, im Rahmen irgendeines Sicherheits- oder Zuverlässigkeits-Programms überprüft [1]. Im Jahre 1962 hat allein das Verteidigungsministerium Sicherheitsüberprüfungen in 826 000 Fällen vorgenommen [2].

Am meisten hat die Überwachung und Überprüfung des einzelnen auf Sicherheit, Zuverlässigkeit oder allgemeines Verhalten in Südkalifornien um sich gegriffen. In diesem Gebiet hat die Mehrzahl der Familien einen oder mehrere ihrer Angehörigen unter irgendeiner Art von Kontrolle stehen, entweder als Arbeiter in der Rüstungsindustrie, als Angestellte in Staatsdiensten, oder in Studios, oder auch als Fürsorgeempfänger. Auf die meisten von ihnen ist mindestens ein Ermittler angesetzt, der die Nachbarn über das Vorleben und die Lebensgewohnheiten des Betreffenden auszufragen hat.

Die Regierung der Vereinigten Staaten beschäftigt mehr als 25 000 berufsmäßige Ermittler. Dabei sind die in der Spionage und Spionageabwehr eingesetzten Beamten nicht eingerechnet. Die Sicherheitsbeamten des Bundes stellen allerdings nur einen kleinen Teil der Leute dar, die ihren Lebensunterhalt damit verdienen, anderer Leute Lebenswandel zu überwachen. Die Zahl derer, die in privaten Diensten für Unternehmen der Wirtschaft, als Angestellte der Städte, der Länder oder des Staates solche Spitzeldienste tun, geht in die Hunderttausende.

Ein privates Ermittlungsunternehmen dürfte beispielsweise den meisten Amerikanern nur wenig bekannt sein. Seine Zentrale hat dieses Weltunternehmen in Atlanta im Staate Georgia. Es trägt den mittlerweile unzeitgemäßen Namen Retail Credit Company (Kundenkredit-Gesellschaft). Geboten wird ein weltweiter Nachrichten- und Informationsdienst, der von 6000 fest angestellten »Inspek-

toren« geliefert wird, die »ständig verfügbar« sind. Sie arbeiten für 1500 Büros, die über alle Staaten Nordamerikas sowie die kanadischen Provinzen verteilt sind. Allein im Staate Ohio gibt es 64 Büros. Das Unternehmen unterhält außerdem Zweigstellen in Mexiko und in Europa. Die Inspektoren der Gesellschaft führen pro Arbeitstag 90 000 Ermittlungen durch; in der Mehrzahl der Fälle handelt es sich um Ermittlungen über Einzelpersonen. Sie untersuchen Antragsteller von Versicherungsgesellschaften, sie überprüfen die Kreditwürdigkeit und ziehen im Auftrag von Firmen Auskünfte über Stellenbewerber ein. Das Unternehmen führt insgesamt 38 000 Kundenkonten, darunter viele Firmennamen von Weltruf.
Die Überwachung des einzelnen durch geschultes Personal ist sehr erleichtert worden durch das Anwachsen der akten- und karteimäßigen Erfassung der Ermittlungsergebnisse, wie sie unsere zunehmend bürokratische Gesellschaft hervorbringt. Ich fand es höchst aufregend, als ich erfahren konnte, wieviele Informationen ein ausgebildeter Ermittler, der sich in seinem Fach auskennt und weiß, wo er diese oder jene Auskunft herbekommen kann, über das Privatleben eines Menschen im Handumdrehen bereit hat, wenn er nur ein paar Routine-Emittlungen anstellt. Detektive ließen mich einige der vermutlich vertraulich zu behandelnden Informationen über mich selbst wissen, die ein Ermittler fast überall in den Vereinigten Staaten ohne große Schwierigkeiten und Mühe beschaffen kann – nicht nur über mich, sondern selbstverständlich über fast jeden erwachsenen Menschen, der nicht gerade ein Einsiedlerleben führt. Man spricht in solchen Fällen lediglich von einer »leichten« Art der Ermittlung. Ein Ermittler im Gebiet von New York kann beispielsweise schon innerhalb weniger Tage einen wissensdurstigen Klienten befriedigen und Antworten auf die meisten nachstehend aufgeführten Fragen herausfinden:
– Gibt es irgendwelche dunklen Punkte in deinen Akten auf früheren Arbeitsstellen?
– Wie hoch ist der Betrag auf deinem laufenden Konto bei der Bank (ungefähr)? Nimmst du öfter Darlehen auf, wenn ja, zu welchem Zweck?
– Bist du mit dem Zurückzahlen der Darlehen säumig?
– Hast du gegenwärtig noch offenstehende Darlehensschulden?
– Ist es ein Risiko, dir Kredit zu geben?
– Hast du jemals an einer Geisteskrankheit gelitten, aufgrund derer man dich in eine Anstalt eingewiesen hat? Warst du schon jemals wegen eines Herzfehlers in Behandlung oder leidest du an Krämpfen?

(Diese Information ist häufig in einer öffentlichen Urkunde zu finden: dem Antragsformular für einen Führerschein.)

– Bist du als sexuell abartig bekannt?

– Hast du den akademischen Grad, den du zu besitzen vorgibst, auch tatsächlich verliehen bekommen?

– Wurdest du jemals verhaftet oder wurde ein gerichtliches Verfahren gegen dich angestrengt?

– Bist du ehelich geboren oder nicht? Geburtsdatum, Geburtsort und Angabe der beruflichen Tätigkeit beider Elternteile zum damaligen Zeitpunkt.

– Dein Kapital (vorausgesetzt, du verfügst über einen nennenswerten, ungesicherten Bankkredit)? Wert des Hauses, Bauplan, Bauweise, Einrichtung, Erhaltungszustand, welche Schlösser sind an den Türen angebracht?

– Warst du im Laufe der letzten Jahre in einen Verkehrsunfall verwickelt?

– Ist deine Loyalität jemals von einem der bekannteren staatlichen oder privaten Ermittlungsunternehmen in Zweifel gezogen worden?

– Bist du eingetragenes Mitglied der demokratischen oder der republikanischen Partei oder hast du es versäumt, dich um die Mitgliedschaft der von dir bevorzugten Partei zu bemühen?

Als ich neugierig wurde und fragte, wie es um meine persönliche Kreditwürdigkeit bestellt sei, sagte einer der Detektive: »Geben Sie mir zwei Stunden Zeit.« Nach Ablauf dieser Frist rief er mich an und teilte mir Einzelheiten einer Kreditauskunft über mich mit. Dieser Bericht enthielt einen ziemlich genauen Überblick über mein Leben, meine Arbeitgeber, meinen Rechtsanwalt, meine verschiedenen Aufenthaltsorte und meine Veröffentlichungen im Zeitraum der letzten zwanzig Jahre, und den genau eingeschätzten Wert meines Hauses im Staate Connecticut. Der Detektiv kicherte und fuhr fort: »Man hat mir außerdem gesagt, daß – wenngleich Sie Ihre Rechnungen auch stets bezahlen – Sie sich dann und wann mit dem Bezahlen merklich Zeit lassen.« Er setzte noch hinzu, daß solche Gutachten in sehr vielen Fällen eine Schätzung des Jahreseinkommens des Betreffenden ermöglichen, daß jedoch mein Einkommen ganz offensichtlich zu ungleichmäßig sei, um eine solche Schätzung zuzulassen. Die meisten erwachsenen Amerikaner, die einen Beruf, ein Auto und ein Haus, ein Kundenkonto und eine Versicherung haben und die zu irgendeiner Zeit in Regierungsdiensten oder beim Militär waren, können damit rechnen, daß wenigstens ein Dossier von ihnen existiert – wahrscheinlich aber mehrere. Die meisten Dossiers enthalten Angaben, die im großen und ganzen allgemeinerer Natur sind.

Hunderttausende von ihnen weisen jedoch umfassende Berichte mit intimen Einzelheiten aus. Viele enthalten auch irrtümliche und nachteilige Angaben.
Die U.S. Civil Service Commission, die nahezu von jedem ein Dossier hat, der sich seit dem Jahre 1939 um eine staatliche Anstellung beworben hat, besitzt in ihrer Zentralkartei angeblich 250 000 Dossiers mit nachteiligen Angaben.
Die Zentralkartei mit annähernd 7 500 000 Dossiers ist nur eine von vielen Zentralkarteien, die im Laufe der letzten Jahre ungeheure Ausmaße angenommen haben. Das Verteidigungsministerium verfügt über eine Personalkartei, in der nicht nur alle Angehörigen der drei Truppengattungen und die Zivilangestellten der amerikanischen Streitkräfte erfaßt sind, sondern auch eine große Zahl anderer Personen, einschließlich jener Wissenschaftler, die in den Unternehmen arbeiten, die Rüstungsaufträge übernommen haben. Ferner ist selbstverständlich das Federal Bureau of Investigation, der amerikanische Geheimdienst, im Besitz einer gewaltigen Zentralkartei. Das House Committee on Un-American Activities soll angeblich eine Kartei aufgebaut haben, die mehr als eine Million Namen enthält. Die Association of Casualty and Surety Companies unterhält ein riesiges »Clearinghouse« für Informationen über Antragsteller in ganz Amerika. Erst kürzlich verlautete, daß diese Kartei allein 18 200 000 Eintragungen über Antragsteller für eine Versicherung gegen Körperverletzung und die gewerbliche Unfallversicherung umfaßt. Diese Institution zieht Erkundigungen ein und überprüft etwa ein Viertel aller Ansprüche; das bedeutet, daß etwa 500 000 Auskünfte jährlich eingeholt werden. Und ferner gibt es natürlich noch die Kreditbüros in allen Teilen der Vereinigten Staaten von Amerika sowie in Kanada, England und Australien, die den Associated Credit Bureaus of America angeschlossen sind. Durch entsprechende Vereinbarungen und Einrichtungen, die einen raschen Austausch des jeweils verfügbaren Informationsmaterials ermöglichen, kann jedes Büro auf mehr als 100 000 000 Angaben über Einzelpersonen zurückgreifen. Die private Ermittlungsfirma Retail Credit Company hat Unterlagen über mehr als 42 000 000 Einzelpersonen. In diesen Akten findet man Berichte, die das Unternehmen früher einmal von diesen Personen zusammengestellt hat, wichtige Zeitungsausschnitte und zugängliche amtliche Informationen über die Betreffenden. Die Firma weist zukünftigen Kunden gegenüber darauf hin, daß ihre Aktenberge jeder beliebigen Nachforschung, die heutzutage angestellt wird, nützlich sein und sie bereichern können.
Ein weiteres Anzeichen der Zunahme von Überwachungen seit Be-

ginn des Zweiten Weltkrieges ist die heute ungeheuer große Zahl von Fällen, in denen Fernsprechleitungen angezapft werden. Ein Fachmann auf dem Gebiet der Elektronik, der sich mit den Praktiken der amerikanischen Abwehrbehörden auskennt, sagte mir: »In allen größeren Städten« verfügt die Regierung über Hotelzimmer mit durch eine nahegelegene Wand bereits installierten Abhöreinrichtungen. Sucht eine unter Beobachtung stehende Person ein solches Hotel auf, »dann sorgen die richtigen Behörden schon dafür, daß dieser Person das richtige Zimmer zugewiesen wird«.
Die Vereinigten Staaten sind natürlich nicht das einzige Land, in dem das Abhören zugenommen hat. Die Russen sind Pferdelängen voraus. Ein mit den Kommunisten sympathisierender Amerikaner, der nach einigen Jahren in der Sowjetunion wieder in die Staaten zurückkehrte, sagte seinen Bekannten, eines der Dinge, die ihm am sowjetischen System nicht behagt hätten, sei die Tatsache, daß es überall elektronische Abhörvorrichtungen gäbe.
Von den vielen Formen elektronischer Überwachung fand das Anzapfen von Telephonleitungen in den Vereinigten Staaten die meiste Beachtung in der Öffentlichkeit, nicht weil es die bösartigste Art der Kontrolle ist und sehr überhandnimmt, sondern einfach, weil es die meiste politische Aufregung erzeugte. Während das Verstecken von Mikrophonen und Kameras vorwiegend einen gewaltsamen Eingriff in die Privatsphäre bedeutet, verstößt das Anzapfen von Telephonleitungen gegen die bundesstaatlichen Gesetze; wenngleich das Justizministerium seine guten Gründe haben wird, eine gequälte Haltung dem Gesetz gegenüber und eine interessante, laxe Einstellung zumindest hinsichtlich der Durchsetzung seiner eigenen Ansichten einzunehmen.
Das Justizministerium und die Staatsanwaltschaften einiger Staaten fordern eine klar umrissene Erlaubnis zur Telephonüberwachung bei Ermittlungen in Fällen, in denen Verdacht auf bestimmte strafbare Handlungen besteht. In einem Senatshearing erklärte der Generalstaatsanwalt: »Wir wägen das Recht auf Privatleben gegen die Notwendigkeit einer wirksameren Rechtspflege ab ...« Viele Amerikaner, insbesondere jene, die in ständiger Angst vor Verbrechen leben, würden darauf bestehen, daß das Gewicht sehr viel mehr zugunsten der wirksameren Rechtspflege verschoben würde.
Während einer Sitzung schnitt Senator John A. Carroll von Colorado in Anwesenheit des Generalstaatsanwaltes ein kritisches Thema an. Er warf die Frage auf, ob man vielleicht schon von Gangstern, Spielern und Prostituierten so sehr in Anspruch genommen sei, daß etwas von so weit grundlegenderer Wichtigkeit für die Ge-

sellschaft wie »das Recht eines jeden Bürgers auf sein Privatleben« vernachlässigt werden müßte.
Gerade als dieses Buch seiner Vollendung entgegengeht, das heißt Ende Januar 1964, hat die Federal Communications Commission, nachdem sie praktisch jahrelang das wachsende Problem elektronischen Abhörens ignoriert hat, dazu aufgefordert, sich zu den vorgeschlagenen Bestimmungen zu äußern, die wenigstens einer Form der elektronischen Überwachung Zügel anlegen sollen. Das wäre die Verwendung von Kleinstsendern zum Mithören oder zum Abhören. Selbst wenn man davon ausgeht, daß die Gesetze erlassen werden, dann dürfte ihre Durchführung wahrscheinlich seitens der Herstellerfirmen durch Anfechtungsklagen verschleppt werden. Dabei ist diese Angelegenheit seit langem überfällig. Es scheint jedoch zweifelhaft, daß die eingebrachten Gesetze das Abhören in bedeutendem Maße vermindern werden, da sie weiten Raum für Ausnahmefälle lassen. Ausnahmen sind beispielsweise im Rahmen der Arbeit der Justizbehörden erlaubt. Ferner lassen sie als Ausnahme alle Fälle gelten, in denen einer der Gesprächspartner vom Abhören Kenntnis hat. Ein weiteres Zeichen für das Ausmaß der Überwachung läßt sich an dem zunehmenden Mißtrauen gegenüber den Angestellten ablesen, das sich eines großen Teiles der amerikanischen Industrie bemächtigt hat. Zu den am schnellsten wachsenden Wirtschaftsvereinigungen Amerikas gehört die American Society for Industrial Security. Ihre Mitgliederzahl stieg im Zeitraum der letzten zwei Jahre von 1 800 auf 2 500. Und auf der letzten Jahresversammlung wurden die Mitglieder mit einer reichhaltigen Auswahl von Abhörvorrichtungen traktiert. Eine Washingtoner Zeitung bezeichnete diese Ausstellung als »grauenvoller als jede ›Schwarze Witwe‹-Spinne«. Ein Sprecher einer der Ausstellerfirmen prahlte, er glaube nicht, daß es noch »irgendeine Rettung vor dieser Art von Ausrüstung« gäbe.
Gleichzeitig mit der Industriespionage ist eine neuartige und heimtückische Art der Überwachung im ganzen Land entstanden: Die psychologische Spionage gegen Angestellte und Schulkinder.
Die zunehmende Überwachung – und ich habe hier nur eben einen winzigen Einblick in die Vielzahl ihrer Spielarten vermittelt – hat unweigerlich einschneidende Auswirkungen auf die Verhaltensweise und die Wertvorstellung der Millionen davon betroffener Bürger. Der Mensch, der erkennt, daß man ihm nicht traut, neigt zum Zurückschlagen, indem er tatsächlich aufhört, vertrauenswürdig zu sein. Und derjenige, der merkt, daß er elektronisch oder auf andere Weise beobachtet wird, neigt – auch ohne daß es ihm recht bewußt zu wer-

den braucht – dazu, vorsichtig zu sein in allem, was er tut und was er sagt. Das läßt nicht nur jegliche Individualität sterben, sondern weckt ein stetes Auf-der-Hut-sein, wie es durchaus ungewöhnlich ist für den ungezwungenen, sich frei gebenden Amerikaner, der in früheren Jahrzehnten allgemein als so typisch für unser Land angesehen wurde. Die American Civil Liberties Union hat die Beobachtung gemacht (die zutreffende Beobachtung, wie ich finde), daß es »ein Merkmal totalitäter Gesellschaftssysteme ist, daß die Menschen in steter Angst leben, daß sie belauscht werden oder daß man hinter ihnen her spioniert«.

Der ehemalige Oberstaatsanwalt von Philadelphia, Mr. Samuel Dash, der eine erschöpfende Studie über das Abhören in verschiedenen Staaten während der fünfziger Jahre geschrieben hat[3], berichtete einem Senatsausschuß: »In den Städten, in denen es bekannt war, daß Telephongespräche abgehört wurden, herrschte allgemein ein Gefühl der Unsicherheit unter den Leuten, die im politischen, öffentlichen und Wirtschaftsleben der Stadt eine Rolle spielten. Prominente Persönlichkeiten fürchteten sich ständig davor, ihren Telephonapparat zu benutzen, ungeachtet der Tatsache, daß sie nichts Unrechtes getan hatten. Es lag klar auf der Hand, daß der freie Austausch von Informationen und die Atmosphäre eines Lebens ohne Angst in einer freien Gesellschaft durch die Anwesenheit mitlauschender Ohren behindert wurden.«

Die Einengung des persönlichen Bereichs des einzelnen rührt nicht nur von der unverhohlenen Überwachung des Individuums her, sondern hat ihren Grund außerdem in immer zahlreicher werdenden Regeln und Verfügungen und den zunehmenden Forderungen nach Lizenzen und Genehmigungen. Neuerdings besteht man darauf, daß der Mensch von der Wiege bis zur Bahre auffindbar und zu verfolgen sein muß. Bess E. Dick, Vorsitzende des Rechtsausschusses des Kongresses, klagte mir: »Man wird von allen Seiten bedrängt.« Man wird förmlich gezwungen »auf diese Art und keine andere zu leben«. Ihrer Auffassung nach beraubt man den Durchschittsbürger des Rechts, aus dem Rahmen des Normalen fallen zu können.

Wir scheinen in Gefahr zu sein, uns selbst um einige der zahlreichen Rechte zu bringen, die bislang als charakteristische amerikanische Rechte galten; dazu gehören:

– Das Recht, anders zu sein als die übrigen.

– Das Recht, auf nachsichtiges Vergeben oder großzügiges Hinwegsehen über Dummheiten und Irrtümer, Demütigungen oder geringfügigere Sünden vergangener Zeit hoffen zu dürfen – kurz, die christliche Vorstellung von der Möglichkeit der Erlösung.

– Das Recht auf einen neuen Anfang.
Amerika wurde in hohem Maße besiedelt und in seinen Grenzen erweitert durch Menschen, die irgendwelchen Unannehmlichkeiten ihrer Vergangenheit entfliehen wollten, wie z. B. Unterdrückung, schmerzlichen Erlebnissen, Armut oder eigenen strafbaren Vergehen. Heute wird in steigendem Maße erwartet, daß Vergangenheit und Gegenwart eines jeden von uns – eigentlich jedes Gebiet unseres Lebens – ein offenes Buch sein müßte; und daß alle Informationen über uns nicht nur aktenmäßig erfaßt, sondern im Handel frei erhältlich sein sollten. Weltweite Geschäftsunternehmen werden auf diesem Handel mit Informationen über das Privatleben der Bevölkerung errichtet. Die Erwartung, daß jemand das Recht hätte, für sich allein gelassen zu werden – überhaupt der Gedanke, daß das Recht auf Eigenleben wert sein könnte, gehegt und gepflegt zu werden –, scheint sich bei großen Teilen unserer Bevölkerung verflüchtigt zu haben.
Man scheint sich im Kreise der Selbstzufriedenen heutzutage kaum noch dessen bewußt zu sein, daß niemand sicher ist, solange nicht alle sicher sind – vor dem übereifrigen Schutzmann, dem übermäßig ehrgeizigen Ermittler und dem allzu sehr schnüffelnden Bürokraten. Totalitarismus beginnt typischerweise, wenn ein »Möchtegern«-Tyrann – sei es ein Hitler oder ein Castro – die Ängste der Mehrheit eines Volkes benutzt, um gegen weniger geachtete oder unbequeme Minderheiten Zwangsmaßnahmen einzuführen. Mit der Zeit werden die Härtemaßnahmen – vielleicht zwangsläufig – auf immer größere Teile der Bevölkerung ausgedehnt.
Aus Protest gegen die Möglichkeit einer solchen Entwicklung in den Vereinigten Staaten äußerte 1928 Richter Brandeis in einem Rechtsstreit, in den die Überwachung von seiten der Regierung hineinspielte, seine Meinung mit eindringlichen Worten: »Die Väter unserer Verfassung... suchten die Amerikaner in ihren Auffassungen, ihrem Denken, ihrem Empfinden und ihren Gefühlen zu schützen. Sie gewährten auch gegen die Regierung das Recht auf Alleinsein, das umfassendste der Menschenrechte und das von zivilisierten Menschen am höchsten gewertete Recht.«
Wie wir sehen werden, ist die »Bill of Rights« Angriffen von verschiedenen Seiten ausgesetzt. (Die Zusatzartikel 1–10 zur amerikanischen Verfassung sind die »Bill of Rights«, wörtlich: Gesetz der Rechte, d. h. Gesetz über die bürgerlichen Rechte des einzelnen. – Anm. d. Übers.) Das feierliche Gelöbnis Thomas Jeffersons, mit dem er »ewige Feindschaft gegen jede Form der Tyrannei über den Geist der Menschen« schwor, hat heute, im Jahre 1964, für viele

Menschen einen seltsamen Klang. Aldous Huxley bemerkt, daß die berühmten Worte des Patrick Henry »gib mir Freiheit oder gib mir Tod!« heutzutage melodramatisch wirkten. Stattdessen, behauptet Huxley, neigten wir eher zu der Forderung: »Gebt uns Fernsehen und etwas Handfestes zu essen; aber bleibt uns mit den Pflichten vom Halse, die uns aus der Freiheit erwachsen.«
Es ist bemerkenswert, daß Huxleys prophetisches Buch »Schöne Neue Welt«, das in längst vergangenen dreißiger Jahren geschrieben wurde und das ein technologisches Dasein der menschlichen Gesellschaft in einem künstlich hervorgerufenen Hochgefühl unter den Augen des wachsamen Tyrannen – in einer Zeit 600 Jahre in der Zukunft – zum Gegenstand hat, aus etlichen Schulen der Vereinigten Staaten verbannt worden ist. Ebenfalls zu den verbotenen Büchern gehört George Orwells Buch »1984«, das ein Leben zu einer Zeit, von der uns nur noch zwei Jahrzehnte trennen, unter den allzeit gegenwärtigen elektronischen Augen und Ohren des »Große Bruder« genannten Gewaltherrschers schildert. Als der U.S. Commissioner of Education auf das Verbot dieser beiden, allgemein anerkannten Werke in einer höheren Lehranstalt von Miami angesprochen wurde, lehnte er jede Stellungnahme mit den Worten ab, er habe weder von dem einen, noch von dem anderen Buch je etwas gehört!
Viele der heutigen Eingriffe in unser Privatleben haben ihren Ursprung in der Art und Weise, in der die Menschen sich entschlossen haben zu leben. Oftmals sind solche Eingriffe in unseren privaten Bereich nur durch eine einmal entflammte Unruhe wegen der Rechte des Individuums in Grenzen zu halten. Wie wir noch sehen werden, gibt es andere Arten des Eindringens, die empfindlich gegen gesetzliche Beschränkungen sind. Im allgemeinen sind die Rechtsmittel zur Kontrolle in einem beklagenswerten Zustand der Verwirrung, der Verschwommenheit oder der Vernachlässigung. Ein Richter hat den Zustand des Rechtes auf Privatleben beispielsweise mit dem »eines Heuhaufens in einem Hurrikan« verglichen.
In den nun folgenden Kapiteln soll versucht werden, verständlich zu machen, was mit unserem Privatleben – und mit unseren Freiheiten – angesichts der bislang unbekannten Bedrohungen geschieht, die unsere heftigen Veränderungen unterworfene Welt hervorbringt. Wenn wir dieses Thema nun erforschen, sollten wir einer erschreckenden Äußerung eingedenk sein, die der Abgeordnete von Wisconsin, Robert Kastenmeier, der so manche Schlacht für die Rechte des einzelnen im Kongreß geschlagen hat, mir gegenüber einmal gemacht hat. Er sagte:
»Grundsätzlich habe ich keine Hoffnung, daß die verschiedenen

Arten von Druck und Zwang nicht doch eines Tages aus unserem Lande so etwas wie einen Polizeistaat machen werden. Wenn es uns nicht gelingt, die Fesseln des bis heute andauernden Kalten Krieges abzuschütteln und der im Innern unseres Landes vor sich gehenden Entwicklung Zügel anzulegen, so vermute ich, daß wir das Spiel verlieren werden.«

2. Fünf Kräfte untergraben unser Privatleben

> *»Die phantastischen Fortschritte auf dem Gebiet der elektronischen Kommunikation bilden eine große Gefahr für das Privatleben des einzelnen.«*
>
> *Earl Warren, Oberster Bundesrichter der* USA

In einer Gesellschaftsordnung, die stabil und fest gefügt ist und den ursprünglichen Lebensformen entspricht, verändern sich Auffassung und Empfinden der Menschen in der Frage, was im Rahmen persönlicher Beziehungen korrekt und schicklich ist – die dem Privatleben gebührende Achtung mit einbegriffen –, im Laufe der Jahrhunderte nicht wesentlich. In der westlichen Welt von heute dagegen treten gewaltige Kräfte auf, vehement wie Wirbelstürme, und zwingen die Bevölkerung ganzer Länder, nolens volens ihre Einstellung und ihr Verhalten, ihre Ideale und ihre Begriffe von Sitte und Moral innerhalb von Jahrzehnten zu ändern. Diese Wandlung wird nirgends auf so dramatische Weise offenkundig wie in den Vereinigten Staaten.

Eine der Auswirkungen dieser Kräfte ist es, daß die Achtung vor der privaten Sphäre untergraben wird. Man scheut weder Mühe noch Anstrengung bei der Suche nach immer vollkommeneren Methoden, den einzelnen durch Einteilung in eine bestimmte Gruppe und durch regelmäßige Überprüfung und Kontrollmaßnahmen nach Möglichkeit stets im Auge zu behalten.

In den folgenden Ausführungen soll über fünf dieser Kräfte berichtet werden, die in der wesensmäßigen Wandlung unserer Gesellschaft und in der technischen Entwicklung ihren Ursprung haben. Der Verfasser hofft, daß der Leser sie als grundlegende Faktoren im Gedächtnis behalten möge, wenn später ihre Auswirkungen im einzelnen untersucht werden. Diese der Situation zugrunde liegenden Kräfte sind durchweg der Hauptgegenstand dieses Buches – und nicht etwa die einzelnen Übeltäter.

1. *Das starke Anwachsen des Lebens in Organisationen*

Im Zeitraum der nächsten zehn Jahre wird die Bevölkerung der Vereinigten Staaten um 40 Millionen Menschen anwachsen; diese Zahl entspricht in etwa der heutigen Bevölkerung des gesamten westlichen Staatsgebietes. Und gegen Ende dieses Jahrzehnts werden vier Fünftel aller Amerikaner in Großstadtgebieten leben. Es ist noch nicht lange her, daß ein Großteil der amerikanischen Bürger nur sehr wenig vom Stadtleben wußte, das mit seinem Hang, die Selbstgenügsamkeit zu reduzieren, den einzelnen dazu bringt, sich und sein Leben nur noch als ein Rad im Getriebe einer großen organisierten Masse zu betrachten.

Ein Zusammenleben auf engem Raum muß nicht unbedingt jedem Privatleben ein Ende setzen. Holland beispielsweise gehört zu den am dichtesten besiedelten Ländern der Erde, und trotzdem brachte ein jeder – noch bis vor ganz kurzer Zeit – dem Privatleben des anderen uneingeschränkte Achtung entgegen. Allerdings gehört echte Rücksicht gegenüber dem Mitmenschen schon seit etlichen Jahrzehnten nicht mehr zu den hervorstechendsten Merkmalen amerikanischer Lebensweise. Je mehr sich die dünn besiedelten Gebiete Amerikas zu bevölkern begannen, desto stärker entwickelten die Einwohner als entscheidendes Charakteristikum ihres Lebensstils einen Drang zur Geselligkeit, zum Herdentrieb. Möglicherweise stellte ihr Verhalten lediglich eine Art von »Überreaktion« auf das dar, was der Historiker Walter Prescott Webb »ekelhafte Vereinsamung des Lebens an der Grenze« nannte. Vielleicht wandelt sich diese übermäßige Reaktion nun ins Gegenteil. Aber noch vor wenigen Jahren äußerte sich ein die USA bereisender Argentinier über den modernen Amerikaner, den »Menschen aus amerikanischer Zucht«, dahingehend, er sei »zutraulich wie ein junger Hund – und ebenso vorwitzig«. Die Lebensgewohnheiten der Menschen haben sich rascher weiterentwickelt als ihre Lebensbedingungen, und darunter leidet naturgemäß das persönliche, private Eigenleben.

Gleichzeitig ist ein stetiges Anwachsen riesiger Organisationen in der amerikanischen Gesellschaft zu verzeichnen. Professor Eugene Jennings, Michigan, beobachtete: »Organisationen zehren unser Privatleben auf.« Und Clark Kerr, der Präsident der Universität von Kalifornien, äußerte hierzu, daß die Zerstörung der privaten Sphäre sich aus der Logik der Organisation selbst herzuleiten scheine. Im Zuge der Entwicklung der Technik bildeten sich riesige Organisationen – der Wirtschaft wie des Staates –, um mit der fortschreitenden Technisierung Schritt zu halten. Die amerikanische Gesellschaft hat sich in einem Zeitraum von nur wenig mehr als einem Jahrhundert von einer Nation von unabhängigen Unternehmern in eine Nation von abhängigen Angestellten verwandelt. Es gibt kaum noch einen Menchen, der nicht in einer Organisation arbeitet.

Je größer eine solche Organisation wird, desto mehr scheinen ihre Manager von der Idee besessen zu sein, die ihr angehörenden Menschen unter strenger Kontrolle haben zu müssen, um die Organisation vor einem Auseinanderbrechen zu bewahren. Da die Verantwortlichen eines bürokratischen Apparates nicht einmal hoffen können, jeden Angehörigen der Organisation zu kennen, nehmen sie ihre Zuflucht zu vorgedruckten Beurteilungen, prall gefüllten Personalakten, sechsseitigen Bewerbungsformblättern und dem Lügendetektor, um auf diese Weise zu einer genaueren »Kenntnis« ihrer Leute zu gelangen. Und da man sich der Rationalisierung verschrieben hat, widmet man sich mit Hingabe dem Zuteilen von Nummern an die einzelnen Organisationsmitglieder.

Kongreßmitglied Kastenmeier erinnert sich in diesem Zusammenhang daran, daß bei Eröffnung eines Bankkontos mit Einzahlung von zehn Dollar für seinen dreijährigen Sohn der Bankbeamte nach der Sozialversicherungsnummer des Dreikäsehochs fragte. Demnach wäre es also durchaus denkbar, daß die Organisation mit der ihr eigenen Logik es in ein paar Jahren für unerläßlich hält, jedem Neugeborenen eine Mitgliedsnummer der Sozialversicherung in seiner Geburtsurkunde einzutragen – mit der er dann bis an sein Lebensende behaftet ist.

Offiziell unterliegt die Nummer der Geheimhaltung und darf nicht dazu benutzt werden, den Aufenthaltsort eines Menschen ausfindig zu machen. Mir wurde allerdings berichtet, daß diese Nummer in einigen Staaten dazu herhalten muß, Väter aufzuspüren, die sich der Sorgepflicht entzogen haben. Von Privatdetektiven hörte ich sogar, daß sie in vielen Fällen die Nummer auf bloße telephonische Anfrage beim Personalchef der Firma, in der der Gesuchte zuvor tätig gewesen war, mitgeteilt bekommen hätten. Das Formular, das die Beamten einer staatlichen Ermittlungsbehörde auszufüllen verpflichtet sind, wenn sie jemanden überprüfen müssen, verlangt, daß an der eigens dafür vorgesehenen Stelle diese Nummer eingetragen wird.

Die Lebensumstände in der Stadt haben mit dazu beigetragen, die Angst der Bevölkerung, möglicherweise von Schwerverbrechern umgeben zu sein, zu intensivieren. In vielen städtischen Wohngebieten sind solche Befürchtungen sogar durchaus begründet. Nach den Angaben des FBI-Strafregisters aus den ersten drei Monaten des

Jahres 1963 ist die Zahl der schweren Verbrechen gegenüber dem Vorjahr um sieben Prozent gestiegen. Die ständig anwachsende Bevölkerungszahl sowie die immer zahlreicher und stärker werdenden Versuchungen, denen die Bewohner eines Landes ausgesetzt sind, das in zunehmendem Maße mit materiellen Gütern vollgepfropft wird, wären als Ursache für einen großen Teil der vermehrten schweren Straftaten denkbar.

Die Beamten der Polizei schreien geradezu nach wirksameren Mitteln und Methoden bei der Verbrecherjagd. Sie machen geltend, daß die Kriminellen mittlerweile ein beachtliches Geschick entwickelt haben, Banden nach dem Muster von Betriebsorganisationen aufzuziehen und sich hierbei der Hilfsmittel moderner Technik mit einer Selbstverständlichkeit bedienen, daß es den Polizisten endlich gestattet werden müßte, auch mit größerer Raffinesse und zugleich rücksichtsloser gegen die Verbrecher vorzugehen. Die *»Police Review«* brachte als Schlagzeile ein Zitat aus den Äußerungen des Oberstaatsanwalts von Brooklyn:

GESETZLICHES ABHÖREN VON TELEPHONGESPRÄCHEN ABSOLUT NOTWENDIG. Die Spätausgabe des in zusammengefaßter Form berichtenden New Yorker Blattes *»Daily Mirror«* widmete der Forderung nach Registrierung der Fingerabdrücke aller amerikanischen Staatsbürger sogar einen Leitartikel.

Pressemeldungen über das Überhandnehmen der Kriminellen haben Millionen von Amerikanern gleichfalls die Überzeugung gewinnen lassen, daß die Polizei in der Tat gewandter und härter im Zupacken werden muß. Übrigens scheint sich die Angst der Öffentlichkeit vor dem Verbrecherunwesen vorwiegend auf die neu erschlossenen Stadtgebiete zu konzentrieren. Hier wohnen die Menschen für gewöhnlich in verhältnismäßig teuren neuen Wohnungen inmitten der Gebiete, in denen Leute mit kleinen Einkommen hausen, die häufig verschiedener völkischer, rassischer und konfessioneller Herkunft sind und den offensichtlich bessergestellten, hochgestochenen neuen Nachbarn möglicherweise neidisch, voller Ressentiments oder gar mit haßerfüllter Verachtung begegnen.

Jedenfalls haben wir es hier mit dem Paradoxon einer Gesellschaft zu tun, die den Versuch unternimmt, Menschen zum Mond zu schicken, während Millionen von Stadtbewohnern nachts nicht allein durch die Straßen und Grünanlagen in Nähe ihrer Wohnung zu gehen wagen.

Dieselbe Gesellschaft, die eine in die Millionen gehende Zahl von Verbrechern hervorbringt, fordert, daß ihre Polizei die Verbrecher fängt, selbst wenn sie die verfassungsmäßigen Rechte und die bestehenden Gesetze mit Füßen treten muß. Man ist sich kaum dessen bewußt, daß Gesetzlosigkeit ein Symptom des nationalen Charakters ist und daß sich zuerst der Charakter wandeln muß, bevor man den Symptomen wirksam zu Leibe rücken kann. Hier ein Extremfall: Nach der Ermordung Präsident Kennedys äußerte ein Vertreter der Methodistenkirche in Dallas die Ansicht, daß der Geist des Mordens schon seit geraumer Zeit in Dallas seine bösen Blüten getrieben hätte. Es wurde von Kindern in den unteren Klassen verschiedener Volksschulen berichtet, die geklatscht und gejubelt hätten, als ihre Lehrer ihnen von dem schrecklichen Geschehen erzählten. Das Benehmen der Kinder spiegelte nicht nur die Intoleranz ihrer Eltern wider, sondern auch die neuartige, überhebliche Gesetzlosigkeit, die sich darin äußert, daß man unter Verletzung des Rechts Vergehen an Menschen nicht ahndet, die aus dem einen oder anderen Grund auf Ablehnung stoßen. In den Städten der Nordstaaten haben diese überheblichen Bürger die Anwendung ungesetzlicher oder gewalttätiger Methoden der Polizei gegenüber suspekten Elementen gutgeheißen, die zufälligerweise einer Minderheitsgruppe angehören und den Frieden der Gesellschaft ihres Stadtteils unverhältnismäßig stören.

Die Vereinigten Staaten können noch nicht einmal hoffen, den ersten Schritt in der Entwicklung zu einer dem Gesetz gehorsamen Gesellschaft zu tun, wenn nicht in den Herzen der überwiegenden Mehrheit ihrer Staatsbürger das Wissen verankert ist, daß die verfassungsmäßigen Rechte jedes einzelnen Staatsbürgers geachtet werden müssen.

2. *Die Entwicklung zu einer Garnisonsmentalität*

Obgleich sie als Volk nicht das kleinste bißchen militaristisch sind, werden die Amerikaner getrieben, eine kriegerische Gesellschaft – und dementsprechend bewacht – zu sein. Auslösende Momente sind der Kalte Krieg, der Wettlauf in der Raumforschung und das wachsende Verständnis, in welchem Ausmaß der Kostenaufwand für Verteidigung und Raumforschung die nationale Wirtschaft antreiben. Zehntausende von Angestellten in Bundesdienststellen verbringen ihre ganze oder doch einen beträchtlichen Teil ihrer Zeit mit der Bearbeitung von Geheimmaterial. Außerdem gibt es natürlich noch etwa 2 700 000 Staatsbürger in den amerikanischen Streitkräften, die je nach den ihnen übertragenen Aufgaben eine unterschiedliche Überwachung erfordern.

Beunruhigender ist das Umsichgreifen von Sicherungsmaßnahmen in amerikanischen Industriebetrieben, die mit dem Pentagon geschäftlich zu tun haben. Nach Schätzungen von »*Business Week*« unterliegen gegenwärtig 24 000 Industrieeinrichtungen den Sicherheitsbestimmungen des Pentagon, und mehr als 3 500 000 Industrieangestellte mußten im Zeitraum der letzten vierzehn Jahre um eine Unbedenklichkeitsbescheinigung nachsuchen.

Viele Firmen sind so ängstlich darauf bedacht, ihren Kontakt mit dem Pentagon nicht zu verlieren, daß sie, um ganz sicher zu gehen, ihren Sicherheitsbeauftragten gestatten, militärähnliche Sicherheitsvorkehrungen auch auf andere Arbeitsgebiete im Betrieb auszudehnen. In solchen Fällen werden in der Einstellungs- und Überwachungspolitik wenig Unterschiede gemacht zwischen den Angestellten, die an Rüstungsaufträgen arbeiten, und denen, die an den kaufmännischen, nichtmilitärischen Vorhaben des Unternehmens mitarbeiten. Von dem Abteilungsleiter für Industriesicherung der Temco Electronics berichtet man, er habe im Jahre 1962 einmal gesagt: »Ungeachtet des Platzes, an den ein Mann gestellt wird, sollte sein ›background‹ so sorgfältig geprüft werden, als würde er künftig mit geheimzuhaltenden Dingen beschäftigt sein.«

Die Tatsache, daß die Vereinigten Staaten seit Beginn dieses Jahrhunderts in vier heiße Kriege verwickelt waren und in einen in die Länge gezogenen Kalten Krieg, der bereits seit nahezu zwei Jahrzehnten andauert, trägt die Schuld an der fortgesetzten Einführung immer neuer Überwachungsverfahren und Kontrollen. Beunruhigend ist jedoch der Umstand, daß die Regierung diese Verfahren und Kontrollen selten wieder abschafft, wenn nicht mehr geschossen wird.

Während des nationalen Notstands im Jahre 1941 ermächtigte Präsident Roosevelt als Oberbefehlshaber seinen Generalstaatsanwalt Robert Jackson ohne viel Aufhebens, in dringenden Fällen, in denen die Sicherheit Amerikas auf dem Spiel stand, seine Zuflucht zum Abhören zu nehmen. Dieser Schritt wurde unternommen ungeachtet dessen, daß es so etwas wie ein glattes Verbot jeglichen Abhörens, aus welchen Gründen auch immer, gab. Im Jahre 1934 hatte der Kongreß dieses Verbot beschlossen, als er den heute allgemein bekannten Paragraphen 605 des Kommunikationsgesetzes erließ.

Mr. Jackson entdeckte, daß man in einem Ausdruck – wenn man ihn weitherzig auslegte – die Erlaubnis zum Abhören erblicken konnte. Jener Ausdruck besagte, daß es strafbar sei, Mitteilungen abzufangen *und* zu verbreiten. Mr. Jackson entschied also, daß man im Notfalle diese Redewendung so auslegen könnte, daß nichts dagegen einzuwenden sei, lediglich Mitteilungen aufzufangen, solange man sie nicht weiterverbreitet. Er zog es vor, einen der nächsten Sätze, der die weitere Verwendung aller abgehörten Gespräche verbot, einfach zu ignorieren.

Der Kriegsnotstand ging zu Ende; aber alle U.S. Generalstaatsanwälte, die seit Mr. Jackson den Posten innehatten – einschließlich des derzeitigen –, haben sich dieser Auslegung angeschlossen, die, wenn ein triftiger Grund vorliegt, scheinbar zum Abhören berechtigt; wenn die Berechtigung auch nur »auf höchster Ebene« Gültigkeit hat. Und viele der örtlichen Gerichtsbehörden stießen ins gleiche Horn. Die Auslegung ist mittlerweile so oft angeführt worden, daß viele Leute bereits annehmen, es handele sich tatsächlich um ein »Gesetz«.

Ein weiteres Überbleibsel der Maßnahmen aus Kriegstagen ist die Benutzung von Bandaufnahmegeräten, die an Telephonapparate angeschlossen werden, um Anrufe, die man macht oder empfängt, aufzunehmen. Vor dem Zweiten Weltkrieg gab es lediglich im Kriegsministerium gelegentliches Abhören. Dabei informierten die Telephonzentralen gewissenhaft den Teilnehmer am anderen Ende der Leitung davon, daß das Gespräch aufgenommen werden würde. Als der Krieg in immer bedrohlichere Nähe rückte, wurde die Forderung nach Bandaufnahmen so dringend erhoben, daß die Nachrichtentruppe eine große Anzahl solcher Vorrichtungen installierte. Gleichzeitig hörte die Benachrichtigung des zweiten Teilnehmers auf! Als man das Jahr 1945 schrieb, befanden sich mehr als 2 000 Bandgeräte im Einsatz. Ein FCC-Bericht (FCC = Federal Communications Commission) vom Jahre 1947 besagte: »Die Erfahrungen der Kriegszeit, die mit Hilfe von Telephonabhörvorrichtungen gewonnen wurden, haben einen beispiellosen kommerziellen Bedarf seit dem Tage des Sieges über Japan hervorgerufen.« Bis zum Jahre 1947 waren in den USA 19 000 Aufnahmegeräte in Betrieb; dreiviertel von ihnen in Wirtschaftsunternehmen, ohne die gesetzliche Forderung auf Unterrichtung des anderen Teilnehmers. Inzwischen nahm in Washington das Abhören immer weiter zu.

Hier noch ein letztes Beispiel. Einige wenige wissen nur noch davon, daß ein Notstandsgesetz, das auf den Ersten Weltkrieg zurückgeht, tatsächlich noch in Kraft ist. Es besagt, daß es ein Verbrechen sei, absichtlich falsche Äußerungen über die amerikanischen Streitkräfte zu machen, die ihren Erfolg beeinträchtigen könnten, oder irgendwelche Feststellungen zu treffen, die die Truppenanwerbung zu behindern versuchen. Dieses Gesetz ließ man im Jahre 1953 wiederaufleben, als die Nation sich zu Beendigung des Korea-Krieges im Notstand befand; und heute weigert sich die Regierung, den Notstand für beendet zu erklären. Vielleicht wird das niemals der Fall sein. Praktisch könnten also die Südstaatler, die den Einsatz von Bundestruppen in Krisen wegen der Staatsbürgerrechte für Farbige kritisierten, wegen Anstiftung zum Aufruhr strafrechtlich verfolgt werden, da solche Äußerungen begreiflicherweise Truppenanwerbungen in manchen Gebieten verhindern könnten. In ähnlicher Weise könnte man jene Republikaner, die davon sprachen, daß die Russen ihre Raketen nicht von Kuba entfernt hätten, strafrechtlich verfolgen, da ihre Aussagen den amtlichen Verlautbarungen zuwiderliefen. Kein Justizminister entschloß sich in den letzten Jahrzehnten, diesem Gesetz in Friedenszeiten Geltung zu erzwingen. Aber ein eventueller Diktator könnte sich ein schönes Leben machen, indem er jegliche Kritik von vornherein ausschaltete.

Ein noch gewichtigeres Erbe an Mißtrauen und Überwachung folgte im Kielwasser des anhaltenden Kalten Krieges mit der Sowjetunion. Die verschlagene Taktik der Kommunisten sorgte für sehr reale Gründe, energische Schritte zu unternehmen, um ihnen Widerstand zu leisten. Andererseits entspricht es unglücklicherweise auch der Wahrheit, daß sich die Gefühle der Angst und der Feindseligkeit sehr vieler Menschen in einer verallgemeinerten Angst vor dem Kommunismus konzentrierten. Diese Furcht ist in vielen Fällen von Rechtsradikalen ausgenutzt worden, um jeden zu quälen, der nicht grundsätzlich mit ihnen übereinstimmte. Die Freiheit, seine Gedanken offen auszusprechen und unorthodoxe Gedanken zu äußern, ist in vielen Gegenden während der letzten Jahre – sogar in privaten Diskussionen – mehr und mehr eingeengt worden.

3. *Vom Überfluß erzeugter Druck und Zwang*

Es mag sonderbar anmuten, daß der Überfluß das Privatleben untergräbt, aber er hat es zweifellos getan. Es gibt Beweise dafür, daß ein Großteil des enormen Anwachsens von Überwachung, Ermittlung und der Eingriffe in das Privatleben der Menschen auf die als Folge des Überflusses entstandenen Lebensbedingungen zurückgeführt werden kann.

Betrachten wir nur einmal das Problem der Entwicklung und Verteilung von Waren in der heutigen, vor Überfluß strotzenden Wirtschaft. Die Produkte unterliegen einem häufigen Modewechsel. Die Lebensdauer der einzelnen Produkttypen wird immer kürzer. Und dann besteht der Zwang, wirklich bedeutsame neue Produkte oder

Produktformen zu finden. Alle diese Faktoren haben eine stärkere Beschäftigung mit Fragen der Geheimhaltung mit sich gebracht. Ein Unternehmen, das sich mit Geheimhaltung in der Industrie befassen muß, legt sich bald die Frage vor, wem zu trauen ist, und schleust Spitzel in die Belegschaft ein.

Der Zwang des Warenabsatzes wirkt sich auf das Privatleben des einzelnen in noch anderer Weise aus. Manche Firmen haben sich weniger rücksichtsvollen Methoden zugewandt, um unsere Aufmerksamkeit zu erregen. Das Privatleben schwindet, wenn Hausierer uns mehrmals in der Woche anrufen oder zur Tür hereinkommen, wobei sie sich als Meinungsbefrager ausgeben.

Der Überfluß hat die Inanspruchnahme von Krediten und den Verkauf von Versicherungspolicen aller Art gewaltig ansteigen lassen. Kreditgeber und Versicherungen meinen, daß sie – um weiterbestehen zu können – die Lebensumstände künftiger Kunden erforschen müßten. Jede Versicherungspolice beispielsweise ist ein Risiko, eine Wette. Die Firmen versuchen sich gegen Verluste bei ihren Vermögenspolicen zu sichern, indem sie für eine unauffällige Überprüfung der finanziellen Verhältnisse des Versicherungsnehmers und seiner Lebensgewohnheiten sorgen. Daher gibt es Millionen von Versicherungsermittlungen, die oftmals mit den sogenannten »Nachbarschaftskontrollen« Hand in Hand gehen – und die Ergebnisse der Nachforschungen landen häufig in jenen Aktenbeständen, aus denen Informationen zum Tausch angeboten oder verkauft werden.

Die Zunahme an Freizeit, der sich die Mehrzahl der Amerikaner erfreuen kann, hat es zumindest in einer Hinsicht für viele von ihnen schwieriger gemacht, sich ihr Privatleben zu erhalten. Die Amerikaner haben heute viel mehr Zeit zum Zeitunglesen, für die Lektüre von Zeitschriften und Büchern, zum Fernsehen und Rundfunkhören. Sie wollen nicht nur unterrichtet, sie wollen unterhalten und in angenehmer Weise angeregt werden. Viele genießen Klatsch und Skandalgeschichten über ihre Mitmenschen. Und nicht wenige der Massenmedien haben erbarmungslos versucht, sie ständig mit einer gewissen Dosis an Klatschgeschichten zu füttern. Das Ergebnis des Verlangens nach derartigen Informationen und die Bemühungen der Medien, Informationen zu liefern, haben zu einem vereinten Angriff auf das Privatleben führen müssen. Die Doppelseitigkeit dieses Angriffs ist von Morris Ernst und Alan Schwartz in ihrer erschöpfenden Rechtsanalyse zum Thema der Beeinflussung des Privatlebens durch die Medien aufgezeigt worden[1]. An einer Stelle bemerken sie, daß der Wunsch »der Massenmedien,

sich auf Kosten unseres Privatlebens zu bereichern, einen wachsenden Druck darstellt«. Und sie werfen die Frage auf: »Wie soll die ständig stärker werdende Sucht der Öffentlichkeit nach Neuigkeiten und Informationen gegenüber dem manchmal verzweifelten Bedürfnis des einzelnen nach Privatleben ausgeglichen werden?«
Abschließend möchten wir uns einfach der Beobachtung des Soziologen Kingsley Davis anschließen, der sagte, daß die explosive Zunahme des Besitzes und der Bevölkerung die Ursache dafür sei, »daß ein immer größerer Teil von unserem hohen Lebensstandard verwendet wird, um den Konsequenzen der Übersättigung zu entfliehen«.

4. *Die Entwicklung des Ermittlungswesens zu einer Privatindustrie*

Heute gibt es nicht nur Tausende von Firmen, die ihre Dienste als Ermittler anbieten, sondern außerdem eine große Anzahl von Unternehmensberaterfirmen, die den größten Teil ihres Einkommens aus dem Durchleuchten, dem Bewerten oder dem Beobachten von Angestellten herleiten. Und es gibt etliche hundert Psychologen, die zu den Glücklichen gehören, die die Gelder einstreichen, die für das Durchleuchten, Sondieren und Bewerten von Unternehmernachwuchs gezahlt werden. Schließlich sind da noch zahlreiche Firmen, denen sehr daran gelegen ist, daß der Strom derer nicht abreißt, die immer wieder die Nützlichkeit der Lügendetektoren unter Beweis stellen. Ein Angestellter einer der größeren Ermittlungsagenturen Amerikas meinte grinsend zu mir: »Mit Lügendetektoren läßt sich eine Menge Geld verdienen.«
Eine ganze Reihe dieser Unternehmen mit einem tief verwurzelten Interesse an der Unsicherheit der Manager arbeitet angestrengt, um die Industriellen des Landes auf die Unzuverlässigkeit vieler Angestellter hinzuweisen und darauf, daß sie des Vertrauens der Unternehmer nicht würdig seien. Der Präsident der riesigen William J. Burns International Detective Agency schrieb einen Artikel für die Zeitschrift »*Business Management*« mit dem Titel: »Begünstigt Ihre Fabrik Diebstahl?« Er bot eine 27 Punkte umfassende Liste der Gefahrenstellen an, die bewacht werden müßten, und lenkte die Aufmerksamkeit auf den Wert von Betriebsagenten.
Ein anderes riesiges Ermittlungsunternehmen, mit Hauptsitz in Miami, die Wackenhut Corporation, hat Unternehmensführer und Betriebsleiter mit einer Broschüre bombardiert, die den Titel trug: »Wie sicher ist Ihr Unternehmen?« Es wurde gefragt: »Werden Ihre

Angestellten sorgfältig durchleuchtet, bevor Sie sie einstellen?... Sind Ihre Büroräume auf elektronische Abhörgeräte untersucht worden?« usw.

Die Ausweitung des Ermittlungswesens zu einer selbständigen und gewaltigen Industrie ist nicht unerheblich auf die Mitwirkung eines neuartigen und beispiellosen Phänomens zurückzuführen; auf die Tatsache nämlich, daß sich viele Tausende, die eine gründliche und intensive Ausbildung in der Überwachung und in Ermittlungstechniken durch die amerikanische Regierung erfahren haben, den möglicherweise fruchtbareren Weidegründen der privaten Unternehmen zugewandt haben.

Zu diesen bestgeschulten Ermittlern gehören nicht nur ehemalige militärische Geheimdienstleute und Central Intelligence Agency-Spezialisten auf dem Gebiet der Spionage, des Polizeiwesens, der Geheimdienstarbeit und der Abwehr, sondern auch Angehörige anderer Abwehr- und Nachrichtendienste wie des Secret Service, ehemalige Sicherheitsbeamte des Finanzministeriums, frühere Wachhunde des General Accounting Office, Civil Service-Ermittlungsbeamte, Postinspektoren und Sonderbeauftragte des FBI. Die Zahl dieser fertig ausgebildeten Beamten geht in die Zehntausende. Einige von ihnen haben Posten übernommen, die in gar keiner Weise mit ihrer durch den Staat erhaltenen Fachausbildung in Beziehung stehen. Viele Tausend andere machen zumindest teilweise in ihren neuen Positionen Gebrauch von ihrer durch die Regierung ermöglichten Schulung in der Beobachtung oder der Behandlung von Menschen.

Einer der geheimnisvolleren Privatermittler Amerikas ist John Cye Cheasty in New York, ein Graduierter des US-Geheimdienstes, der Zoll- und Steuerfahndung und des Marinegeheimdienstes. (Er erreichte den Rang eines Fregattenkapitäns bei der Marine.) Über die von ihm angewandten Methoden befragt, die er als privater Ermittlungsspezialist bei der Erarbeitung von Berichten über Manager oder Bewerber für leitende Stellungen benutzt, äußerte er, seiner Ansicht nach wären Ermittler, wie er selbst z. B., geeigneter als die üblichen Mitarbeiter der Personalabteilungen in den Unternehmen. Er erklärte hierzu:

»Wir haben Mittel und Wege, Auskünfte zu beschaffen und Techniken der Befragung, die sich von denen, die die Personalabteilungen anwenden, unterscheiden. Wir kommen schneller an die Leute heran, die wir sprechen wollen, da wir unsere Technik im Nachrichtenwesen von der Pike auf gelernt haben. Wir haben eine bestimmte Art, Aufmerksamkeit zu verlangen, wir können die Wahrheit und die Aussagen lenken, ohne daß unser Benehmen den Anschein des Aggressiven oder des Erzwingenwollens hat. Wir können uns in ein Interview einschalten und die Befragung weiterführen und erreichen das, was wir erreichen wollen.«

Die Rolle der ehemaligen FBI-Spezialagenten in der amerikanischen Gesellschaft ist ein besonders zutreffendes, interessantes Beispiel, da sie – allerdings zu Recht – in der Öffentlichkeit den größten Respekt genießen. Die Industrie dienert vor ihnen aufgrund aller möglichen, von ihnen gespielten Rollen. Im Jahre 1962 brachte das »*Wall Street Journal*« folgende Schlagzeile: IMMER MEHR FIRMEN ENTDECKEN UNTERNEHMERTALENTE UNTER EHEMALIGEN FBI-AGENTEN.

Anscheinend gibt es gegenwärtig wenigstens dreiviertelmal so viele ehemalige FBI-Leute wie aktive FBI-Agenten in den Vereinigten Staaten. Annähernd 6000 sind im aktiven Dienst, und die Mitgliederzahl der Society of Former Special Agents of the Federal Bureau of Investigation (Hauptsitz: 274 Madison Avenue, New York) erreicht fast 4500. Vermutlich haben sich nicht alle ehemaligen Angehörigen des FBI um die Mitgliedschaft bemüht. Die Gesellschaft gibt einen Informationsbrief heraus, der als eine Art »Lebensquell« für die Organisation dient.

Unter den ehemaligen FBI-Agenten findet man Geistliche, Werbefachleute, Schriftsteller, Professoren, Farmer, Bankiers, Ölmagnaten, Zahnärzte und eine Anzahl von Generaldirektoren. Sie haben wenigstens einen Neurochirurgen in ihren Reihen. Und natürlich gehören zahlreiche Buchhalter und Rechtsanwälte dazu. Das Mitglieder-Verzeichnis der Gesellschaft von 1961 enthielt die Namen zweier Gouverneure (Neumexiko und Nordkarolina) und des Generalstaatsanwalts von Florida (der als seinen regulären Beruf special investigator« angegeben hatte).

Übrigens hat man zumindest bis vor ganz kurzer Zeit eine interessante Häufung ehemaliger FBI-Leute im Mitarbeiterstab des American Security Council (Chicago) finden können, einer militanten, rechtsgerichteten Organisation, die von mehreren Tausend Firmen und anderen organisierten Gruppen unterstützt wird. Sie verbreitet Informationsmaterial über das, was sie für Dirigismus und kommunistische Verschwörungen hält; sie gibt Berichte über die nationale und internationale militärische und politische Entwicklung heraus, so wie ihre Wirtschafts- und Militäranalytiker sie sehen; und in der jüngsten Vergangenheit hat sie Namenslisten von Angestellten oder Bewerbern veröffentlicht, die ihr von Personalchefs zahlreicher Mitgliedunternehmen zugeleitet wurden.

Unser Hauptinteresse an dieser Organisation gilt jedoch folgender Tatsache: Im Jahre 1962 findet man den Präsidenten der Organisation, ihren Verwaltungsdirektor, den Leiter ihrer Forschungsabteilung, den Leiter der Abteilung Außendienst, sowie den Chef ihres Washingtoner Büros allesamt in dem Verzeichnis der Society of Former Special Agents of the Federal Bureau of Investigation, Inc. von 1961 als ehemalige FBI-Angehörige aufgeführt.

Die Society of Former Agents ist erheblich mehr als nur eine Vereinigung von Kollegen. Sie ist außerdem ein Clearinghouse für Informationen über vakante Stellen und bietet ein Verzeichnis der ausgebildeten Ermittler an, die so gut wie in jedem Winkel der USA für besondere Aufgaben zur Verfügung stehen. In dem geographisch geordneten Teil des Verzeichnisses ist durch ein Sternchen hinter dem Namen vermerkt, wer von den Mitgliedern sich als »einsatzbereit« gemeldet hat.

Im Staate Indiana beispielsweise ist ungefähr die Hälfte der Mitglieder der Gesellschaft »verfügbar«. Sie sind in siebzehn verschiedenen großen und kleineren Städten ansässig. Im Staate New Jersey kann man die »verfügbaren« Mitglieder in 46 verschiedenen Städten finden. Und im Staate Kalifornien haben sich in 73 Städten ehemalige Geheimdienstleute »zum Einsatz bereit« gemeldet.

Eine der interessantesten Eintragungen im Verzeichnis von 1961 war in der Rubrik der ehemaligen Agenten, die sich »einsatzbereit« gemeldet haben, der Name eines Polizeihauptmanns in Knoxville im Staate Tennessee!

Macht man eine Stichprobe, so läßt dieses Verzeichnis vom Jahre 1961 vermuten, daß etliche Hundert ehemalige Spezialagenten in der Wirtschaft mit Personalfragen zu tun haben, entweder als Sicherheitsbeauftragte, als Personaldirektoren, oder als Industrial-Relations-Direktoren oder auch Labor-Relations-Direktoren. Die Ford Motor Company beschäftigt übrigens 39 ehemalige FBI-Agenten in verschiedenen Stellungen.

Eine Überprüfung aller jener Mitglieder der Gesellschaft, die aus dem FBI in den Jahren 1930, 1940, 1950 und 1960 ausschieden, zeigt, daß 35 Prozent von denen, die eine neue Karriere ergriffen haben, Positionen innehaben, die etwas mit Ermittlungen, Geheimaufgaben oder Sicherheitsfragen zu tun haben.

Einige frühere FBI-Beamte haben sich zusammengeschlossen, um eigene Organisationen auf nationaler Ebene zu bilden, die sich Ermittlungsaufgaben verschrieben haben. Eine von ihnen ist Fidelifacts, ein loser Zusammenschluß von mehr als 200 ehemaligen

FBI-Agenten. Sie arbeiten auf Konzessionsbasis und bezahlen sich entweder gegenseitig jede Ermittlung oder verrechnen sie untereinander. (Der Name wurde kürzlich von Fidelifax in Fidelifacts umgeändert, da viele Leute anzunehmen schienen, bei Fidelifax müsse es sich um eine Photokopierfirma handeln.)
Fidelifacts unterhält Büros mit vollem Dienstbetrieb in Orten wie Boston, Stamford, Albany, Baltimore, Richmond, Atlanta, New York City, Detroit, Las Vegas, Miami, Chicago, Charlotte, Garden City, Phoenix, San Francisco, Los Angeles, Billings, Akron, Houston, Syracuse und Minneapolis. Außerdem gibt es in den Gegenden, in denen es noch nicht lohnt, ein Büro einzurichten, viele »ortsansässige Berichterstatter«, die bei Bedarf in Aktion treten und »auf Zeit« arbeiten.
Ein Geschäftsunternehmen, das in geradezu aufsehenerregendem Maße von dem abenteuerlichen Ruf, in dem der amerikanische Geheimdienst steht, Vorteile gezogen hat, ist die Wackenhut Corporation, deren Zentrale in Coral Gables im Staate Florida liegt. Das Unternehmen ist in die Höhe geschossen wie eine Rakete, so daß es einer Reihe von Leuten, die im Ermittlungswesen tätig sind, noch wie ein Wunder vorkommt. In weniger als einem Jahrzehnt ist aus vier Privatdetektiven die viertgrößte Ermittlungs- und Sicherungsorganisation Amerikas geworden, mit einem Mitarbeiterstab von 3500 Menschen und einer vollständigen Lügendetektor-Abteilung. Alle Veröffentlichungen und Berichte, die ich gesehen habe, haben die Tatsache hervorgehoben, daß die Organisation von ehemaligen FBI-Agenten gegründet wurde und auch von solchen geleitet wird. Das stimmt. George Wackenhut, ein kräftig gebauter, energischer Mann mit stark vorspringendem Kinn und mit einem knochenzermalmenden Händedruck, gründete die Organisation im Jahre 1954, unmittelbar nachdem er drei Jahre beim FBI seine Zeit abgedient hatte. Drei seiner Kollegen waren ebenfalls früher Agenten. Und viele seiner Spitzenkräfte von heute sind ehemalige FBI-Leute. Aber ein Klient, der mit der Wackenhut Corporation einen umfangreichen Kontrakt in der Erwartung abschließt, daß er nun ausschließlich in den Genuß der Dienste ehemaliger FBI-Leute kommen würde, müßte sich auf eine Enttäuschung gefaßt machen. 1961 war weniger als ein Prozent der gesamten Belegschaft als ehemalige Angehörige des FBI im Mitgliederverzeichnis der Society of Former Special Agents des FBI aufgeführt.
Der Wirtschaftsredakteur des »*Herald*« von Miami erwähnte in seinem Bericht über die phänomenale Entwicklung dieser lokalen Firma zu einem Unternehmen von nationalem Ansehen und Rang, daß

die Tatsache der FBI-Führerschicht dem Unternehmen bei der Werbung neuer Klienten aus der Industrie von Vorteil sei. Er sagte, Wackenhut habe eben diesen besonderen Vorteil bei Verhandlungen mit Sicherheitsbeauftragten der Industrie, da »ein hoher Prozentsatz der Sicherheitsbeauftragten der Industrie früher einmal zum FBI gehörte«!

5. *Die elektronischen Augen und Ohren und das elektronische Gedächtnis*

In dem Roman, den George Orwell über das Jahr 1984 schrieb, stellte er sich im Geiste vor, daß die Fortschritte auf dem Gebiet der Elektronik seinen fiktiven totalitären Führer in die Lage versetzt hätten, in jedem Wohnbezirk seines Reiches einen Fernsehschirm zu installieren. Auf diese Weise konnte der Tyrann praktisch eine totale visuelle und auditive Überwachung aufrechterhalten, wann immer er es wünschte. Wie Orwell es nannte: »Man mußte in der Annahme leben – und man stellte sich tatsächlich instinktiv darauf ein –, daß jedes Geräusch, das man machte, mitgehört und, außer in der Dunkelheit, jede Bewegung beobachtet wurde.«
Wenn Orwell sein Buch statt in den vierziger Jahren heute geschrieben hätte, wären die von ihm erwähnten Details gewiß noch grauenerregender. Heute gibt es wirklich Kameras, die im Dunkeln zu sehen vermögen. Heute gibt es ganze Wände mit riesigen Elektronengehirnen, die sich, was durchaus denkbar wäre, im Zeitraum weniger Sekunden jeder ins Gewicht fallenden Handlung – einschließlich Versagens, Peinlichkeiten oder möglicherweise belastender Taten – aus der Lebenszeit eines jeden Staatsbürgers erinnern würden. Und die Gehirnforschung ist bis zu einem Punkt gediehen, wo es nur allzuleicht glaubhaft erscheint, daß ein Großer Bruder in das Gehirn eines jeden Neugeborenen bei der Geburt eine Elektrode einpflanzen könnte und danach durch Fernlenkung ein gewisses Maß an Zwang über die Stimmungen und das Verhalten des einzelnen ausüben würde, zumindest solange, bis seine Persönlichkeit sich angemessen gefestigt hätte.
Zum Glück für das menschliche Geschlecht ist eine ganze Reihe von Menschen über die Wunder, die die elektronische Forschung uns erleben läßt, in Angst und Sorge geraten. Und es ist gleichermaßen ein Glück, daß die Kosten für die meisten dieser Erfindungen ihre Anwendung auf ganze Völker verbieten (obwohl die Preise allmählich im Sinken begriffen sind). Daher ist die Anwendung gegen-

wärtig noch auf einzelne Ausnahmefälle beschränkt. Nichtsdestoweniger werden Millionen von Amerikanern im Laufe eines Jahres beobachtet und elektronisch abgehört, ohne daß es ihnen auch nur in einer einzigen Woche bewußt wäre.

Lassen Sie uns einen Moment innehalten, um uns ein Bild zu machen von dem Stand der »Kunst« der elektronischen Überwachung im Jahre 1964. In den unten folgenden Kapiteln werden wir sehen, wie die Geräte, die inzwischen entwickelt wurden, in vielen Situationen auf eine Art angewendet werden, die die Neigung zeigt, das Privatleben und die Würde des unter Kontrolle stehenden Staatsbürgers zu vernichten.

Jedes Jahr werden Tausende von Fernsehkameras an die Industrie verkauft. Zu den Lieferanten gehören Riesenbetriebe wie General Precision, General Electric und RCA. Im Branchenverzeichnis des Telephonbuches von Seattle sind vierzehn Firmen aufgeführt, die den Verkauf oder die Installierung von Fernsehaufnahme- und Wiedergabeanlagen anzeigen. Viele der Fernsehkameras, die in der Industrie Verwendung finden, erfüllen so prosaische Zwecke wie die Überwachung von Armaturenbrettern oder Vorgängen in Schmelzöfen; andere wieder sind für die Überwachung von Menschen bestimmt. In einigen Fällen wissen die betreffenden Personen, daß sie überwacht werden, wie beispielsweise am Eingangstor des mit Forschungsaufträgen betrauten IBM-Werkes in Endicott im Staate New York. In anderen Fällen geht die Überwachung heimlich vor sich.

Max Kanter, Präsident der ITV in New York, bei der man Fernsehanlagen mieten oder kaufen kann, erklärte, daß, wenn man die Kameras versteckt anbringen möchte, nicht einmal die Linse sichtbar zu sein brauchte. Er sagte: »Selbst wenn vor der Kamera ein Vorhang oder anderes dünnes Material hängt, um sie dahinter zu verbergen, dann kann die Linse, wenn sie auf einen dahinterliegenden Brennpunkt eingestellt ist, durch das Material hindurchsehen.« (Für die Grundausrüstung beträgt die Wochenmiete etwa 200,– Dollar).

Die Hersteller von Fernsehkameras zu Überwachungszwecken haben nicht nur gelernt, sie auf eine Dicke von nur etwa 10 cm zu verkleinern, sondern sie haben auch entdeckt, daß man die Kameras senkrecht in einer Wand mit einer Hohlschicht von etwa 10 Zentimetern einbauen kann, wenn man die Aufnahmen mittels eines Spiegels macht. Die Tatsache, daß der amerikanische Geheimdienst Fernsehkameras bei einem Teil seiner Überwachungstätigkeit benutzt, wurde durch ein Gerichtsverfahren gegen einen Verwaltungsunteroffizier der Marine bekannt, der der Spionage verdächtigt worden war.

Versteckte Kameras *für Einzelaufnahmen* sind ebenfalls sehr gebräuchlich, um die Menschen während bestimmter Tätigkeiten im Bild festzuhalten. Eine Firma, die sich »Kameras für die Industrie« nennt, hat den Verkauf von »Automatik-Photo-Systemen« an Fabriken, Geschäfte, Banken usw. in Angriff genommen, die heute für »nur einige Pfennige pro Tag« gemietet werden können. Die Kameras arbeiten geräuschlos, können Tausende von Bildern mit einer einzigen Kassettenfüllung aufnehmen und sind angeblich sowohl offen sichtbar als auch im Verborgenen zu benutzen. Das Auslösen der Kamera erfolgt durch ein photoelektrisches Auge. Wenn ein Schalterbeamter einem Kunden ein Schriftstück aushändigt, kann er es zuvor maschinell mit einem Nummernaufdruck versehen lassen. Dadurch wird gleichzeitig die auf den Kunden gerichtete Kamera ausgelöst.

Ferner gibt es die winzigen Kameras, die von Ermittlungsbeamten oder anderen nach Beweismaterial fahndenden Leuten benutzt werden. Manche sind im Feuerzeug eingebaut. Sowie der Benutzer des Feuerzeuges eine Zigarette anzündet, löst der Druck seines Daumens gleichzeitig die Kamera aus.

Der Anstoß zur Entwicklung vieler dieser bemerkenswerten Überwachungsgeräte kam aus der militärischen und der Raumfahrtforschung. Zudem rührte er von den Bemühungen her, mit den Russen auf diesen Gebieten Schritt zu halten. Fortschritte auf dem Gebiet der Infrarot-Photographie (im Dunkeln) und die Weiterentwicklung der automatischen Schnellauslöservorrichtung für Kameras ergaben sich zum großen Teil aus Forschungsarbeiten für die Luftaufklärung. Ein Großteil der ersten Fortschritte in der Weiterentwicklung von Fernsehanlagen galten dem Zweck der Überwachung von Maschinen und Skalenblättern sowie von Menschen im Rahmen der Raketenabschußexperimente. Transistoren ermöglichten die Verwendung von Kleinstsendegeräten in Satelliten, wo jedes Gramm bereits zählt. Nicht genug damit, hinzu kamen die sichtbaren Erfolge beachtlicher russischer Verfahren, die die amerikanische Regierung bewogen, sich mit Macht in die Forschung zu stürzen und in Entwicklungsvorhaben auf den Gebieten der Überwachung und der Abschirmung. Die Entdeckung jenes winzigen Mikrophons, das eingebettet im Staatssiegel der Vereinigten Staaten an der Wand hinter dem Schreibtisch des amerikanischen Botschafters in der Moskauer Botschaft gefunden wurde, bedeutete einen weitaus größeren Schock für die Techniker Amerikas, als jemals zugegeben wurde. Einer der Männer, die von der Suchaktion nach jenem Mikrophon in allen Einzelheiten Kenntnis hatten, teilte im Vertrauen mit: »Es war ein technischer Fortschritt, den die Russen da zeigten, und wir kamen zu der Zeit einfach noch nicht mit. Wir waren nicht entsprechend ausgerüstet, um es gleich auszumachen, da sie auf der anderen Straßenseite einen sehr stark gerichteten Sender aufgestellt hatten, um die Signale des eingebauten Geräts abzustrahlen. Der Riesensender arbeitete in einem ultrahohen Frequenzbereich, den unsere Geräte nicht erfassen konnten.« Die britische Botschaft riet den Amerikanern, das Büro des Botschafters praktisch auseinanderzunehmen; denn unsere britischen Vettern ließen uns im Vertrauen wissen, daß sie in ihrer Botschaft ebenfalls Funksignale entdeckt hätten, die nicht zu identifizieren gewesen wären.

Über hundert verborgene Abhörvorrichtungen hat man in den letzten Jahren in amerikanischen Botschaften und Auslandsvertretungen in den Ländern des Sowjetblocks gefunden. Ein hübsches Beispiel für die sowjetischen Fortschritte in der Herstellung derartiger Miniaturapparate wurde zufällig durch einen amerikanischen Militärattaché in einer Bar in Moskau entdeckt, als er ein Glas mit einem Martini in die Hand nahm, das nicht für ihn bestimmt war. Die »Olive« darin enthielt, wie die Zeitschrift *»Time«* zu berichten wußte, einen Sender, und der winzige Zahnstocher, der darin stach, war eine Antenne.

Eine der Maßnahmen, die die amerikanische Regierung inzwischen ergriffen hat, um geheime Unterhaltungen in ihren Botschaften in unsicheren Ländern zu schützen, besteht darin, daß sie transportable Räume in die Botschaften schickt. Solch ein Raum wird für Transportzwecke in seine Bestandteile zerlegt und erst in der Botschaft zusammengesetzt. Der Raum ist nach allen Seiten hin schalldicht abgeschirmt und so gebaut, daß eine Sichtkontrolle auf irgendwelche Leitungen unterhalb, oberhalb und rund um den »Raum« herum gewährleistet wird.

Amerikanische Firmen sind heute in der Lage, so winzige Mikrophone und Sendegeräte herzustellen, wie man sie sich nur denken oder wünschen kann. Man kann beispielsweise Sendegeräte haben, die in das Innere einer Lippenstifthülle oder in einen Kugelschreiber passen, oder die wie ein Stückchen Zucker aussehen. Mikrophone, die kleiner sind als ein 25-Cent-Geldstück, werden heute hergestellt und viel verwendet.

Wenigstens dreißig amerikanische Firmen befassen sich mit der Herstellung elektronischer Abhörausrüstungen. Eines der größeren Unternehmen namens Solar Research, Inc. in Oakland Park im Staate Florida behauptet, daß beispielsweise allein im Jahre 1962 sein Verkauf um das Vierfache angestiegen sei. Einige Firmen verkaufen ihre Geräte nur an Justizbehörden; andere verkaufen an die Justizbehörden nur Überwachungsgeräte, dagegen Abschirmgeräte auch für private Zwecke. Wieder andere scheinen einfach nur daran interessiert, alles, was sie haben, jedem zu verkaufen, der nur das Geld hat, um diese Dinge zu bezahlen.

Es gibt keine gesetzliche Bestimmung, die die Herstellung oder den Verkauf von Abhörgeräten verbietet, und bedauerlich wenig Gesetze, FCC-Verfügungen oder Gerichtsbeschlüsse, die den Gebrauch solcher Apparate untersagen. Es machte mir zum Beispiel gar keine Mühe, von den verschiedensten Firmen Kataloge zu erhalten. Und im Schaufenster eines Elektronikladens in der 43. Straße in New York City entdeckte ich ein Gerät, das automatisch ein Tonbandgerät einschaltet, sobald ein Telephongespräch auf einer Leitung beginnt.

Als eine an der Westküste Amerikas gelegene Herstellerfirma von Abhörgeräten auf einer Tagung der American Society for Industrial Security ihre neuen Muster vorführte, machte der Chef des Unternehmens darauf aufmerksam, daß die verkauften Artikel »den einschlägigen gesetzlichen Bestimmungen unterworfen« wären. Er setzte allerdings hinzu: »Ich kann schließlich nicht für die Integrität anderer Leute geradestehen, die die Geräte benutzen... Ich werde den Käufer nicht fragen, was er damit vorhat.« (Eine auf dem Gebiet der Elektronik führende Zeitschrift brachte übrigens eine Anzeige für einen Fern-Kursus, der sich »Werde Spion!« nannte und zum Preis von 22,50 Dollar zu haben war und Anleitungen zum Abhören enthielt.)

Zu den winzigen Tonbandgeräten bliebe noch zu sagen, daß die Hersteller großangelegte Werbefeldzüge in Zeitungen und Zeitschriften mit hoher Auflagenzahl durchgeführt haben. Ein ganzseitiges Inserat für Minifon, das nur Taschenformat hat, gab nicht nur Auskunft über den Wert des Gerätes bei der Aufnahme von Routine-Schreiben, Protokollieren von Konferenzen usw. Es beschrieb außerdem die verschiedenen Anwendungen von Minifon als Armbanduhr-Mikrophon..., als »unverfängliches Krawattennadel-Mikrophon«... wie man das Gerät unsichtbar in der Aktentasche unterbringen kann... und schließlich als »einzigartigen Telephon-Tonabnehmer«, den man am Hörer befestigen kann, um Telephongespräche festzuhalten.

Im Laufe meiner Nachforschungen gab man mir eine Reihe von Vorstellungen, in denen mir von Männern, die eindeutig Experten auf dem Gebiet waren, Kostproben der Kunst des Abhörens und Abschirmens gegeben wurden. Diejenigen Leute, die der Öffentlichkeit ihre Dienste als Abwehrspezialisten gegen Eingriffe in das Privatleben anbieten, zeigen sich offenbar am bereitwilligsten, die Probleme dieses Komplexes in aller Offenheit zu diskutieren. Raymond Farrell, Manager der Bondwitt Sound Engineering Co. in New York, erklärte hierzu: »Wenn wir der Allgemeinheit dienen, sind wir Spezialisten in der Abwehr der Eingriffe in die persönliche Sphäre; sind wir dem Gesetz dienstbar und arbeiten auf gesetzmäßige Art und Weise, dann sind wir Fachleute auf dem Gebiet des gewaltsamen Eindringens in die Privatsphäre anderer.«

Während wir beide in seinem Büro zusammensaßen und uns unterhielten, zog er aus seiner Aktentasche ein Sendegerät von der Größe eines Streichholzheftchens. Auf seinen Vorschlag suchten wir am Ende des Ganges ein anderes Zimmer auf, in dem zwei Sekretärinnen plauderten, und mit ihrer Erlaubnis wurde das winzige Sendegerät mit dem dazugehörigen Mikrophon auf einem Tisch in einiger Entfernung placiert. Dann kehrten wir in das Büro zurück, in dem wir unser Gespräch begonnen hatten. Er schloß die Tür und schaltete sein Empfangsgerät ein. Die Unterhaltung der beiden Mädchen war laut und deutlich zu hören. Mein Gesprächspartner erklärte, die Mädchen würden je nach den Bedingungen auch noch einen oder vielleicht zwei Häuserblocks weiter entfernt zu hören sein.

Die eindrucksvollste Vorstellung ließ Ralph V. Ward von der Mosler Research Products, Inc. in Danbury im Staate Connecticut für mich geben. Mr. Ward gehört zu den führenden Autoritäten in der Herstellung von Überwachungsgeräten in der ganzen freien Welt. Sein Unternehmen und dessen Vorgänger leisteten Pionierarbeit in der Fabrikation von Miniaturüberwachungsgeräten für die Bundesbehörden, einschließlich einiger internationaler Institutionen. Als Vizepräsident und verantwortlicher Verkaufsleiter hält er sich häufig in Washington auf, wo er Aufträge entgegennimmt und wegen der Übertragung von Forschungs- und Entwicklungsvorhaben vorspricht. »Es geschehen auch heute noch Zeichen und Wunder«, meinte er. Die Firma Mosler stellt heute einen Großteil der von ihr hergestellten Ausrüstungsgegenstände den staatlichen und städtischen Behörden und behördlich zugelassenen Ermittlungsunternehmen zur Verfügung. Und der Industrie bietet sie für etwa 300,– Dollar eine »Sicherheits«-Ausrüstung, die eine Unmenge von Werkzeugen zum Entdecken von Abhörgeräten enthält – aber keine Abhörgeräte selbst. Der liebenswürdige Mr. Ward widmete mir fast einen ganzen Tag, um mit mir systematisch die Probleme durchzugehen, die es in der Frage des Abhörens und dessen Abwehr geben kann, und er zeigte mir Stück für Stück die Instrumente und Geräte, die in die Schweinsledertaschen hineingehören, die an Bundesbehörden und andere Dienststellen verkauft werden. Die gefüllte Tasche wird zu vielen Hunderten hergestellt und enthält das notwendige Handwerkszeug zum Abhören und Abschirmen. Zu den interessanten Stücken gehört ein Mikrophon, das in Gummi gelagert ist, von etwa 50 mm Dicke. Man kann es unter einer Hotelzimmertür hindurchschieben. Außerdem gab es unter den Geräten das sogenannte Nagel-Mikrophon, ein Mikrophon, das an einem etwa 30 cm langen Nagel befestigt ist. Diesen Nagel kann man bequem in Wände und Türen hineintreiben, die als Tonverstärker dienen.

Ich will versuchen, hier die neuesten Errungenschaften auf dem Gebiet des Mikrophongebrauchs und des einschlägigen Instrumentariums so wiederzugeben, wie ich es verstanden habe, als sie mir von Fachleuten, einschließlich von Dr. Ward, erklärt wurden.

Das Gebot von heute ist, nicht kleine Abhörgeräte herzustellen, sondern sie so herzustellen, daß sie unauffindbar werden, zur Verwendung an Stellen, wo die Bewohner auf Sicherheit eingestellt sind und wo Kontrollen zu erwarten sind. Ein Sendegerät – gleichgültig, wie klein es ist – kann ziemlich leicht durch einen Abwehrexperten im Abhören festgestellt werden, wenn dieser über eine Ausrüstung zum »Ausfegen« von Räumen verfügt. Wenn sein elektronischer »Mop« in die Nähe eines versteckten Senders gerät, ist im Empfänger ein Quietschton zu hören. Ein völlig verdeckt angebrachtes Mikrophon mit einem winzigen Draht, der zu einem entfernten Tonbandgerät führt, ist weit schwieriger zu entdecken. Daher hält man einen Sender für geeigneter bei Einsätzen »auf die Schnelle«. Das mit einem entfernter placierten Bandaufnahmegerät verbundene Mikrophon wird vorzugsweise für Dauerbewachungen installiert.

Zu den bevorzugten Stellen in einem Raum, um ein unsichtbar arbeitendes Mikrophon anzubringen, gehört die Rückseite von Schreibtischschubladen (da für gewöhnlich niemand sich die Mühe macht, die Schublade ganz herauszuziehen – selbst dann nicht, wenn man etwas sucht) und in der Polsterung oder an der Unterseite eines Bettes. Ist ein Abhören mit Hilfe eines Senders über einen längeren Zeitraum geplant, so hat man den Vorteil, daß man das Sendegerät in eine elektrische Uhr oder einen Fernsehapparat oder auch in eine Lichtanlage einbauen kann, so daß der Sender an die allgemeine Stromleitung angeschlossen ist und aus der Stromquelle des Hauses gespeist wird.

Eine andere beliebte Stelle, um Abhörgeräte versteckt anzubringen, ist das Innere eines Bilderrahmens. Mosler verkauft ein hübsches

Landschaftsbild, in das auf die Innenseite des Papiers, das die Rückseite des Bildes bedeckt, ein äußerst dünnes Sendegerät geklebt ist (Preis: 215,– Dollar). Bei einer Durchsuchung eines Raumes ohne technische Hilfsmittel könnte man dieses Sendegerät nicht entdecken, selbst dann nicht, wenn das Bild von der Wand genommen würde. Diese Art von Bildern wird besonders gern zur Installierung in Hotel- und Motelzimmern verwendet, in denen Personen untergebracht werden, die unter Beobachtung stehen.

Der Boden eines Telephonapparates wird ebenfalls gern zur schnellen Installierung einer Abhörvorrichtung gewählt. Mr. Farrell führte mir vor, daß man dies innerhalb einer Minute bewerkstelligen kann. Auf zwei Arten kann ein Abhörgerät angebracht werden. Eine doppeladrige Anzapf-Leitung gibt unter Verwendung des kleinen Sendegerätes am Telephon nur das Telephongespräch wieder. Eine dreiadrige Leitung enthält einen Draht, der einen Gabelumschalter betätigt und auf diese Weise alle Anrufe überträgt und darüber hinaus jedes Gespräch, das in dem Raum geführt wird, solange das Telephon nicht benutzt wird.

Wegen der Fortschritte auf dem Gebiete des Abschirmens haben Abhörfachleute nach Möglichkeiten gesucht, ihre Mikrophone außerhalb der Reichweite der auf Metall ansprechenden Suchgeräte zu installieren. Das heißt, sie bauen die Mikrophone, die heute schon weit verbreitet sind, hinter den Wänden ein – und zwar so weit wie möglich. Mr. Ward sagte dazu: »Normalerweise ist das Abhören am leichtesten durch einen winzigen Spalt zu bewerkstelligen, durch ein stecknadelgroßes Loch, das zu klein ist, um in den Unebenheiten des Holzes oder im Verputz aufzufallen. Mit bloßem Auge würde man die winzige Öffnung nicht entdecken können.« (Die Forschung arbeitet bereits an der Entwicklung eines Apparates, dem das Auffinden solcher Löcher gelingt.) Doch selbst durch eine solche Nadelöhröffnung hindurch kann ein in der Wand eingebautes Mikrophon schwache Geräusche im Suchgerät hervorrufen, wenn es unmittelbar unter dem Verputz angebracht wurde. Daraufhin, so erläuterte Mr. Ward, habe man nun das Röhren-Mikrophon entwickelt. Dieses Mikrophon kann einige Zentimeter hinter dem Nadelöhrloch angebracht werden. Die Röhre, die ein aus Kunststoff bestehender Verstärker sein kann, führt von der Öffnung zum Mikrophon und verringert die Möglichkeiten, daß das Mikrophon durch ein Metallsuchgerät entdeckt werden kann. Dr. Leo L. Beranek vom Massachusetts Institute of Technology, eine der führenden Größen auf dem Gebiet der Akustik, beschrieb Abhörvorrichtungen, die an der Außenwand des Raumes angebracht werden können, der überwacht werden soll. Die Stimmen im Innern des Raumes erzeugen mechanische Schwingungen, die von einem Gerät, das an der Außenwand befestigt ist, aufgefangen werden können. Die meisten Abhör-Abwehrexperten fühlen sich erst dann sicher, wenn sie alle angrenzenden Räume inspizieren konnten und die Räume oberhalb und unterhalb des Zimmers, das sie sorgfältig auf irgendwelche Anzeichen von Abhörtätigkeit hin untersuchen sollen.

Über die Reichweite der starken Richt-Mikrophone, von denen es heißt, daß sie Unterhaltungen noch aus großer Entfernung auffangen können, hat sich ein beträchtlicher Sagenschatz gebildet. Veröffentlichungen, denen zufolge sie Stimmen noch aus einer Entfernung von etwa 400 m oder durch geschlossene Fenster auffangen können, entbehren offenbar jeglicher Grundlage. Es scheint allerdings den Tatsachen zu entsprechen, daß einige Mikrophone in der Lage sind, Gespräche aus einer Entfernung von etwa 30–50 m, selbst bei mäßig lautem Geräuschpegel heranholen zu können. Unter idealen Bedingungen, also bei absoluter Ruhe, erfassen sie Gespräche noch aus etwa 150 m Entfernung.

Das erste dieser Wundermikrophone, das erhebliches Aufsehen erregte, war das parabolische Mikrophon, das im Brennpunkt eines Reflektors angebracht war.

Diese riesigen Untertassen wurden erstmalig auf breiter Basis während des Zweiten Weltkrieges entwickelt, bevor es Radar gab. Sie erwiesen sich bei der Entdeckung anfliegender Maschinen als weitaus empfindlicher als das menschliche Ohr. Ein leistungsfähiges Parabol-Mikrophon erfordert einen Reflektor mit einem Durchmesser von wenigstens einem Meter, besser aber von zwei Metern. So wird es in den meisten Fällen etwas unhandlich für die Detektive. Aber es kann hinter Büschen, auf einem offenen Lastwagen oder auf dem abgedunkelten Balkon eines Konferenzzimmers versteckt werden.

Eine andere Art des Richt-Mikrophons ist das sogenannte Maschinengewehr-Mikrophon, das aus einem Bündel von Röhren verschiedener Länge besteht, von denen jede die aufgenommenen Geräusche zu einem an der Rückseite angebrachtem Mikrophon weiterleitet. Solch eine Anordnung der Röhren hat den Vorteil, daß die meisten Geräusche, die nicht so gut wie unmittelbar frontal auftreffen, eliminiert werden. Doch auch bei diesem Gerät ist das Hauptproblem die Schwerfälligkeit. Das Bild, das ich von einem solchen in Aktion befindlichen Gerät sah, ließ erkennen, daß die längste der Röhren etwas mehr als zwei Meter maß. Der Mann benutzte es hinter Buschwerk verborgen. Einem Unterausschuß des Senats wurde berichtet, daß diese Art von Mikrophon sich als praktisch erwiesen hätte bei

der Beweissammlung in einem Erpressungsfall in Kalifornien, in den ein Filmschauspieler verwickelt war. Der Erpresser, der den Verdacht hegte, daß der andere ein Abhörgerät bei sich tragen könnte, verlangte, daß der Schauspieler ihn an einer entfernt gelegenen Stelle am Strand treffen und lediglich eine Badehose tragen sollte. Der Schauspieler tat das auch, aber über 100 Meter weiter hörte ein »Maschinengewehr-Mikrophon« im Dunkeln genug von dem Gespräch, um belastendes Beweismaterial liefern zu können.
Eine dritte Art eines weitreichenden hochempfindlichen Mikrophons wird von der Electro Voice hergestellt, die sich auf die Entwicklung von Rundfunkmikrophonen spezialisiert hat. Kürzlich entwickelte sie ein einläufiges, gut zwei Meter langes Mikrophon. Alle größeren Fernsehgesellschaften benutzten es zur Aufnahme der Stimmen von Fragestellern bei Pressekonferenzen des Präsidenten... zur Aufnahme der Klänge weit entfernter Musikkapellen bei Paraden... und zur Aufnahme – von den Seitenlinien her – von Rufen und dem Zusammenprallen der Spieler bei Fußballspielen. Die National Football League hat es jetzt verboten, weil es zu viele obszöne Redensarten der Spieler aufnahm und übertrug. Electro Voice hatte Anfragen von einer Anzahl Kunden – und tätigte auch Verkäufe –, die wohl Ermittler hätten sein können. Die Firma hat jedoch keine Ahnung, wieviele dieser Apparate tatsächlich in der Ermittlungsarbeit verwendet werden, da die Benutzer über den Verwendungszweck Stillschweigen bewahren. Das große Mikrophon kostet bei Electro Voice etwa 1000,– Dollar. Eine einfachere, wenn auch nicht-elektronische Art des Abhörens von entfernt geführten Gesprächen – falls der Lauscher keines aufgezeichneten Beweismaterials bedarf – ist es übrigens, einen mit einem Fernglas bewaffneten Lippenleser anzustellen.
Eine der meist angewandten Arten des Abhörens wird mit Hilfe eines am Körper versteckten Mikrophon-Senders praktiziert. Die Herstellung immer kleinerer Geräte hat dies ermöglicht; und unglücklicherweise besteht kaum eine Veranlassung, eine gerichtliche Verfolgung dafür zu befürchten.
Zahlreiche Fachleute sind dafür, das Mikrophon unter der Krawatte verborgen zu tragen, und zwar verhältnismäßig weit unten, damit die Klarheit der Aufnahme nicht unter Störungen durch den Herzschlag leidet. Die Tonbandgeräte sind heutzutage klein genug, so daß es praktisch so gut wie unmöglich ist, sie zu entdecken, wenn sie am Körper getragen werden. Die Experten ziehen versteckt zu tragende Sendegeräte bei weitem gegenüber Tonbandgeräten vor. Das Sendegerät überträgt auf ein Tonband, das sich in einer Entfernung von mehreren hundert Metern befinden kann; und sogar ein Gerät mit

einer ziemlich großen Sendestärke ist noch immer um ein gutes Stück kleiner herzustellen, als ein gut zu verbergendes Tonbandgerät. Außerdem kann es längere Zeit als ein Tonbandgerät in Betrieb bleiben, ohne daß es neu aufgeladen werden muß. Und selbst wenn jemand damit während einer Leibesvisitation ertappt wird, kann die bis zu dem Moment aufgefangene Information nicht gelöscht werden und – falls erforderlich – kann Hilfe entsandt werden. Das Sendegerät kann in der Tasche des Mantels getragen werden; die Antenne läuft dabei innen bis zur Achselhöhle und dann im Ärmel nach unten. Eine der besten Stellen für das Anbringen eines Senders oder eines kleinen Tonbandgerätes liegt laut Aussage eines Mannes, der polizeilichen Taschendurchsuchungen beiwohnte, um seine Theorie zu überprüfen, unmittelbar oberhalb des Steißbeinknochens. Ebenfalls eine beliebte Art, ein Sendegerät mit Mikrophon versteckt bei sich zu tragen, ist es, die Geräte in eine »King Size«-Zigarettenschachtel zu verstecken, wobei sich die Packung ebenso weich anfühlen muß, wie eine volle Zigarettenpackung.

Um unsere Kenntnis der verschiedenen Abhörgeräte zu vervollständigen, ist noch eine Anzahl von Zusatzgeräten zu nennen, die sich an Fahrzeugen anbringen lassen. Ein einfaches Sendegerät, das in regelmäßigen Abständen ein Sendezeichen ausstrahlt, ruht auf vier Magneten und läßt sich auf jeder glatten Metallfläche unterhalb des Wagens in wenigen Sekunden anbringen. Das Sendezeichen ist im Umkreis von etwas mehr als einem Kilometer noch zu hören.

Die »Kunst« des Leitungsanzapfens – das zumindest technisch gesehen eine strafbarere Art des Abhörens darstellt – hat im Laufe der letzten Jahre ebenfalls einige Fortschritte aufzuweisen. Einer davon ist ein Miniatursender, der an der Abhörstelle angeschlossen werden kann. Das ist nicht nur bequemer, sondern vermindert auch die Gefahr der Verfolgung des Abhörers, wenn eine Zapfstelle entdeckt werden konnte.

Die Leitungsanzapfer geben sich häufig als Männer vom Telephonentstörungstrupp aus, und manche von ihnen, die sich im großen Stil mit dem Anzapfen befassen, bauen sich Attrappen der grünen Lastwagen der Telephongesellschaft oder kaufen sie sogar.

Geräte, wie sie für die einfacheren Arten von direktem Leitungsanzapfen benutzt werden können, sind bereits für weniger als 25,– Dollar erhältlich. Und für nur 4,25 Dollar kann man ein kleines Gerät kaufen, das ein Telephongespräch auf ein Tonbandgerät überträgt. Es läßt sich innerhalb von drei Sekunden durch einfaches Andrücken seiner Saugknöpfe an die Oberseite des Telephonhörers anbringen.

Je mehr man in dieses Gebiet der Sender, automatischen Aufnahmegeräte und der vielen Mikrophontypen, die hier zur Sprache gebracht wurden, hineingerät, desto haariger werden allerdings auch die Preise. Ein Abhörer von Beruf wird sich wahrscheinlich eine teure Tasche – oder eine Wagenladung – voll Handwerkszeug erwerben müssen. Eine Durchsicht von vier Katalogen der Herstellerfirmen von Überwachungsausrüstungen (Mosler, Tracer Electronics, Inc., W. S. J. Electronics und R. B. Clifton Electronics Surveillance Equipment) vermittelt eine gewisse Vorstellung von den Unkosten eines Berufshorchers. Hier einige Preisbeispiele:

– Sendegeräte für drahtlose Telephonüberwachung: Preise zwischen 65,– Dollar und 200,– Dollar, je nach der Reichweite von einem bis zu drei Häuserblocks.

– Bilderrahmen-Sender 215,– Dollar.

– Allzwecksender zum Einbau innerhalb eines Raumes: Preise zwischen 95,– Dollar und 137,– Dollar, vermutlich je nach Qualität.

– Sender, die man am Körper versteckt: 150,– bis 220,– Dollar.

– Apparat zum automatischen An- und Abschalten eines Tonbandgerätes bei Beginn und Ende eines Gesprächs auf einer angezapften Fernsprechleitung: 76,– bis 105,– Dollar.

Da in einigen Staaten sogar schon der private Besitz von Abhörgeräten verboten ist, steht im Clifton-Katalog am Ende der Preisliste zu lesen: »Achtung – in vielen Teilen der Welt gelten Gesetze, die die Benutzung einiger der hier aufgeführten Artikel verbieten. Der Käufer (und nicht der Verkäufer) trägt die alleinige Verantwortung für den erworbenen Artikel, und er hat sich durch juristische Belehrung zu vergewissern, welche Gesetze bei einer eventuellen Benutzung in Anwendung gebracht werden können und auf welche Weise Verstöße gegen diese Gesetze zu vermeiden sind.« Die Firma Tracer Electronics vermerkt einfach hinter einigen ihrer Artikel: »Die Benutzung des durch Kauf erworbenen Artikels unterliegt den einschlägigen Bestimmungen.« Die vorgesehenen FCC-Vorschriften zur Einschränkung der Verwendung von Funksendern für elektronisches Abhören werden – wenn sie überhaupt verkündet werden – keineswegs den Verkauf dieser Geräte beeinflussen. Nur der Benutzer wird wegen der Rechtslage etwas vorsichtiger und wachsamer sein.

Eine gänzlich anders gelagerte Art der elektronischen Überwachung – und Kontrolle – ist durch die Entwicklung der riesigen Elektronengehirne möglich geworden. Von Monat zu Monat werden immer mehr Informationen über Einzelpersonen in irgendwelchen gigantischen Elektrogehirnen gespeichert. Bis heute wurden mit den Informationen über Einzelpersonen für gewöhnlich Riesencomputer gefüttert, um einem sozial gerechtfertigten oder wirtschaftlich oder politisch ansprechendem Zweck zu dienen. Aber wird das auch so bleiben? Diese Frage drängt sich besonders im Gedanken an jene Elektrogehirne auf, die kumulativ Daten über den einzelnen speichern. Das ganze Speichern und Anhäufen von Informationen geht einem nicht mehr aus dem Sinn. Dr. Robert Morrison, der Direktor des medizinischen und naturwissenschaftlichen Instituts der Rockefeller-Stiftung, bemerkt hierzu: »Wir können uns der Erkenntnis nicht länger verschließen, daß organisiertes Wissen eine enorme Machtfülle in die Hand derer legt, die sich der Mühe unterziehen, sich dieses Wissen dienstbar zu machen.« Es ist in diesem Zusammenhang sicher nicht ohne Bedeutung, daß es in zunehmendem Maße diejenigen sind, die die Position des »Comptroller« in amerikanischen Aktiengesellschaften innehaben, die so häufig zum Präsidenten der Gesellschaft aufsteigen. Die Kontrolle, die sie über die Computer haben, gibt ihnen aufgrund der Informationen, die nur ihnen zugänglich sind, erhebliches Übergewicht über ihre Konkurrenten.

Wenn Informiertsein Macht bedeutet, dann sollten die Amerikaner die Unmenge an Informationen, die die Regierungsbehörden der Vereinigten Staaten über jeden einzelnen Bürger des Landes zu sammeln und aktenmäßig in ihren verflixten Gedächtnisablagen zu horten beginnen, als besorgniserregend ansehen. Da gibt es beispielsweise die riesigen Elektronengehirne, die jetzt vom Steuerfahndungsdienst in Benutzung genommen werden, um die Angaben unserer Steuererklärungen mit den Angaben zu vergleichen, die man aus anderen Quellen zusammengetragen hat, die also beispielsweise vom Arbeitgeber oder den Bankinstituten geliefert wurden. Die Computer passen auch auf, daß die Angaben ins Gesamtbild hineinpassen oder ob sie unglaubwürdig sind. Diese »Erinnerungslager« sind ohne Zweifel nützlich, um die Steuereinziehung in angemessener und reibungsloser Weise vonstatten gehen zu lassen. Aber wie sind die Folgerungen für eine Zeit in zwei Jahrzehnten, also für 1984? Sollte es künftige Bürokraten danach gelüsten, könnten sie sogenannte »Kumulative«, oder Sammelakten, von jedem Steuerzahler über Jahrzehnte hin anlegen und damit einen schier unermeßlichen Vorrat an detailliertem Wissen über die Lebensgewohnheiten und den persönlichen Bereich jedes mündigen Amerikaners in ihrem Aktionsbereich schaffen.

Bernard S. Benson, ein Hersteller von Computern, gibt ohne Umschweife zu, daß eine Machtkonzentration in Form von derart angehäuften Informationen »katastrophale Gefahren« heraufbeschwören kann. Seiner Ansicht nach ist das Privatleben des einzelnen letztlich demjenigen auf Gnade und Ungnade ausgeliefert, der durch Druck auf den bewußten Knopf die Maschine dazu bewegt, sich zu erinnern. Auf einer internationalen Konferenz über die Verarbeitung von Informationen, die unter der Schirmherrschaft der UNESCO in Paris stattfand, wies er seine Kollegen darauf hin, daß es »höchste Zeit« sei, einen Teil solcher Konferenzen der Diskussion der Frage zu widmen, wie man Vorsorge treffen könnte, daß künftige Fertigkeiten und Leistungen der Menschheit zum Wohle gereichen.

Welcher Art der Nutzen und Gewinn für die Menschheit aber auch sein mag, die wunderbaren, neuen Apparate mit elektronischem Erinnerungsvermögen, elektronischen Ohren oder Augen tragen nur zur Einengung der privaten Sphäre des einzelnen bei. Wie wir sehr bald sehen werden, stellt man die elektronischen Augen und Ohren auf jede nur erdenkliche Art und Weise in den Dienst der Überwachung anderer Menschen.

Diesen fünf Kräften, die innerhalb der Gesellschaft der Vereinigten Staaten am Werk sind – und bis zu einem gewissen Grad in den meisten hochindustrialisierten Gesellschaftssystemen der Welt wirken –, ist es zuzurechnen, daß die Überwachung der Staatsbürger gewaltig zugenommen hat und daß es zu einem massiven Einbruch in die Privatsphäre des Individuums gekommen ist.

3. Wie man einen Bewerber psychologisch »auszieht«

»Bill, eine letzte Frage noch bevor Sie gehen... Neigen Sie zur Homosexualität?« – Diese Frage hörte der Verfasser dieses Buches einen Polygraph-Befrager an einen jungen Mann richten, der sich als Verkäufer beworben hatte und in die engere Wahl gezogen worden war.

Vor einigen Jahren erzählte mir ein Betriebsberater in Chicago einmal: »Wir haben Methoden entwickelt, Menschen psychologisch bis zur Nacktheit auszuziehen [1].« Damals dachte ich noch, er wollte lediglich vor mir den stolzgeschwellten, von sich durchdrungenen Unternehmer spielen, der mit dem von ihm selbst entworfenen Fragebogen prahlt, den er mit psychologischen Spitzfindigkeiten angereichert hatte und nun von den Leitern der Personalabteilungen zur Bewertung und Eignungsprüfung bei der Auswahl von Bewerbern für leitende Positionen in der Privatindustrie verwendet wissen wollte. Heute sehe ich jedoch, daß von diesem maßlosen Drang nach »Durchleuchten« aller oder doch der meisten Bewerber um einen Posten – beileibe nicht nur der Bewerber um einen leitenden Posten – Tausende von Gesellschaften und Unternehmen befallen sind, und daß diese Sucht heute bereits so weit geht, daß der einzelne auch noch um den allerletzten Fetzen von Eigenleben gebracht wird.

Überall in Amerika legen Betriebsleitungen und Direktoren in zunehmendem Maße eine spürbare Zurückhaltung an den Tag, wenn es um die Einstellung von »engeren Mitarbeitern« geht. Bislang pflegte man einen Bewerber einzuschätzen, indem man sich ihn gründlich ansah und sein berufliches Ansehen bestimmte. Das genügt heute längst nicht mehr. Dieses wachsende Mißtrauen hat auch bei einer Broschüre Pate gestanden, die von der American Management Association in einer hohen Auflage herausgegeben wurde. Das Büchlein trägt den Titel »Wie halte ich mir ›wurmstichige‹ Mitarbeiter vom Leibe?« Auf dem Titelblatt sind zwei Männer abgebildet – der eine macht sich am Aktenschrank zu schaffen, der andere sitzt an seinem Schreibtisch –, die sich voller Mißtrauen beäugen.

Die Broschüre, deren Verfasser Professor für Management an der Universität von Wisconsin ist, beschreibt, wie man das Privatleben eines künftigen Angestellten mit Hilfe einer »persönlichen Umfrage bei seinen Nachbarn am derzeitigen und den zwei oder drei letzten

Wohnsitzen« erforschen kann. Der Waschzettel des Buches sagt: »Je stärker das Arbeitskräftepotential in Bewegung gerät, desto größer ist die Gefahr für die Unternehmen, von unerwünschten Elementen überschwemmt zu werden.«

Ein weiterer Grund für die zunehmende Vorsicht liegt möglicherweise darin, daß ein Betrieb heutzutage mit der Einstellung eines neuen Angestellten höhere Verpflichtungen eingeht, als vor einem oder mehreren Jahrzehnten; z. B. in den Beträgen zur Arbeitslosen- und Sozialversicherung, Altersversorgung und so weiter, die er für den Angestellten abführen muß. Eine Reihe von Betrieben hält es zudem für notwendig, sich den Gewerkschaften gegenüber vertraglich zu verpflichten, die Sicherheit des Arbeitsplatzes zu gewährleisten.

Das Mißtrauen der Betriebsleitungen wird aber außerdem durch die wie Pilze aus dem Boden schießenden Ermittlungs- und Auskunftsbüros sowie psychologischen Testfirmen lebendig erhalten. Diese werfen – mit der gleichen Eindringlichkeit wie die Hersteller von desodorierenden Kosmetika in ihrem Werbeslogan – immer wieder die Frage nach der Sicherheit auf: »Können Sie auch ganz sicher sein?« – Die Betriebsleitungen werden warnend darauf hingewiesen, daß das allgemein übliche Einstellungsinterview nicht mehr tauge, da der Bewerber sich dann eines besonders guten Benehmens befleißige. Man gibt ferner zu bedenken, daß einem normalen Bewerbungsfragebogen nicht ohne weiteres anzumerken sei, ob die Angaben nicht von A bis Z erlogen seien. Und Referenzen? Die seien doch ganz und gar aus der Mode gekommen; nur ein Narr nehme sie noch ernst und könne sich auf sie verlassen. Auch ein Telephonanruf bei dem früheren Chef brauche durchaus keine sichere Gewähr darzustellen, daß die Auskünfte der Wahrheit entsprächen. Man könne ja nicht wissen, ob jener nicht froh sei, den Mann endlich auf bequeme Weise losgeworden zu sein oder bei einer negativen Auskunft einen Prozeß wegen übler Nachrede befürchte.

Wie kann man sich nun aber wirklich Sicherheit verschaffen? Durch eine Untersuchung der »Tiefen«! Dieses Ausloten des persönlichen Bereichs eines Menschen kann je nach der Bedeutung der Position und nach den Testmethoden zwischen 15 und 250 Dollar kosten. Jedes Jahr sehen sich einige Millionen Amerikaner solchen »Tauchversuchen« in ihre persönliche Sphäre ausgesetzt, und häufig wird sogar ohne ihr Wissen »getaucht«. Drei bevorzugte Methoden sind:

Direkte Ermittlungen, um den Lebenslauf lückenlos zu verfolgen und den »background« des Bewerbers zu überprüfen.

Die Anwendung von Lügendetektoren.

Die Durchführung von Persönlichkeitsanalysen unter Mitwirkung von Psychologen, Psychoanalytikern oder von mit Tests aller Art bewaffneten Amateur-Psychologen.
Es bestehen gewisse Überschneidungen in der Art und Weise, wie man sich über einen Menschen informieren kann. Jede Methode dient der Enthüllung des einzelnen, aber jede stellt auch den Anspruch, die erfolgreichste zu sein im Enthüllen bestimmter Bezirke des menschlichen Lebens, des Geistes und der Seele.
Wir wollen sie der Reihe nach betrachten und untersuchen:

1. *Die Methode der direkten Ermittlung durch Nachforschungen*

Der Personalleiter einer Aktiengesellschaft hat die Möglichkeit, sich einfach an ein Ermittlungsbüro am Orte zu wenden. Einer dieser Privatdetektive im Gebiet von Baltimore vertraute den Seiten der Zeitschrift *Police Review* seine Praktiken bei der Einstellungsprüfung an. Er fördert zuerst alles an Einzelinformationen zutage, was Gespräche mit den Nachbarn, früheren Arbeitgebern und Mitarbeitern über einen in Auswahl genommenen Bewerber nur hergeben. »Zu keinem Zeitpunkt«, versicherte er, »wird der Name des Auftraggebers, für den die Erkundigungen eingezogen werden, den über den Bewerber befragten Personen bekanntgegeben.« (Meine persönliche Praxis ist es, jedem Ermittler die Tür vor der Nase zuzumachen, der mich nicht zuallererst wissen läßt, wer die Information zu haben wünscht und warum.)
Unser Privatdetektiv in Baltimore sortiert und überprüft sodann das Tatsachenmaterial, verarbeitet die Ermittlungen zu einem Bericht und reicht diesen dem Personalchef ein. Enthält der Bericht »für den Betreffenden nachteilige Angaben«, so sagte er, kann dem Bewerber die Chance gegeben werden, in einem Gespräch »unter vier Augen« dem Personalleiter Erklärungen zu geben. Wie er zu berichten wußte, pflegte ein Personalchef, wenn er ein derartiges »Zwiegespräch« gewährte, in den meisten Fällen »darum zu ersuchen, daß das Gespräch auf Band aufgenommen wird (und zwar ohne Wissen des Bewerbers), um es anschließend durch unsere Leute auszuwerten«. Wird der Bewerber dann nicht eingestellt, »wird das Band gelöscht. Kommt es zu einer Einstellung, wird das Band bei den Personalakten des Betreffenden aufbewahrt für den Fall, daß sich später Widersprüche ergeben sollten, die einen Beweis für die Glaubwürdigkeit und Gültigkeit der getroffenen Absprachen notwendig machen sollten.«

Hat der Bewerber zuvor in einer anderen Stadt oder einem anderen Staat gearbeitet, so wird der Auftraggeber sich wahrscheinlich an ein Ermittlungsbüro mit Zweigstellen wenden, wie es beispielsweise Fidelifacts mit seinen 200 früheren FBI-Spezialagenten in einer ganzen Reihe von Orten darstellt. Diese ehemaligen FBI-Leute nehmen bei früheren Dienstherren oder Arbeitgebern persönliche Befragungen vor, überprüfen durch Gespräche mit den Nachbarn die Lebensgewohnheiten des Bewerbers, fragen bei der Bank nach, erkundigen sich bei der Ortspolizeibehörde und so weiter. Das Stadtbüro von Fidelifacts in New York berichtet, daß eine repräsentative Stichprobenanalyse der Tätigkeit von Fidelifacts gezeigt habe, daß sich in 29 Prozent aller Ermittlungen »ungünstige Angaben« über den zukünftigen Angestellten ergeben haben. (Darunter Schwierigkeiten mit der Ehefrau, Beweise für Trunksucht, dauerndes Fehlen an der Arbeitsstätte, Verschuldung, schlechte Arbeitsleistung und anderes mehr.) Der Leiter der New Yorker Zweigstelle, Vincent Gillen, der zuvor als Rechtsanwalt und auch als Universitätslehrer tätig gewesen war, äußerte die Ansicht, daß sich der Aktionsradius solcher »Ermittlungen vor der Einstellung« rapid ausdehne. Wie er sagte, waren diese »PEI's« (»pre-employment investigations«) ursprünglich dazu bestimmt, Bewerber für wichtige Regierungsposten und solche Positionen in der Industrie zu »durchleuchten«, für die Bürgschaften verlangt wurden. »Im Laufe der letzten Jahre«, meinte er, »hat sich die Basis der Anwendungsmöglichkeiten jedoch verbreitert. Wir haben inzwischen Bewerber überprüft – von der Putzfrau in einer Bank bis zur Spitzenkraft eines Unternehmens.«

Lizenzinhaber von Fidelifacts werden aller Wahrscheinlichkeit nach einen Betrag von acht oder neun Dollar für jede überprüfte Quelle im Fall eines gewöhnlichen Arbeiters berechnen und vielleicht 80 Dollar für ein ausführlicheres Gutachten über einen Bewerber um einen leitenden Posten. Von Mr. Gillen erfuhr ich auch die Tatsache, daß alle Inhaber einer Lizenz ehemalige Beamte des FBI sind und daß dies, wegen der hohen Wertschätzung des FBI in der Öffentlichkeit, ein wichtiges Werbeargument bei der Kundengewinnung sei.

John Cye Cheasty, der früher dem Geheimdienst und der Zollfahndung angehörte und außerdem Sicherheitsoffizier bei der Marine war, hat heute den Posten eines Beraters für Führungskräfte inne und beschränkt seine Tätigkeit weitgehend auf die Überprüfung des leitenden Personals. Er berichtet: »Kürzlich fragte einer unserer Klienten uns, wo man – zeitlich gesehen – mit der Überprüfung und Überwachung des Personals zu beginnen habe. Wir entwarfen ihm daraufhin einen entsprechenden Plan. Ein Angestellter mit einem Gehalt von jährlich mehr als 8000 Dollar sollte bei seinem Eintritt überprüft werden. Wird er dagegen zwar zu einem niedrigeren Gehalt eingestellt, ist aber für eine leitende Position vorgesehen, dann sollte er auf jeden Fall überprüft werden.« In der Vergangenheit habe es den Firmen genügt, einen Mann einfach nach seinem Ruf als Geschäftsmann zu beurteilen, fuhr er fort. Heutzutage aber seien immer mehr Unternehmen dazu übergegangen, »ausgedehnte Erkundigungen vor der Einstellung« einzuziehen. Abschließend meinte er: »Ich bin der Auffassung, daß Industrie-Ermittlungsdienste zu den am schnellsten wachsenden Geschäftszweigen in den Vereinigten Staaten von heute gehören . . .«

Einen Großteil der Ermittlungen über leitende Persönlichkeiten, insbesondere in der Finanzwelt, hat Bishop's Service übernommen. Dem Bishop-Gutachten über einen Menschen begegnet man in weiten Kreisen geradezu mit Ehrfurcht. Ist das Gutachten positiv ausgefallen, so gilt es weit und breit als Voraussetzung für eine erfolgreiche Karriere. Im Grunde ist dies jedoch nur zum Teil wahr. Der Präsident von Bishop's Service, William M. Chiariello, erklärte, daß seine Firma etwa 10 000 Ermittlungsberichte über Bewerber für leitende Posten ausgefertigt habe. »Die Männer, die Entscheidungen fällen«, sagte Mr. Chiariello, »können sich den eiskalten, harten Tatsachen einer solchen Ermittlung nicht entziehen. Ich finde, daß sich immer weniger Wirtschaftsführer auf ihr eigenes Urteil verlassen.« Außer diesen 10 000 umfassenden Personalgutachten, die im Auftrag von Klienten erstellt wurden, hat die Firma Bishop in ihrem Archiv im zweiten Stock eines Wolkenkratzers in der Wall-Street-Gegend von New York zusätzlich Informationen über 5 Millionen Personen, das heißt praktisch, über jeden wichtigen Mann im amerikanischen Wirtschaftsleben.

Ein detaillierter Bishop-Bericht über einen Menschen ist nicht billig. Das Leitmotiv der Firma Bishop ist »Das ganze Leben eines Menschen kann Vorspiel sein zu einer einz'gen Tat«. Man schätzt, daß ein solcher Bericht von 150 Dollar an aufwärts kostet. Die Gutachter-Berichte, die ich zu sehen bekam, hatten eine Länge von 12 bis 18 Seiten und behandelten anscheinend mit Gründlichkeit und Sorgfalt den beruflichen Lebensweg des Betreffenden, seine Finanzlage sowie seine Lebensgewohnheiten. Jede Seite trug in der Mitte einen Aufdruck, der den Leser in ernstem Ton darauf hinwies, daß »die im Bericht enthaltenen Mitteilungen der Wahrnehmung bevorrechtigter Interessen dienen und streng vertraulich zu behandeln sind«.

Mr. Chiariello, von Beruf Anwalt, hält die Anwendung von elektronischen Überwachungsgeräten, den Einsatz von Spitzeln und Spähern, das Schlüsselloch-System oder das Sich-als-Befrager-Ausgeben »im Auftrage der Regierung«, um an Informationen heranzukommen, für dilettantisch und sinnlos. »Der Kern eines Ermittlungsverfahrens ist das Interview und die Beschaffung von Urkundenbeweisen.« Die Ermittler seines Unternehmens sind auf Gehaltsbasis angestellt und werden nicht nach dem Prämiensystem bezahlt, obwohl diese Vergütungsart bei großen Unternehmen dieser Branche üblich ist. Mr. Chiariello hat nur Verachtung übrig für die in einigen dieser Firmen zum Grundsatz erhobene Regel, die Ermittler müßten mindestens 10 Prozent »abträgliche« Auskünfte liefern, um in etwa »im Gleichgewicht zu bleiben«. Nach seinen Worten fällt die große Mehrheit der Bishop-Gutachten nicht nur völlig günstig für den Beurteilten aus, sondern ist in den meisten Fällen konstruktiv für ihn und fördert wichtige Fähigkeiten und Fertigkeiten des Betreffenden zutage.

Im allgemeinen versucht der mit den Ermittlungen Beauftragte, Informationen über einen bestimmten Mann oder eine Frau auf dem Wege der Tatsachensammlung in Erfahrung zu bringen, das heißt durch persönliches Befragen der betreffenden Person, seiner Geschäftspartner und seiner Nachbarn oder durch intensives Aktenstudium. Die wichtigsten Fakten, die ermittelt werden müssen, sind:

1. Wie ist sein beruflicher Werdegang? Die Ermittler gehen in den meisten Fällen bis zu den ersten Anfängen des Berufslebens zurück, um sich einen vollständigen Überblick über alle Zeiträume und Stationen des Berufsweges seit Verlassen der Schule zu verschaffen und keine Zeiträume ohne Angaben lassen zu müssen. Einige Ermittler, zu denen auch die Mitarbeiter der Firma Bishop gehören, ziehen auch Erkundigungen über die Schulzeit ein. Den meisten Befragern genügt es nicht, nur zu erfahren, wie gut der Betreffende seine Arbeit verrichtete, sondern sie erkundigten sich auch, ob er eine gesunde innere Einstellung gegenüber der Firma hatte.

2. Wie versteht er zu wirtschaften? Kommt er mit den ihm zur Verfügung stehenden Mitteln aus? Die Ermittlung der Antworten geschieht unter anderem durch Rücksprachen mit Kreditbüros und Gerichtsstellen, deren Beurteilung und Stellungnahme wichtig sind. Nicht umsonst ist im Geschäftsleben die Auffassung weit verbreitet, daß jemand, der es einmal an der Zuverlässigkeit im Einhalten seiner finanziellen Verpflichtungen fehlen ließ, auch sonst dazu neigen könnte, ihm übertragene Verantwortung und berufliche Pflichten auf die leichte Schulter zu nehmen.

3. Was kann über sein häusliches Leben, sein Familienleben, gesagt

werden? Deuten irgendwelche Anzeichen darauf hin, daß seine Ehe unglücklich ist, oder daß die Kinder vernachlässigt werden? Die Ermittler gehen meistens mit sehr viel weniger Vorsicht bei ihrer Arbeit zu Werke, wenn der Angestellte Frau und Kinder hat. Dazu die Erklärung von Mr. Chiariello: »Ein Junggeselle kann zu jeder Zeit seine ›sieben Sachen‹ packen und gehen, wohin er will, und sogar der kinderlos Verheiratete kann unter Umständen Knall und Fall alle Brücken hinter sich abbrechen; wenn der Mann aber Frau und – sagen wir – fünf Kinder hat, dann dürfte es für ihn schwierig sein, alles im Stich zu lassen und einfach zu verschwinden.« Handelt es sich um einen Mann, der für einen wichtigen Posten mit großer Verantwortung ausersehen ist, halten viele Ermittlungsbüros und Unternehmensberater es für dringend notwendig, daß ein Angestellter oder Beauftragter der Firma den Mann zu Hause aufsucht und sich an Ort und Stelle ein möglichst genaues Bild zu machen versucht. Die Unternehmensberatung McMurry Company hat für Firmen, die solche Kontrollen vornehmen lassen, einen besonderen Fragebogen entworfen, den sogenannten »Haus-Interview-Berichtbogen«. Der Fragebogen enthält unter anderem folgende Fragen: »Wer ist der führende Part in einer Unterhaltung? Wer ist tonangebend, wessen Entscheidungen werden befolgt? ... Wie ist die Einstellung der übrigen Familienmitglieder? ... Wie denkt man über Reisen? Über eine Versetzung an einen anderen Ort? ... Richtet sich der Tagesablauf nach dem Bewerber oder nach anderen Familienmitgliedern?«

Dr. McMurry stellte kürzlich fest, daß es für die Bewertung eines möglichen Vorstandsmitgliedes »zwingend notwendig ist, daß man seine außerberuflichen Lebensumstände ebenso gründlich erforscht wie ihn selbst«. Solch eine Ermittlung »nimmt man am besten vor, indem man dem Hause des Bewerbers einen Besuch abstattet. Das hat den großen Vorteil, daß man erstens das ganze Hauswesen auf einmal kennenlernt und zweitens die Familienmitglieder in den eigenen vier Wänden erlebt, wo sie sich freier und ungezwungener zu geben pflegen. Auf diese Weise ist es einfacher, herauszufinden, wer in der Familie den Ton angibt. Gleichzeitig läßt sich das emotionale Klima auf eventuelle atmosphärische Störungen prüfen; und man erfährt auch, inwieweit die Frau freundlich ist und dem Manne Rückhalt gibt oder ob sie herumkrittelt, ihm ablehnend gegenübersteht oder gar in irgendeiner Weise ein ›Problem‹ darstellt.«

Die Zeitschrift »*Sales Management*« brachte einen Artikel von einem von Dr. McMurrys Mitarbeitern, der die Überschrift trug: »Stelle keinen Verkäufer ein, sondern ein Er-&-Sie-Team.« Dr. McMurry vertritt die Auffassung, daß schon der geringste Versuch, das Leben eines Menschen zu Hause mit elektronischen Hilfsmitteln zu belauschen, ein unentschuldbares und nicht wiedergutzumachendes Unrecht sei. Seiner Meinung nach sei es gerade schlimm genug, in sein Privatleben einzudringen, um ihn zu Hause zu interviewen. Gewisse Umstände könnten es allerdings angebracht erscheinen lassen, daß der Vorgesetzte eines Bewerbers – nach dessen Einstellung – »Nachfaß«-Besuche macht, sofern er Bedenken wegen der häuslichen Verhältnisse seines neuen Mitarbeiters oder seiner Arbeitsleistung hat.

4. Weisen die Personalakten des Angestellten Eintragungen über gerichtliche Verurteilungen bzw. Gerichtsstrafen auf? Der Universitätsprofessor, der jene AMA-Broschüre geschrieben hat, in der er ein Rezept gegen »wurmstichige« Mitarbeiter im Betrieb gab, betonte zwar die Tatsache, daß nur sehr wenige Leute einen solchen Vermerk in ihren Akten hätten, hält aber diese Überprüfung nichtsdestoweniger für notwendig. Wenn man nur einigen solchen Elementen den Eintritt in die Firma ermögliche, könnte das »von folgenschwerer Bedeutung« sein. Er fährt sodann fort – und seine Worte lassen nichts Gutes ahnen: »Verurteilungen von Vergehen, die allem Anschein nach so unerheblich und verzeihlich sind wie geringfügige Verkehrsdelikte, haben Ermittler immerhin schon mehrmals allem Möglichen auf die Spur kommen lassen, von Schwerverbrechen bis zu eindeutig pathologischem Verhalten.« Der Leiter eines führenden Ermittlungsunternehmens hatte zu dieser Feststellung nur die spöttische Bemerkung: »Wir haben eine ganze Reihe von Gutachten über außerordentlich befähigte Spitzenkräfte angefertigt. Alle hatten es in ihrem Leben stets und ständig eilig, so daß es zu Verkehrsdelikten kam – aber alle erfreuten sich auch einer außerordentlich guten geistigen Gesundheit und waren keineswegs pathologisch.« Häufig genügt allein eine Rücksprache bei den Kreditinstituten der Gegend, in der der Bewerber gewohnt hat, um etwas über seine rechtlichen Verwicklungen zu erfahren.

5. Enthält die Gesundheitschronik des Bewerbers besorgniserregende Hinweise? Manche Ermittler prüfen diese Frage äußerst sorgfältig. Unser Ermittlungsfachmann aus Baltimore erklärt hierzu: »Der Bewerber kann zum Beispiel an einer latenten Krankheit leiden, die jederzeit wieder auftreten und zu späteren Schadensersatzansprüchen gegen die Firma führen kann. Oder er könnte in Behandlung eines Psychiaters sein.«

6. Ist der Betreffende in irgendeiner Art und Weise untragbar? Die-

ser Punkt verlangt allergrößte Aufmerksamkeit bei der Überprüfung eines Mannes, der als Manager eingesetzt werden soll. Doch auch ein einfacher Arbeiter kann schon durch Streitsucht oder Unvermögen, sich einzufügen, das Arbeitsklima erheblich beeinträchtigen. Mr. Chiariello berichtete mir von etlichen seiner Klienten, die sehr großen Wert darauf legten, Gewißheit zu haben, ob der Betreffende sich unterordnen oder anpassen kann. Er sagte: »Großunternehmen hassen es geradezu, wenn ein Angestellter ein notorischer Quertreiber ist.« Von einer Reihe anderer Ermittler hörte ich, daß sie auf den Querulantentyp sehr achtgeben. Als der Präsident eines großen Ermittlungsunternehmens gebeten wurde zu erklären, was einen ehrgeizigen, zielstrebigen Menschen für ein Großunternehmen untragbar werden lassen könnte, erläuterte er das nach seiner Meinung ausschlaggebende Moment mit den Worten:

»Es ist durchaus nicht nötig, daß ein Mann aktiv in der Kirchengemeinde tätig ist; die meisten sind es ohnehin nicht, können es aber sein. Dagegen ist selbstverständlich nichts zu sagen. Aber wichtig ist die Frage: Kann er sich einfügen oder gehört er zu den anerkannten, ewig krakeelenden Aufrührern? ... Ob er Republikaner oder Demokrat ist, spielt keine Rolle oder ist zumindest zweitrangig; wichtig ist, ob er das ist, was man heute allgemein einen »extremen Liberalen« nennt! Sympathisiert er mit den Kommunisten? Ist er einer von denen, die offen für das Ende des Kalten Krieges eintreten? Oder sympathisiert er mit Castro? Gehört er zu denen, die glauben, daß extrem-patriotische Organisationen mehr Schaden anrichten, als daß sie Gutes tun? Teilt er die Ansicht, daß ein Kommunist ebenso berechtigt ist zu sagen, was er denkt, wie jeder andere auch? Wenn er ein aktiver Demokrat ist, zählt er dann zu den Mitgliedern der Organisation Americans for Democratic Action oder ist er lediglich einer von den Südstaaten-Demokraten? Ist ihm zuzutrauen, daß er in dem sich gegenwärtig abspielenden heißen Kampf um die Aufhebung der Rassentrennung womöglich ›auf die Barrikaden‹ geht?«

Wenn die im letzten Abschnitt gestellten Fragen wahrheitsgemäß beantwortet werden müßten, dann würden meiner Meinung nach eine ganz hübsche Anzahl vernünftiger und nachdenklicher Amerikaner, wahrscheinlich sogar etliche Millionen, wohl unter der Rubrik »querköpfig, daher untragbar« zu finden sein.

Die Klientenfirma möchte natürlich wissen, ob ein Mann den Frieden im Betrieb zu stören droht, weil er entweder zu weit »links« steht oder zu patriotisch denkt. Ist sie dem streng konservativen American Security Council angeschlossen, dann mag sie durch eine Anfrage beim ASC Auskünfte erhalten. Diese Organisation verfügt nämlich über eine ungeheuer umfangreiche Materialsammlung von suspekten Organisationen und ihren derzeitigen und einstigen Mitgliedern. Vor ein paar Jahren hieß es, man habe dort Unterlagen über eine Million Menschen, obwohl der Präsident (ebenfalls ehemaliger Angehöriger des FBI) heute immer wieder beteuert, es gäbe keine Akten, in denen »Einzelpersonen als solche« erfaßt sind. Im Jahre 1961 hieß es dann in einer ASC-Broschüre, die Aktensammlung der Organisation diene als Informationsquelle für das »Personalausleseprogramm« der Rüstungsbetriebe. Und aller Wahrscheinlichkeit nach gehören zu diesen Unterlagen auch die verschiedenen »gebrauchsfertigen« Kontrollisten, die von Kongreßausschüssen und anderen offiziellen und inoffiziellen Ermittlungsunternehmen zusammengestellt worden sind, die auf der Suche nach »Linken« sind oder solchen Leuten, die aus irgendwelchen Gründen als Sicherheitsrisiken gelten.

2. *Die Anwendung von Lügendetektoren*

Die Befürworter des Lügendetektors als »Durchleuchtungsapparat« bei der Auswahl von in Aussicht genommenen Angestellten machen geltend, daß der Detektor (auch Polygraph genannt) die Überprüfung an der Stelle fortzuführen in der Lage sei, an der die normalen Ermittlungsmethoden mit ihrem Latein am Ende sind. Zu den Unternehmen, die führend in der Anwendung des Lügendetektors beim Testen von Personal vor der Einstellung sind, gehört Dale System, Inc. Diese Ermittlungsfirma hat ihren Sitz in New York, stellt ihre Dienste in Anzeigen aber auch »zur Verfügung in jeder Stadt, in jedem Staat«. Der Polygraph-Apparat, so wird behauptet, »kann mit größerer Genauigkeit als eine ›background‹-Ermittlung herausfinden, ob Ihr zukünftiger Angestellter wirklich das ist, was er zu sein behauptet«.

Einige hundert Firmen haben sich kopfüber in dieses höchst lukrative Geschäft auf dem Gebiet der polygraphischen »Personenforschung« gestürzt und bieten nun ihre Dienste feil.

Noch bis vor wenigen Jahren wurde der Lügendetektor hauptsächlich im Rahmen der Polizeiarbeit benutzt, oder zur Überprüfung der Menschen, die an Verteidigungsprojekten mitarbeiten, welche strenger Geheimhaltung unterliegen, sowie zum Testen der Wachmannschaften für Brinks, Inc. Heute werden mehr als drei Viertel aller Tests an Angestellten oder künftigen Angestellten von Privatfirmen vorgenommen. Einer der führenden Mitarbeiter der Firma John E. Reid & Associates in Chicago behauptet sogar: »Wir haben schon für jedes bedeutende Unternehmen in den Vereinigten Staaten gearbeitet.« Die Beachtung, die der Lügendetektor im Wirtschaftsleben findet, wird beispielsweise dadurch deutlich, daß sogar die Zeitschrift »*Wall Street Journal*« einen Bericht über die zunehmende Verwendung von Lügendetektoren auf der Titelseite brachte.

Den eben genannten Angestellten von Reid & Ass., dem das Betätigungsfeld innerhalb der Grenzen der Vereinigten Staaten nicht genügte, trieb sein Bekehrungseifer ins Ausland; er hatte gerade eine solche Reise hinter sich und kehrte nun von einem Aufenthalt in Australien und Südafrika zurück, wo er die Methoden seiner Firma vorgestellt und eingeführt hatte. Ein Beamter der Employment Services, denen die treuhänderische Verwaltung für Lügendetektortests oblag, erklärte kürzlich, daß innerhalb von Texas rund 5000 Firmen von ihren Angestellten verlangen, daß sie sich in regelmäßigen Abständen derartigen Tests zu stellen haben. Die Firma Dale System kann sagen, daß sie unter anderem für W. T. Grant & Co., Westinghouse Electric Corporation, Howard Johnson, Mangel Stores Corporation und Grand Union & Co. arbeitet.

Eine beträchtliche Anzahl von Firmen bietet ihre Polygraph-Dienste nun in den verschiedensten Orten der Vereinigten Staaten an. Die riesige William J. Burns International Detective Agency mit ihren 15 000 Angestellten hat das »Reich des Polygraphen« für sich entdeckt, und ein Großteil der 41 Zweigniederlassungen dieses Unternehmens ist mit Polygraph-Apparaten ausgestattet. Man testet das Personal der Klienten, ob hoch oder niedrig, ob vor oder nach der Einstellung. Ein Sprecher der Firma hatte zu berichten: »Wir haben unser Polygraph-Geschäft in den vergangenen achtzehn Monaten vervierfachen können.« Der große Rivale des Unternehmens ist die Pinkerton National Detective Agency, die sich gleichfalls dem Polygraphen zugewandt hat. Ein weiteres Großunternehmen dieser Art, mit Hauptsitz in New York und Polygraph-Befragern in vielen anderen Städten, ist die Lincoln M. Zonn, Inc. Diese Firma brüstet sich sogar damit, die Mitgliedschaft des American Institute of Management zu besitzen.

Hieraus geht klar hervor, daß jedes Jahr Zehntausende von amerikanischen Bürgern, die normale Stellen suchen – und dazu gehören Manager und Tankstellenwarte gleichermaßen –, sich als einer Bedingung für die Einstellung bereit erklären müssen, sich »auf den Stuhl schnallen« zu lassen. Während sie auf dem Stuhl festgeschnallt sind, müssen sie oft höchst persönliche und intime Fragen beantworten. Eine Firma, die sich der Dienste des Lügendetektors versicherte, berichtet zum Beispiel, daß noch nicht einmal ein Prozent der Personen, die dazu aufgefordert wurden, den Test an sich vornehmen zu lassen, dies ablehnte. Dafür gibt es eine sehr plausible, stichhaltige Erklärung. Bewerber bei den Unternehmen, die zu den Klienten der Ermittlungsfirmen gehören, haben im Bewerbungsfragebogen auch anzugeben, ob sie – als einer der Einstellungsbedingungen – willens sind, sich solchen Tests zu unterziehen.

Der Polygraph-Test geht in etwa von der Theorie aus, daß ein Mensch nicht lügen kann, ohne innerhalb seines Körpers physiologische Reaktionen hervorzurufen. Eine normale Lügendetektoreinrichtung versucht eine Lüge an drei Punkten festzustellen: An schwitzenden Handflächen, an der Art zu atmen und an der Reaktion des Pulsschlages und des Blutdrucks.

Zur »Durchleuchtung« von Stellungssuchenden wird der Lügendetektor weithin als äußerst wirksam propagiert, um besonders fünf Dinge über den Bewerber in Erfahrung zu bringen:

1. Gibt es in seinem Charakter verborgene Neigungen zur Unaufrichtigkeit, zur Unehrlichkeit? Die normale Untersuchung und der Bewerbungsfragebogen haben vermutlich schon ergeben, daß keine Unredlichkeit bekannt wurde. Aber der Lügendetektor, so hofft man, wird den Bewerber dazu bringen, Unregelmäßigkeiten einzugestehen, die nur er allein weiß oder solche, die zu einem Zeitpunkt geschahen, als sie noch nicht durch einen offiziellen Vermerk aktenkundig gemacht werden konnten. Ein Polygraph-Ermittler erklärte hierzu, daß Jugendvergehen normalerweise einem Ermittler nicht zugänglich gemacht werden, da die Gerichte den Jugendlichen schützen. Er setzte hinzu: »Aber der Polygraph findet auch die nicht entdeckten Verbrechen heraus, und dazu gehören auch Vergehen, die unter Jugendkriminalität fallen.«

2. Sucht der Bewerber tatsächlich eine Dauerstellung? Oder wird er seine Augen offenhalten und nach einem höher dotierten Posten Ausschau halten? Wird er das, was er hier lernt, dazu benutzen, in einem anderen Betrieb eine bessere Position zu bekommen? Die Zeitschrift *»Printing Impressions«* zitierte die Meinung eines Geschäftsmannes, der die Anwendung des Lügendetektors bei Bewerbern mit folgenden Worten verteidigte: »Wenn ich nun beispielsweise einen aufgeweckten jungen Mann einstelle, so werde ich doch unter allen Umständen herausfinden lassen, ob er nur kommt, um sich bei mir das anzueignen, was ihm noch fehlt, um es dann in einer anderen Position zu nutzen; mit anderen Worten, ob er in der Anstellung einen einjährigen Schulungskursus sieht, oder ob er

tatsächlich in meinem Unternehmen vorwärtskommen möchte.« Einige der Polygraph-Testfirmen behaupten, sie könnten einem Betrieb durch ein »Durchleuchten« des Bewerbers vor Beginn des Arbeitsverhältnisses häufigen Personalwechsel ersparen. (Mancher mag zögern, ob er ein besseres Angebot einer anderen Firma annimmt, wenn er dem Lügendetektor sozusagen feierlich versprochen hat, er suche tatsächlich eine Dauerstellung.)

3. Hat der Bewerber gefährliche Gewohnheiten, die bei der normalen Befragung nicht erkannt werden konnten? Ist er ein heimlicher Trinker? Oder spielt er insgeheim? Hat er als verheirateter Mann womöglich nebenher eine Freundin? Hat er eine Menge Schulden, von denen man nichts weiß?

4. Hat er in seiner Bewerbung falsche Angaben gemacht? In Kreisen, die sich um den Nachwuchs an Managern kümmern, wird davon gesprochen, daß sich unter 12 Bewerbern für einen Manager-Posten einer in seiner Bewerbung einen akademischen Grad zulegt, ohne ihn verliehen bekommen zu haben. Das hat seinen Grund sicherlich darin, daß die Personalchefs immer mehr auf akademischen Graden bestehen – selbst bei der Besetzung von Stellen, für die eine akademische Ausbildung überhaupt nicht oder kaum wichtig ist.

5. Ist der Bewerber ein Homosexueller oder hat er irgendwelche Neigungen in dieser Richtung? Viele Personalleiter wollen in dieser Frage offenbar genau Bescheid wissen, gleichgültig, ob sich eine solche Veranlagung auf die Stellung selbst auswirken würde oder nicht. Andere sind großzügiger bei Bewerbern, insbesondere dann, wenn es sich nicht um eine gehobenere Stellung handelt, und der Bewerber nicht offensichtlich homosexuell ist.

Im Laufe meiner Forschungen hatte ich mehrmals Gelegenheit, durch ein Spezialfenster, das auf der anderen Seite mit Spiegelglas verkleidet war, Lügendetektortests zu beobachten. Ein Fall wird mir immer im Gedächtnis haften bleiben, als ein junger Mann geprüft würde, der sich für den Posten eines Reisevertreters einer Herstellerfirma von ganz normalen Konsumgütern beworben hatte. Dieser Test fand im polygraphischen Teststudio einer Organisation statt, die einen Großteil solcher Überprüfungen vor der Einstellung in verschiedenen amerikanischen Städten vornimmt. Diese Organisation hat eine ganze Reihe von Befragern in dem Studio, das ich besuchen konnte. (Der Grund, warum ich mich entschlossen habe, das Studio nicht beim Namen zu nennen, wird sehr bald ersichtlich werden.)

Der Raum, den ich einsehen konnte, war augenscheinlich ein typisches Polygraph-Studio. An seiner Rückwand (hinter der ich saß) war ein Fenster eingelassen, das nur von außen einen Durchblick gestattete und auf der Innenseite als Spiegel wirkte. Im Studio befand sich zudem eine Abhörvorrichtung, so daß man vom abgedunkelten Nebenraum aus bei der Untersuchung und Befragung zusehen und zuhören konnte. Wir wollen den jungen Mann, der auf eine Einstellung als Vertreter hoffte, im folgenden Bill nennen. Er war ein aufgeschossener, schmaler junger Mann, blond, von nettem Aussehen und verständlicherweise aufgeregt; wahrscheinlich kam daher auch seine Redseligkeit. Dem Examinator, einem Mann von 45 Jahren, wollen wir den Namen Mr. Probe geben. Er hatte mir zuvor mitgeteilt, daß er bereits mehr als 3000 Leute »unter der Lupe« gehabt hätte. (Dabei fiel im Gespräch der Name einer bekannten Hochschule, an der er »Examen gemacht hatte«, wie er mir versicherte. Ein Kollege von Mr. Probe stand neben mir in dem nur schwach erleuchteten Nebenraum hinter dem falschen Spiegel, um mir die Vorgänge zu erläutern. Im Laufe unseres Gespräches erfuhr ich von ihm, daß nur ein Mann vom Studio-Personal ein Hochschulexamen hatte und einen akademischen Grad aufweisen konnte. Der Name, den er dabei nannte, war nicht der von unserem Mr. Probe. Ich konnte mir nun selbst meinen Vers darauf machen, ob Mr. Probe, der Lügen-Entdecker, mich angeflunkert hatte oder nicht.) Jedenfalls hatte dieser Mr. Probe eine wunderbar ungezwungene, freundschaftlich-aufgeschlossene Art, mit Bill umzugehen. Er saß hinter seinem Schreibtisch, vor sich den Polygraph-Apparat, der gut und gern seine 1300 Dollar wert war. Vor dem Schreibtisch stand ein bequemer Stuhl, mit dem Rücken zu Mr. Probe; man würde Bill später bitten, dort Platz zu nehmen und sich testen zu lassen. Doch zuvor hatten die beiden eine Einführungsplauderei. Mr. Probe eröffnete die zwanglose Unterhaltung mit den Worten: »Schön, daß Sie da sind, Bill. Ich nenne Ihnen einige von den Fragen, die Sie dann später gestellt bekommen, schon jetzt und sage Ihnen dazu das Wichtigste schon vorher, damit Sie später Bescheid wissen.« (Dieser Beginn gehört offensichtlich schon zu der Befragung und erfüllt einen ganz bestimmten Zweck; er ist beileibe nicht als ein Zeichen liebenswürdigen Entgegenkommens zu werten. Er verfolgt einmal den Zweck, dem »Opfer« die Möglichkeit zu geben, ein freiwilliges Geständnis abzulegen; andererseits aber beginnt der Bewerber sich Gedanken zu machen über für ihn möglicherweise unangenehme Fragen.)

Nach diesen Worten gab Mr. Probe Bill Feuer für seine Zigarette und fuhr im gleichen Ton fort: »Wir wissen, daß wir alle keine Engel sind. Jeder von uns hat so seine persönlichen Geheimnisse. Aber die will ich gar nicht hervorlocken. – Meine Bitte ist lediglich die, daß Sie zu mir ganz ehrlich sind.« Dann erläuterte er anhand eines Beispiels, was er mit »ganz ehrlich« meinte und erzählte von den Leuten, die halt so ein bißchen flunkern, wenn sie von »meiner Universitätszeit« sprechen, während sie nur gerade ein ganzes Semester hinter sich gebracht hätten. Es sei ähnlich wie mit den Menschen, die zwar laut versicherten, sie hätten niemals im Leben gestohlen, und in Wirklichkeit hätten sie es irgendwann doch einmal getan. Damit wandte er sich wieder direkt seinem neuen Freunde Bill zu und sagte: »Ich möchte in der Lage sein, einen Bericht über Sie zu schreiben, der von Ihnen ein gutes, ordentliches, sauberes Bild besonders hinsichtlich Ihrer Aufrichtigkeit gibt. Wenn Sie mir dabei helfen, Bill, werde ich immer voll und ganz hinter Ihnen stehen.« Und nach einer kurzen Pause: »Einverstanden Bill? – Wenn Sie eine Frage nicht ohne Einschränkung und wahrheitsgemäß mit ›Nein‹ beantworten können, so sagen Sie es mir, und ich will dann versuchen, die Frage anders zu formulieren.«

Und dann begann das Fragespiel, noch ohne Polygraph. »Haben Sie auf einer der früheren Stellen jemals Ihren Arbeitgeber bestohlen?« Bill drehte sich in seinem Stuhl ein wenig zur Seite und antwortete: »Was man unter ›Stehlen‹ versteht, das habe ich nur ein einziges Mal getan, so weit ich weiß, und das war vor zehn Jahren, als ich von der Firma, bei der ich arbeitete, Schreibpapier mit Firmenaufdruck geklaut habe.« Mr. Probe überging die Antwort mit großzügiger Geste: »Ich will gar nicht wissen, wieviele Briefbogen Ihrer Firma oder Büroklammern Sie mitgenommen haben – das ist völlig unwichtig. So ein bißchen ›Mausen‹, das tun wir schließlich alle einmal.« Sein Ton wurde etwas ernster, als er sagte: »Haben Sie jemals etwas genommen, was darüber hinausgeht?«

Bill: »Nein.«

Mr. Probe: »Jemals entlassen worden aus berechtigtem Anlaß?«

Bill: »Niemals.«

Mr. Probe: »Schon 'mal sinnlos betrunken gewesen?«

Bill: »Ein paar Mal hatte ich ganz schön Schlagseite, wie man so sagt; aber das ist wohl nicht das, was Sie mit ›sinnlos betrunken‹ meinen. Ich kann also wohl sagen: Nein, war ich noch nicht.«

Mr. Probe: »Geistige Schäden, sind die vorhanden?«

Bill: »Was meinen Sie mit ›geistige Schäden‹? Ich nehme an, ich bin gelegentlich etwas nervös.«

Mr. Probe: »Ich meine, ob irgend etwas geistig nicht in Ordnung ist mit Ihnen, was Ihre Arbeit beeinträchtigen und Sie daran hindern würde, für diese Firma ein erfolgreicher Vertreter zu sein.«

Bill: »Nein.«

Mr. Probe: »Sind Sie zur Zeit in guter körperlicher Verfassung?«
Bill: »So weit ich weiß, ja; abgesehen von einem leichten Stirnhöhlenkatarrh.«
Mr. Probe: »Suchen Sie eine Dauerstellung?«
Bill: »Das nehme ich doch an. Oder wie meinen Sie das?«
Mr. Probe: »Wenn Sie bei dieser Firma die gewünschte Stelle bekommen, haben Sie dann vor, sie in absehbarer Zeit wieder zu wechseln?«
Bill: »Nicht, daß ich wüßte.«
An diesem Punkt angelangt, erklärte Mr. Probe zuerst einmal, daß sein Klient kein Interesse habe, 8000 bis 10 000 Dollar aufzuwenden für einen Angestellten, der alsbald doch wieder zu einer anderen Firma abzuwandern gedächte. Selbstverständlich, so sagte Mr. Probe, ist es keinem Menschen übelzunehmen, wenn er ein Angebot annimmt, bei dem er sich erheblich verbessern kann. »Aber im Augenblick, da haben Sie wohl keine anderen Pläne, oder?«
Bill erwiderte, er habe in der Tat noch ein weiteres Angebot, und zwar handele es sich um eine Stellung in Boston. Er könne beim besten Willen noch nicht sagen, ob er nun wirklich dauernd bei dieser Firma bleiben würde, da er ja noch nicht wüßte, wie die Firma und die Arbeit ihm behagten. Aber er fügte noch hinzu, daß er diese Stelle zu bekommen hoffe und im Moment wirklich keine anderen Pläne habe.
Mr. Probe: »Haben Sie alle Fragen auf dem Bewerbungsformular wahrheitsgemäß beantwortet?«
Bill zögerte einen kurzen Augenblick und fing an, da sei noch die Sache mit dem »Studiert-haben«. Er hätte zwar an zwei Hochschulen im Mittleren Westen studiert, insgesamt seien es viereinhalb Jahre gewesen; aber einen richtigen Abschluß seiner Studien habe er eben doch nicht aufzuweisen, wenn er ehrlich sein wolle.
Mr. Probe wandte sich nun dem Detektor zu und begann Bill zu erklären, wie solch ein Ding funktioniert. Anschließend forderte er ihn auf, sein Jackett abzulegen, den linken Hemdärmel hochzurollen und sich in den Detektorstuhl zu setzen. Zuerst band er ihm den ziehharmonika-artigen Gummischlauch um den Brustkasten (zur Atmungskontrolle); dann bekam Bill eine Manschette zur Messung von Blutdruck und Puls um den Arm geschnürt, und schließlich befestigte Mr. Probe eine Elektrode an Bills Hand, um den Schweißausbruch der Handfläche zu prüfen und die Muskelbewegungen zu registrieren.
»Dieser Apparat«, hörte ich Mr. Probe in harmlos-freundlichem Ton sagen, »ist ein wissenschaftliches Instrument, das unfreiwil-

lige Veränderungen im menschlichen Körper anzeigt, wenn jemand die Unwahrheit sagt.« (Bill gewann wahrhaftig durch Mr. Probe die Überzeugung, daß der Apparat unfehlbar sei.) »In einer Unterhaltung kann ich Ihnen beispielsweise eine Lüge nach der anderen erzählen. Sich selbst belügen kann man jedoch nicht. Es gibt nichts, was dieses Instrument davon abhält, Veränderungen in unserem Körper anzuzeigen. Es reagiert in der Hand eines sachverständigen Befragers mit absoluter Genauigkeit. – Ich sehe, Sie sind im Moment etwas nervös. Wir messen aber auch nicht die Nerven, sondern nur die auftretenden Veränderungen. Unter den Fragen, die ich an Sie richten werde, sind einige unerheblich. Sie werden von mir zweimal getestet. Antworten Sie nur mit ›Ja‹ oder ›Nein‹.«

Ich konnte beobachten, wie drei Nadeln an der Apparatur, die vor Mr. Probe auf dem Schreibtisch aufgebaut war, bereits anfingen, auf dem Meßpapier ihre zuckenden, unruhigen Linien zu ziehen. Die erste Nadel zeichnete die Reaktion der Atmungsorgane auf, die zweite den Schweißausbruch, die dritte die Kreislaufreaktionen.

Und nun begann die eigentliche Befragung mit der eingeschalteten Apparatur. Zusätzlich zu den schon vorher an Bill gerichteten gab es nun solche unerhebliche Fragen wie: »Sehen Sie sich jemals eine Fernsehsendung an?« Allem Anschein nach sind dies Kontrollfragen. Zweimal ermahnte Mr. Probe den Prüfling, sich nicht so viel zu bewegen. Wie ich aus meinen Aufzeichnungen sehe, gab es wenigstens zwei zusätzliche Fragen: »Sind Sie jemals verhaftet worden wegen Überschreitung der Geschwindigkeitsbegrenzung oder haben Sie aus dem Grunde eine Verwarnung erhalten?« (Daraufhin versuchte Bill eine Sache mit irgendeinem Unfall in Indiana zu erklären.)

»Haben Sie jemals etwas getan, dessen Sie sich wirklich und wahrhaftig schämen müssen?« Bill schüttelte den Kopf. Mein Mentor flüsterte: »Diese Frage fördert manchmal Homosexualität zutage.« Als Mr. Probe nun die Frage wiederholte, ob Bill jemals Ware gestohlen habe, antwortete Bill mit »Nein«. Eine der Nadeln schlug ganz energisch aus und zeichnete auf dem Kontrollpapier eine spitze Kurve, und mein Nachbar murmelte etwas, das so klang wie »Das sieht aber gar nicht so gut aus«.

Dann wurde die Apparatur abgeschaltet, und Mr. Probe begann mit den Erläuterungen, warum einige von Bills Antworten ihm tatsächlich ein wenig Sorgen bereiteten. Da war einmal der Hinweis auf das Stehlen von Ware, von Firmeneigentum. Bill gab zu, daß er ein komisches Gefühl gehabt hätte, als ihm diese Frage gestellt worden war. Er sagte auch, ähnlich sei es gewesen, als in der Befragung die

»geistigen Schäden« zur Sprache gekommen seien. Das hätte ihn ganz nervös gemacht. Und mit der Frage wegen des Trinkens sei es ihm nicht viel besser ergangen. Mr. Probe sprach begütigend auf ihn ein und meinte dann: »Also gut, dann wollen wir die Fragen gleich noch einmal durchgehen.«

Diesmal benahmen sich die Nadeln sehr viel gemäßigter, und mein Ratgeber ließ mich nicht lange auf seinen Kommentar warten. Er sprach von einem »ausgeglicheneren Bild«. Und dann folgte die letzte Testfrage! Nach einer eindrucksvollen Pause sagte Mr. Probe: »Und nun, Bill, muß ich Ihnen eine sehr peinliche, persönliche Frage stellen... Bill, haben Sie schon jemals...« Eine lange Pause folgte, während die Nadeln zitternd ausschlugen, so weit sie nur konnten. Und dann: »... Ich glaube, die Frage hat sich erübrigt, ich kann sie Ihnen ersparen, Bill.« Mein Betreuer flüsterte mir zu, dies sei eine Trickfrage, mit der man einfach Bills »totale Reaktionsfähigkeit« testen wollte. Vermutlich wäre ein geschickter oder pathologischer Lügner über diese nicht beendete Frage ohne viel Aufhebens hinweggegangen.

Bill wurde nun von seinen diversen Fesseln befreit. Es schloß sich eine kurze Unterhaltung über den Test an. Mr. Probe stellte voller Befriedigung fest, daß alle Fragen, die ihm während des ersten Tests Sorge bereitet hätten, durch den zweiten beseitigt und Bill ›reingewaschen‹ worden sei. Die Prüfung schien zu Ende zu sein, und Bill wollte schon nach seinem Hut greifen. Da sagte Mr. Probe plötzlich sehr liebenswürdig: »Bill, eine letzte Frage noch bevor Sie gehen. Diese Frage – das möchte ich ausdrücklich feststellen – ist weder persönlich gemeint, noch soll darin etwas Beleidigendes liegen; sie ist lediglich wichtig mit Rücksicht auf die Stellung, die Sie auszufüllen wünschen. Auch in Anbetracht der Tatsache, daß Sie an einem Sommertheater mitgewirkt haben, glaube ich, daß ich Sie danach fragen sollte: Neigen Sie zur Homosexualität?«

Bill erschrak. »Nein«, gab er zur Antwort. Aber die Frage hatte ihn so unvorbereitet getroffen und unsicher gemacht, daß er sich gezwungen sah, die Situation zu erklären. »Ich bin natürlich durch meine Tätigkeit am Theater im Mittleren Westen mit solchen Menschen zusammengetroffen und bin diesen Dingen in Künstlerkreisen, in denen ich lebte, ausgesetzt gewesen und darauf auch direkt angesprochen worden. Trotzdem ist meine Antwort ›Nein‹.« Warum sexuelle Fragen auch nur das geringste mit dem Posten zu tun haben sollten, um den Bill sich beworben hatte, erklärte Mr. Probe ihm nicht.

Die Frage war einfach empörend, nicht nur wegen der unbegründeten Zudringlichkeit, sondern auch aufgrund der mehr als vagen Art der Formulierung. Millionen Amerikaner würden überlegen, wie sie auf eine derartige Frage antworten sollten. Mr. Probe dürfte zweifellos den »Kinsey-Report« über das männliche Geschlecht nicht gelesen haben, der besagt, daß vier Prozent der befragten Amerikaner während des größten Teiles ihres Lebens homosexuelle Neigungen und ein volles Drittel aller befragten Männer zu irgendeiner Zeit homosexuelle Erlebnisse gehabt hätten.

Bill verabschiedete sich jetzt und ging. Inzwischen hatte sich ein zweiter Prüfer zu uns gesellt. Die beiden Experten, die mir erzählten, daß sie beide eine andere Polygraph-Ausbildung genossen hätten als Mr. Probe, erklärten mir ihre unterschiedlichen Techniken, einen Mann auf Homosexualität zu überprüfen, ohne ihn direkt danach zu fragen. Während der Lügendetektor angeschaltet ist, stellen sie dem Betreffenden eine oder mehrere der folgenden Fragen:

»Hatten Sie früher oder haben Sie zur Zeit irgendwelche körperlichen Leiden, von denen wir Kenntnis erhalten sollten?«

»Verbergen Sie irgend etwas Wichtiges vor uns, was in der Befragung nicht berücksichtigt worden ist?«

»Verheimlichen Sie irgendwelche Ereignisse oder Veranlagungen, wegen der Sie erpreßt werden könnten?«

Einer der beiden Experten setzte lachend hinzu: »Und wenn man wirklich einmal die Frage nach der Homosexualität – die ›Homo-Frage‹, wie wir sagen – während der Detektor-Befragung dem Betreffenden entgegenschleudert – was glauben Sie, wie die Nadeln hin- und herspringen!«

Nachdem Bill dieser Atmosphäre endlich entronnen war, kam Mr. Probe zu uns und beteiligte sich ebenfalls an der Unterhaltung. Wie er sagte, sah Bill auf der zweiten Zeichnung des Detektors »ausgesprochen gut« aus. Und was die Homosexualität anginge, gäbe es nichts Verdächtiges in seinen Antworten auf die Frage nach körperlichen oder geistigen Schäden oder auf die Frage nach einem besonderen Grund, weswegen er sich zu schämen habe. Mr. Probe fügte hinzu: »Hätte ich wirklich ernstlich Homosexualität bei ihm vermutet und diese Neigung in Anbetracht seiner künftigen Position – beispielsweise bei Umgang mit Jugendlichen – für besorgniserregend gehalten, hätte ich ihm die Frage direkt ins Gesicht geschleudert, und zwar schon während der Befragung durch den Detektor.« Doch hier sei nichts Bestimmtes festzustellen gewesen. »Ich könnte höchstens in einem Gespräch mit dem Klienten seine Bühnenvergangenheit erwähnen und ein Wort sagen, daß man ihn unter Beobachtung halten sollte.«

Die Prüfer wollten, daß ich mir noch mehr Tests ansähe, doch ich entgegnete, daß ich schon genug hätte. Und ich hatte wirklich mehr als genug, so genug, daß ich nur mit einem Gefühl der Übelkeit daran zurückdenken kann.
Anschließend schrieb ich kurz an Mr. Probe und bat ihn um eine Zusammenfassung des Berichtes, den er über Bill einzureichen beabsichtigte. Ich bekam daraufhin einen Auszug zugeschickt. Darin hieß es zuerst, es bestünde eine Diskrepanz zwischen der Aussage und dem eigentlichen Sachverhalt hinsichtlich des Hochschulstudiums. Dann erwähnte Mr. Probe das Unvermögen von Bill, klar zu sagen, daß er eine Dauerstellung suche. Lobend hervorgehoben wurde jedoch Bills Ehrlichkeit und darauf hingewiesen, daß er zwar beim zweiten Test leicht nervös gewesen sei, jedoch bei irgendeiner der ausschlaggebenden Fragen *keine besondere* Reaktion gezeigt habe. In seinem Brief an mich folgerte Mr. Probe: »Bei Zusendung des schriftlichen Berichts von dem Interview und der Detektorprüfung an unseren Klienten... wies ich darauf hin, daß ich nicht den geringsten greifbaren Beweis gefunden hätte, der Anlaß zu der Schlußfolgerung böte, der Getestete habe möglicherweise homosexuelle (sic!) Neigungen, wenn auch durchaus eine solche Möglichkeit gegeben sei. Anschließend machte ich dem Klienten Mitteilung von der Aussprache, die ich mit dem Bewerber über die Frage homosexueller Beziehungen hatte. Sollte der Klient es für wünschenswert halten, Gewißheit darüber zu erlangen, ob die Testperson homosexuelle Neigungen habe oder nicht, könne zu einem späteren Zeitpunkt eine sogenannte ›background‹-Erforschung oder ein erneuter Polygraph-Test durchgeführt werden.«
In kurzen Worten: Auf keine andere Basis gestützt als auf vage Vermutungen über Tatsachen, die über sein Vorleben wohl bereits in Bills Bewerbung gestanden hatten, ließ Mr. Probe im Kopf des künftigen Arbeitgebers einen (in unserer heutigen Gesellschaft) fürchterlichen Verdacht hinsichtlich Bills Männlichkeit wach werden. Man sollte ferner nicht vergessen, daß die meisten, wenn nicht sogar alle für den Bewerber abträglichen Punkte nicht den Detektorkurven entnommen waren, sondern lediglich aus der Unterhaltung herrührten, die bei bereits ausgeschaltetem Detektor stattfand!
Diese Tatsache allein genügt schon, den Verfasser mit der Feststellung des Psychiaters Joost A. M. Meerloo übereinstimmen zu lassen, der gesagt hat, daß der Lügendetektor hauptsächlich ein »Werkzeug zur geistigen Einschüchterung« sei. Zwei Harvard-Psychologen und ein Graduierter in Betriebsführung am Massachusetts Institute of Technology, die eine Studie über den Polygraph als Prü-

fungshilfsmittel verfaßten, kamen überwiegend zu dem gleichen Ergebnis. Das Ausschlagen der Nadeln schüchtert nun einmal ein. Diese Wissenschaftler stellten fest, daß nicht nur Lügen allein psychologische Veränderungen hervorrufen, sondern daß es eine Reihe von anderen Faktoren gibt, die ganz ähnliche Veränderungen hervorrufen. Es besteht eine echte Gefahr, daß die sich ergebenden Veränderungen nicht allein die Folge eines »Schuldgefühls« sind, sondern vielmehr damit zusammenhängen, daß die Testperson sich irgendwelcher Mitteilungen erinnert, daß ihr plötzlich etwas anderes durch den Kopf schießt, oder daß sie vielleicht plötzlich Angst bekommt vor den Konsequenzen, wenn sie für schuldig erklärt würde[2].« Der Studienbericht dieser Wissenschaftler trug daher auch die Überschrift »Dem Lügendetektor ist nicht zu trauen«.

Die drei Forscher zogen die Schlußfolgerung, daß der Lügendetektor bestenfalls mit 70 Prozent Genauigkeit die Wahrheit ermitteln könne. Größere Praktiker, wie Dale und Reid, stellen Anspruch auf einen Genauigkeitsgrad von 95 bis 98 Prozent. Aber derartige Ansprüche sind für gewöhnlich mit dem einschränkenden Zusatz verbunden »... in der Hand eines erfahrenen Testers«.

Wenn es überhaupt so etwas wie einen erfahrenen Tester gibt, so tritt er nicht weiter in Erscheinung. Mit Ausnahme einiger weniger Staaten (vor allem in Mexiko und Kentucky) kann sich überall sonst so gut wie jeder als »Polygrapher« betätigen, wenn er sich nur die Gebrauchsanweisung durchliest.

Von dem Ermittlungsunternehmen Reid hört man, daß nur Männer mit abgeschlossenem Hochschulbesuch eingestellt werden und erst nach einem sechsmonatigen Praktikum die Zulassung als »Polygrapher« erhalten können. Aber die meisten Polygraph-Schulen halten sechswöchige Kurse ab, und erfordern nicht einen vorherigen Collegebesuch. (Die Polygraph-Besessenen reden bereits davon, die Verläßlichkeit des Apparates dadurch zu erhöhen, daß man weitere Instrumente zur Messung von Hirnwellen, Herztätigkeit und Augenzucken anbringt.)

Was die Moral angeht, Stellenbewerber zu zwingen, sich einer solchen entwürdigenden Behandlung zu unterziehen, so scheint eine Bemerkung am Platze: Jede Firma, die ihre künftigen Angestellten einer derartig unwürdigen Überprüfung aussetzt, verdient von ihnen im Hinblick auf Loyalität, Einsatzbereitschaft und Aufrichtigkeit keine guten Leistungen – und wird sie auch nicht bekommen. Eine einzige hoffnungsvolle Entwicklung ist die, daß die Gewerkschaften nun endlich dem Lügendetektor den Kampf angesagt haben. Ihr Ziel ist es, den Lügendetektor gesetzlich verbieten zu lassen. Vielleicht hat die Tatsache, daß die Befrager in einigen Fällen die Angestellten oder Bewerber über die Arbeit der Gewerkschaften auszupressen versuchten, wie ein Alarmsignal gewirkt. Inzwischen sind derartige Fragen durch den National Labor Relations Board für ungesetzlich erklärt worden. Die Gewerkschaften waren in der Vergangenheit so sehr von Grundsatzfragen in Anspruch genommen, daß sie den Entwicklungen in der modernen Arbeitswelt zu wenig Beachtung geschenkt haben, die am Werke sind, das Eigenleben des einzelnen und die Würde des Menschen zu unterminieren.

3. *Die Anwendung von Persönlichkeitstests*

Jedes Jahr müssen sich mehr als eine Million Stellungsuchende einem ganzen Heer von Persönlichkeits- und anderen psychologischen Tests aussetzen, bevor sie eingestellt werden. Da die für die Überprüfung von Bewerbern weitgehend angewandten »Durchleuchtungspraktiken« bereits erschöpfend untersucht worden sind[3], sollen hier nur mehr einige Aspekte des gewaltsamen Eingriffs in die persönlichen Bereiche des einzelnen aufgezeigt werden. Bei Durchsicht und Überprüfung der Berge von Testformularen und Fragebogen, die ich vor einigen Jahren ausgefüllt oder überprüft habe, als ich zeitweilig die Rolle eines künftigen Managers übernommen hatte oder doch so tat, als sei ich einer, stellte ich fest, daß ich neben vielen anderen auch solche sehr persönlichen Fragen zu beantworten hatte, wie:

– Wie denke ich über meine Mutter, meinen Vater?
– Sind mir meine Kinder lästig?
– Wie oft habe ich unter Verdauungsstörungen – Verstopfung oder Durchfall zu leiden?
– Wie sehr beherrschen mich Sorgen wegen häuslicher Eheschwierigkeiten?
– Beunruhigen mich Gefühle der Einsamkeit, Schuldgefühle, Angstträume?
– Wie nahe glaube ich einem Nervenzusammenbruch zu sein?
– Halte ich mich für häßlich?
– Habe ich häufig unter Juckreiz zu leiden?
– Bis zu welcher Klasse haben meine Frau, mein Vater und meine Mutter es in der Schule gebracht?
– Mache ich mir Sorgen um meinen Gesundheitszustand?

Und hier sind die Anfänge einiger Sätze, die ich zu vervollständigen hatte:

– Was mit mir nicht in Ordnung zu sein scheint, ist ...
– Meine größte Angst ist ...
– Ich habe versagt, als ich ...
– Die meisten Mädchen ...
– Ich leide an/unter ...
– Meine größte Sorge ist die, daß ...

Der Wirtschaftskritiker Alan Harrington sieht in diesen weitverbreiteten Testformularen eine neue Art von Beichtstuhl. »Anstatt Gott durch das Ohr des Priesters oder sich selbst mit Hilfe eines Psychoanalytikers zu beichten, beichtet der Konzernangestellte dem Schema«, schreibt er. »Er erkennt seine Stärken und seine Schwächen an, wie sie von anderen umrissen worden sind.«[4]

Weit und breit wird in dieser Art und Weise gebeichtet. Die meisten amerikanischen Großunternehmen und Hunderte von kleineren Betrieben und Firmen wollen heutzutage nur noch solche Bewerber einstellen, die bereits seelisch durchleuchtet worden sind. Praktisch hat jeder Anwärter auf einen Managerposten schon vor seinem 30. Lebensjahr mindestens einen solchen Persönlichkeitstest irgendwann im Verlauf der letzten zehn Jahre über sich ergehen lassen müssen. Viele Dutzend solcher Testfirmen sind wie Pilze aus dem Boden geschossen, um für ihre Beratungskunden »tiefenpsychologische« Befragungen durchzuführen. Sie testen die Bewerber anhand von Prüflisten auf Schwächen und Ängste, machen eine Bestandsaufnahme ihrer Interessen und Meinungen und nehmen vielleicht sogar »projektive Tests« zuhilfe, in denen die Testperson unwissentlich ihr Inneres offenbart durch die Art, wie sie die ihr aufgegebenen Sätze vervollständigt oder ein Mädchen oder ein Haus zeichnet. Zumindest einer dieser weit verbreiteten projektiven Tests findet als Bewerbungsformblatt getarnt Verwendung. Die Art, in der man die Initialen seines Namens im Namen selbst placiert, wie man eine Liste abhakt, in welcher Weise man im Gespräch Verwandte erwähnt und wie man Anordnungen Folge leistet, – alle diese Details werden als äußerst aufschlußreich angesehen.

Die nachstehend aufgeführten Informationen gehören zu jenen Details, die die Persönlichkeitserforscher stets als vordringlich für ihre Kunden zu ermitteln versuchen – das gilt insbesondere für Verkäufer oder Manager, die für eine Einstellung vorgesehen sind:

Hat er (oder sie) ein gesundes, ausgewogenes Gefühlsleben, sind die Empfindungen normal und beständig? Diese Frage mag seltsam erscheinen angesichts der Tatsache, daß eine ganze Reihe von angesehenen Psychologen die Beobachtung gemacht hat, daß zahlreiche der erfolgreichsten Unternehmerpersönlichkeiten Hypochonder sind,

gejagt von Ängsten, auf der Grenze zum Neurotiker. Die meisten Befrager wollen allerdings, wie es scheinen will, ganz sicher sein und geben die Höchstzahl von Bewertungspunkten dem Typ des rundlichen, biederen und braven Bürgers, der mit beiden Füßen fest auf der Erde steht. Der Maßstab des Testers ist also der Durchschnitt.
Testfirmen hatten nichts Eiligeres zu tun, als Hunderte von Testbogen und Vordrucke für Befragungen drucken zu lassen und an alle Personalsachbearbeiter zu verteilen. Gegenwärtig erfreut sich für das »Durchleuchten« bei Großfirmen ein in geradezu zungenbrecherischer Art und Weise formuliertes Formblatt, das geradeswegs aus der Psychiatrischen Universitätsklinik von Minnesota kommt, der weitaus größten Beliebtheit; man nennt es Minnesota Multiphasic Personality Inventory (MMPI). Anhand von mehr als 500 Fragen wird hier gezeigt, inwieweit die Antworten der Testperson von denen der psychiatrischen Patienten abweichen. Diese Fragen bohren nach ehelichen Problemen, religiösen Gefühlen, sexuellen Ängsten und Nöten, nach Leiden, der politischen Einstellung und so fort.
Hat er oder sie ein normales, gesundes Sexualempfinden und Sexualleben? Ein männlicher Stellenbewerber im Wirtschaftsleben sollte natürlich nach Möglichkeit ein sogenannter »Vollblutmann« sein; dagegen müssen sogar die Tester zugeben, daß ein Mädchen, das im Wirtschaftsleben ihr Berufsziel sieht, notwendigerweise nicht »Nur-Frau« sein müsse. Eine Anzahl allgemein angewandter Fragebogen macht sich anheischig, den übermäßig unmännlichen Mann ebenso ausfindig zu machen wie die übermäßig unweibliche Frau. Hierzu bedient man sich gern der Guilford-Zimmerman-Temperament-Survey. Der Befrager entwirft eine Tabelle von der Persönlichkeit der Testperson, die in zehn verschiedene entgegengesetzte Skalen eingeteilt ist, die vermutlich bestimmen, wie man einzustufen ist innerhalb der Skalen Überlegenheit – Unterwürfigkeit, Kontaktfreudigkeit – Menschenscheu, Mitarbeit – Kritik.
Der zehnte Maßstab stellt den maskulin-femininen Veranlagungskomplex dar. Diejenige männliche Testperson, deren Männlichkeitskurve bis unter die Norm absinkt, kann damit rechnen, als suspekt betrachtet zu werden. Nach dieser Methode richten sich die Prüfer von Hunderten von Unternehmen, zu denen auch eine der größten Ölgesellschaften der Welt gehört. Weitere Versuche, die überdurchschnittlich feminin veranlagten männlichen Angestellten oder unerkannten Homosexuellen zu eliminieren, basieren ferner auf dem bereits weiter oben erwähnten MMPI-Test oder dem Strong Vocational Interest-Testverfahren. Bei dem letztgenannten wird davon ausgegangen, daß der echte Vertreter des männlichen Geschlechts an Ja-

gen und Fischen sowie an der Arbeit mit Werkzeugen interessiert sein muß und anderen ausgesprochen männlichen Beschäftigungen nachzugehen pflegt; der nicht hinreichend maskuline Typ von Mann hat mehr künstlerische Neigungen und Interessen, er ist sensibler und kulturellen Belangen gegenüber aufgeschlossen. Eine Reihe von hervorragenden Psychiatern, Psychotherapeuten und Psychologen haben diese Betrachtungsweise als einfältig abgetan, da der Homosexuelle oft durchaus »maskulin« ist, nicht nur in seiner Statur, sondern auch in den von ihm bevorzugten Freizeitbeschäftigungen.

Tester, die im Auftrage von Kunden arbeiten, zeigen zudem besonderes Interesse daran, so genau wie möglich festzustellen, ob ein Bewerber anpassungsfähig genug ist, in einem »Team« eingesetzt zu werden, ob er stets die finanzielle Seite einer Angelegenheit berücksichtigt (was positiv bewertet wird), ob er zu den Quertreibern oder Starrköpfigen gehört oder zu den Leuten zählt, sie sich herumschubsen lassen (dies sind beträchtliche Negativa) und ob er ein aktiver, dynamischer Typ ist (dies wird nicht nur positiv bewertet, sondern ist überhaupt entscheidend). Diesen letzten Punkt soll man bei Guilford-Zimmerman in der Skala »allgemeiner Betätigungsdrang, Tatkraft« ermitteln können.

Wichtig ist in den Augen der Bewerter auch, möglichst genau zu bestimmen, wie aufgeweckt der Bewerber ist, obwohl man sich davon in der Tat nach dem Studium seiner Personalunterlagen und aufgrund seines Verhaltens während des Routine-Interviews ein Bild machen können müßte.

Ein reichlich morbides Interesse tritt in den Bemühungen zutage, die Zahl der tatsächlichen, aktiven und nutzbringenden Arbeitsjahre, die der Bewerber noch vor sich hat, zu errechnen. Ein Psychologe vom U.S. National Institute of Mental Health hat ein sogenanntes »Psychomet« erfunden und gebaut, einen Apparat, der registriert, wie schnell wir in 22 verschiedenen körperlichen und geistigen Tests zu reagieren imstande sind. Nach Ansicht dieses Wissenschaftlers kann das Nachlassen der Reaktionsfähigkeit beim Menschen bereits in seinen dreißiger Jahren festgestellt werden. Vermutlich wird dieser Apparat großen Anklang finden, wenn er erst einmal auf dem Markt ist. Ward Halstead, hat die sogenannte Halstead-Batterie entwickelt, die seit einigen Jahren in der Industrie bei der Personalauswahl und -förderung eingesetzt wird. Dieser Apparat hat sich zur Aufgabe gemacht, das »biologische« Alter des Gehirns eines Menschen zu bewerten. Nach der Halstead-Theorie verbraucht sich ein Gehirn schneller als das andere und kann das Gehirn des Bewerbers »älter« sein als der Bewerber selbst. Diesem Test haben sich schon einige hundert leitende Angestellte unterziehen müssen. Was nun den Wert anbelangt von vielem, was als »Persönlichkeits«-aspekte des Testens bei der Personaldurchleuchtung gilt, möchte ich hier lediglich das wiedergeben, was einer der führenden Psychologen Amerikas, Dr. John Dollard von der Yale-Universität, zu diesem Thema einmal gesagt hat. Er stellte vor nicht allzu langer Zeit sehr treffend fest: »Es mag Ausnahmefälle geben, die mir nicht bekannt sind; im allgemeinen aber haben sich die projektiven Tests, die Wesensmerkmale-Skalen, die sogenannten Interessen-Inventare und sogar die tiefenpsychologischen Interviews nicht als nützlich erwiesen bei der Auswahl weder von Führungskräften oder Verkäufern, noch beim Ausfindigmachen von möglichen Missetätern oder überragenden Hochschulabsolventen.« Die Zeitschrift *»Harvard Business Review«* berichtete in ihrer September/Oktober-Nummer 1963 über eine analytische Studie von Professor Richard S. Barrett von der New Yorker Universität. Darin heißt es: »Durch die Persönlichkeitstests ist eine bedrückende und zugleich erschreckende Entwicklung aufgezeigt worden.«

Zur Bestimmung des sittlichen Wertes all dieser Testmethoden sollte man sich die Worte von Dr. Douglas McGregor, eines hervorragenden Verhaltensforschers vom Massachusetts Institute of Technology, vergegenwärtigen, der festgestellt hat: »Ich kann nur sagen, daß ich mit größter Sorge an die Möglichkeiten einer Manipulierung und Ausnutzung meiner Mitmenschen denken kann, die durch die verwaltungstechnische Anwendung von Persönlichkeitstests und klinischen Eignungsdiagnosen zum Zweck der Einstellung von Bewerbern gegeben sind. Die eigentliche Kernfrage ist die, ob das Management auch nur das geringste moralische Recht besitzt, in die persönlichen Bereiche eines Menschen einzudringen.« Selbst dann, wenn Leistung auf der Persönlichkeit des einzelnen beruht, bleibt die Frage, ob das Management »das Recht hat, der Leistung auf den Grund zu gehen und ihre Ursachen zu ermitteln, wenn diese Ursachen im privaten und persönlichen Bereich des einzelnen liegen und dort ihren Ursprung haben«.

Ich möchte hinzufügen, daß unsere Beunruhigung und Besorgnis hinsichtlich der Beeinflussungs- und Mißbrauchsmöglichkeiten noch einen Schritt weiter gehen und auch die so weit verbreitete Anwendung des Lügendetektors und den Einsatz von Detektiven bei der Personalauslese im Wirtschaftsleben und in der Industrie miteinbeziehen sollten. Der Lügendetektor bedeutet in weit höherem Maße einen gewaltsamen Eingriff in die persönliche und private Sphäre des einzelnen und eine Beleidigung der menschlichen Würde als der Persönlichkeitstest. Und der Einsatz von Detektiven, um in den Privatangelegenheiten eines Menschen herumzuschnüffeln, scheint mir ein trauriger und beklagenswerter Beweis für die mangelnde Achtung vor dem Individuum, die diese Unternehmen offenbaren.

4. Die heimlichen Augen des Betriebes

> *»Dein privates ›Fernseh-Auge‹ läßt dich überall dabei sein ... in deinem Betrieb, auf deinem Grund und Boden, in jedem Augenblick ... zu jeder Zeit.« – Zitat aus einer illustrierten Broschüre, die von der Firma Bell Television, Inc. an Betriebsleitungen versandt wurde.*

Das Bespitzeln der Arbeitskollegen am Arbeitsplatz ist in der Privatindustrie in den letzten Jahren derartig ins Kraut geschossen, daß dieses Phänomen ausgesprochen krankhafte Züge angenommen zu haben scheint. In Tausenden von Betrieben wird keinem einzigen mehr Vertrauen in einer Art entgegengebracht, in der wir früher den Begriff »Vertrauen« oder »Sich-verlassen-können« verstanden haben. Niemandes Beweggründe und Integrität werden als eine Selbstverständlichkeit angesehen.

Eine Begründung für die Zunahme und Steigerung der Überwachung ist die, daß Diebereien gesteuert werden müsse; doch Diebereien hat es schließlich immer gegeben, und bei der heutigen Wirtschaftslage bietet sich nun einmal sehr viel häufiger noch als früher die Möglichkeit zu solchen Diebstählen. Zudem hat sich angeblich die fortwährende Gefahr des Diebstahls von geheimgehaltenen Verfahren entwickelt. Während des Zweiten Weltkrieges und danach war das Bewachen militärischer Geheimnisse zu etwas Alltäglichem geworden. Aber jetzt finden genau die gleichen Bestimmungen der Bewachung und Kontrolle auch Anwendung auf neue Muster von Reißverschlüssen, auf die Formel der Zusammensetzung eines neuen Lippenstift-Farbtons und auf das Schaumodell einer Einbaulampe im Enthaarungsapparat für die Beine der »gnädigen Frau«.

Und schließlich existiert für zehntausende Fabriken und Firmen, deren Produktion teilweise in den Rahmen des Verteidigungs- oder Raumforschungsprogramms fällt, die ewige Angst, sie könnten auf irgendeine Weise das Vertrauen der Inspektoren der Bundesbehörden verlieren. Sie quält die Sorge, man könnte den Eindruck gewinnen, sie ließen es in der Überwachung ihrer Angestellten womöglich an Sorgfalt fehlen.

Ihre Besorgnis steigert sich noch durch die gesellschaftlich unheilvolle Rolle, die das Verteidigungsministerium ihnen zugewiesen hat. Ein Sicherheitsbeamter des Verteidigungsministeriums erklärte mir das allgemein angewandte Verfahren mit folgenden Worten: »Die Rüstungsbetriebe sind befugt, die Angestellten auf ihre Unbedenklichkeit zu überprüfen und – sofern keine abträglichen Beurteilungen vorliegen – die Genehmigung zur Bearbeitung von »vertraulich« klassifiziertem Aktenmaterial zu erteilen. Die Überprüfung für die Erteilung von Genehmigungen zum Zugang zu »geheim« und »streng geheim« gekennzeichneten Informationen bleibt ausschließlich dem Verteidigungsministerium vorbehalten.« (Aus der Zentralkartei des Verteidigungsministeriums geht hervor, daß annähernd 1 700 000 gegenwärtig gültige Unbedenklichkeitsbescheinigungen in den für das Verteidigungsprogramm wichtigen Industriebetrieben für den Zugang zu »geheim« und »streng geheim« klassifiziertem Material erteilt wurden.) Möglicherweise erspart sich das Verteidigungsministerium dadurch, daß es die Sicherheitsüberprüfungen den Lieferfirmen überläßt, eine Menge Ärger, der mit der Überprüfung der Handwerker, Pförtner und Stenographen oder selbst Technikern und Ingenieuren, die nur mittelbar etwas mit Verteidigungsaufgaben zu tun haben, verbunden ist. Andererseits hat das Ministerium damit aber gleichzeitig zehntausenden von Firmen die Verantwortung dafür aufgebürdet, ihre Angestellten im Hinblick auf ihre Zuverlässigkeit und als Sicherheitsrisiko zu überprüfen. Nach Auffassung des Verfassers hat man damit den Kontraktfirmen einen schlechten Dienst erwiesen und sie in eine gefährliche und ungesunde Rolle hineinmanövriert. Geschäftsleute sollten nicht im Überwachungsgeschäft tätig sein. Die Lockheed Aircraft-Flugzeugwerke beispielsweise haben viele der bei ihnen Beschäftigten auf Zuverlässigkeit und Vertrauenswürdigkeit zu überprüfen. Die Bekannten und ehemaligen Vorgesetzten der Angestellten fordert man auf, Fragebogen auszufüllen, die unter anderem folgende Fragen zur Person enthalten:

1. Haben seine/ihre Handlungen oder Äußerungen zu irgendeinem Zeitpunkt begründeten Anlaß gegeben, an seiner/ihrer Loyalität gegenüber den Vereinigten Staaten zu zweifeln? – Hat er/sie Verwandte im Ausland?
2. Hat er/sie Reisen ins Ausland unternommen? – Wann und wohin?
3. Wenn der Bewerber minderjährig oder eine Frau ist: Welchen Ruf genießen die Eltern/der Ehemann?

Wenn die Regierung der Vereinigten Staaten es für notwendig erachtet, die Leute, die möglicherweise mit vertraulichem oder nur für den Dienstgebrauch bestimmten Vorgängen in Berührung kommen könnten, auf ihre Zuverlässigkeit und Loyalität hin zu überprüfen, dann sollte die Regierung diese Überprüfung auch selbst vornehmen.

Aus den hier aufgeführten und noch anderen Gründen wird es in Großfirmen immer mehr Mode, die Angestellten einem straffen Überwachungs- und Kontrollsystem zu unterwerfen. Die bedrückendsten Überwachungsmethoden sind in den Betrieben der pharmazeutischen Industrie anzutreffen, die sich ins wilde Schlachtengetümmel gestürzt haben, um unter allen Umständen noch vor der Konkurrenz eine bestimmte Tablette auf den Markt zu bringen, von der sie einen aufsehenerregenden Erfolg in der Öffentlichkeit erwarten. Das etwa 250 ha große Fabrikgelände der Firma Lederle Laboratories in Pearl River im Staate New York ist von einem etwa zweieinhalb Meter hohen Zaun umgeben. Diese Umzäunung und die Gebäude selbst werden von einem fünfzig Mann starken Polizeiaufgebot bewacht, und die Mehrzahl der Gebäude ist nur mit einem Gebäudepaß zu betreten. Ich sage das nicht, weil ich damit zum Ausdruck bringen will, daß das Unternehmen keinen Grund zur Anwendung von Vorsichtsmaßregeln hätte, sondern nur, weil ich meine, daß dieses Phänomen traurige Rückschlüsse auf die bei uns üblichen Gepflogenheiten auf industriellem Gebiet zuläßt.

Andere Industrieunternehmen werden regelmäßig von Polizeihunden umkreist. Automobilfirmen haben sogar ein eigenes Luftabwehrsystem mit Ausgucktürmen auf den Dächern, wenn sie die Absicht haben, neue Modelle auf den Markt zu bringen.

Ein Merkmal für die steigende Beschäftigung mit Sicherheitsfragen ist die Tatsache, daß wenigstens drei Bildungsstätten mit Hochschulcharakter (Michigan State, Long Beach State und Northeastern) »Sicherheitsfragen der Industrie« als Hauptfach in ihren Lehrplan aufgenommen haben. Ein weiteres Symptom ist das Anwachsen der American Society for Industrial Security. Die Zahl ihrer Mitglieder nähert sich – wie oben gesagt – der 3000. Die Gesellschaft hält in ganz Amerika dreitägige Seminare ab, in denen nicht nur die neuesten Überwachungs- und Abwehrtechniken behandelt werden, sondern auch Vorlesungen über Themen gehalten werdem wie »Aufdecken und Verhindern von Unregelmäßigkeiten der Angestellten« und »Was kann die Industrie tun, um Spionage und Sabotage zu verhindern?« Einige hundert Mitglieder, wenn nicht noch mehr, sind in solchen, scheinbar nicht mit Sicherheitsfragen belasteten Wirtschaftsgruppen wie Tabakindustrie, Einzelhandel, Nahrungsmittel-,

Automobil-, Gummiwarenindustrie, Transportwesen, Stahl- und Aluminiumindustrie und im medizinischen Apparatebau tätig.

Viele Arbeitgeber glauben, daß die neuartigen elektronischen Augen und Ohren nichts anderes seien als ein Ersatz für die bislang gewohnten menschlichen Augen und Ohren, die viele Jahrzehnte lang für die Firmenleitung den Dienst des Aufpassers in den Betrieben versahen. Und sie meinen, eine Geschäftsleitung habe durchaus ein Recht darauf zu wissen, was ihre Angestellten zu jeder beliebigen Zeit an dem ihnen zugewiesenen Arbeitsplatz oder in den Büroräumen gerade tun.

Selbst wenn diese neuartigen Elektronenaugen und -ohren sichtbar angebracht wären und ihre Existenz bekannt sei, sind die Angestellten in ihrer Freiheit stärker eingeschränkt als früher. Denn damals hatte der Angestellte doch wenigstens die Gewißheit, daß er sich – wenn er müde war – eine kurze Erholungspause gönnen durfte. Heute muß er ständig damit rechnen, daß gerade in einem Augenblick des Verschnaufens der Blick solcher stets wachen Elektronenaugen auf ihn und seine Arbeit fällt – auch wenn lediglich Stichproben gemacht zu werden pflegen.

Das neue elektronische System ist noch unvernünftiger, wenn die Elektronenaugen und -ohren (und die Spezialspiegel und Gucklöcher) versteckt angebracht sind, wie es schon sehr häufig der Fall ist. Argwöhnt der Angestellte erst einmal die Existenz versteckter elektronischer Einrichtungen – und ihre Existenz spricht sich schnell herum –, dann ist es mit seinem anfänglichen Vertrauen zu seinem Arbeitgeber meistens vorbei. Und damit wandelt sich seine Einstellung zu der ihm übertragenen Arbeit von Grund auf.

Was kommt nun im allgemeinen und im besonderen dabei heraus, wie wirken sich die versteckten Kameras, die unsichtbaren Mikrophone, die Spiegelfenster und Gucklöcher auf die schon auf Herz und Nieren untersuchten Angestellten aus? Ein Sprecher der Riesenfirma William J. Burns International Detective Agency erklärte dazu: »Wir geraten in der Industrie immer mehr in den Sog der Elektronik; denn diese Apparate sind ja stets hellwach. Wir erleben einen ständig zunehmenden Einsatz der versteckt eingebauten Fernsehkameras zur Überwachung.«

Ein an der Westküste tätiger Spezialist im Einbau von Mikrophonen berichtete, daß er in einem einzigen Gebäude für eine einzige Firma 39 Mikrophone installiert hätte.

Die Verwendung des Betriebsfernsehens hat nicht nur ihren Wert für die Überwachung, sondern sie eignet sich auch ausgezeichnet dazu, der Eitelkeit des Präsidenten eines Unternehmens zu schmeicheln. Man hat ihn davon überzeugen können, daß er in seinem Büro oder doch wenigstens ganz in der Nähe seines Büros für seinen alleinigen Gebrauch einen »Kontroll- oder Prüfstand«, daß heißt eine Schalttafel mit Knöpfen und Tasten zum Mitsehen und Mithören haben müßte. Nur so habe er wirklich sein Auge überall. So erst würde er wirklich zum Kapitän, der weiß, wie man sein festgebautes Schiff durch alle Unbilden steuert.

Der Chef einer Herstellerfirma von Einrichtungsgegenständen in New York ist einer jener zahlreichen Präsidenten, die kaum noch die Hand von der Abhörtaste nehmen. Der Präsident eines anderen Unternehmens hat eine Kamera in einer nachgemachten Ventilatorhülle im Konferenzraum der Firma anbringen lassen, wo häufig geschäftliche Besprechungen (bei denen er nicht immer zugegen ist) stattfinden. Mit dem Abhören ist es ganz ähnlich: Das Vorstandsmitglied einer namhaften Kosmetikfirma hat angeblich – wenigstens war es vor nicht allzu langer Zeit noch der Fall – die Büroräume seiner Kollegen abgehört. Und in einem Warenhaus in Pennsylvania gab es für das Telephon eines jeden Managers eine Abhörtaste beim Chef. Ich hörte einen Mann, der einen sehr wichtigen Posten in einem Multimilliarden-Unternehmen bekleidet und sich für gewöhnlich sehr vorsichtig und erst nach reiflicher Überlegung äußerte, kurz und bündig feststellen: »Ich vermute, meine Gespräche werden abgehört.«

Einer der führenden Köpfe eines Ermittlungsunternehmens, das sich auf »Manager-Beratung« spezialisiert hat, erklärte: »Nehmen wir doch einmal an, um nur ein Beispiel herauszugreifen, Sie bemerkten bei einem Ihrer Angestellten, daß ihm die Arbeit nicht richtig von der Hand gehen will. In solch einem Fall empfiehlt es sich wahrscheinlich, eine Woche lang oder auch längere Zeit hindurch seine Gespräche abzuhören, damit Sie sich ein Bild machen können, wie er die Kunden behandelt und welche Fortschritte er macht. Sie wollen den Burschen ja nicht kränken oder ihn einfach entlassen, aber Sie erfahren, wo Sie ansetzen müssen, um dem Mann Hilfestellung bei seiner Arbeit zu geben.«

Im allgemeinen liegt die Überwachung jedoch in den Händen von ganztägig eingesetzten Fachleuten. Sie stellen Kameras auf – versteckt oder unaufdringlich –, die durch Fernbedienung geschwenkt und gedreht werden können, um das gesamte Werksgelände aufzunehmen. Sie können sehen, wer sich im Erholungs- oder im Erfrischungsraum aufhält, und was er dort tut.

Ferner gibt es die versteckten Mikrophone und andere Überwachungsvorrichtungen, um festzustellen, wie die Angestellten und Arbeiter ihre Arbeiten verrichten. Nach den Aussagen vor einem New Yorker Joint Legislative Committee hieß es, ein großes Fernsprechamt habe im Boden von Federhalterständern derjenigen Angestellten Mikrophone eingebaut, die im Publikums- und Kundenverkehr eingesetzt waren, um ihre Gewandtheit im Umgang mit Kunden zu kontrollieren.

Im Wohnungsbau pflegen, wie James Mills, Berater in Fragen der Wohnungsbeschaffung, mir verriet, einige Bauherren bei großen Siedlungsbauprojekten die Musterwohnungen mit Abhörvorrichtungen auszustatten, um eine Kontrolle darüber zu haben, wie genau sich der Vertreter an die eigens für ihn ausgearbeiteten Verkaufsrichtlinien hält. Es hat beispielsweise einen Fall im Mittleren Westen gegeben, bei dem sich ganz erhebliche Abweichungen des Verkäufers von den Richtlinien zeigten. Er verhandelte mit einer Kundin und hatte – wie die Bandaufnahme später erwies – dabei mit der Kundin als lebendem Objekt vorgeführt, wie traulich so ein Bett erst einmal sein kann – mit zwei Menschen darin.

Zwei weitere elektronische Einrichtungen zur Überwachung oder zur Analyse der Arbeitsleistung von Angestellten verdienen erwähnt zu werden. Wie Robert Cubbedge in seinem kürzlich erschienenen Buch »Who Needs People?« berichtet, hat die Hancock Telecontrol Corporation eine Schalttafel entwickelt, auf der ein rotes Licht aufleuchtet, wenn eine von Hand bediente Stanzpresse im Betrieb einmal nicht in Benutzung ist. Ein anderes Instrument, das bereits verschiedentlich Verwendung gefunden hat, ist ein Rechenautomat für Zeitmessungen, der von einer Bedienungskraft gesteuert werden kann, die nicht in unmittelbarer Nähe zu sein braucht. Man kann sagen, daß diese Erfindung eine recht günstige Aufnahme gefunden hat. Ein Beobachter (oft in einem Kontrollhäuschen) kann unbemerkt die Arbeitsleistung eines männlichen oder weiblichen Angestellten bei einer Arbeit, die viel Sprechen erfordert, überwachen, indem er durch Ablochen registriert, wie die Unterhaltung zeitmäßig abläuft. Wer gibt den Ton an, wer ist der führende Teil in einem Gespräch, wie oft unterbricht er den Gesprächspartner – auf diese Weise werden angeblich Persönlichkeitsmerkmale und temperamentbedingte Reaktionen erkennbar. In einer Veröffentlichung der American Management Association zollte man dem Instrument hohes Lob und Anerkennung. Alan Harrington ist offenbar aber anderer Meinung, denn er behauptet, daß jede Art von heimlichem Beobachten und Belauschen eines Angestellten, das diesen zum »Versuchskaninchen« stempelt – zumindestens in seinen Augen –, nichts anderes sei als ein niederschmetterndes moralisches

Mißverständnis dessen, was Leben bedeutet. Für eine menschliche Gesellschaft, die sich zur Aufgabe gemacht hat, die Menschenwürde zu wahren und sie stets zu achten, scheint mir diese Entwicklung fürwahr ein beachtlicher Rückschritt zu sein.
Einer der Plätze in einer Fabrik, die heutzutage oft unter der Kontrolle einer Fernsehkamera stehen, ist die Verladerampe. Die Fernsehkamera läuft in einer Schiene hin und her, ist dabei jedoch unter einer Art Holztäfelung verborgen. Sie photographiert durch einen etwa 2,5 cm weiten Schlitz und kann mit ihrer Linse in jeden Lastwagen sehen und die Arbeiter beim Be- oder Entladen beobachten. Man mag darin eine bessere, wirksamere Art erblicken, sich gegen Diebstahl zu schützen, aber es scheint auch die bessere, wirksamere Art, uns dem all-gegenwärtigen Auge näherzubringen, das alles sieht und registriert.
In vielen Fällen haben Manager aus Sorge, die Angestellten könnten hinter ihrem Rücken herumbummeln, stehlen oder über sie reden, Abhörmikrophone in den Toiletten und Waschräumen der Angestellten anbringen lassen. Einer der interessanteren Fälle, von denen ich Kenntnis erhielt, trug sich im Verwaltungsgebäude eines Großunternehmens in Manhattan zu. Die Firma, die zahlreiche Zweigniederlassungen in den meisten Staaten der USA unterhält, hat tatsächlich keine Mühe gescheut, in der Öffentlichkeit das Image eines Arbeitgebers aufzubauen, der jeden seiner Schritte sorgsam überlegt und stets das Wohl seiner Leute im Auge hat. Die Belegschaft besteht größtenteils aus weiblichen Angestellten, die nicht gerade auf den Kopf gefallen sind, so daß sie gewöhnlichen Mikrophonen sehr bald auf die Spur kommen würden.
Der Leser mag nun selbst einmal raten, wo die »Sicherheitsgewaltigen« ihre Mikrophone anbringen ließen.
Meine Frau fand auch beim zwölften Versuch noch immer nicht des Rätsels Lösung.
Man hatte Kleinstsender ins Innere der Toilettenpapierhalter in mehreren Waschräumen einsetzen lassen. Das röhrenförmige Innere des Plastikrollers, das den Spannbügel der Abrollvorrichtung aufnimmt, weist einen Hohlraum von gut zwei Zentimeter Breite und etwa zehn Zentimeter Länge auf. Der »Sicherheits«-Beauftragte der Firma bestellte also eine Anzahl dieser nur etwa 30 g schweren, unabhängigen Mikrophonsender, die in die Hohlräume hineinpaßten. Es macht diesen Geräten keine Schwierigkeiten, Worte, die im Umkreis von etwa zehn Metern gesprochen werden, aufzunehmen. Da die Frequenz jedes Senders innerhalb eines Bereichs von 16 Megahertz einzustellen ist, ist es für einen einzigen »Sicherheits-

helfer« möglich, von einem entfernt gelegenen Standort nach Belieben bis zu zehn Sender abzuhören.

Zu dem Zeitpunkt, da dieses Buch entsteht, ist in einem Gebäude der eben erwähnten Gegend, das die Wohnungen von 2000 männlichen und weiblichen Angestellten der American Telephone & Telegraph Company beherbergt, eine erbitterte Auseinandersetzung im Gange. In der Herrentoilette im neunten Stock fand man im Entlüftungsschacht eine verborgene Kamera, als einige der Männer, denen das in Abständen von wenigen Sekunden hörbare Klicken aufgefallen war, wissen wollten, was dahinter steckte. Als man die Firmenleitung mit der entdeckten Kamera konfrontierte, gaben die Herren zu, daß sie sie eingebaut hatten um herauszufinden, wer die Wände der Herrentoilette verunstaltet hätte. Die Firma weigerte sich aber in frühzeitigen Verhandlungen mit protestierenden Angehörigen der Gewerkschaft der Communications Workers of America entschieden, Versprechungen oder Zusicherungen zu machen, daß man künftig nicht doch wieder Kameras benutzen würde, wenn es angebracht erschiene. Darüber hinaus brachte die »*New York Post*« die von der Gewerkschaft an die Angestellten der AT & T verteilte, vervielfältigte Stellungnahme, aus der hervorging, daß das Unternehmen, wenn es einen solchen Schritt für geraten hielte, »unter entsprechenden Umständen« auch eine weitere Kamera im Waschraum der weiblichen Angestellten einbauen lassen würde.

Einer der führenden Unternehmensberater berichtete mir von seiner Entdeckung, daß die Verantwortlichen einer großen Firma im Mittleren Westen alle ihre wichtigen Diskussionen außerhalb ihrer Konferenzräume abzuhalten pflegten, da sie überzeugt waren, daß eine Gewerkschaft den Handwerkern der Firma Anweisung gegeben hätten, alle Büros der leitenden Herren anzuzapfen.

Während Vertragsverhandlungen zwischen einem Unternehmer und der Gewerkschaft im Gange sind, kann es durchaus vorkommen, daß eine der beiden Seiten einen Konferenzraum anzapft in dem Bemühen, sich einen Überblick über die Verhandlungsposition der anderen Seite zu verschaffen und ungefähr zu wissen, welche Möglichkeiten eines Nachgebens oder Zugebens bestehen. Und im Laufe der ersten Fühlungnahmen und Versuche, die Positionen gegenseitig kennenzulernen, während derer noch kein Sitzungsprotokoll geführt wird, kommt es mitunter vor, daß den Wortführern im Hintergrund der Inhalt des ersten Gedankenaustausches zugespielt wird. Raymond Farrell, der Abwehr-Fachmann, erzählte mir, daß er vor einer solchen schwierigen Verhandlung den Konferenzraum gewohnheitsgemäß nach versteckten Mikrophonen abgesucht habe.

Es sei nichts zu entdecken gewesen; und trotzdem drangen Informationen nach außen. Am darauffolgenden Tage stand er an der Tür, ein etwa 20 cm langes Suchgerät am Körper und ein unauffälliges Abhörgerät im Ohr. Als einer der Delegierten eintrat, quietschte es in dem Abhörgerät in seinem Ohr. Der Delegierte wurde für einen Moment nach draußen gebeten. Als man ihn bat, den Sender abzulegen, leistete er der Anweisung wie ein braves Schaf Folge. Er hatte das Gerät um seinen Arm gebunden.

In Kalifornien, so sagte man mir, ist die sogenannte Personalsicherheitsüberwachung in Filmstudios tatsächlich nur dazu da, den Studio-Gewaltigen tiefere Einblicke in die Garderoben der Starlets zu verschaffen.

Für die Leute, die etwas dagegen haben und denen es einfach nicht paßt, immer und ewig beobachtet zu werden, hat der Sprecher einer der führenden Herstellerfirmen von Fernseh-Überwachungsanlagen für die Industrie stets eine Antwort parat: »Die, die sich am energischsten und lautesten als Opfer der Fernsehüberwachung beklagen, sind meistens gerade die Leute, die eine solche Kontrolle am nötigsten haben.«

Bisher haben wir noch kaum davon gesprochen, welche Formen dieses Beobachten in den Büros und Fabrikräumen von hunderten von Firmen annimmt.

Unternehmensleitungen werden durch Beratungsdienste, die auf Überwachung spezialisiert sind, ermahnt, die Aufsicht über ihre Angestellte und Arbeiter zu verstärken. Der Warnruf der Firma William J. Burns International Detective Agency lautet: »Ein Zaun genügt heute nicht mehr zum Schutze eines Unternehmens!« Der Dollarwert dieses Unternehmens ist um das Dreifache der Zuwachsrate der gesamten Wirtschaft des Landes gestiegen und erreichte im Jahre 1963 einen Wert von 40 000 000 Dollar. Das Unternehmen wurde von demselben Mann gegründet, der einst an der Spitze des amerikanischen Geheimdienstes stand. Fingerabdrücke von den Angestellten zu nehmen, wird dringend empfohlen als »Maßnahme der Vernunft und Routine-Angelegenheit in vielen Fabriken, die den Wert einer Kartei mit vollständigen Angaben aller Leute, die für diesen Betrieb arbeiten, erkannt haben.«

Eine andere Organisation, die dem Top-Management dringend nahelegt, sich der Kontrollmittel zu bedienen, ist die Norman Jaspan Associates. Der liebenswerte Mr. Jaspan mit seinem geräumigen Büro hoch über Manhattan, dessen Wände mit Chinatapete bespannt sind, wird der J. Edgar Hoover der Privatindustrie genannt. Er behauptet, mehr als hundert Kunden zu haben, die an der New Yorker Börse eingetragen sind. Mr. Jaspan ist Herr über dreizehn Hauptbüros. Er arbeitet an verschiedenen strategischen Regeln herum, um eine ständige Kontrolle zu gewährleisten. Darunter diesen:

1. »Lassen Sie die Verantwortung stets zu gleichen Teilen von Zweien tragen.« Dadurch wird verhindert, daß ein Angestellter viel Verantwortung für die ihm anvertrauten Akten und seine Arbeit hat.

2. »Behalten Sie die Art und Weise, wie Sie Kontrollen durchführen, stets für sich!« Das hält die Neunmalklugen schön in Spannung.

3. »Machen Sie immer wieder Stichproben!«

4. »Entwickeln Sie ein Programm, in das Sie absichtlich Fehler einbauen.« Wenn der Angestellte den Fehler nicht findet, ist er entweder im höchsten Grad nachlässig oder kurz das, was man eine »Pflaume« nennt.

5. »Bauen Sie wichtige psychologische Sicherungen ein.« Sich einen Angestellten zu verpflichten, so hebt er hervor, bringt nicht nur psychologische Vorteile, sondern auch echten Schutz.

Er faßte seine so freundschaftlich wirkende Einstellung zur Personalbehandlung in die folgenden Worte zusammen: »Der Trick dabei ist, Erwachsene nicht öfter erwischen zu müssen als die eigenen Kinder. Man will ja schließlich die Versuchung an sich beseitigen, daher bleibt nichts anderes übrig, als daß gewisse Sicherungen eingebaut werden; es ist nicht anders, als eine Aufsicht bei Kindern, die aufpaßt, daß sie nicht außer Rand und Band geraten. Es vergeht kein Tag, sagte er, an dem seine Organisation nicht »Beichten« von »Kindern« der Firmen erhält, denen es an Erziehung mangelt. Wenn ihre Vergehen nicht allzu ernster Natur sind, kann man ihnen eine Bewährungsfrist zubilligen.

Einige der Sicherungen, die er den Unternehmen dringend empfiehlt, würden sich jedoch keinesfalls für Kinder eignen. Er schickt »Geheimagenten« seines Hauses in die Betriebe seiner Klienten, verkleidet als Bürohelfer, Gepäckträger, Nachwuchskräfte, Buchhalter oder Ingenieure. Hierzu erklärte er mir folgendes:

»Wir holen uns unsere Betriebsingenieure aus den Universitäten. Sie beginnen ihre Arbeit als gewöhnliche Angestellte und lernen erst, Systeme auszuwerten, Methoden anzuwenden, Verfahren auszuarbeiten, Kontrollen und Überwachungen durchzuführen. Nach dem Studium nehmen wir sie drei Jahre lang unter Vertrag als sogenannte V-Männer ... Wir haben augenblicklich 350 solcher Agenten in ihrer Drei-Jahres-Ausbildung. Nach Ablauf der drei Jahre sind sie soweit, daß sie in unseren Stab von Betriebsingenieuren aufgenommen werden. Wir holen uns die Leute vom MIT, von Cornell für das Hotelfach und beispielsweise von der Northwestern University.« Wenn die Männer »auf Draht« sind und unverheiratet, so gibt es für sie keinen besseren Job.

Einer seiner Geheimagenten, so erinnert er sich, saß gerade auf der Toilette in einer Elektrogerätefabrik im Norden des Staates New York, als er im Nebenraum Schlüssel auf den Fußboden fallen hörte; sie wurden jedoch nicht aufgehoben. Ein »Jaspaner« ist darauf dressiert, sofort den Dingen auf den Grund zu gehen. Also stand er auf, stellte sich auf den Sitz, spähte über die Zwischenwand und erblickte im Nebenraum einen Mann, der den Entwurf für eine neue Elektronenröhre durchpauste. Das war der Grund, warum er das Schlüsselbund nicht gleich hatte aufheben können. Mr. Jaspan stellte in diesem Zusammenhang fest: »Wir haben im Laufe des letzten Jahres Betrügereien aufgedeckt, die insgesamt einen Wert von 60 Millionen Dollar ausmachten; in 62 Prozent der Fälle waren Leute in leitenden oder gehobenen Stellungen daran beteiligt.«

Die Firma Burns scheint – was die Gesamtzahl anbetrifft – noch mehr V-Leute in der amerikanischen Industrie im Einsatz zu haben als Jaspan. In einem ausführlichen und wohlwollend gehaltenen Bericht über die Firma Burns schrieb die Zeitschrift *»Traders Graphic«*, daß sie einen Agentendienst bei annähernd 500 Firmen unterhalte. Die Zeitschrift stellte fest, daß für eine ganze Reihe dieser Firmen ein Verzicht auf diese Dienste ebensowenig in Frage käme wie eine Kündigung der Versicherungen.

Die Firma Burns, mit Vertretungen in 41 amerikanischen Städten und Korrespondenten in nahezu jedem Land der freien Welt, verkündet voller stolzer Freude, daß einer der erfolgreichsten und am raschesten wachsenden Teile ihres weitreichenden Betätigungsfeldes die Versorgung der Industrie mit männlichen wie weiblichen Geheimagenten sei. Sie stellt eine ganze Schar von Angestellten, die als unauffällige Schreibkräfte in die Industrie gehen.

In einer Werbebroschüre – auf der Titelseite ein durchbohrend blickendes Augenpaar – verspricht die Firma Burns den Pseudo-Arbeitgebern dieser heimlich in die Belegschaft eingeschleusten Mitarbeiter: »Wenn Sie als reguläre Angestellte geführt werden, weiß niemand, wer Sie wirklich sind – auch wenn Sie als Kollege oder gar als Direktor eng mit jemandem zusammenarbeiten.« Neben diesem Text zeigt ein Photo eine Gruppe offensichtlich leitender Angestellter, die um einen Konferenztisch sitzen; einer von ihnen, vermutlich Angehöriger der Firma Burns, führt den Vorsitz und beansprucht die Aufmerksamkeit der anderen leitenden Herren des Unternehmens. »Nur die oberste Leitung braucht davon Kenntnis zu haben«, so fährt die Broschüre fort. Eine weitere Zusicherung schließt sich unmittelbar an: Falls in einem Unternehmen zwei oder sogar mehr Agenten tätig sind, wird keiner von der Gegenwart des oder der anderen unterrichtet. Es geht also genauso zu wie beim militärischen Abwehrdienst.

Wesentlich beeindruckender ist allerdings eine andere Firma, die ebenfalls V-Männer anbietet; es ist die Wackenhut Corporation, die – wie bereits erwähnt wurde – ihre höheren und höchsten Positionen durchweg mit ehemaligen FBI-Leuten besetzt hat. Stolz verteilt man Nachdrucke eines Artikels aus der Zeitschrift *»Research Development«* mit der Überschrift »Ich war ein getarnter Wissenschaftler« von einem »Dr. John A. Z. Wyler«. Sein Name, so wird erklärt, ist das Pseudonym eines Mitarbeiters des Wackenhut-Stabes. Seine Einleitung ist aufsehenerregend:

»Leute mit einem Doktortitel spinnen ab und an. Manchmal sind sie auch leichtsinnig, in einigen Fällen sogar etwas beschränkt und gefährlich, besonders dann, wenn sie auf dem Gebiet R & D (Research and Development = Forschung und Entwicklung) arbeiten. Ich weiß es genau – ich habe einen Doktortitel und war in R & D tätig. Ich war jedoch gleichzeitig ein als Wissenschaftler getarnter Agent.«

Die Zeitschrift *»Dun's Review and Modern Industry«* berichtete von einer Umfrage beim Management einer Anzahl von Betrieben über ihre Meinung zu dem Thema »Verhinderung von Verbrechen« in den Geschäftsgebäuden. Eine der Lösungen diese Problems, die dort angegeben und dringend empfohlen wurde, war: »Mischen Sie Privatdetektive unter Ihre Angestellten! Es kostet 25 000 Dollar im Jahr, ist es aber unbedingt wert.«

In einigen Fällen werden Geheimagenten in Betriebe entsandt, um sich über die Einstellung der Belegschaft zur Gewerkschaft – sei es, daß diese bereits Anerkennung genießt oder sucht – und über die Arbeit der Gewerkschaften ein Bild zu machen. Vor etwa zwei Jahren fühlte sich die Textilarbeitergewerkschaft verärgert, als sie die Entdeckung machte, daß vier Detektive in die Belegschaft einer Teppich-Firma eingeschleust worden waren. Einer von ihnen hatte sich die Belange der Angestellten so sehr zu seinen eigenen gemacht, daß man ihn um seiner Verdienste willen zum ordentlichen Mitglied gemacht und in den Vertreterausschuß für Tarifverhandlungen gewählt hatte.

Es sollte nicht unerwähnt bleiben, daß Handelsorganisationen auf dem Gebiet des Einzelhandels wie besessen sind von der Suche nach neuen Methoden, ein wachsames Auge auf ihre Kunden zu haben. Während die Geschäftsleute sich nach wie vor gebärden, als basiere ihre Behandlung der Kunden allein nur auf der Auffassung, man habe es mit Seiner Majestät, dem Kunden, zu tun, der alle Höflichkeit verdiene, glauben sie gleichzeitig, daß die Majestäten, ob König oder Königin, scharf überwacht zu werden verdienen. Andernfalls stehlen sie den Geschäftsleuten »die Haare vom Kopf«, wie es in ihrem Jargon heißt. Und wieder hätte man damit einen Beweis, daß die Kontrolle und Überwachung der Menschen zunimmt. Die Handels- und Gewerbefachzeitschriften rechtfertigen eine erhöhte Wachsamkeit und verstärkte Überwachung der Kunden damit, daß sie über die steigenden Verluste durch Warenhausdiebstähle stöhnen. Sie verweisen auf ein Ansteigen der finanziellen Verluste, ohne dabei das Anwachsen der Bevölkerung und die erhöhten Ausgaben der Verbraucher, das zahlenmäßige Anwachsen der Selbstbedienungsbetriebe und ähnliches mehr in Rechnung zu stellen. Geht man von dem Gesamtwarenverkauf an der Verbraucher aus, so würde es sich zeigen, daß sich die Verluste, die den Unternehmen durch Ladendiebstahl der Kunden und durch Diebereien der Angestellten erwachsen, nur auf den Bruchteil eines Prozents belaufen. In einigen Großkaufhäusern haben die Verluste allerdings zeitweilig die Ein-Prozent-Grenze überschritten. Jetzt sucht man hier allenthalben Abhilfe zu schaffen und diesen Verlusten Einhalt zu gebieten. Dabei glaubt man eine Hilfe im Beaufsichtigen und Überwachen der Kunden durch Elektronenaugen und heimlich beobachtende menschlichen Augen gefunden zu haben, auf die man sich mehr denn je verläßt.

Etliche Filialen eines Warenhauskonzerns in New Jersey haben Beobachtungsgeräte – sie nennen sie »Trojanische Pferde« – in Säulen verborgen oder als Klimaanlagen getarnt installiert. In acht Filialgeschäften gibt es sage und schreibe 75 »Pferde« dieser Art, wie aus einem Bericht der Zeitschrift *»Wall Street Journal«* zu entnehmen ist, dem ein Interview mit dem Sicherheitsbeauftragten des Konzerns zugrunde liegt[1].

In Südkalifornien findet man in einer ganzen Reihe von Supermärkten Fernseh-Überwachungskameras mit einem Kontrollbildschirm im Büro des Betriebsleiters. Auch in Boston sind »Fernaugen« die Hüter einiger Warenhäuser.

Von Mr. Kanter, ITV, erfuhr ich, daß seine Firma in mehr als zwanzig Warenhäusern zur Überwachung Fernseh-Aufnahme- und -Wiedergabeanlagen installiert hat. (In der Broschüre, die seine Firma herausgegeben hat, findet man eine Liste mit zweiundzwanzig bekannten Warenhäusern im Gebiet von New York, New Jersey und Long Island, wo derartige Fernsehanlagen installiert worden sind;

ferner nennt das Heft Hunderte weiterer Plätze, an denen derartige Einrichtungen angebracht wurden.) Mr. Kanter stellte fest, daß »drei Viertel aller namhaften Warenhäuser in New York das Fernsehen zur Kontrolle benutzen«. In seinen Ausführungen wies Mr. Kanter im Zusammenhang mit der heiklen Frage, ob die Fernsehkameras in den Warenhäusern und Verkaufsräumen der Kaufhäuser offen und deutlich sichtbar oder versteckt angebracht sein sollten, auf einen interessanten sozialen Unterschied hin. In Massenkaufhäusern besteht die Tendenz, die Kameras offen und für die Kundschaft sichtbar anbringen zu lassen und außerdem durch eine Anzahl von Hinweisschildern darauf aufmerksam zu machen, daß eine »Fernsehanlage in Betrieb« ist. In der Geschäftsleitung glaubt man anscheinend, daß die psychologische Wirkung sichtbarer Kameras eine größere Abschreckung darstellt und infolgedessen den Warenhausdiebstahl merklicher eindämmt, als es das »Auf-frischer-Tat-Ertappen« von Warenhausdieben mit Hilfe versteckter Kameras erzielen könnte. (Nicht alle sichtbar in Verkaufsräumen angebrachten Fernsehkameras sind echte TV-Kameras; einige sind echt, andere nur Attrappen, die nicht einmal ein Zehntel des Preises einer echten Anlage kosten.)

Betritt man allerdings die supereleganten Geschäfte in oberen Teil der Fifth Avenue, so wird man solchen Kameras nicht begegnen, da diese, wenn man sich ihrer bedient, unsichtbar für die Kunden existieren, obwohl Diebstähle in manchen dieser Läden zu verhältnismäßig hohen Verlustraten geführt haben. Man ist in diesen Geschäften jedoch im Glauben, daß die Kunden sich für so wohlhabend und daher sozial gesichert betrachten, daß der bloße Gedanke, sie bedürften irgendeiner Überwachung, bereits etwas Beleidigendes an sich hat.

In allen Geschäften, in denen Kameras sichtbar oder auch verborgen eingebaut sind, können sie normalerweise ferngesteuert werden. Die Kameras können die Verkaufsräume bis in den letzten Winkel erfassen. Entdeckt der Beobachter etwas auf dem Bildschirm, was sein Interesse oder seinen Verdacht erregt, kann er sich durch einen Tastendruck mit Hilfe der Gummilinse einen Ausschnitt, beispielsweise nur ein Paar Hände, heranholen. Die Hände, die er sich per Gummilinse einfängt, können die eines Kunden sein, sie können aber auch dem Kassierer an der Registrierkasse gehören.

Ankleidekabinen in den Herren- wie auch in den Damenkonfektionsabteilungen scheinen die Räume zu sein, auf die sich das Interesse und der schwerste Verdacht von seiten der Detektive konzentriert. Sie argwöhnen, daß Ladendiebe in der Mehrzahl der Fälle versuchen werden, mehrere Kleidungsstücke anzuprobieren und dann im

Schutze der vermeintlich unbeobachteten Ankleidekabine dieses oder jenes Stück unter ihrer Kleidung verstecken oder in ihrer Handtasche verschwinden lassen.

Das dachten wahrscheinlich auch zwei weibliche Angestellte (vermutlich Detektive) eines bekannten Warenhauses im Geschäftsviertel von Los Angeles, als sie vor noch nicht allzu langer Zeit ihren Argwohn auf die beschwerliche, altmodische Art zu stillen trachteten, indem sie auf dem Rücken liegend, unter der Trennwand einer Anprobierkabine hindurch beobachteten. So zumindest lautete vor den Schranken des Gerichts die Beschuldigung von seiten der Anwälte der American Civil Liberties Union von Südkalifornien, die die wegen Warenhausdiebstahl unter Anklage stehenden Kundinnen vertrat. Sie erhoben gegen die Anklage Einspruch mit der Begründung, daß die Angeklagten Opfer einer absolut ungerechtfertigten, willkürlichen Durchsuchung und Festnahme geworden seien. Die ACLU sah die staatsbürgerlichen Freiheiten in Frage gestellt, ja gefährdet und leistete wie gewöhnlich kostenlos Rechtsbeistand. Die ACLU-Verteidigungsschrift besagte, daß die weiblichen Angestellten unter der Kabinentrennwand hindurch in die Kabine gespäht hätten, um die vermutlich zum Kauf entschlossenen Kundinnen zu beobachten, während diese mit dem Anprobieren von Kleidern beschäftigt waren, »und ohne jeden ersichtlichen Grund den Verdacht hegten, die Angeklagten stünden im Begriff, ein Verbrechen zu begehen«. Einmal fand die Auffassung der ACLU die Unterstützung des Berufungsgerichts; aber in der nächst höheren Instanz entschied man zugunsten der Gegenseite. Es hat nun den Anschein, als seien Bestrebungen im Gange, diese Frage vor das Oberste Bundesgericht der Vereinigten Staaten zu bringen.

Die einfachere, alltäglichere Art, Ankleidekabinen unter Kontrolle zu haben (diese Art findet weit verbreitet Anwendung), ist das Benutzen von Doppelspiegeln oder das Beobachten durch ein Guckloch, wobei der Blick durch dieses Guckloch in einen Spiegel fällt, der an der gegenüberliegenden Wand so angebracht sein muß, daß der Beobachter den ganzen Raum übersehen kann.

Die moderne, allerdings kostspieligere Art des heimlichen Beobachtens ist eine unsichtbar eingebaute Fernsehkamera. Leitende Angestellte zweier Firmen, die Fernseh-Aufnahme- und -Wiedergabeanlagen erstellen, machten vorsichtige Andeutungen, daß auch diese Art von Kameras von ihnen schon installiert worden wäre. Der Präsident eines Textilunternehmens erklärte: »Ja, es stimmt, wir haben solche Kameras in den Anprobierkabinen, aber bei uns wird nicht darüber gesprochen. Wir sehen allerdings zu, daß der Beobachter am Bildschirm für die Damenkonfektionsabteilung möglichst eine Frau, für die Herrenkonfektion möglichst ein Mann ist.«

Die fünf Warenhäuser von Alexander in New York City haben offensichtlich Pionierarbeit geleistet, um eine neue Methode der ständigen Überwachung der Kunden einzuführen. Da ungefähr 50 Prozent aller Warenhausdiebe in Amerika Teenager sind und der Prozentsatz in den Geschäften von Alexander noch höher liegt, hat der Warenhauskonzern einige Dutzend Teenager – Jungen und Mädchen – eingestellt und als Detektive ausbilden lassen. Diese jungendlichen Spitzel sind unauffällig gekleidet, tragen häufig sogar kurze Hosen und Sporthemden mit offenem Kragen und mischen sich zwanglos unter die gleichaltrigen Kunden.

Mindestens zwei der berühmten Persönlichkeiten von New York, die Besitzer von Restaurants sind, haben unsichtbare Fernsehkameras in ihren Räumlichkeiten einbauen lassen.

Mechanische Augen verschiedenster Art haben sich als äußerst nützlich erwiesen bei der Beobachtung von Kunden, die in Warenhäusern oder Ladengeschäften Schecks einlösen oder bei der Bank Schecks deponieren oder in Bargeld umtauschen wollen. Die Amerikaner stellen heute pro Jahr etwa 18 Milliarden Schecks aus. Und einige dieser Schecks platzen natürlich. Die Zahl der Schecks, für die wirklich keine Deckung vorhanden ist, liegt bei weitem nicht so hoch, wie man aufgrund all der farbig aufgemachten Presseberichte über betrügerische Schecks, in denen von einer »nationalen Pest« gesprochen wird, meinen möchte. Im Durchschnitt ist noch nicht ein Scheck unter 2000 gedeckten für den, der ihn annimmt, ein Verlust.

Da die Geschäfte jedoch die Zahl ihrer Kunden vergrößern wollen, indem sie auch von unbekannten Kunden Schecks annehmen, versuchen manche Firmen sich vor eventuellen Betrügern durch versteckte Kameras zu schützen. Dabei können sie sich auf einen Sprecher des FBI berufen. Die Erfahrung scheint allerdings zu lehren, daß der wirksamste Weg, diesen Jongleuren mit ungedeckten und falschen Schecks das Handwerk zu legen, der ist, die Kamera wie selbstverständlich direkt am Kassenschalter anzubringen. Die Firma Regiscope führte auf einem Gebiet eine Duallinsenkamera ein, die gleichzeitig auf einem einzigen schmalen Filmstreifen die Person, die den Scheck aushändigt, und den Scheck selbst photographiert. In solch einem Fall kann kaum von Einengung des persönlichen Bereichs die Rede sein, da ein klar und deutlich lesbares Schild auf dem etwa 60 cm hohen Sockel, auf dem die Kamera ruht, besagt: »Zu Ihrem eigenen Schutz wird jetzt eine von uns vertraulich behandelte Aufnahme von Ihnen und der stattfindenden Transaktion gemacht.« Wenigstens dreißig Selbstbedienungsgeschäfte haben heute in ihren Filialen solche Kameras in Gebrauch. Die A&P-Selbstbedienungsgeschäfte verfügen über mehr als 1000 Kameras dieser Art, die sie in ihren über ganz Amerika verstreuten Zweigstellen installiert haben. Und Warenhäuser wie beispielsweise Carson Pirie Scott in Chicago, Sam in Detroit, Titche Goettinger in Dallas und Shillito in Cincinnati benutzen sie ebenfalls. Einige andere Warenhäuser – hierzu zählt auch Macy in New York – haben sie sich angeschafft, um alle diejenigen Leute zu photographieren, die Ware umtauschen und den dafür angeblich gezahlten Preis in bar wiederhaben wollen. (Es gibt unter den Warenhausdieben eine ganze Reihe, die gestohlene Ware zurückbringen, um sie gegen etwas Besseres einzutauschen – gegen Bargeld.)

Die Banken haben mehrere Verwendungsmöglichkeiten für Film- und Fernsehüberwachungskameras entwickelt, wobei die Kunden zumeist nichts vom Vorhandensein der Kameras merken. Mosler beispielsweise hat sogenannte »Alarmkameras« zu Hunderten verkauft, mit denen von jeder verdächtig aussehenden Person, die die Bank betritt, eine kurze Filmaufnahme gemacht werden kann. In dem Augenblick, in dem dann ein Bankraub versucht wird, kann jeder Bankbeamte durch einen Druck auf einen Knopf die Kamera auslösen und auf diese Weise für einen vollständigen Bildbericht des Raubüberfalls sorgen. Mr. Ward von der Firma Mosler behauptet, daß Filmaufnahmen wertvollere Dienste für die Festnahme der Verbrecher leisten als nur ein Photo; denn »Photographien geben viele wichtige Einzelheiten nicht wieder, wie zum Beispiel die Art des Sich-gebens, ob der Betreffende hinkt, oder ob ein Mensch Linkshänder ist oder nicht«.

Die First National Bank von Miami brüstet sich damit, sieben TV-Kameras so geschickt über das ganze Gebäude verteilt zu haben, daß es nur eines Sicherheitsbeamten bedürfe, der von einem Kontrollraum aus »wie ein Vogel aus der Luft« jeder Zeit jeden wichtigen Teil der Bankräume einsehen könne.

Einige Bankinstitute haben damit begonnen, die persönliche Beziehung zwischen Schalterbeamten und Kunden durch einen automatischen Vorgang mit Fernkontrolle zu ersetzen, indem man ein »Fernauge« durch Tastendruck in Tätigkeit setzt. Wer einen Scheck einlösen will, muß künftig ein in die Wand eingelassenes Schiebefenster zurückschieben. Im gleichen Augenblick ertönt eine Stimme und bedeutet ihm, wo er den Scheck hinzulegen hat. Dann schaltet sich die Kamera ein und photographiert den Scheck. Gleichzei-

tig wird auch der Kunde aufgenommen. Der Scheck verschwindet. Im nächsten Moment erscheint der Scheckbetrag in Bargeld. Die ganze Transaktion wird in angenehmer und freundlicher Atmosphäre abgewickelt.
Lee Bunting, Leiter der Bell Television, sprach die Prophezeiung aus: »Die Banken von morgen werden möglicherweise irgendwo unter dem Dach residieren und hoch über dem Raum arbeiten, zu dem der Kunde Zutritt hat, so daß Verbrechen wie beispielsweise Banküberfälle herkömmlicher Art unterbunden werden.« Doch wer garantiert uns, daß die Bankräuber, die sich so unendliche Mühe geben, mit der technischen Entwicklung Schritt zu halten, dann nicht so erfinderisch werden, daß sie solche unter dem Dach befindlichen Banken auskundschaften und sie sogar »hoch in den Lüften« ausrauben werden?

5. Wohin soll all das Mißtrauen gegen die Arbeitnehmer führen?

»Ich kann nur immer wieder sagen – und es ist mein voller Ernst, daß der Lügendetektor mein zuverlässigster und treuester ›Angestellter‹ ist.« – Bemerkung eines Arbeitgebers in der Zeitschrift »Printing Impressions«, Mai 1962.

Der Angestellte, der ein wahres Spießrutenlaufen durch Fragesteller und Fragebogen über sich hat ergehen lassen, um seine Ehrlichkeit, seine Lebensgeschichte, seinen Gesundheitszustand und sein Seelenleben als Vorleistung für seine Einstellung auszubreiten, ist für gewöhnlich auch weiterhin noch derart unverschämten Befragungen ausgesetzt.
Man überlege sich zum Beispiel nur einmal die wachsende Vernarrtheit der Industrie in den Lügendetektor, den sie auch bei bereits Eingestellten anwendet. Der Befrager, der mit seiner transportablen »Forschungsausrüstung« in den Büros oder Fabriksräumen auftaucht, führt Stichproben durch oder noch besser – zumindest von ihm aus gesehen, da er pro Kopf und Untersuchung 25 Dollar berechnen kann – eine Querschnitt-Befragung. Diese Art von Umfrage, so mag er geltend machen, ist unpersönlicher und weniger geeignet, sich negativ auf die Moral der Belegschaft auszuwirken. Es gibt Hunderte von Firmen, die für solche Querschnitt-Befragungen den Lügendetektor benutzen. Oder aber man läßt in regelmäßigen Abständen eine Stichproben-Befragung vornehmen. Man kann auch einfach eine gruppenweise Überprüfung anordnen, bei der jeweils

die Gruppe an die Reihe kommt, in der man eine oder auch mehrere »faule Früchte« vermutet.

Dale System mit seinen 4500 Befragern in verschiedenen Orten zeigt seinen Polygraph-Dienst mit folgenden Worten an: »Wollen Sie den Verlusten steuern, die Ihre Angestellten durch Unterschlagungen verursachen? – Das sichere Mittel heißt: Festlegung des Verantwortungsbereichs!« Der Sprecher eines Unternehmens erklärt, daß man Diebereien durch die Belegschaft nicht nur durch Untersuchung eines begangenen Diebstahls, sondern auch »durch regelmäßige Überprüfung der Angestellten« einschränken kann. Es gibt kein Gesetz und keine Bestimmung, das den Arbeitgeber daran hindert, von seinen Angestellten zu verlangen, daß sie sich einer solchen Überprüfung stellen.

Ein leitender Angestellter von William J. Burns International Detective Agency belehrte mich über ihren Polygraph-Dienst mit den Worten: »Wir veranstalten solche regelmäßigen Durchleuchtungen innerhalb der Belegschaft einer ganzen Reihe von Firmen – sagen wir, alle acht oder zehn Monate –, um die Ehrlichen ehrlich zu halten. Und wir machen diese Befragungen in allen Abteilungen und auf allen Ebenen, so daß niemand darin einen persönlichen Affront erblicken kann.«

Die Forscher von Harvard und MIT, die den Gebrauch von Lügendetektoren untersuchten, berichteten von einer besonders interessanten Art des Einsatzes eines Polygraph-Befragers durch einen Auftraggeber. Nachdem er die Belegschaft eines großen Selbstbedienungsgeschäftes sorgfältig »durchleuchtet« hatte, »behielt ihn die Firma einzig und allein zu dem Zweck, sich etwa alle sechs Monate im Geschäft sehen zu lassen und allen Angestellten einmal kurz ›Guten Tag‹ zu sagen«.

Ein Bankinstitut, das regelmäßig Befragungen der Angestellten durchführen ließ, die mit Bargeld umzugehen hatten, machte die Entdeckung, daß die Nadel des Apparates bei der Befragung eines Vizepräsidenten auf die Frage: »Haben Sie die Bank oder einen ihrer Kunden schon jemals bestohlen?« ausschlug. Eine Kassenprüfung ergab jedoch nicht den geringsten Fehlbetrag. Man wiederholte die Befragung bei ihm mehrere Male, und jedesmal schlug die Nadel bei dieser einen Frage aus. Der Mann stand praktisch schon auf der Abschußliste. Aber der Präsident weigerte sich, ihn zu entlassen, da er ihn gut leiden konnte, und ihm letzten Endes keine Unregelmäßigkeiten nachzuweisen waren. Man schickte ihn schließlich zum Psychoanalytiker, der nach gründlicher Untersuchung feststellte, daß der Vizepräsident auf eben jene Frage eine sogenannte »falsche positive«

Antwort gegeben hatte, weil er dabei stets an seine Frau und seine Mutter denken mußte, die er beide verabscheute. Beide waren Kunden der Bank und würden von einer größeren Unterschlagung betroffen werden.

Aber weder der fragwürdige Wert, noch die moralische Seite der Anwendung des Lügendetektors bei der Befragung von Angestellten, die einem solchen Prüfungsverfahren hilflos ausgeliefert sind, scheint das Gewissen der Mehrzahl der Unternehmer spürbar zu belasten.

Die Zeitschrift *»Printing Impressions«* brachte einen Artikel, in dem es hieß, daß diejenigen Firmen, die den Lügendetektor benutzen, ihren guten Namen und ihr Ansehen besudeln und sich gegen die Würde und die Persönlichkeit ihrer Angestellten vergehen. In einer späteren Ausgabe der gleichen Zeitschrift erschien eine flammende Entgegnung, die von einem Geschäftsmann aus dem graphischen Gewerbe stammte, der unter anderem sagte:

»Jeder Geschäftsmann – oder andere Weltverbesserer – ist nach meiner Auffassung einfach kein Realist, wenn er den Lügendetektor aus moralischen Beweggründen ablehnt.« Um seiner Auffassung größere Überzeugungskraft zu verleihen, berichtete er eine Begebenheit aus seiner eigenen Firma: In einer Abteilung ergab die von ihm angeordnete Überprüfung der Inventur einen deutlichen Rückgang der Gewinnspanne. Das Resultat der Kontrolle erbrachte »einen möglichen Schuldanteil bei einem von vier Angestellten«. Es war einfach nicht zu sagen, wer der Schuldige war, und so rief er den Polygraph-Fachmann zu Hilfe, damit dieser sein Glück versuchen sollte, den einen Schuldigen herauszufinden. Der Geschäftsmann fragte: »Wäre es in diesem Fall moralischer gewesen, wenn ich alle vier Verdächtigen entlassen hätte, nur um ganz sicher zu sein, den einen Schuldigen erwischt zu haben?«

Seine Belegschaft wisse nun, wie er meinte, »woran sie ist. Sie wissen jetzt, daß jeder in der Abteilung, in der ich irgendwelchen Betrügereien auf die Spur komme, die Pflicht hat, einen solchen Test über sich ergehen zu lassen. Wer sich weigert, wird entlassen. Wirklich, es ist schon eine harte Sache, einen Betrieb in Gang zu halten.«

Auf der Manager-Ebene erhebt sich die schwerwiegende Frage des Eindringens in persönliche Bereiche, da die weitverbreitete Erwartung besteht, daß der einzelne dem Betrieb »natürlich« zu gestatten habe, in regelmäßigen Abständen eine Bewertung seines physischen und seines psychischen Gesundheitszustandes vornehmen zu lassen. Im Direktionsspeisesaal der Sterling Drug, Inc. stehen eine Anzahl Waagen und man erwartet von jedem der Direktoren, daß er mindestens einmal in der Woche auf eine Waage steigt, um sein Kör-

pergewicht festzustellen. Hat einer um mehr als fünf Pfund zugenommen, so wird er aus dem Speisesaal verbannt und darf erst wieder am Essen teilnehmen, wenn er sein Übergewicht verloren hat und wieder annähernd auf dem alten Gewichtsstand angelangt ist.
Die Zeitschrift »*Management Review*« berichtete von einer auf nationaler Basis veranstalteten Umfrage hinsichtlich der Richtlinien für die Überwachung des Gesundheitszustandes der Direktoren von insgesamt 400 Unternehmen[1]. Dabei traten erschreckende Resultate zutage. Man beachte nur einmal die folgenden Tatsachen:
– Nahezu die Hälfte der Firmen verlangte entweder von ihren Direktoren, daß sie sich regelmäßig auf ihren Gesundheitszustand untersuchen ließen oder behielt sich vor, sie zu jeder beliebigen Zeit dazu aufzufordern.
– Nur eine unter zehn Firmen gestattete dem Direktor, einen Arzt oder eine Klinik eigener Wahl zwecks Untersuchung aufzusuchen.
– Nahezu die Hälfte der befragten Firmen verlangte, daß der Firmenleitung routinemäßig ein Durchschlag des ärztlichen Gutachtens zuzugehen habe. In 16 Fällen erhielt allein der Arbeitgeber das Gutachten des Arztes, nicht aber der Direktor selbst.
Denjenigen Ärzten, die zu solchen zwangsweise oder so gut wie zwangsweise durchgeführten ärztlichen Untersuchungen herangezogen wurden, stellte sich natürlich die Frage nach ihrem Berufsethos. Einmal stellten sie übereinstimmend fest, daß ihre »Patienten« sich über beunruhigende Symptome nach Möglichkeit gänzlich ausschwiegen. Zum anderen bedeutete das an sie gestellte Ansinnen, einem Außenstehenden über den Gesundheitszustand eines Menschen berichten zu müssen, nichts weniger als eine Mißachtung des herkömmlichen Vertrauensverhältnisses zwischen dem Arzt und seinem Patienten und daher eine schwere Gewissensbelastung.
Die Psychologen, die von den Unternehmen ausersehen sind, die leitenden Angestellten im Auftrage der Firmen in regelmäßigen Abständen auf ihren Gesundheitszustand zu untersuchen oder eine sogenannte »konstitutionelle Bestandsaufnahme« zu machen, haben sich im allgemeinen – so war es zumindest noch vor nicht allzu langer Zeit – keineswegs zimperlich gezeigt, ihre Befunde der Leitung des auftragerteilenden Unternehmens mitzuteilen. Schließlich wurde ja auch die Rechnung durch das Unternehmen bezahlt. Und zahlreiche Psychologen haben nicht wie die Ärzte eine so langjährige Tradition, das Vertrauensverhältnis des Patienten als unverletzlich anzusehen. Das Gutachten des Psychologen – oder eine Zusammenfassung seiner Schlußfolgerungen hinsichtlich der Eignung des Betreffenden für die von ihm bekleidete Position – wird normalerweise

seiner Personalakte in der Firma einverleibt. Unterrichtet der Psychologe den Angestellten von dem Ergebnis seiner Untersuchung, dann ist wohl anzunehmen, daß er die weniger günstigen Details in freundliche Worte kleiden wird, um bei dem Angestellten keine dauernden psychischen Schäden zu verursachen. In seinem Bericht an die Firmenleitung dagegen wird der Psychologe eine ähnliche Neigung zu wohlwollender oder gar zartfühlender Formulierung wahrscheinlich nicht an den Tag legen. Er dürfte ohne Umschweife seine Ansichten von den Stärken und Schwächen des Untersuchten zu Papier bringen, vielleicht in Form einer Gegenüberstellung in zwei nüchternen Rubriken.
Eine Bewertung der Persönlichkeit eines Menschen – auch dann, wenn sie bei Abfassung des Gutachtens wenigstens teilweise zutreffend sein sollte – verliert von Jahr zu Jahr an Gültigkeit, da die Persönlichkeit des Menschen im Laufe der Zeit Wandlungen durchmacht. Dessen ungeachtet enthalten die Personalakten der Manager zahlreicher Firmen psychologische Gutachten, die schon Jahre zurückliegen. Dr. Harry Levinson von der Menninger Foundation hat eine beißende Kritik gegeben, wie Personalakten mitunter behandelt werden. Er berichtete von seinem Besuch bei einer Firma, die kurze Zeit vorher mit einem größeren Konzern verschmolzen worden war, dessen Hauptsitz mehrere tausend Kilometer weit entfernt lag. Die Direktoren des fernab gelegenen Zentralbüros forderten die Personalunterlagen der mittleren Führungskräfte des kleineren Unternehmens an, das bei der Fusion in ihrem Konzern aufgegangen war. Jede der übersandten Personalakten enthielt ein Gutachten, das von einer psychologischen Unternehmensberatung angefertigt worden war. Nach Aussage Levinsons handelte es sich von vornherein schon um recht »oberflächliche« Gutachten. Doch nun wurden diese teilweise veralteten psychologischen Testberichte vom Management, das weit ab vom Schuß saß, zur Grundlage schneller Entscheidungen gemacht, was mit jedem einzelnen der neuen Manager nun geschehen sollte.
Ein Teil dieser psychologischen Unternehmensberaterfirmen ist der Ansicht, den besten Dienst weniger auf dem Wege der Testverfahren leisten zu können, sondern eher durch eine in regelmäßigen Abständen stattfindende persönliche Befragung jedes einzelnen Managers sowie durch Beobachtung seiner Arbeitsleistung. Einer der maßgebenden Leute eines größeren Beratungsunternehmens dieser Art sagte mir einmal, daß seine Firma am liebsten jedem zu betreuenden Manager über Jahre hinaus einen Psychologen an die Seite stellen würde, der mit ihm in Abständen von einigen Wochen

während des Dienstes und auch in den dienstfreien Stunden zwanglose Gespräche führen könne. Dieser Dienst wird in der ehrlichen Absicht angeboten, dem Manager eine Hilfe zu sein im Bemühen, seiner Firma ein noch erfolgreicherer Mitarbeiter zu werden – der Firma, die ja schließlich die Rechnung für diese Beratung zahlt. Solch ein freundschaftlicher Beratungsdienst durch versierte Psychologen kann in der Tat zu einer großen Hilfe werden, wenn der betreute Angestellte sicher sein kann, daß zwischen ihm und »seinem« Psychologen ein wirkliches Vertrauensverhältnis besteht. Andererseits bietet ein derartiger Einsatz von Psychologen natürlich auch Möglichkeiten für eine Seelenschnüffelei wie im Zeitalter des »Großen Bruders«. So kann es durchaus passieren, daß sich das psychologische Beratungsunternehmen, das beispielsweise von einer Firma um eine Empfehlung gebeten wird, wer sich am besten für einen wichtigen, neuen Posten eigne, zuerst einmal mit den verschiedenen Psychologen berät, von denen jeder einen Angestellten zu betreuen hat, bevor eine solche Empfehlung überhaupt ausgesprochen wird – es sei denn, man hätte feste Absprachen hinsichtlich der Schweigepflicht getroffen.

Die härtesten Worte, die jemals an die Psychologen allgemein gerichtet wurden, die im Auftrag von Unternehmen deren Angestellte bei ihrer Arbeit beobachten und die Bewerber durchleuchten, kamen von Dr. Jay L. Otis, dem Direktor des Psychologischen Forschungsdienstes der Western Reserve und ehemaligen Präsidenten der Abteilung für Beratende Psychologie der American Psychological Association. Dr. Otis gab mir freundlicherweise eine Durchschrift seiner kritisierenden Rede, die er vor einigen Jahren anläßlich der Übergabe des Präsidentenamtes vor seinen Kollegen gehalten hatte. Diese Rede hatte er »Psychologische Spionage« überschrieben. Er führte aus, daß er diese Überschrift gewählt habe, weil die beratende Tätigkeit der Psychologen einen deutlichen Trend in eben der Richtung aufweise und ihn stutzig gemacht und zum Nachdenken gezwungen habe. Der Ausdruck »psychologische Spionage« sei, wie er zugeben müsse, »keine sehr freundliche Bezeichnung; dennoch charakterisiert sie recht treffend die Arbeit, die wir zumindest teilweise tun, und auch die innere Einstellung einiger von uns geprüfter Menschen und unserer Klienten uns gegenüber.« Er stellte ferner fest: »Wir sind berufsmäßige Praktiker mit außerordentlich komplizierten beruflichen Verpflichtungen.«

Dann griff er aus der Arbeit der psychologischen Berater für die Industrie die für einen gewissenhaften Angehörigen dieses Berufes besonders wichtigen Einzelheiten heraus:

1. Anwendung von nicht erkennbaren Testmethoden. – Hierzu sagte Dr. Otis, »die Testperson fühle sich solange sicher, bis sie sich gewissen psychologischen Maßnahmen gegenübersieht, die ihr unverständlich sind. Ohne der Testperson die letzte Bedeutung ihrer Äußerungen zu erklären, zeigen wir lediglich auf ein paar Tintenflecke und gehen anschließend daran, ihr durch Interpretation ihrer Bemerkungen, wie zum Beispiel Katze, Eingeweide, Zweige, Gartenwicke, Sonnenuntergang und Krebs, nach Begriffen wie Introversion-Extroversion, Anpassung, Inferiorität und Unsicherheit entweder zu helfen oder aber zu schädigen. Haben wir als Psychologen das Recht, eine unfreiwillig zu uns gekommene Testperson einer Prüfung zu unterziehen, ohne ihr den wahren Sinn und Zweck der Untersuchung hinreichend zu erklären?«

2. Die Rolle des Psychologen bei Berichten über das Verhalten und die innere Einstellung eines Menschen. – Die Testpersonen werden häufig aufgefordert, negative Angaben anzukreuzen, die nach ihrer Ansicht auf Kollegen, Vorgesetzte oder die Firma zutreffen, oder die ihre Meinung zu strittigen Fragen widerspiegeln. »Es ist erstaunlich, welche Unmenge von Einzelinformationen man durch eine Verhaltensstudie erhält«, sagte er. Und er fügte hinzu, es sei oft schwierig, ohne schädigende Wirkung der Leitung eines Unternehmens Aussagen weiterzugeben, in denen die Angestellten ihre »Ansichten und Auffassungen über Leute, Richtlinien, Praktiken und Arbeitsbedingungen äußern. Vor nicht allzu langer Zeit hätten die Ergebnisse einer Beobachtungsreihe leicht ernste Schäden anrichten können, wenn man die Auswertung der Aussagen nicht mit der gebührenden Behutsamkeit vorgetragen hätte.«

3. Die Doppelrolle des Psychologen als Helfer des Unternehmens und als Helfer des Angestellten, den er im Auftrag des Unternehmens zu überprüfen hat. – Dr. Otis forderte seine Zuhörer auf, sich einmal in die Lage eines Mannes oder einer Frau hineinzuversetzen, der oder die zu einem Test in die Praxis eines Psychologen geschickt wird. »Die Sprechstundenhilfe, der Psychologe, der den Prüfling interviewt, der Psychometriker, der den Test durchführt, sie alle versuchen Dinge in Erfahrung zu bringen, die teils die besten Eigenschaften, Anlagen und Fähigkeiten enthüllen, teils aber auch die schwächsten Seiten des Wesens, Wissens und Könnens zutage fördern.« Der Mann dir gegenüber gehört zu denen, die »aufpassen, wahrnehmen, prüfen und abwägen und hintenherum ausfragen, wie ein richtiger Spion (und hierin liegt eines der Hauptprobleme dieses Berufs) ... Will er dich oder deine Firma vor Fehlern und Irrtümern bewahren?« Und Dr. Otis fuhr fort: »Ich wüßte wirklich

gern, für wie unfehlbar wir uns halten, wenn wir nach einer Beobachtungszeit von nicht mehr als einem oder höchstens zwei Tagen eine Empfehlung aussprechen, die sich auf das Weiterkommen eines Menschen möglicherweise bis ans Ende seines Lebens auswirkt.«
Er stellte dann die Frage, ob Psychologen das Problem nicht dadurch lösen sollten, daß sie sich weigern, »eine solche Doppelrolle zu übernehmen...« Ich glaube, wir können nur eine Rolle spielen: Nämlich unser ganzes Interesse auf den Menschen richten, mit dem wir es zu tun haben, und daraufhinarbeiten, ihm das aus seiner Sicht beste Verhältnis zur Umwelt zu vermitteln – und zwar für den Augenblick als auch auf lange Sicht.
Das war ein Leitsatz, wie er besser nicht hätte gesagt werden können.
Aber damit ist die peinliche Tatsache noch immer nicht aus der Welt geschafft, daß das Management die Rechnungen bezahlt. Und bis das Gewissen des Managements einmal zu schlagen beginnt oder die Psychologen neue, grundsätzliche Regeln für die Zusammenarbeit aufstellen, wird das Management nicht eher zufrieden sein, als bis es einen Bericht mit fein säuberlich gezeichneten Prozente-Tabellen zugeschickt bekommt, die eingehende Informationen über den betreffenden Angestellten vermitteln sollen. Angesichts des Schadens, der auf diese Weise einem Menschen zugefügt werden kann, wäre es wohl nicht verkehrt, wenn auch die Psychologen sich zu einem eigenen, feierlich zu schwörenden Eid bekennen würden, ähnlich dem hippokratischen Eid der Ärzte.
Wo es letztlich und endlich in seinen Auswirkungen hinzielt, wenn das Management sich allgemein nur noch auf psychologische Spione, Lügendetektoren, verborgene Kameras, heimlich in eine Belegschaft eingeschleuste Horcher und Beobachter, Schnüffeleien, Gesundheitsberichte, Kontrollen, Polizeihunde und Fingerabdrücke verlassen, ist erschreckend deutlich zu erkennen.
Da ist zunächst einmal das sittliche Verhalten, die moralische Haltung, die damit für einen Großteil der amerikanischen Gesellschaft festgelegt wird und wohl am treffendsten mit dem Ausdruck »moralischer Morast« zu kennzeichnen ist. Außerdem müssen wir damit rechnen, daß alle diese Überwachungspraktiken und aller Argwohn nicht ohne Auswirkungen auf jene Menschen bleiben werden, die sich als Opfer der ganzen Seelenschnüffelei fühlen. Es steht einwandfrei fest, daß Millionen Menschen seelische Verletzungen davontragen, die ihr Verhalten, ihr Trachten und Streben über Jahre hinaus beeinträchtigen werden.
Und schließlich ergibt sich die Frage, wie es auf lange Sicht mit

der gedeihlichen Entwicklung jener Unternehmen bestellt sein mag, die ein solches Übermaß an Mißtrauen und Gefühllosigkeit an den Tag legen. Sie sind auf einem falschen Wege; denn ihre veraltete Einstellung ihren Angestellten gegenüber diskreditiert nicht nur ihre Angestellten, sondern lähmt auch ihre eigenen Bemühungen, eine voll einsatzbereite und leistungsfähige Belegschaft zu haben.

Diese veraltete Einstellung, die das Denken in Unternehmerkreisen während der letzten Jahrzehnte vorwiegend bestimmte, läuft darauf hinaus, daß der Durchschnittsangestellte zwar den besten Willen mitbringt, jedoch dazu neigt, verantwortungslos zu handeln, ein bißchen faul und träge zu sein, wenn ihm die Möglichkeit dazu geboten wird, und mehr als nur ein bißchen unehrlich mit dem Eigentum der Firma umzugehen, wenn man ihm nicht ständig auf die Finger sieht. Die Unternehmer, die sich auf die Logik solcher Gedankengänge verlassen, wissen, daß sie auf der einen Seite dem Angestellten nach Möglichkeit seinen Willen tun müssen, gleichzeitig aber auch seine Verantwortungslosigkeit als eine Gegebenheit hinzunehmen haben und ihn zudem niemals aus den Augen lassen dürfen.

Eine solche Denkungsart schlägt allen denen ins Gesicht, die sich als Verhaltenswissenschaftler oder sonstige ernsthafte Forscher dem Studium der Verhaltensweise von Angestellten verschrieben haben und inzwischen herausfanden, was den Menschen zu höchsten Leistungen anzuspornen vermag.

Ich möchte ausdrücklich auf so ausgezeichnete Forscher wie Chris Argyris von der Yale-Universität, Douglas McGregor und Charles A. Myers von MIT, Abraham Maslow von der Brandeis-Universität, Frederick Herzberg von der Western Reserve und Rensis Likert von der Universität von Michigan hinweisen.

Ihre Forschungsergebnisse bestätigen im allgemeinen die Auffassung, daß viele Unternehmen sich durch Argwohn und Mißtrauen, durch das mit Akribie betriebene Zersplittern der Verantwortung und das krampfhafte Erfinden immer neuer, strafferer Kontrollen über jeden einzelnen Angestellten – gleichgültig, ob es sich dabei um einen Fließbandarbeiter, einen Buchhalter oder einen Angehörigen der mittleren Führungsschicht handelt –, tiefer und immer tiefer in eine Sackgasse begeben haben.

Man hat den Angestellten auf diese Weise schwere Kränkungen zugefügt und sie vor den Kopf gestoßen durch das ihnen aufgezwungene Gefühl der Verarmung und Leere im Hinblick auf ihre eigentliche Lebensaufgabe. Sie haben sich ihrer Haut gewehrt, so gut sie es vermochten – durch Nachlassen ihrer Leistung, indem sie das

»Mausen« zu einem reizvollen Spielchen machten und dadurch, daß sie sich hinter einer Maske der Gleichgültigkeit verbargen.

Ein Forscherteam unter Leitung von Frederick Herzberg forderte 200 Angestellte – überwiegend Buchhalter und Ingenieure – auf, die entscheidenden Ereignisse in ihrem Berufsleben zu schildern, durch die sie das Gefühl bekamen, daß ihre Arbeit ihnen außergewöhnlich am Herzen läge oder ungewöhnlich verhaßt wäre. An allererster Stelle wurde die Übertragung von Verantwortung genannt, die das tiefste und dauerhafteste Gefühl der Befriedigung im Berufsleben hervorruft. Die Gruppe folgerte daraus, daß »das Gefühl, in eine gehobenere Stellung zu gelangen und mehr Verantwortung übertragen zu bekommen, nach wie vor das aufregendste, nachhaltigste Ereignis ist, das einem Menschen in der heutigen Gesellschaft begegnen kann[2]«.

Dr. Argyris hat anhand von Experimenten aufgezeigt, daß beispielsweise Arbeitsleistung und Interesse der Mädchen am Montagefließband sprunghaft anstiegen, sobald man ihnen die Verantwortung für den ganzen Herstellungsprozeß eines elektronischen Produktes übertrug und die Kontrollen durch Vorarbeiter, Inspektor und Betriebsingenieur wegfielen. Dr. Argyris hob nachdrücklich hervor, daß eines der am stärksten und nachhaltigsten wirkenden Motive für eine konstruktive menschliche Einstellung und für den Einsatz aller Kräfte ganz einfach das Vertrauen ist. Ich erwähnte ihm gegenüber die weit verbreiteten Beweise des Mißtrauens, denen ich im Rahmen meiner Vorarbeiten zu diesem Buch begegnet war. Er gab mir zur Antwort, es schiene sich in zahlreichen Organisationen eine »Kausalkette« zu entwickeln. Etwa dergestalt:

1. Der Angestellte kommt mit ehrlichen, ernsthaften Motiven in eine Organisation.
2. Er lernt das Gefühl der Enttäuschung kennen, das aus dem Bewußtsein des Versagens entsteht, da man ihn nur in ganz geringem Maße spüren läßt, daß man ihm vertraut, und ihm kaum Verantwortung zu tragen erlaubt.
3. Der Angestellte reagiert darauf, indem er sich weniger verantwortlich fühlt für das Gedeihen und den Erfolg des Unternehmens. Das Gefühl des Versagens kann bei ihm allmählich auch zu einer Art aktiver Reaktion führen, und eine davon ist der Diebstahl. Das Stehlen ist dann für ihn – wenigstens teilweise – ein sicherer Weg, um seine aggressive Auflehnung zu bekunden. Der tiefere Sinn seines Stehlens ist jedoch darin zu suchen, daß er sich bemüht, der Firma etwas zu nehmen, da sie mit Schuld hat, daß man ihm das Gefühl der

Mitverantwortung, der Verpflichtung und des Vertrauens und damit das Gefühl der Zugehörigkeit genommen hat.

4. Hat das Stehlen erst einmal angefangen, dann führt die Firma jene strafferen Kontrollen ein, die zu einer Verschärfung der Situation führen, aus der heraus es ja gerade zum Diebstahl gekommen ist.

5. Damit ist dann das Mißtrauen gegenüber der Belegschaft offenkundig geworden. Fortan setzt sich eine Art der inneren Einstellung durch, wie etwa: »Also gut, wenn die denken, man kann mir nicht trauen, dann sollen sie ihren Willen haben: Ich werde mich so benehmen, daß man mir wirklich nicht trauen kann.« Dr. Argyris hat im Laufe seiner Studien die Entdeckung gemacht, daß dieses Mißtrauen sich keineswegs nur gegenüber den Angestellten in untergeordneten Stellungen richtet. »Meiner Meinung nach ist das Mißtrauen gegen den Angestellten in gehobeneren und höheren Positionen in ganz ähnlicher Weise verbreitet«, äußerte er sich.

Diese Erkenntnisse hat er vor allem in einem seiner letzten Werke niedergelegt.

Das vielleicht revolutionärste Unternehmen in den Vereinigten Staaten ist wohl die rasch wachsende und außerordentlich erfolgreiche Elektronik-Firma Non-Linear Systems, Inc. in der Nähe von San Diego, die Rechenautomaten zum Preise von ein- bis sechstausend Dollar pro Stück herstellt. Vor einigen Jahren schaffte die Firma die Fließbänder ab und teilte die gesamte Belegschaft in kleine Arbeitsgruppen auf, von denen jede nun eine Art Unternehmen für sich darstellte. Fortan gab es keine Stechuhren mehr, und niemand brauchte sein Fehlen oder Zuspätkommen zu erklären. Eine Angestellte in einer Montage-Gruppe beispielsweise kann die Herstellung eines Instruments voll verantwortlich durchführen, nach eigenen Entwürfen und eigenem Arbeitsplan. Sie kann die Prüfung in den einzelnen Stadien der Fertigung selbst abnehmen, die Verpackung selbst vornehmen, und sie hat dann auch die Verantwortung für Reparaturen oder Korrekturen von Fehlleistungen zu übernehmen, solange das Instrument beim Kunden in Gebrauch ist. Das Resultat dieser grundlegenden Betriebsumstellung war einmal eine Einsparung von 50 Prozent der bisherigen Arbeitszeit für die Geräteherstellung, zum anderen sank die Zahl der Reklamationen seitens der Kunden innerhalb von zwei Jahren um 90 Prozent.

Die Philosophie des Vertrauens in den einzelnen, dem man Verantwortung übertragen hat, zeigt sich bei Non-Linear Systems, Inc. in einer geradezu erregenden Art und Weise der Einstellung in finanziellen Fragen. Während manche Selbstbedienungsgeschäfte es dem Leiter einer Filiale mit einem Jahresumsatz von rund einer Million

Dollar nicht gestatten, mehr als 25 Dollar auszugeben, ohne vorher von der Zentrale die Genehmigung eingeholt zu haben, darf bei der Non-Linear jeder, der für die technische Durchführung eines Projektes verantwortlich zeichnet, ohne Rücksprache mit seinen Vorgesetzten, pro Anschaffung, die sich als notwendig erweist, bis zu 2 500 Dollar ausgeben. Seine Unterschrift genügt hierfür vollauf.

Die Verkaufsvertreter jeder der 19 Zweigniederlassungen dieses Unternehmens erhalten eine monatliche Aufwandsentschädigung, die für alle nur in etwa als vernünftig zu betrachtenden Unkosten ausreicht. Der Betrag ist sogar groß genug, um sich jedes zweite Jahr einen neuen Wagen zu leisten. Die Firma läßt jedem Angestellten völlig freie Hand, und niemand ist über seine Ausgaben Rechenschaft schuldig. Ist jemand durch kluges, geschicktes Wirtschaften imstande, mit weniger als der zugebilligten Summe auszukommen, kann er den Rest für sich behalten. Die einzige Art der Kontrolle besteht in der Bewertung seiner Leistung. Einer der leitenden Herren der Non-Linear bemerkte: »Die Reaktion auf die von uns gezeigte Einstellung war so positiv, daß eigentlich alle unsere Erwartungen übertroffen wurden. Wir kennen keinen Mißbrauch und haben auch keinen Grund zur Annahme, daß es derartige Dinge bei uns jemals geben wird.«

Mit der Übertragung von beträchtlicher Verantwortung auf die Angestellten und echtem Vertrauen zu ihnen hat dieses Unternehmen einen geradezu aufsehenerregenden Beweis für das mögliche Maß an Pflichttreue und Hingabe der Angestellten gegenüber ihrer Arbeit zu erbringen vermocht. Auf die Frage, ob das vom Unternehmen gezeigte Vertrauen nicht vielleicht doch auf die Unzuverlässigeren in der Belegschaft wie eine Aufforderung wirken könnte, die Firma mehr oder weniger auszunutzen, war seine Entgegnung: »Wir haben uns noch nie mit dem Problem Diebstahl oder der Frage, wie man jemanden am ›Mausen‹ hindern könnte, auseinanderzusetzen brauchen... Wir haben die Entdeckung gemacht, daß die Menschen in unserem Unternehmen offenbar um so vertrauenswürdiger werden, je größer das Vertrauen ist, das wir ihnen entgegenbringen.«

6. Das ganz öffentliche Leben der Menschen in öffentlichen Diensten

»... mehr als 5 000 Vorrichtungen zum Abhören von Telephongesprächen sind auch heute noch allein im Fernsprechnetz der Regierung in Washington und Umgebung angebracht.« – Aus dem Rechenschaftsbericht der amerikanischen Regierung vom Jahre 1962.

»Jeder arme Teufel, der sich um einen Posten im Staatsdienst bewerben will, hat das Formblatt 57 auszufüllen«, bemerkte der Rechtsanwalt und hochdekorierte ehemalige Oberstleutnant Joseph L. Rauh, Jr. Der hochgewachsene Mr. Rauh, ein Haudegen von echtem Schrot und Korn, verwendete einen beträchtlichen Teil seiner Zeit – nachdem er den »grauen Rock« ausgezogen hatte – damit, den Potomac entlang so manche Schlacht zu schlagen gegen die stumpfsinnigste Bürokratie aller Zeiten, deren Fangarme wie die Köpfe der Hydra stets nachzuwachsen scheinen, wenn sie einmal abgeschlagen sind. Mr. Rauh hat der Bürokratie den Kampf angesagt, weil er der Auffassung ist, daß sie den einzelnen rücksichtslos behandelt.
Die »Form 57« ist Washingtons Version von »Dies ist dein Leben«. Dieser Fragebogen besteht aus sechs Seiten, auf denen man unter anderem aufgefordert wird, genau anzugeben, welches Gehalt man auf jeder der drei letzten Stellen bekam, sowie die Gründe darzulegen, warum man aus den jeweiligen Firmen oder Dienststellen ausgeschieden ist. Es ist ferner jeder Auslandsaufenthalt anzugeben mit entsprechenden Angaben darüber, was man dort getan hat. Man hat genau zu erklären, ob und welche Gebrechen man hat und ob man körperbehindert ist und in welcher Weise. Und man hat auch die Frage zu beantworten: »Ist Ihnen schon jemals gekündigt worden? Wenn ja, geben Sie den Grund/die Gründe für die Entlassung an.« (Was mich selbst betrifft, hätte ich beispielsweise anzugeben, daß mir zum ersten Mal gekündigt wurde, als ich sage und schreibe elf Jahre alt war; der Grund für meine Entlassung: Gedankenlosigkeit – ich hatte nach dem Saubermachen im Büro meines Chefs einen Mop und einen Eimer stehenlassen, anstatt beides ordnungsgemäß wegzuräumen.)
Für Tausende von loyalen, gesetzestreuen Staatsbürgern, die ihrem Lande dienen wollen, sind die Fragen Nr. 27 und Nr. 37 besonders unangenehm. Nr. 27 fragt nach einer bestehenden oder früheren Zugehörigkeit zu einer subversiven Organisation. Der Text dieser Frage umfaßt insgesamt 79 Worte. In einer Fußnote erfährt man, daß die entsprechenden Richtlinien, die dem Bewerber die Entscheidung

erleichtern, ob er die Frage bejahen oder verneinen darf, aus der sogenannten »Liste der Generalstaatsanwaltschaft« ersehen werden können, die in allen Bundesarbeitsämtern ausliegt und die Namen aller als subversiv geltenden Organisationen enthält. Anschließend heißt es dann aber gleich: »Die Benutzung der Liste befreit Sie jedoch nicht von der Verpflichtung, auch jede frühere oder gegenwärtig bestehende Mitgliedschaft in einer anderen als den aufgeführten Organisationen anzugeben, von der Sie begründet annehmen können, daß sie in die Kategorie der im Rahmen dieser Frage bezeichneten Organisationen fällt.« Sollten Sie als Bewerber die Frage dahingehend beantworten müssen, daß Sie tatsächlich einmal Mitglied einer solchen Organisation gewesen sind, müssen Sie auf einem Sonderblatt eine vollständige Erklärung des Sachverhalts geben.

Von Mr. Rauh kann man erfahren, daß vor 15 Jahren der Name eines Buchklubs auf jener »Liste der Generalstaatsanwaltschaft« als eine Tarn- oder Untergrundorganisation zu finden war, weil kommunistische Propagandaschriften verteilt worden waren – zumeist an solche Leute, die weniger an dem Material selbst interessiert waren, als überhaupt an Rabatten auf Bücher und Schallplatten. Falls derjenige, der die »Form 57« ausfüllen muß, wirklich irgendwann einmal – und wenn vor fünfzehn Jahren – Mitglied dieses Buchklubs gewesen ist, »dem geht's meistens an den Kragen«, sagte Mr. Rauh. Nur in den Fällen, in denen der Bewerber für einen bestimmten Posten dringend gebraucht wird, sieht man über derartige Verbindungen, die, wie Mr. Rauh erklärte, eindeutig eine andere Zeitepoche interessierten, gern hinweg. Aber der echte, Scheuklappen tragende Bürokrat, der reine Verwaltungsmensch, »geht kein Risiko ein, wenn er es vermeiden kann. Er selbst hat – davon ist er überzeugt – eine schneeweiße Weste, und darum möchte er auch nur Leute mit blütenreiner Weste um sich haben.«

Die andere Frage – Nr. 37 – lautet: »Sind Sie jemals inhaftiert gewesen, in Gewahrsam gehalten worden zwecks Ermittlung oder zum Verhör, oder durch die Staatsanwaltschaft unter Anklage gestellt worden?« (Im allgemeinen ist das Verschweigen geringfügiger Verkehrsdelikte oder kleinerer Vergehen aus der Zeit vor Vollendung des 16. Lebensjahres großzügigerweise gestattet.) Man wird jedoch nachdrücklich aufgefordert: »... alle übrigen Zwischenfälle dieser Art sind aufzuführen, auch wenn das Verfahren wegen Geringfügigkeit niedergeschlagen worden ist.«

Die Polizei hat sich – wie wir sehen werden – in vielen Städten der Vereinigten Staaten die höchst fragwürdige Praxis angewöhnt, bei aufsehenerregenden Verbrechen ein »Schleppnetz« auszuwerfen und – ohne daß Anklage erhoben wird oder vielleicht sogar nicht einmal ein Haftbefehl vorliegt – Dutzende von Leuten zwecks Einvernahme zu verhaften, die möglicherweise mit der Tat in Verbindung stehen und Einzelheiten wissen oder Hinweise geben könnten. Alle, die jemals in solch einem »Schleppnetz« eingefangen wurden, kommen schon nicht mehr um das »Ja« auf die Frage Nr. 37 herum. Es könnte auch sein, daß der Bewerber die Frage bejahend zu beantworten hat, weil er ein einziges Mal in seinem Leben festgenommen wurde wegen seiner Teilnahme an Demonstrationen gegen Kernwaffenversuche oder gegen die Rassentrennung, oder falls er irgendwelche Schriften verteilt hat, deren Inhalt für oder wieder die Gewerkschaft gerichtet war.

Die American Civil Liberties Union verwies in ihrem Protest gegen die Unvernunft dieser Frage auf die Tatsache, daß Hunderte von Studenten der Universitäten und Hochschulen in einigen der Südstaaten zeitweise inhaftiert oder in Gewahrsam genommen worden seien als sogenannte »Freedom Riders«. Diese Festnahme gehört ebenfalls zu den Angaben, die nicht verschwiegen werden dürfen, wenn einige von ihnen sich jemals um eine Position in Staatsdiensten, und übrigens auch in vielen Aktiengesellschaften, bewerben wollen. Große Verwaltungsapparate, staatliche oder private, neigen immer mehr dazu, diejenigen Bewerber von vornherein auszuschließen, die zu irgendeinem Zeitpunkt mit dem Gesetz in Konflikt gekommen zu sein scheinen, anstatt sich um eine Bewertung des Vorfalles zu bemühen oder die Verdienste des einzelnen im Sinne seiner gesamten einschlägigen Lebenserfahrungen zu berücksichtigen. In den meisten Fällen macht man sich noch nicht einmal die Mühe, der Sache nachzugehen und zu ermitteln, ob die Anklage aufgehoben wurde oder nicht... In den meisten Städten Amerikas ist es nicht leicht, Einsicht in die Gerichtsakten über die Festnahme einer Person zu erlangen, wenn diese ohne Verfahren aus der Untersuchungshaft wieder entlassen worden ist. Und selbst wenn man die Akten auftreiben und den Beweis erbringen kann, daß es zu gar keinem Verfahren gekommen ist, ändert das nichts an der Pflicht des Bewerbers, auf die Frage 37 mit »Ja« zu antworten. Es wäre weit fairer, wenn der Bewerber aufgrund der eben geschilderten Methoden und Praktiken lediglich die tatsächlich verhängten Strafen oder auch nur die Anklage und das Urteil anzugeben brauchte.

Wie schwer eine so unterschiedslose Voreingenommenheit jenen Menschen gegenüber, die einen Haftvermerk in ihren Akten haben, die Gesellschaft ins Unrecht setzt, beweist schon die Tatsache, daß es im Laufe der letzten Jahre zur Festnahme tausender besterzogener, höchst gebildeter und zu kühnsten Hoffnungen berechtigender, junger farbiger Amerikaner gekommen ist, die sich nichts anderes »zuschulden kommen ließen«, als daß sie an Demonstrationen teilgenommen haben, die der Erkämpfung oder Verteidigung der Staatsbürgerrechte galten.

Jeder der 2 500 000 Zivilangestellten der Regierung der USA muß die Form 57 ausfüllen, gleichgültig, ob er oder sie Stenograph bei der Verwaltung des Naturschutzparks in Colorado oder Geheimsekretär, der nur etwa 50 Meter vom Präsidenten entfernt arbeitet, werden möchte. Es kann außerdem sein, daß der Bewerber besonders sorgfältig überprüft werden muß, um ganz sicher zu gehen, daß die Einstellung »in gar keiner Weise gegen die Interessen der nationalen Sicherheit verstößt«, wie es in der Ausführungsbestimmung Nr. 10 450 heißt.

Handelt es sich um eine besonders vertrauliche Position, die eine Sicherheitsüberprüfung verlangt, kann mit großer Wahrscheinlichkeit damit gerechnet werden, daß das Leben des Bewerbers auf dem Wege der sogenannten »Totalermittlung« bis ins letzte Detail rekonstruiert wird. Im Außenministerium, wo jeder Posten als »besonders vertraulich« angesehen wird, versteht es sich mittlerweile von selbst, daß nicht nur die Nachbarn und ehemaligen Lehrkräfte eines Angestellten einer intensiven Befragung unterzogen werden, sondern auch der Friseur, der Kaufmann und manche anderen Leute, mit denen der oder die Betreffende zu tun hat.

Ein Beamter der Abteilung Sicherheitsplanung des US-Verteidigungsministeriums erklärte mir, daß gegenwärtig 600 000 Zivilangestellte dort arbeiten, die samt und sonders die sorgfältigere Überprüfung hinter sich haben, die für die Ausstellung des Unbedenklichkeitszeugnisses in puncto Sicherheit unerläßlich ist.

Wie die Privatindustrie, so hat nunmehr auch der amerikanische Regierungsapparat an den wunderbaren, neuen Möglichkeiten der Dauerüberwachung seiner Angestellten Gefallen gefunden, die durch die Fortschritte auf dem Gebiet der elektronischen Einrichtungen und Geräte geboten werden. Zum Teil ergaben sich diese Fortschritte bekanntlich erst als Antwort auf Bedarf und Nachfrage seitens der Bundesbehörden. Gegen Ende der fünfziger Jahre machte man die Entdeckung, daß auf der Preisliste für Behördenlieferungen, die von der General Services Administration in allen amerikanischen Bundesdienststellen in Umlauf gesetzt worden war, auch Ab- und Mithörgeräte, die unter der Kleidung versteckt werden können, nicht fehlten. Man ging der Sache nach und fand heraus, daß die US-

Behörden allein im Zeitraum von drei Jahren für einen einzigen Typ solcher Mithörgeräte, nämlich für die Marke Minifon, 141 136,– Dollar ausgegeben hatten.

Eine der noch aufsehenerregenderen – und auch nützlichen – Ermittlungen, die ein Ausschuß des amerikanischen Kongresses in den letzten Jahren durchführte, betraf die Telephonabhörpraktiken in den amerikanischen Regierungsstellen. Diese Ergebnisse verdanken wir dem Special Government Information Sub-Committee des Committee on Government Operations unter Vorsitz des Abgeordneten John E. Moss. Im Laufe der Ermittlungen und Nachforschungen entdeckten die Ausschußmitglieder, daß einige ihrer zum Zweck der Ermittlungen geführten Telephongespräche in den Büros der Beamten, mit denen sie Verhandlungen führen mußten, routinemäßig abgehört und festgehalten wurden.

Das Abhören geht so vor sich, daß man entweder ein Bandaufnahmegerät zwischenschaltet oder eine Sekretärin mit Notizblock an einen Nebenapparat setzt. Das Abhören kann durch Anbringen eines »Schnüffelknopfes« noch erleichtert werden. Mit seiner Hilfe betätigt man entweder einen Unterbrecher oder schaltet sich in den Stromkreis so ein, daß das Abhörgerät oder die abhörende Person zwar mithören kann, selbst jedoch nicht zu hören ist, wenn sie beispielsweise hustet oder auch nur hörbar atmet.

Der Ermittlungsausschuß unter Samuel J. Archibald fand heraus, daß 33 von 37 befragten Regierungsbehörden das Abhören von Telephongesprächen gestatteten! Die Mehrzahl dieser 33 besaß keine schriftlichen Anordnungen oder Verfügungen, um die praktische Durchführung zu überwachen. Und die meisten von ihnen hielten es noch nicht einmal immer für erforderlich, die Teilnehmer davon in Kenntnis zu setzen, daß das Gespräch mitgehört wurde.

Das Schlimmste jedoch war die Entdeckung, daß auch die Federal Communications Commission selbst auf keinerlei Richtlinien oder Bestimmungen zurückgreifen konnte, um das Abhören von Telephongesprächen durch die eigenen Angestellten zu kontrollieren. – Die FCC hat die gesetzlich festgelegte Aufgabe, den zwischenstaatlichen Nachrichtenverkehr und den mit dem Ausland zu regeln. Der Vorsitzende der FCC mußte zugeben, daß das Abhören betrieben wurde, ohne daß der Gesprächspartner davon in Kenntnis gesetzt wurde.

Die Ermittlungen ergaben ferner, daß die General Services Administration im Fernsprechnetz und in der Vermittlungsanlage, die zur Zeit in Washington in Betrieb waren, insgesamt 876 Trennvorrichtungen eingebaut hatte. Alles in allem kam bei den Untersuchungen heraus, daß in den Büros der Regierung in Washington etliche Tausende von »Schnüffelknöpfen« in Benutzung waren. In seinem ersten Bericht stellte der Ausschuß fest, daß die Ermittlungen darauf hindeuteten, »daß bereits ein gefährliches Stadium erreicht worden ist hinsichtlich der Sucht, sich zu einem riesigen Verwaltungsapparat zu entwickeln, der dem Staatsbürger heimlich in die Karten sieht« – (ob dieser Staatsbürger nun der Regierung angehört oder nicht). Der Ausschuß empfahl den Regierungsstellen, sich unverzüglich an die Ausarbeitung von Bestimmungen zu machen, wonach das Abhören von Gesprächen in Zukunft zu unterbleiben habe. Bei einer beträchtlichen Zahl von Dienststellen zeitigte die Empfehlung des Ausschusses das gewünschte Resultat, und entsprechende Anordnungen wurden veröffentlicht. Doch im darauffolgenden Jahr (1962) waren nach wie vor annähernd 5000 »Schnüffelknöpfe« in Gebrauch. In wenigstens 15 Dienststellen existierte keine klar formulierte Anordnung, den Gesprächspartner darauf hinzuweisen, daß seine Worte auf Tonband oder im Stenogramm festgehalten würden. Zwei Dienststellen, die es ablehnten, irgendwelche schriftliche Anordnungen zu erlassen, waren das Justizministerium und der Sicherheitsdienst. Demgegenüber hat das Verteidigungsministerium, das mindestens ebenso berechtigt ist, sicherheitsbewußt zu sein, ein ernstes Verbot des Abhörens ohne Ankündigung erlassen.

Mr. Archibald und seine Ermittler wandten ihre Aufmerksamkeit nun einer anderen »faulen« Angelegenheit zu: Der Anwendung von Lügendetektoren in den Regierungsstellen. Ein Bericht hatte das Interesse des Ermittlungsausschusses geweckt, der Bericht nämlich, daß die amerikanischen Militärdienststellen im Besitz von 440 Lügendetektoren wären, daß zu dem dort beschäftigten Personal 560 Polygraph-Befrager gehörten, und daß jedes Jahr ein achtwöchiger Spezialkursus zur Ausbildung von je 100 weiteren Polygraph-Befragern in Fort Gordon im Staate Georgia abgehalten würde. Es gab Anzeichen dafür, daß der Lügendetektor in zahlreichen Behörden und Dienststellen benutzt würde. Der Sicherheitsdienst verabreicht praktisch jedem Stellenbewerber einen Lügendetektortest. Die Nationale Sicherheitsbehörde wendet den Lügendetektor bei jedem an – ganz gleich, ob es sich um Schreibkräfte, Sekretärinnen und Bürokräfte oder Schlosser handelt. Dagegen findet er keine Anwendung bei Personalbeurteilungen des FBI, wo er nur gelegentlich bei Ermittlungen zu Hilfe genommen wird.

Der militärische Sicherheitsdienst und die Abwehrdienststellen nehmen augenscheinlich die Hilfe des Lügendetektors in Anspruch, wenn versucht werden soll, subversive und homosexuelle Elemente

sowie Leute mit abartigen Veranlagungen auszumerzen. Der Steuerfahndungsdienst konnte auf die Anwendung des Lügendetektors offenbar auch nicht ganz verzichten, hat ihn jedoch bisher anscheinend nicht im Umgang mit Steuerzahlern benutzt. Ein bekanntgewordener Einsatz galt der Ermittlung des Beamten der Steuerfahndung, der einem amerikanischen Senator Informationen zugespielt hatte.
Die neuerdings bestehende Neigung Washingtoner Regierungskreise, Staatsdiener auf den Stuhl zu schnallen und sie den seelischen Einschüchterungen durch den Polygraph auszusetzen, wurde in geradezu lächerlicher Weise deutlich, als eine Ermittlungsaktion durchgeführt wurde, um die undichte Stelle zu finden, durch die Informationen über den TFX-Maschinen-Kontrakt an die Öffentlichkeit gedrungen waren. Das Pentagon versuchte damit einer sehr peinlichen Sache auf den Grund zu kommen, die noch nicht einmal etwas mit Sicherheitsfragen zu tun hatte. Man wollte lediglich herausbekommen, wer einer Zeitung die in einem Memorandum der Luftwaffe enthaltenen kritischen Bemerkungen über die von einem Senatsausschuß angewandte Taktik gegeben hatte. Im Laufe der Bemühungen, den Schuldigen zu finden, wurden im Pentagon 120 Leute von den für den Generalinspekteur der Luftwaffe tätigen Ermittlern dazu gebracht, eine eidesstattliche Erklärung zu unterschreiben, in der sie ihre Bereitschaft zum Ausdruck brachten, sich einem Lügendetektortest zu unterziehen. Unter denen, die man so weit gebracht hatte, daß sie ihre Zustimmung gaben, waren nicht nur weibliche Bürokräfte, sondern auch der Staatssekretär der Luftwaffe, der Staatssekretär der Marine und der stellvertretende Verteidigungsminister! Ein Sprecher des Verteidigungsministeriums sprach vom Lügendetektortest – der, wie gezeigt wurde, in seinem Aussagewert durchaus anzuzweifeln ist – als einem Teil der »routinemäßigen Praktiken« militärischer Ermittlungen.
Zum Glück bewogen Presseberichte von der Masseninquisition den Präsidenten, die ganze Angelegenheit als einen »Irrtum« hinzustellen und abzublasen. Die *»New York Herald Tribune«* griff die Frage aber noch einmal in einem Leitartikel auf und machte dabei abschließend die sehr treffende Bemerkung: »Es wäre geradezu eine Zwangsvorstellung, sich die Möglichkeiten einer Regierung durch Einsatz des Lügendetektors auszudenken, wenn sich jedes Ministerium dieser Einrichtung bedient, um Verdächtige in seinem Bereich zu überprüfen.«
Das versteckt angebrachte Mikrophon ist offensichtlich auch eines der »regulären Mittel« militärischer Ermittlungen. Eine beachtliche Anzahl von Beamten, die Militärdienststellen zugeteilt sind,

ist aufgrund ihrer Erfahrungen zu dem Schluß gelangt, daß mit der Möglichkeit einer in ihren Diensträumen eingebauten Mithörvorrichtung oder einer angezapften Telephonleitung stets gerechnet werden müßte. Der Schriftsteller Ben H. Bagdikian schrieb in seinem Bericht, nachdem er mit vielen Leuten gesprochen hatte, die entweder im Pentagon arbeiten oder häufig mit ihm zu tun haben, daß »eine erstaunlich große Zahl von Beamten des Pentagon es für selbstverständlich hält, daß ihre Büros ›angezapft‹ sind und sie von versteckt eingebauten Mikrophonen belauscht werden. Fast jeder Korrespondent im Verteidigungsministerium, mit dem ich über dieses Thema gesprochen habe, nahm an, daß seine Telephonanschlüsse, im Büro und auch zu Hause, von irgendeiner Regierungsstelle überwacht würden.« Der Redakteur von *»Aviation Week and Space Technology«* meinte von seinem Stadtbüro: »Ich vermute, die Telephonanschlüsse dort sind alle angezapft.«

Die allgemeine Aufregung, die gegen Ende 1963 im Außenministerium wegen der gegen Otto F. Otepka, den Chef der Auswertungsabteilung erhobenen Anklage entstand, er habe Geheimdokumente an einen Senatsausschuß weitergegeben, ergaben interessante Hinweise. Es wurde nämlich bekannt, daß drei seiner Mitarbeiter in der Sicherheitsabteilung des US-Außenministeriums in *seinem* Büro eine Abhörvorrichtung hatten anlegen lassen, um nach Möglichkeit alle seine Unterhaltungen aufzunehmen. Diese Vorrichtung war im Telephonapparat verborgen. Ein Reporter der *»New York Times«* gab Äußerungen von Beamten des Außenministeriums wieder, die besagten, daß »die drei Mitarbeiter nicht sicher gewesen wären, in welcher Form das Abhören in ihren Diensträumen zulässig sei.« (Bei Entstehen dieses Kapitels hörte man übrigens von einem ungeheuren Skandal um das Abhören von Telephongesprächen durch Regierungsdienststellen in Holland.)

Die Kongreßmitglieder haben es stets einfacher gefunden, für eine Verstärkung der Sicherheitsmaßnahmen zu stimmen als für eine Verminderung. Aber in einigen Fällen hat ihr Übereifer ihnen sogar handfesten Ärger bereitet. Sechs Kongreßabgeordnete gaben zu, daß sie entsetzt gewesen wären, als sie erfuhren, daß man im Auftrage der Civil Service Commission mit beachtlicher Gründlichkeit das bisherige Leben eines jeden von ihnen durchforscht hatte. Nachdem sie ihre Aufzeichnungen untereinander verglichen hatten, verlangten sie eine Erklärung. Diese war, wie sich herausstellte, überraschend einfach. Sie waren ausersehen, als Delegierte in Minneapolis im Staate Minnesota an einer Konferenz der Weltgesundheitsorganisation teilzunehmen. Und nach einer gesetzlichen Bestimmung, an deren

Erlaß einige von ihnen selbst mitgewirkt hatten, muß sich jeder Amerikaner, der zur Arbeit in einer internationalen Organisation abgestellt wird, einer Sicherheitsprüfung unterziehen.
Wie es bereits bei ähnlichen Anlässen in früheren Jahren der Fall gewesen war, zeigten sich die Abgeordneten im Kongreß auch diesmal, im Sommer 1963, erstaunlich rasch bereit, die Militärbehörden zu ermächtigen, mit dem einzelnen nach eigenem Gutdünken zu verfahren. Mit 340 gegen 40 Stimmen stimmte der Kongreß dafür, daß dem Verteidigungsminister das Recht zugebilligt werden solle, jeden Angehörigen der Nationalen Sicherheitsbehörde ohne Verhandlung, ohne Erklärung, ohne die Möglichkeit, Berufung einzulegen, fristlos zu entlassen, wenn der Minister entschied, daß der Betreffende ein Sicherheitsrisiko sei. Um die Situation mit den Worten von Richter Tom Clark zu kennzeichnen, kann man einem Menschen wer weiß was anhängen und ihn mit einem sichtbaren Makel behaftet herumlaufen lassen, ohne daß der Betreffende erfährt, was man ihm angehängt hat. Dazu bemerkte die »*Washington Post*«, als diese Maßnahme schon früher einmal erwogen wurde, daß jeder Angestellte der Sicherheitsbehörde jedem Hetzer und Störenfried, jedem, der sich gegen die Autorität auflehnt, und auch jedem persönlichen Feind, auf Gnade und Ungnade ausgeliefert sei. Wem es gerade einfiele, der könne jeden Beliebigen als subversives Element verdächtigen oder ihn als Homosexuellen oder Alkoholiker anprangern.
Der in militärischem Denken befangene Geist scheint in noch weit ausgeprägterem Maße von der Idee besessen, daß das Individuum sein Privatleben und seine eigene Gedankenwelt dem Rahmen der Organisation anzupassen habe, als es in Industriekonzernen oder in der zivilen Bürokratie der Fall ist. Insbesondere sind es die Verwaltungsbeamten der Marineleitung, die den Hang haben, dem Individuum diese Art von Gehorsam aufzuzwingen. Vielleicht rührt das daher, daß sie lange Zeit hindurch unterwiesen wurden, das »stolz Schiff« zu idealisieren, auch wenn es Zehntausende von Marineangehörigen gibt, die kaum jemals einen Fuß auf die Planken eines Schiffes gesetzt haben.
Beamte der Marineverwaltung haben sich häufig das Recht angemaßt, die Eheschließung von Marinesoldaten oder weiblichen Marine-Angestellten von ihrer Heiratserlaubnis abhängig zu machen. Ein Feuerwehrhelfer bei der Marine bekam sogar ein Verfahren angehängt, weil er versäumt hatte, vor seiner Eheschließung auf den Philippinen von seinem Kommandeur die schriftliche Heiratserlaubnis einzuholen. Als dieser Fall vor dem US-Militär-Berufungsgericht

verhandelt wurde, wies der Richter darauf hin, daß das Recht eines Kommandeurs, zur Heirat seiner Untergebenen seinen Konsens zu erteilen, *nicht unbedingt* auf die Zeit der Stationierung im Ausland beschränkt sei. Er sagte wörtlich: »Ein militärischer Befehlshaber kann – zumindest im Ausland – die Erteilung von Heiratsgenehmigungen für die Militärangehörigen seines Befehlsbereichs gewissen Beschränkungen unterwerfen.« Richter Homer Ferguson war anderer Meinung und erklärte, daß jede Verfügung, die eine Heiratserlaubnis der Vorgesetzten fordert, bereits von vornherein ein illegaler Akt sei.

Sogar die Marine selbst distanzierte sich unter dem einsetzenden Breitseitenbeschuß der Kritik vom Übereifer aus den eigenen Reihen, als durch eine Veröffentlichung im Jahre 1962 die Einstellung des »Marinegeistes« zur Heirat ein »gefundenes Fressen« für die Presse wurde. Diesmal hatte man es mit einem neuen Eignungsfragebogen zu tun, der für die Beurteilung der Nachwuchsoffiziere bestimmt war. Ein Teil dieses Fragebogens beschäftigte sich mit dem Offizier und seiner Frau als »Team«. Der Fragebogen forderte den Offizier, der die Beurteilung zu schreiben hatte, auf, das Team Offizier–Ehefrau dahingehend zu beurteilen, »ob das Paar geeignete und wünschenswerte Vertreter ihres Landes und der Marine im Ausland darstellen würden. Beurteilen Sie die beiden als: Besonders geeignet – Geeignet – Keine Kenntnis – Nicht anwendbar.« Es gab ferner eine besondere Rubrik mit der Überschrift: »Zusätzliche Bemerkungen, falls nötig.«

Die Frau eines Marineoffiziers hat schon oft – wenn auch nur inoffiziell – für die Karriere ihres Mannes eine gewichtige – positive oder negative – Rolle spielen können; aber zahlreiche Frauen gerieten in helle Empörung im Gedanken daran, daß die Beurteilung ihrer Ehe nun zum Gegenstand einer offiziellen Bewertung gemacht werden sollte. Ein Reporter der *»Associated Press«* bekam einiges davon mit, als er Offiziersfrauen in Norfolk im Staate Virginia, dem Hauptquartier der Atlantischen Flotte, interviewte. Die Offiziersfrauen lehnten nicht nur den unziemlichen Eingriff in ihre Privatsphäre ab, sondern gaben ihrem beträchtlichen Argwohn Ausdruck, daß die Vorgesetzten ihrer Männer zunächst ihre eigenen Frauen konsultieren würden, ehe sie eine Beurteilung abfaßten. Die Frau eines Fregattenkapitäns erklärte: »Nehmen wir einmal an, Sie wären nicht der Typ einer Frau, die Gefallen daran findet, den lieben langen Tag von einem Damentee zum anderen und von einem offiziellen Essen irgendwelcher Art zum nächsten zu rennen. Dann kennt die Frau des Kommandeurs Sie ja gar nicht – oder aber, wenn sie zu den

Frauen gehört, die Geselligkeit über alles lieben, dann mag sie Sie vielleicht nicht – und wie, meinen Sie, wird dann die Beurteilung aussehen?« Die Frau eines anderen Offiziers meinte zu der künftigen Entwicklung: »Diese Einstellung beschert uns eines schönen Tages sicherlich auch noch eine Beurteilung unserer Kinder. Denn schließlich sind die Kinder ebenso Repräsentanten der Marine – wenn Sie die Sache einmal von der Seite her betrachten wollen, wie ich es natürlich nicht tue.«

Der Zorn der Ehefrauen im Verein mit den Bemühungen der amerikanischen Zeitungen, die Kontroverse an die Öffentlichkeit zu bringen, zwang schließlich die Marineleitung zum Rückzug. Der Staatssekretär der Marine äußerte hierzu: »Wir sind zu dem Schluß gekommen, daß die geplante Beurteilung nicht die gewünschten Informationen erbringen wird und stattdessen unnötigerweise die Beförderungschancen einiger Offiziere beeinträchtigen könnte, die außergewöhnlich qualifiziert sind für den Dienst auf See und andere Aufgaben, für die eine besondere Beachtung der Eignung der Familienangehörigen nicht erforderlich ist.«

Aber etwa zu der gleichen Zeit, als die Marineleitung in der Frage der Eignung der Offiziersfrauen den Rückzug antrat, wandte sie sich mehr und mehr verschärften Kontrollen der persönlichen Ansichten und der freundschaftlichen Beziehungen der Zivilangestellten der Marine zu. Man beachte den drohenden Ton, der in dem nachstehenden Auszug aus dem OPNAV Civilian Personnel Newsletter angewandt wird, wenn in dieser Ermahnung der Marineleitung von einer »appraisal« (Bewertung) gesprochen wird:

»Eine Anzahl unserer Staatsbürger setzt sich unwissentlich selbst einer nachteiligen oder verdächtigenden Bewertung aus, die vermieden werden könnte und sollte. Dies mag in Form einer unbedachten Äußerung geschehen, durch unüberlegte Auswahl von Freunden oder Kollegen, aufgrund der Mitgliedschaft in einer Organisation, deren wahre Ziele hinter einem volkstümlichen und harmlos klingenden Namen verborgen sind, oder durch Teilnahme an Zusammenkünften und Übernahme von Funktionen solcher Organisationen, auch wenn man nicht einmal Mitglied ist... Es wird empfohlen, sich unter allen Umständen vor der Aufnahme von Beziehungen zu Personen oder Organisationen irgendwelcher politischen oder staatsbürgerlichen Art genauestens zu unterrichten und durchdachten, verständigen Rat einzuholen...«

Offenbar hatten die stillschweigenden Folgerungen dieses zudringlichen Eingriffs in sein Privatleben einen Zivilangestellten der Marine derartig beunruhigt und verärgert, daß er das Schriftstück an

die American Civil Liberties Union weiterleitete. Ein führendes Mitglied der ACLU, der mir dieses Mahnschreiben vorwies, bezeichnete seinen Inhalt sehr treffend als »shocking«.
Bisher blieb unsere Untersuchung auf die Überprüfung des Privatlebens von Bundesbediensteten beschränkt. Man sollte jedoch nicht außer acht lassen, daß große Rücksichtslosigkeit auch schon auf städtischer Ebene die Einmischung in das Privatleben der Angestellten im öffentlichen Dienst kennzeichnet.
Die Anerkennung des Lügendetektors als eines allgemein üblichen »Durchleuchtungs«- und Überwachungshilfsmittels ist dabei vielleicht ein ebenso gutes Beispiel wie jedes andere Beispiel dieses rücksichtslosen Eindringens in die persönlichen Lebensbereiche. In Los Angeles, Dallas, San Antonio und Detroit beispielsweise gehört der Lügendetektor heute zum »täglichen Handwerkszeug« bei der Beurteilung der Bewerber für eine ganze Reihe städtischer Posten. Und viele, viele andere Städte – darunter Kansas City, St. Louis, Phoenix und Wichita – fangen nunmehr an, den Lügendetektor insbesondere bei der Eignungsprüfung der Bewerber für den Polizeidienst einzusetzen.
1962 brachte die Juli-Ausgabe der Zeitschrift *»Public Personnel Review«* eine Aufstellung über die zunehmende Verwendung des Lügendetektors durch die städtischen Verwaltungsbehörden. Verfasser des Berichts war George Washnis, der Personalleiter der Stadtverwaltung von Evanston im Staate Illinois. Sein begeisterter Artikel trug den Untertitel: »Wie der Lügendetektor schlechte Elemente aufspürt und Zeit und Geld spart.« (Ein weiteres Beispiel für den Vorrang der »kurz-und-schmerzlos«-Tüchtigkeit gegenüber den altmodischen Methoden des persönlichen Kennenlernens eines Menschen.)
Er sagte, daß er und seine Mitarbeiter im Jahre 1959 damit begonnen hätten, die Polygraph-Methode bei Städtischen Parkplatzwächtern anzuwenden, da man den Verdacht hatte, daß nicht jeder Parkgroschen ins Stadtsäckel gelangen würde. Die Ergebnisse waren durchaus zufriedenstellend – und seit jener Zeit schnallt man alle drei Monate jeden, der öffentliche Parkplätze bewacht, auf den Lügendetektorstuhl. Von dem Ergebnis ermutigt, bewog man anschließend die Civil Service Commission und die Verwaltungsbehörde dazu, die Bewerber für den Polizeidienst und die Feuerwehr, bei denen man ernstlich eine Einstellung in Erwägung gezogen hatte, sowie »gewisse andere Kategorien von Angestellten, bei denen es ratsam erscheint«, ebenfalls dem Lügendetektor vorzuführen.
Eine der Fragen, die dem Bewerber für den Polizeidienst an den Kopf

geworfen werden, ist die, ob er bei der Beantwortung der 150 Testfragen des Bewerbungs-Fragebogens die Unwahrheit gesagt hat. Die Befragung durch den Polygraph-Ermittler schließt sowohl den Alkoholkonsum als auch eventuelle Glücksspielleidenschaft ein, und häufig wird eine offenbar sehr genaue Prüfung seiner persönlichen Finanzlage angeschlossen. Mr. Washnis berichtete von verschiedenen Bewerbern, bei denen man »ernste Schwierigkeiten durch Verschuldung entdeckt hatte, von denen die Kreditbüros noch keine Kenntnis hatten«. Eine der interessanteren Entdeckungen machte man in Evanston bei einem Polizeibewerber, der »schlicht zugab, mit den Kommunisten zu sympathisieren«. Dieser Mann wurde jedoch nicht etwa Knall und Fall hinausgeworfen, sondern man überwies ihn dem »Hauspsychologen und -psychotherapeuten« (an den alle »fraglichen« Fälle weitergereicht wurden) zwecks Erforschung dieses Standpunktes. Das Ergebnis bietet eine aufschlußreiche Erklärung für die bei städtischen Behörden verbreitete Vorstellung von den Voraussetzungen für einen guten und brauchbaren Polizisten. Hier die Worte von Mr. Washnis: »Die psychiatrische Untersuchung ergab, daß dieser Bewerber nicht über die intellektuellen Fähigkeiten verfügte, um zu verstehen, was es ist, ein Kommunist zu sein. Für unseren Zweck war er ein durchaus akzeptabler Mann.«

In Evanston ist man so befriedigt von den Ergebnissen, die man durch die Anwendung des Polygraph-Beichtstuhles bei der Auslese von Bewerbern erzielt hat, daß man damit begonnen hat, die Polizisten in regelmäßigen Abständen wiederholt zu prüfen, die sich dem Polygraph von selbst unterwerfen, um unter allen Umständen auf einen gewünschten Posten zu kommen.

Nach Ansicht von Dr. Washnis sollte der Polygraph ohne Frage »nicht benutzt werden, um im Privatleben des einzelnen herumzuschnüffeln und hinter seine Gedanken und seine Lebenseinstellung zu kommen«. Aber wenn ein kundiger und beharrlicher Polygraph-Befrager erst einmal eine Person genau überprüft hat, was bleibt dann noch übrig an privatem Leben und privaten Gedanken?

7. Die Überwachung der Lehrkräfte

> *»Eine Nation, die ihren Intellektuellen nicht trauen kann, kann auch sich selbst nicht trauen.« – A. Whitney Griswold, ehemaliger Präsident der Yale-Universität.*

Im Houston-Büro der William J. Burns International Detective Agency hatte jemand eine großartige Idee, wie er den Umfang der Aufgaben seines Büros noch vergrößern könnte. Er hatte zweifellos von den so umstrittenen Professoren in Texas gelesen und von den angestrengten Versuchen verschiedener hitzköpfiger, konservativer Gruppen, sie mit Stumpf und Stiel auszurotten. Das schien ein »gefundenes Fressen« für Burns rasch aufblühende Abteilung »Vertrauliche Gutachten«. Also schickte er Briefe an sechs College-Präsidenten in Texas. Möglicherweise übertrieb er wirklich etwas, als er die Schreiben beginnen ließ:

»Viele Colleges und Universitäten haben erkannt, daß unsere Dienste sehr nützlich und aufschlußreich sein können. Dieses System, das unzählige Dollar im Geschäftsleben eingespart hat, kann auch in Ihrer Institution Verwendung finden, um Ihnen einen genauen, wirklichkeitsnahen Bericht zu geben über Praktiken, die nachteilig für den Charakter und den Ruf Ihrer Institution sind.

Lehrpraktiken lassen sich durch Auskünfte eines ›Studenten‹ überprüfen, der in der objektiven Berichterstattung dessen, was er (oder sie) in den Unterrichtsräumen sieht oder hört, geschult ist. Fast jede Fakultät hat ihre umstrittenen Mitglieder. Diese Fakultäten sind unverändert: Religion, Philosophie, Psychologie, Englisch (Literatur), Biologie, Geschichte, Verwaltungswissenschaften, Journalistik, Rede- und Schauspielunterricht.

Ein ›Student‹, der als Burns-Mitarbeiter für seine Aufgaben ausgebildet ist, kann sich immatrikulieren... seinen Studienplan in Empfang nehmen... die Vorlesungen besuchen und nebenbei täglich vertrauliche Berichte an die Agentur senden...[1]«.

Irgend jemand veröffentlichte den Brief, und die Reaktion ließ nicht lange auf sich warten. Eine der vielen Lehrkräfte, die außer sich gerieten, war William P. Fidler, Generalsekretär der American Association of University Professors. Er feuerte W. Sherman Burns, dem Präsidenten der Agentur, einen Brief hin, in dem er seine »tiefe Besorgnis und sein heftiges Mißfallen« zum Ausdruck brachte. Der Vorschlag, um den es ging, so schrieb er, wäre »völlig unvereinbar mit jeder Vorstellung von akademischer Freiheit und akademischen Gepflogenheiten«, und er fuhr fort: »In aller Offenheit möchte ich Ihnen zudem mitteilen, daß uns der Plan eines solchen Spitzelsystems als Ganzes keineswegs besonders behagt.« Er verlangte »sofortige Schritte« seitens des Unternehmens, um dieser Art von Tätigkeit ein Ende zu setzen.

In seiner Antwort schob Mr. Burns die Schuld an diesen Briefen einem Angestellten zu, den mehr die »Verkaufsbegeisterung« als »reifliche Überlegung« getrieben hätte. Er gab zu, daß die Briefe ohne die Genehmigung des zuständigen Bezirksleiters versandt wor-

den wären und versicherte: »Es sind sofort entsprechende Schritte eingeleitet worden, um den Fehler zu korrigieren und dafür zu sorgen, daß sich so etwas nicht wiederholt.«
Unglücklicherweise stellte dieser Zwischenfall lediglich ein Symptom der zunehmenden Angriffe auf die Freiheit beider Seiten dar – der Lehrkräfte und auch der Studenten –, an unseren Schulen und Universitäten auch provozierende Gedanken zu äußern. Die weit verbreitete Neigung, bestimmte Bücher aus den Bibliotheken staatlicher Schulen zu verbannen, ist ebenfalls symptomatisch. Mr. Fidler machte mich darauf aufmerksam, daß sowohl Eingriffe in die Privatsphäre als auch Angriffe auf die akademische Freiheit im akademischen Bereich häufiger geworden wären.
Die Eltern haben ein durchaus legitimes Recht, stärkstens an der Frage interessiert zu sein und zu wissen, wie es um die Befähigung der Lehrkräfte und den Wert der Lehrmethoden bestellt ist, die die geistige Entwicklung ihrer Sprößlinge beeinflussen. Unsere Schulen wären besser und der Wert unserer Lehrkräfte höher, wenn die Eltern ein stärkeres Interesse an den Tag legen würden, als es in Wirklichkeit der Fall ist.
Aber die Wächter über die Schulen unseres Landes, die die meiste Verwirrung stiften und durch ihre Einmischung am meisten stören, sind nicht die Eltern oder diese oder jene Elterngruppe. Das sind vielmehr diejenigen, die chronisch »dagegen« sind, chronisch mißtrauische Gruppen, deren Einstellung zur Frage der Bildung oftmals die einer ganz allgemeinen Feindseligkeit, und deren Einstellung gegenüber der Gesellschaft die einer allgemeinen Beunruhigung und Angst ist, oder die versuchen, diese Feindseligkeit und Angst in anderen zu erzeugen und auszunutzen. Zu denen, die sich am auffälligsten gebärden und auf diese Art und Weise von sich reden machen, gehören die Kriegsteilnehmer-Verbände, die Gruppen der »radikalen Rechten«, die Befürworter der Rassentrennung, die »Herunter-mit-den-Steuern«-Gruppen und diejenigen Politiker, die nach Publicity schielen oder die Unterstützung dieser Gruppen suchen.
Wenngleich die Überwachung und die Attacken auf die akademische Freiheit bisher im Süden, Südwesten und Westen des Landes am einschneidendsten und stärksten waren, so hat man Ähnliches in vielen anderen Gegenden ebenfalls verzeichnen können. Ein Zwischenfall, der Mr. Fidler zutiefst beunruhigte, trug sich in Brockport im Staate New York zu.
Einige der Professoren des State University College of Education in Brockport verfaßten eine Eingabe an ihren Kongreßabgeordneten mit dem dringenden Ersuchen, er möge für die Abschaffung eines

bestimmten Kongreßausschusses sorgen. Der Ausschuß, den diese Eingabe meinte, war der heftig umstrittene Kongreßausschuß für unamerikanische Umtriebe. Die Eingabe der Professoren war allem Anschein nach von einer Art, wie sie einsichtige Steuerzahler mit anständiger Gesinnung vernünftigerweise aus wirtschaftlichen oder auch aus philosophischen Beweggründen gemacht haben könnten. Der genannte Ausschuß hat in Wirklichkeit im Zeitraum einer Dekade keinen legislativen Zweck erfüllt, trotz der Tatsache, daß ihm während dieser Zeit Millionen Dollar bewilligt worden sind.

Bald nachdem die Professoren ihre Eingabe weitergeleitet hatten, erlebte das Universitätsgelände die Invasion des New York State Bureau of Criminal Intelligence. In einem Bericht wird darauf hingewiesen, daß eine Gruppe der American Legion Klagen vorgebracht habe. Wie dem auch gewesen sein mag, der bestürzte Präsident der Universität wurde lange und gründlich von der Polizei verhört, die ebenfalls die Personalakten aller Fakultätsmitglieder, die die Bittschrift unterzeichnet hatten, anforderte und nach Albany weiterleitete.

Die Polizei schloß den Fall ab, nachdem sie herausgefunden hatte, daß »keine Verletzung des Rechts vorliegt«. Vermutlich werden jetzt die Polizeiberichte über alle in diesen Fall verwickelten Professoren irgendwo aufbewahrt und warten darauf, zu einem späteren Zeitpunkt möglicherweise falsch interpretiert oder entstellt zu werden. Mr. Fidler erhob Einspruch beim Gouverneur von New York, Nelson Rockefeller. Er wehrte sich gegen das Eindringen in die Universität, das »unvereinbar ist mit unseren traditionellen amerikanischen Grundsätzen der Fairness, der anständigen Toleranz gegenüber den Meinungen anderer«. Solch ein Eingriff stelle eine Bedrohung der akademischen Freiheit dar und hätte eine »einschüchternde« Wirkung auf andere Fakultätsangehörige und die Angestellten der Erziehungsbehörden im ganzen Staat.

In seiner Antwort suchte einer der Assistenten des Gouverneurs den abgeschlossenen Fall dadurch von sich abzuwimmeln, daß er sich unterfing, was immer auch an peinlicher Befragung vorgefallen sein mochte, damit zu rechtfertigen, daß die Professoren schließlich für die Eingabe Papier mit dem Briefkopf der Universität benutzt hätten. Mr. Fidler hielt dem bissig entgegen, daß die Verwendung von Geschäftspapier wohl mehr oder minder allgemein üblich sei und daß im Falle des Mißbrauchs von Briefpapier mit Kopf der Universität die Ermittlung an die Universitätsverwaltung hätte überwiesen werden müssen, nicht aber an das State Bureau of Criminal Intelligence. (Ich habe in meinen Unterlagen viele hunderte

Briefe von Professoren, die auf Universitätsbriefbogen geschrieben sind; es ist mir jedoch niemals in den Sinn gekommen, daraus etwa zu schließen, daß sie im Namen ihrer Hochschule oder Universität geschrieben haben könnten. Die Benutzung von Geschäftsbogen seitens der Professoren deutet ganz einfach auf die kleine Vorliebe für persönliche Vorrechte hin und hilft Geld zu sparen – ein Zeichen für die allgemein herrschende Unterbezahlung dieser Berufsgruppe.)

Das wohl unbarmherzigste Untersuchungsverfahren gegen Lehrkräfte, das innerhalb der letzten Jahre durchgeführt wurde, geschah an der Universität von Florida in Gainesville. Ein Kandidat für den Posten des Gouverneurs, der zufällig gleichzeitig der Leiter eines der gesetzgebenden Ausschüsse des Staates war, verlegte die Tätigkeit seines Ausschusses nach Gainesville und ging nun für die folgenden sieben Monate in seiner Ermittlungstätigkeit im Bereich der Universität auf. Der Historiker C. Vann Woodward von der Yale-Universität berichtete von der Angelegenheit mit den Worten: »Mit der Hilfe von Rechtsanwälten, Polizei, Detektiven und gedungenen Informanten zog der Ausschuß Hunderte von Zeugen, überwiegend Studenten, heran, um gegen die Professoren auszusagen. Enthüllungen von politischer Häresie waren enttäuschend, aber sexuelle Abartigkeiten lieferten die ersehnten Schlagzeilen[2].«

Ein neuartiges und heikles Problem, das möglicherweise Eingriffe in die private Sphäre mit sich bringt, hat sich aus der Tatsache ergeben, daß viele Tausende von College- und Hochschulstudenten heute im Besitz transportabler Tonbandgeräte sind. Als ich in Los Angeles einen Studenten der Universität von Kalifornien, der mich zu einem anderen Teil des Universitätsgeländes fuhr, fragte, ob er nun nicht eine wichtige Vorlesung versäumen müsse, antwortete er: »Oh, ich habe mein Tonbandgerät dort gelassen. Ich kann morgen schon das Transkript von der Vorlesung und der Diskussion haben.« Ich erfuhr bei der Gelegenheit, daß zwanzig von hundertfünfzig Studenten, die diese Vorlesung für Politische Wissenschaften belegt hatten, Tonbandgeräte besaßen. Einige von ihnen stellen ihr Gerät ganz offen auf den Tisch, andere halten es versteckt in ihrer Aktentasche. Er erzählte mir, daß einige der Professoren sich über die zunehmende Benutzung von Tonbandgeräten aufgeregt und gefordert hätten, daß zuvor eine Genehmigung einzuholen wäre, wenn man vorhätte, Tonbandgeräte zu benutzen. Anderen wieder schien es gleichgültig zu sein.

Offensichtlich kann ein Tonbandgerät eine Annehmlichkeit für Studenten darstellen, insbesondere für diejenigen, die es vorziehen, die Vorlesungen am frühen Morgen zu verschlafen. Vielleicht sollte man auch nicht allzu viel dagegen einwenden, daß Tonbandgeräte in den großen Einführungskursen an den Universitäten benutzt werden, an denen möglicherweise 1500 Studenten teilnehmen. Solch eine Vorlesung ist in Wirklichkeit schon eher eine Rundfunksendung. Aber ein richtiger Unterrichtsraum ist eben doch kein öffentlicher Sitzungssaal und sollte auch nicht als ein solcher angesehen werden. Er ist eben der Raum, in dem schließlich eine erregende Erforschung von Ideengut vor sich geht. Ein guter Lehrer wird oftmals auf die Lehrmethoden des Sokrates zurückgreifen und Fragen hinsichtlich neuer Möglichkeiten aufwerfen. Und um den Gedankenaustausch noch anzuregen, mag es ihm geraten erscheinen, als »advocatus diaboli« aufzutreten. Die Studenten mögen wiederum durch Äußerung nicht-herkömmlicher Gedanken antworten, entweder nach tiefschürfender Selbstbefragung oder einfach aus Widerspruchsgeist, der sich noch aus früheren Jugendjahren erhalten haben mag. Mehrere Jahre eines solchen Gedankenaustausches werden, so hofft man, Weisheit und Erkenntnisfähigkeit für den Studenten zum Resultat haben. Dr. Clark Kerr von der Universität von Kalifornien bemerkte, daß es »nicht Aufgabe der Universitäten ist, den Studenten ungefährliche Ideen nahezubringen, sondern sie gegen gefährliche Ideen zu rüsten«.

Der freie Austausch von Gedanken in Seminaren oder in Diskussionen in kleinerem Kreise wird sicherlich erschwert, sobald Studenten oder Lehrpersonal wissen, daß – oder sich fragen müssen, ob – ihre Worte an unbekannte Außenstehende ausgestrahlt werden. Ein Professor in San Diego entdeckte, daß die Bandaufnahme von einer bei seinen Vorlesungen abgehaltenen Diskussion von einem lokalen Rundfunksender ausgestrahlt wurde, der sich an einer Kampagne zur Diskreditierung solcher Professoren beteiligte, die die Sendeleitung für zu liberal hielt. In San Antonio, Texas, wurde ein Hochschullehrer entlassen, nachdem ein Student dem Kuratorium ein Band übergeben hatte, auf dem Äußerungen aufgenommen waren, in denen der Lehrer versucht hatte zu erläutern, wie vom russischen Standpunkt aus betrachtet, gewisse Maßnahmen des Kalten Krieges wirken müssen.

Und dann gab es den berühmten Fall eines Schülers in Paradise, Kalifornien, von Bill Ray für die Zeitschrift »*Life*« in dramatischen Bildern festgehalten, der versucht hatte, die eigentliche Gesinnung seiner Sozialkundelehrerin herauszubekommen[3]. Er und sein Vater hatten ein Tonbandgerät in sein Lehrbuch eingebaut. Die Lehrerin hatte sich – mit Unterstützung der Schulverwaltung – die Feindschaft der lokalen Gruppe der American Legion, einiger örtlicher John Birchers und anderer Leute in der Stadt zugezogen, weil sie die unteren Klassen mit divergierenden Ansichten bekanntgemacht hatte, die von der radikalen Linken bis zu der radikalen Rechten reichten.

Der Lehrkraft was für ihre hervorragende Leistung, den Kleinen zu helfen, »Das Amerikanische Glaubensbekenntnis« zu verstehen und zu schätzen, ein Preis von der geachteten Freedom Foundation verliehen worden. Unter ihren entschiedensten Kritikern, die im Artikel abgebildet waren, befanden sich zwei pensionierte Polizisten von Los Angeles und ein Major a. D., mit seinem Gewehr im Anschlag.

Der Schüler wurde mit seinem versteckten Tonbandgerät erwischt, als er vergeblich versuchte, die Lehrerin zu provozieren, sich zu einer Bemerkung hinreißen zu lassen, die man möglicherweise als Unehrerbietigkeit gegenüber dem Staat auslegen konnte. Zum Teil als Folge des Sturmes, der sich auf diesen Zwischenfall hin erhob, brachte der Sprecher der Gesetzgebenden Versammlung Kaliforniens einen Gesetzentwurf ein, wonach alle Abhörvorrichtungen aus den Klassenräumen zu verbannen waren, es sei denn, es läge die Genehmigung der Lehrkraft und des Schulleiters vor.

Vor etwa zwei Jahren verwies man drei Schüler von der Groton-Schule, als man entdeckte, daß sie die Wohnung des Hausmeisters an verschiedenen Stellen angezapft hatten, und zwar recht gründlich. Sie hatten Mithörvorrichtungen an Tisch und Stuhl, im Büro, im Wohnraum und an anderen Stellen der Wohnung versteckt.

Amerikanische Lehrkräfte, die in den ersten zwölf Schulklassen unterrichten, unterlagen stets schon einer besonders aufmerksamen Kontrolle der Gemeinde. Erst kürzlich versetzte das Schulamt in Pasadena, Kalifornien, einen Lehrer auf eine weniger wünschenswerte Stelle, weil er sich weigerte, sich von seinem sehr kleidsamen, gut gepflegten Bart zu trennen. Er lehrte an der John Muir-Schule, die nach einem Manne benannt worden ist, der gleichfalls einen Bart trug.

Heute jedoch setzen neuartige Faktoren auch die College-Lehrkräfte mehr und mehr Kontrollen aus. An einer Reihe von größeren Universitäten hält sich ständig ein Vertreter der Central Intelligence Agency auf, um die notwendigen Überprüfungen jener Professoren vorzunehmen, die den Auftrag haben, an den heutzutage in zunehmendem Maße stattfindenden internationalen Konferenzen teilzunehmen. Und es gibt etliche Bundesinspektoren, die die akademischen Forscher unter die Lupe nehmen, die an Projekten der

Weltraumforschung oder an Verteidigungs- oder anderen Aufgaben mitarbeiten, die unter der Bezeichnung »geheim« laufen.

Was allerdings größte Beunruhigung auslöst, ist die Machtbefugnis des Verteidigungsministeriums, die Universitäten aufzufordern, Berichte über viele tausende Professoren einzusenden.

Hunderte von Hochschulen und Universitäten sind Verträge mit dem Verteidigungsministerium eingegangen. Aufgrund der Verträge führen bestimmte Mitglieder des Lehrkörpers als Teil ihrer Pflichten Forschungsaufträge im Interesse des Verteidigungsministeriums durch. Nach Ansicht des Verteidigungsministeriums stellt die Universität lediglich einen Vertragspartner unter anderen dar und fällt damit unter die Bestimmungen, die auch auf die Vertragspartner aus der Industrie Anwendung finden. Diese Bestimmungen sind im »Sicherheitshandbuch der Industrie« niedergelegt.

Das einzig Erfreuliche, was von diesem Handbuch gesagt werden kann, ist, daß es heutzutage in seinen Formulierungen viel von seinen früheren Schrecknissen der Verallgemeinerung, die es Mitte der fünfziger Jahre noch aufwies, verloren hat. Das Handbuch von 1955 besagte: »Der Vertragspartner hat der Sicherheitsabteilung der zuständigen Militärbehörde sofort nach Aufforderung... und zu dem angegebenen Termin, wenn es in Verbindung mit einer amtlichen Untersuchung benötigt wird,... das dem Vertragspartner zur Verfügung stehende Material über einen jeden seiner Angestellten auszuhändigen, der an einem beliebigen Arbeitsplatz in seinem Betrieb, seinen Fabriken oder sonstigen Anlagen arbeitet, an welchem Arbeit für eine Militärbehörde geleistet wird.«

Ein College oder eine Universität ist also wohl eine solche »sonstige Anlage«. Das bedeutet, daß das Verteidigungsministerium, wenn es den Wunsch hatte, das gesamte Aktenmaterial anfordern konnte, das das College oder die Universität von jedem Mitglied der Fakultät besaß! Und zudem würde das betreffende Mitglied der Fakultät aller Wahrscheinlichkeit nach noch nicht einmal etwas darüber erfahren haben, daß seine Personalakte nach Washington geschickt worden war.

Der Kampf um die Neuformulierung dieses Passus wurde von Louis Joughin, der seinerzeit zur American Civil Liberties Union gehörte und heute Mitglied der American Association of University Professors (AAUP) ist, mit Feuereifer aufgenommen[4].

Ein Sprecher des Verteidigungsministeriums gab friedfertig zu, daß das Ministerium zwar tatsächlich das Recht zu derartigen gewaltsamen Fischzügen besäße, von ihm jedoch mit Diskretion und Vernunft Gebrauch mache. Die ACLU (American Civil Liberties Union) erwiderte scharf und treffend: ». . . die legitimen Belange der nationalen Sicherheit geben der Regierung nicht das Recht, alles zu wissen, was sie über einen beliebigen Menschen wissen will . . . Die Amerikaner sind eine Regierung des Rechts gewohnt, nicht jedoch eine Regierung der menschlichen Schwächen und auch nicht eine Regierung des Ermessens.«

Daraufhin traf der Direktor der Personal-Sicherheitsabteilung des Verteidigungsministeriums mit Vertretern der ACLU und der AAUP zusammen, und einige Monate später wurde das Handbuch überarbeitet. Dort hieß es jetzt, daß ein »Bericht« über einen bestimmten Angestellten – und nicht die ganze Akte des Betreffenden – angefordert werden könnte. Und das Handbuch sieht ferner vor, daß solch ein Bericht nur angefordert werden könne in Verbindung mit einer amtlichen Untersuchung »einer möglichen oder wahrscheinlichen Gefährdung der Geheimhaltung«. Der weitere Gedankenaustausch erbrachte die schriftliche Zusicherung, daß jeder der angeforderten Berichte keine Angaben zu enthalten brauchte, die für die Frage der Sicherheit irrelevant wären.

Die Lage hatte sich auf diese Weise erheblich verbessert, auch wenn das Wort »möglichen« vor dem Wort »Gefährdung« von bedauerlicher Verschwommenheit war. Und trotz der genaueren Formulierung gelangen auch heute noch unverändert Berichte über Tausende von akademischen Wissenschaftlern an die Sicherheitsbeamten in Washington, ohne daß die Wissenschaftler davon Kenntnis erhalten. Was wohl am meisten bedrückt, ist die Tatsache, daß dieser massive Einbruch des Militärs in die akademische Welt dazu gedient hat, die Fakultäten gegenüber den Hochschulverwaltungen zu verunglimpfen. Der Tradition nach sind die Fakultäten einer Universität stets die Machtzentren der Bildungs- und Forschungsarbeit gewesen. Doch das einem Geschäftsunternehmen nicht unähnliche Verteidigungsministerium verhandelt mit der Hochschulverwaltung so, als brauchte es in den Professoren der einzelnen Fachrichtungen lediglich Angestellte zu sehen.

Abgesehen von regierungsamtlichen Prüfern gibt es an vielen Hochschulen und staatlichen Schulsystemen zudringliche Fragebogen, politische Durchleuchtungen und ähnliche Maßnahmen, um die Lehrer auszulesen, die als potentiell gefährliche Charaktere der Überwachung bedürfen. Lehrkräfte in Montgomery County, Maryland, wurden aufgefordert, ihre Fingerabdrucke nehmen zu lassen, und eine solche Aufforderung an die Lehrer ist zumindest in einer immerhin größeren Stadt bedrückend. Die Bemühungen, die Lehrer unter strenger Kontrolle zu halten, zielen auf eine Einschüchterung oder gar ein Ausmerzen derjenigen ab, die als »nicht linientreu« gelten. Dieses Verfahren ist vorwiegend das Erbe der Ära von Senator Joseph McCarthy, als das Mißtrauen gegen die Intellektuellen ganz besonders virulent war; es sind außerdem Nachwehen der in jüngster Zeit geschlagenen Schlachten, um die Kritiker der Rassentrennung zum Schweigen zu bringen.

Jeder, der ein Lehramt an einer Volksschule in Kalifornien zu erhalten hofft, muß sich darauf gefaßt machen, daß er von einem Stab von Sicherheitsbeamten des staatlichen Department of Education durchleuchtet wird. Im Jahre 1958 verabschiedete der Staat Arkansas ein Gesetz, nach dem alle Lehrkräfte, die an staatlich unterstützten Schulen und Hochschulen unterrichteten, eidesstattliche Erklärungen über alle Organisationen abgeben mußten, denen sie innerhalb der voraufgegangenen fünf Jahre angehört hatten, oder die von ihnen Geldspenden erhalten hatten. Vermutlich wollte man in erster Linie die Lehrer ermitteln, die der Arbeit der Nationalen »Vereinigung für den Fortschritt der Farbigen« Sympathien entgegenbrachten. Der Wortlaut betraf jedenfalls alle politischen, sozialen, religiösen und auch Berufsorganisationen.

Fünf Professoren der Universität von Arkansas und einer der Polytechnischen Hochschule Arkansas verweigerten ihre Unterschrift aus Gewissensgründen, und weil die Forderung ein unbefugtes Eindringen in die Privatsphäre darstellte. Ihre Verträge wurden gelöst. Die AAUP war behilflich, eine Anfechtung dieses Gesetzes vor den Obersten Gerichtshof zu bringen, der gegen Ende 1960 die Forderung für verfassungswidrig erklärte. Der Staat Mississippi hatte ein Gesetz gleichen Wortlauts verabschiedet und sich entschlossen, das Urteil des Obersten Gerichtshofes nicht zu beachten. 1963 erwog die Regierung von Alabama, ihren Lehrkräften vergleichbare Bedingungen zu stellen.

Der Ansturm solcher Prüfungseide, die als Einstellungsbedingung verlangt werden, hat gleichermaßen viele Lehrkräfte besorgt gemacht. Normalerweise bezwecken diese eidesstattlichen Erklärungen, die privaten Auffassungen aufzuspüren, die denen jener Politiker, die die Eide ersonnen haben, zuwiderlaufen.

Einer der hervorragendsten Wissenschaftler Amerikas, Professor Bentley Glass von der Johns-Hopkins-Universität, nahm eine Berufung an den Radiation Control Advisory Board an. Erst danach erfuhr er, daß der Staat einige Jahre zuvor ein Gesetz gegen subversive Tätigkeiten verabschiedet hatte, das ihn nun verpflichtete, eine eidesstattliche Erklärung abzugeben. Professor Glass trat daraufhin aus Gewissensgründen von der Berufung zurück. Mit beredten Worten erklärte er dem Gouverneur: »Ich habe natürlich als Bürger dieses Landes schon bei zahlreichen Anlässen den Treueeid geschworen, und ich werde auch niemals zögern, es wieder zu tun. Loyalität ist etwas Positives – wie die Liebe. Jedoch gezwungen zu sein zu beschwören, daß man seinem Lande gegenüber weder illoyal, noch subversiv tätig ist, das ist das Gleiche, als werde man gezwungen, einen Eid darauf zu leisten, daß man in der Ehe nicht untreu sei. Dazu brauchen die Treuen keinen Eid zu leisten, und die Untreuen beschwören ohnehin alles ...«

Die Auswahl von Lehrkräften und Studenten für eine derartig negativ formulierte eidesstattliche Erklärung stieß manchen von ihnen ab. Ohne Zweifel war die Forderung, die die weitest verbreitete Beunruhigung hervorrief und Verwirrung verursachte, die Bedingung des National Defense Education Act von 1958, die besagte, daß alle Studenten und die graduierten Studenten (die oftmals als Dozenten fungieren), die sich um ein Stipendium des Bundes bewerben, eine eidesstattliche Verzichterklärung unterschreiben müssen. Der Antragsteller hat unter Eid auszusagen, daß er »nicht Glauben schenkt und nicht Mitglied einer Organisation ist und sie nicht unterstützt, die glaubt oder lehrt, durch Gewalt die Regierung der Vereinigten Staaten zu stürzen ...«

Viele Menschen im Bildungswesen fühlten sich tief beleidigt, nicht nur durch den negativen Charakter der Eidesformel, sondern durch seine diskriminierende Wesensart. Eine ganze Reihe von Bürgern – Bauern, kleine Geschäftsleute, Nichtbeschäftigte, Transportangestellte, sie alle – erhalten für gewöhnlich eine Beihilfe aus Bundesmitteln, ohne daß sie eine eidesstattliche Verzichterklärung unterzeichnen müßten. Der Sturm ließ die Wogen hochgehen bis zum Kongreß, wo es schließlich zur ersten protokollarisch festgehaltenen Debatte über die akademische Freiheit in der Geschichte des Kongresses kam. 32 Hochschulen und Universitäten – einschließlich einer Reihe der besten Amerikas – verzichteten ganz und gar auf Teilnahme am Bundesplan, um bedürftige Studenten nicht auffordern zu müssen, diese Erklärung zu unterzeichnen.

Endlich, im Jahre 1962, handelte der Kongreß in seiner Weisheit nach eigenem Ermessen einen Kompromißvorschlag aus, der die eidesstattliche Verzichterklärung unter den Tisch fallen ließ. Er erklärte es einfach zu einem Verbrechen, auf das eine Geldstrafe bis zu 10 000 Dollar und Gefängnis bis zu fünf Jahren stand, wenn ein Mitglied einer kommunistischen Organisation auch nur einen Antrag auf ein Stipendium stellte, das unter dieses Gesetz fiel! Und die Regierung behielt sich unverändert das Recht vor, jedes Stipendium

eines Graduierten unter diesem Programm abzulehnen oder zurückzuziehen, wenn solch eine Maßnahme »im Interesse der Vereinigten Staaten« zu liegen schiene.
Das ist nicht gerade eine klare Richtlinie. Doch man sollte mit Interesse registrieren, daß der Kongreß durch die Abschaffung der Erklärung etwas getan hat, wozu Politiker sonst kaum den Mut aufzubringen vermochten. So weit bekannt ist, war dies das erste Mal in der Geschichte, daß der Kongreß sich fähig gezeigt hat, von der Forderung nach einer Erklärung der Vaterlandsliebe zurückzutreten.
Bis hierhin war unser Hauptthema die jeder Vernunft spottende Überwachung der Lehrkräfte. Wir wollen uns nun den Beweisen der sichtlich unvernünftigen Überwachung der Schüler und Studenten zuwenden.

8. Setzen wir Schüler und Studenten Polizeistaatpraktiken aus?

> *»Ich schäme mich des Berufes meines Vaters.« – Angabe Nr. 184 auf einem Fragebogen für Schüler und Studenten, auf dem Hunderttausende von Schulkindern in den Vereinigten Staaten von Amerika die Angaben anstreichen mußten, die nach ihrer Ansicht auf sie selbst zutreffen.*

In den letzten Jahren haben die Überwachung der Schüler und Studenten und der Einbruch in den privaten Bereich ihrer Gedanken, Ängste, Meinungen und ihres häuslichen Lebens in einigen Gegenden beunruhigende Ausmaße angenommen. Die Ereignisse haben bestürzende Fragen aufgeworfen, wo hier vernünftigerweise Grenzen gezogen werden sollten. Die Frage, um die es hierbei geht, ist die des Eindringens in die Privatsphäre, und zwar nicht nur der Studenten, sondern ebenso der Schüler der oberen und unteren Klassen höherer Lehranstalten.
Ein ziemlich scheußliches Beispiel ist eine Entdeckung, die Schüler einer Mittelschule in Kalifornien betraf. Die Lehrkräfte an dieser Schule waren über die Zerstörungswut der Schüler und über das Rauchen auf den Toiletten verärgert. Beim Bau eines neuen Schulgebäudes ergriffen sie geeignete Maßnahmen, um diese Probleme zu beseitigen. Sie ließen einseitig durchsichtige Spiegel in den Waschräumen für Knaben und Mädchen anbringen.
Eine Lokal-Zeitung prangerte dies als einen allem Anschein nach übermäßigen Eingriff in die Privatsphäre an. Doch der Bericht verursachte keinen großen Wirbel in der Öffentlichkeit. Die Bewohner

von Kalifornien sind es, wie wir gesehen haben, halt gewohnt, daß sie beobachtet werden. Kinder in heranwachsendem Alter ziehen aus solchen Zwischenfällen lediglich den Schluß, daß es für Amtstellen einschließlich der Polizeibehörde, durchaus in Ordnung ist, Überwachungen durchzuführen. Und wenn du rauchen willst oder dich die Zerstörungswut überkommt, dann mußt du dir nur eine neue Art einfallen lassen, wie du dein Vorhaben bewerkstelligen kannst. Diese Philosophie treibt die Kräfte der Ordnungsfanatiker in den Schulen oder anderswo an, sich verstärkt mit dem Spionieren und dem Überwachen zu befassen und trägt auf diese Weise zur weiteren Zersetzung des Privatlebens bei.

Unglücklicherweise verfallen die Schulbehörden manchen Überwachungsmethoden, die gleichermaßen in Wirtschaft und Verwaltung Anwendung finden, da sie versuchen, der zunehmenden Zahl von Studenten, die unter ihrer Aufsicht stehen, Herr zu werden. Und das trifft natürlich in erster Linie auf höhere Lehranstalten zu.

Während der Weihnachtsferien vor zwei Jahren durchsuchte die Sicherheitspolizei der Miami-Universität von Ohio alle Wohnräume nach Diebesgut, wie die Zeitschrift »*Miami Student*« zu berichten wußte. Offensichtlich stieß die Polizei auf eine ganze Menge Material, von dem sie annehmen mußte, daß es unrechtmäßigerweise in den Besitz der Studenten gelangt war, – zum Beispiel auf Straßenschilder. Die Studentenzeitung äußerte in einem Leitartikel, daß es eine ganze Reihe von Studenten gäbe, die »nicht die leiseste Ahnung davon zu haben schienen, was Ehrlichkeit ist«.

Schwerwiegender war jedoch die moralische Seite dieser ausgedehnten Durchsuchung der Räume durch die »Sicherheits«-Polizei. Zugegeben, die Universität ist Eigentümer der Gebäude. Und wo immer sich Menschen in privaten Wohngemeinschaften zusammenfinden, da gibt es im allgemeinen eine Hausordnung und Kontrollen, um sich zu vergewissern, ob die Hausordnung auch eingehalten wird. Miami besaß eine solche Hausordnung, die eine Inspektion der Studentenwohnungen zuließ. Aber in den meisten Studentenwohnheimen ist unter Inspektion wohl nur zu verstehen, daß Kontrollen durchgeführt werden können, um sich zu überzeugen, daß es zu keiner Übertretung der Hausordnung gekommen ist. Die Mehrzahl der Studenten zahlt Miete. Wenn nun ein Student durch die Mietzahlung das ausschließliche Wohnrecht an einem Zimmer (oder an einem halben Zimmer) erworben hat, ist dann nicht dieser Raum seine Burg? – Unterliegt der Raum dann nicht den gleichen Bestimmungen wie ein privates Appartment? Darf der Student nicht – gemäß Zusatzartikel 4 der Verfassung – erwarten, daß ihm ein ordnungsgemäß ausgestellter Haussuchungsbefehl vorgelegt wird, bevor sein Zimmer einer gründlichen Durchsuchung und sein Eigentum möglicherweise einer Beschlagnahme ausgesetzt ist? Der Redakteur des Blattes meinte, daß »niemandem das Recht zustehen dürfe Schreibtisch- und Kommodenschubladen, Schränke oder persönliches Gepäck zu durchsuchen, in dem Privateigentum des Studenten enthalten ist«, ohne daß ein Durchsuchungsbefehl vorliegt oder der Student anwesend ist. Er war nicht so ganz sicher, ob die Polizei juristisch gesehen das Recht hatte, den Raum zu betreten; aber es war ihm klar, daß die Polizei ohne Zweifel gegen »das Recht eines jeden Bürgers von Miami verstoßen hatte, seinen Privatbereich unangetastet zu wissen«.

Die Zusicherung auf »Leistungsfähigkeit« hat – beklagenswerterweise – die Leitung einiger fortschrittlicher Schulen so anzusprechen gewußt, daß sie sich zum Studium des Gebrauchs moderner Überwachungstechniken verführen ließen, wo sie diese als wertvoll für die Ausbildung ansahen. Es ist vorgeschlagen worden, daß die Schule für Sozialarbeit an einer westlichen Universität mit dem Einsatz von Einweg-Spiegeln und Bandaufnahmegeräten beginnen sollte, um es Studenten zu ermöglichen, fortgeschrittene Sozialfürsorgerinnen im Umgang mit ihren Patienten zu beobachten. Es ging nicht klar hervor, ob man die Fürsorgerinnen von der Tatsache, daß sie beobachtet würden, zu unterrichten gedachte. Sehr wahrscheinlich jedoch nicht, da solch eine Mitteilung fraglos die Spontaneität des Gespräches von Mensch zu Mensch zerstören, zumindest aber stören würde.

Ein weitaus anspruchsvolleres Vorhaben wird in der offensichtlich löblichen Absicht, den Erfolg der Krankenpflegeausbildung zu steigern, vom Staatlichen Gesundheitsdienst in einem großen Krankenhaus in dem New Yorker Stadtteil Bronx erprobt. Für die Schwesternausbildung im dritten Jahr, wenn die Pflege der Patienten beginnen soll, hat man Fernsehkameras eingeführt. In der bisherigen Praxis war eine Aufsicht jeweils für sechs oder sieben Mädchen verantwortlich. Max Kanter, dessen Firma ITV, die Anlage installierte, erklärte: »Die aufsichthabende Schwester ist ja förmlich verrückt geworden bei dem ewigen Hin- und Herjagen von Raum zu Raum, um sich zu vergewissern, ob die Lernschwestern die Patienten auch nicht umbringen.« Jetzt hat sie durch das Fernsehen 15 Lernschwestern unter Aufsicht. Sie sitzt in einem Fernsehkontrollraum und kann durch die in jedem Krankenzimmer, in dem die Mädchen ihren Dienst versehen, an der Wand angebrachten Kameras und Mikrophone ein wachsames Ohr und Auge auf alle 15 Mädchen haben.

Die Mädchen tragen Kopfhörer. Und die Aufsicht hat nicht etwa 15 Kontrollbildschirme um sich herum, um auf 15 Schwestern aufzupassen. Das würde sie vollends verrückt machen. Stattdessen hat sie nur zwei Monitore. Auf dem Bildschirm zu ihrer Linken erscheint alle acht Sekunden ein anderes Krankenzimmer. Der rechts von ihr stehende Monitor kann auf die Lernschwester eingestellt werden, die nach Ansicht der aufsichtführenden Schwester Kritik oder Unterstützung benötigt.
Die Werbeschrift des Staatlichen Gesundheitsdienstes, die die Fernsehidee den Patienten und Lernschwestern schmackhaft machen soll, weist besonders auf die Tatsache hin, daß eine »Signallampe« aufleuchtet, sobald die Kamera in Betrieb ist. (Andernfalls könnte ich mir vorstellen, daß die Patienten es sich wohl zweimal überlegen würden, bevor sie nach der Bettpfanne greifen.) In der Beschreibung wird ebenfalls genauestens erklärt, daß das Mikrophon nur dann Gespräche aufnimmt und überträgt, wenn die Signallampe leuchtet. Offenbar nehmen sowohl Patienten als auch Lernschwestern die Anwesenheit der Kameras und Mikrophone mit Gelassenheit hin. Der Staatliche Gesundheitsdienst spricht hoffnungsfroh davon, diese Anlagen in weiteren 1100 Programmen der Krankenpflegeausbildung einzusetzen.
Da das Versuchsprojekt in diesem Krankenhaus mit einer solchen peinlichen Genauigkeit funktioniert und die Signallampe regelmäßig zur Warnung aufleuchtet, und Lernpersonal sowie Patienten sorgsam mit erklärendem Text versorgt sind, möchte ich doch annehmen, daß nahezu jeder von uns dieser wirkungsvolleren Art und Weise der Ausbildung von Krankenschwestern seinen Beifall zollen wird. Doch was soll später werden, wenn die Kameras und Mikrophone in Tausenden von Krankenhäusern Eingang gefunden haben, die über das ganze Land verstreut sind? Man wird eine ganze Menge peinlich genauer Leute einsetzen und erheblich mehr Zwangsmaßnahmen einführen müssen, um zu gewährleisten, daß jene Kontrollampen auch wirklich eingebaut werden, um die Benutzung von Kameras und Mikrophonen anzuzeigen und dafür Sorge zu tragen, daß sie auch tatsächlich funktionieren und nicht jeder einfach an ihnen herumpfuschen und sie womöglich »außer Gefecht« zu setzen vermag. Anderenfalls wird man mit Schrecken an die Möglichkeiten zum heimlichen Beobachten, Überwachen, Belauschen und zu anderen schlechten Scherzen denken müssen, die sich daraus ergeben.
Zu einem schwierigen Problem ist es in Tausenden von Schulen, besonders in Colleges, geworden, welche Auskünfte ein Lehrer zukünftigen Arbeitgebern über ehemalige Schüler oder Studenten, die

kurz vor ihrer Prüfung stehen, korrekterweise geben darf. Das Problem wurde an den Colleges besonders spürbar, weil Ermittler aus Wirtschaft und Verwaltung, einschließlich der Ermittler des FBI den Hang haben, mit ihren Fragen von Mal zu Mal bohrender zu werden. Und um die Sache noch komplizierter werden zu lassen, sind Tausende und Abertausende von Promovierten dazu ausersehen, »vertrauliche« Positionen im Staatsdienst, in der Industrie oder beim Militär anzutreten. Die Ermittler treten an ihre Professoren heran, um Auskünfte einzuholen, ob die Betreffenden voraussichtlich den Anforderungen an Loyalität und Geheimhaltung gerecht werden können. Das Verteidigungsministerium legt in der Direktive 5210.8 Wort für Wort fest, in welcher Weise die Ermittlung in Angriff zu nehmen ist, wenn eine »background investigation« durchgeführt werden soll über einen Ministerialangestellten, der mit Geheimmaterial umzugehen hat. Der Text besagt, daß die Überprüfer nicht nur die Unterlagen der Schule zu untersuchen haben, sondern an der Schule tunlichst solche Personen interviewen sollen, die in der Lage sind, über Tun und Treiben der zu durchleuchtenden Person möglichst genau Auskunft zu geben.

Mittlerweile ist es zu einer bitteren Tatsache geworden, daß bürokratische Einstellungsbeamte allgemein – ob im öffentlichen Dienst oder in der Privatwirtschaft – schon dann einem Menschen mit äußerster Vorsicht begegnen, wenn er auch nur irgend etwas an sich hat, was ihn aus dem Rahmen des üblichen heraushebt.

Wie weit geht nun die Verpflichtung des Lehrers im Umgang mit solchen Fragestellern? Bedauerlicherweise bieten die Schulen dem Lehrpersonal so gut wie gar keine Anleitung. Als ich einen Professor in der Nähe von Chicago fragte, wie er auf persönliche Fragen über Ansichten, Einstellung und Verhalten seiner Studenten antworten würde, sagte er: »Was soll's, ich erzähle ihnen alles, was ich über den Betreffenden weiß ... sonst werde ich womöglich unter Strafandrohung vorgeladen.« Gottlob, so weit ist es mit unserer Gesellschaft noch nicht gekommen – hier irrt jener Professor in seiner Schlußfolgerung. In einem Bericht des Komitees für Akademische Freiheit an der Universität von Kalifornien in Berkeley heißt es, daß kein künftiger Arbeitgeber das Recht habe, selbst *sachdienliche* Auskünfte über einen Studenten oder ehemaligen Studenten zu verlangen. Auch »wenn die Anfrage von der Regierungsbehörde, vom militärischen Geheimdienst oder vom FBI erfolgt, besteht keine gesetzliche Pflicht, Auskünfte zu erteilen.«[1]

Einige Jahre zuvor hatte die zudringliche Art und Weise, in der man die Professoren über Studenten oder ehemalige Studenten befragt hatte, eine Reihe von Professoren an der Universität von Kalifornien in Aufregung versetzt. In einem der Fälle hatte ein Angehöriger der Civil Service Commission einen Professor über jemanden ausgefragt, den der Professor neun Jahre früher als Hörer in seinen Vorlesungen gehabt hatte. Außer den üblichen Fragen wollte der Ermittler wissen, welche Verbindungen dieser Student gehabt hätte, wie es um seine staatsbürgerliche Loyalität bestellt gewesen wäre, und ob der Professor sich irgendwelcher Einzelheiten aus irgendwelchen Diskussionen erinnere, an denen der Betreffende teilgenommen habe. Der Ermittler sagte, er habe davon gehört, daß es in diesen Diskussionen an der Universität von Kalifornien häufig recht heiß zugehe. Der Professor entgegnete, daß er sich an kein Gespräch mit dem Studenten erinnern könnte. »Daraufhin fragte der Ermittler, ob ich mich erinnern könnte, ob die Antworten des Mannes, über den er Ermittlungen anstelle, im allgemeinen mehr konservativ oder liberal gehalten waren«, berichtete der Professor.

Ein anderer Professor gab an, daß ein Ermittler des Geheimdienstes des Heeres ihn im Hinblick auf einen seiner derzeitigen Studenten gefragt habe: »Und wie steht's mit seiner politischen Einstellung?«

Der Ausschuß für Akademische Freiheit der Universität von Kalifornien (unter Vorsitz von Frank C. Newman, dem Dekan der Juristischen Fakultät) wurde angewiesen, die Möglichkeiten zu erforschen, Richtlinien für die Fakultät zu erarbeiten. Der Ausschuß betonte in seinen Ausführungen, daß die Lehrkräfte es »als einen Teil ihrer Aufgaben im Rahmen der Universitätsarbeit ansehen sollten, Informationen über Studenten und ehemalige Studenten hinsichtlich ihrer Fähigkeiten, ihres Charakters und ihrer Zukunftsaussichten zu erteilen«. Der Ausschuß sei jedoch der Auffassung, sie sollten es sich zur allgemeinen Richtschnur dienen lassen, nichts über den Glauben, die innere Einstellung, das Tun und Treiben und die Verbindungen der Studenten auszusagen. Andernfalls wäre ihre Universität nicht eine »freie Universität« zu nennen. Der Ausschuß faßte seine Beobachtungen wie folgt zusammen:

»Wäre es allgemein bei den Studenten bekannt, daß ihre politische und religiöse Freiheit, ihren Glauben zu bekennen, ihre Auffassungen zum Ausdruck zu bringen, von ihren Tätigkeiten zu berichten und sich zu ihren Verbindungen zu bekennen, sie nicht davor bewahrt, in Fakultätsberichten auf Anfragen über ihre Staatstreue und Verläßlichkeit erwähnt zu werden, würden viele Studenten in den Vorlesungen und in wissenschaftlichen Aussprachen Vorsichtsmaßregeln anwenden, die ganz erheblich von den Regeln freier Meinungsäußerung abweichen, die wir für selbstverständlich hielten.« Der

Ausschuß vermerkte mit Besorgnis, daß in vielen Teilen des Landes die Studenten dazu übergegangen sind, ein Übermaß an Vorsicht an den Tag zu legen, sobald sie Ansichten äußern, die man für unbequem halten könnte. Der Ausschuß erwähnt ferner, daß der Rat der Vereinigung der Universitätslehrkräfte in Großbritannien einen Vordruck mit folgendem Wortlaut eingeführt hat: »Die Vereinigung der Universitätslehrkräfte hat ihre Mißbilligung gegenüber Befragungen zum Ausdruck gebracht, die die politischen oder religiösen Überzeugungen, Betätigung auf diesen Gebieten oder studentische Vereinigungen zum Gegenstand haben. Ich teile diese Ansicht und bin nicht bereit, derartige Fragen zu beantworten.« (Unterschrift.)

Der Ausschuß unter Dekan Newman empfahl dem Fakultätsausschuß die Annahme folgender Resolution: »Diese Fakultät vertritt die Auffassung, daß die freie Meinungsäußerung im Unterricht und in akademischen Aussprachen eine gründsätzliche Vorbedingung für die akademische Bildung ist. Die so wesentliche akademische Freiheit kann ernstlich in Gefahr geraten, wenn die Argumentation und die freie Meinungsäußerung behindert werden, insbesondere auf Gebieten, die in einigen Kreisen und zu gewissen Zeiten der Geschichte umstritten sind. Daher sind Berichte der Lehrkräfte über die Überzeugungen, Auffassungen, Tätigkeit und Verbindungen eines Studenten auf dem Gebiet der Religion, der Politik und im öffentlichen Leben nicht statthaft, sofern die Berichte auf Informationen basieren, die die Lehrkraft im Verlauf der Vorlesungen oder bei anderen Gelegenheiten während der akademischen Ausbildung erworben hat.«

Die Resolution fiel durch. Wäre es bei dem Beschluß geblieben, wären die Angehörigen der Fakultät in der Lage gewesen, den allzu neugierigen Fragestellern einfach ein Exemplar der Resolution auszuhändigen. So würde es nicht so ausgesehen haben, als ob sie Enthüllungen über bestimmte derzeitige oder ehemalige Studenten aus dem Wege gehen wollten. Unglücklicherweise befand der Rechtsbeirat, daß nach den Senatsbestimmungen der Universität die Aktion des Fakultätsausschusses ungesetzlich sei. Dekan Newman ließ mich wissen, daß – während einige Colleges wie beispielsweise Haverford und Swarthmore Bestimmungen erließen, wie man solche Anfragen zu beantworten habe –, er von keiner Universität wisse, die Bestimmungen von solcher Eindeutigkeit angenommen haben, wie sie der Resolution von Kalifornien eigen gewesen wäre.

Mittlerweile griff die ACLU die Frage auf, und im Jahre 1961 versuchte ihr Vorstand auf Landesebene mit »diesem Überhandnehmen des Frage- und Antwortspiels« fertigzuwerden. Der Vorstand gab seine Zustimmung zu einer Veröffentlichung, die Richtlinien für die Professoren enthielt. Darin hieß es: »Normalerweise stellen Fragen, die sich auf das beziehen, was ein Student als Studierender gezeigt hat – beispielsweise die Fähigkeit, in einer bestimmten Weise zu schreiben, Probleme zu lösen... durchweg logisch zu denken, Menschen zu führen oder Projekte durchzuführen –, keine Bedrohung für den Bildungsbereich dar. Aber Fragen, die sich mit seiner Loyalität und seiner Einstellung dem Staat gegenüber, seiner politischen oder religiösen, moralischen oder sozialen Einstellung und Haltung, seiner Auffassung im allgemeinen oder mit seinem Privatleben befassen, können durchaus die Beziehungen zwischer Lehrer und Lernenden gefährden.«

Die ACLU-Verlautbarung zog ebenfalls in Betracht, daß ein Ermittler zu falschen Schlüssen kommen könnte, wenn ihm auf allzu aufdringliche Fragen über einen bestimmten Studenten oder ehemaligen Studenten die Antwort verweigert würde. Es wurde dem Lehrpersonal vorgeschlagen, jeden Fragebogen oder jede Befragung mit einem kurzen Standardtext einzuleiten, der besagen sollte, »daß die akademischen Richtlinien, die das Lehrpersonal befolgen muß, es nicht ratsam erscheinen lassen, gewisse Arten von Fragen zu beantworten, gleichgültig, welchen Studenten im einzelnen sie auch betreffen mögen[2]«.

Die American Association of University Professors hat einen Ausschuß, das Committee on Faculty Responsibility for Academic Freedom of Students, gebildet. Im gegenwärtigen Zeitpunkt, da ich dieses schreibe, schlägt sich der Ausschuß, wie ich erfahre, mit dem Problem herum, wie der Entwurf eines Schriftstückes auszusehen habe, das dem Lehrpersonal als Richtschnur dienen kann. Inzwischen habe ich von einem Bericht Kenntnis erhalten, wonach der Studentenrat des City College von New York gegen die Absicht des College protestiert habe, auf Anforderung dem FBI Einzelheiten aus den Personalakten der Studenten mitzuteilen. Viele dieser Akten enthalten Angaben über die Mitgliedschaft in Studentenorganisationen, einschließlich der politischen Gruppen.

Außer jedem Zweifel steht, daß das Recht eines Schülers auf sein Privatleben am stärksten durch das weitverbreitete Eindringen in die Privatsphäre des Schülers durch seine eigene Schule berührt wird. Hiermit meine ich insbesondere die so rapid zunehmende Anwendung von »Persönlichkeits«-Tests und von Fragebogen über Herkunft und Familienverhältnisse an staatlichen Schulen. Es ist nicht meine Absicht, einen Angriff auf das psychologische Testen als solches zu führen: Das Testen geistiger Fähigkeiten und der Begabung – und in der Tat alle Verfahren, die der Bestimmung der Befähigung eines Studenten oder Schülers durch pädagogische Berater und Schulpsychologen dienen – sollte nach meiner Meinung Unterstützung und Beifall finden. Die »Persönlichkeits«-Tests und die Familienverhältnisse-Inventare sind jedoch etwas völlig anderes.

Nahezu die Hälfte der staatlichen höheren Lehranstalten Amerikas wenden diese »Persönlichkeits«-Testverfahren bei bestimmten Schülern an, und etwa der vierte Teil der Schulen macht gelegentlich Gebrauch davon, indem alle Schüler ohne Ausnahme befragt werden. Die Eltern erfahren meistenteils nichts davon, wenn diese Tests im allgemeinen Rahmen durchgeführt werden, und erhalten für gewöhnlich – wenn überhaupt – auch dann erst Kenntnis davon, wenn die Schulbehörde diese Tests in Einzelfällen anwendet, um einem Kind beratend zur Seite zu stehen, das in den Augen der Schulbehörde in seinem Gefühlsleben gestört zu sein scheint.

Ich bin mir, während ich dies niederschreibe, durchaus der Tatsache bewußt, daß ich wenige Seiten zuvor voller Bewunderung den verstorbenen A. Whitney Griswold zitiert habe, der einmal sagte: »Eine Nation, die ihren Intellektuellen nicht trauen kann, kann auch sich selbst nicht trauen.« Und ich weiß nur zu genau, daß die heftigste Kritik an den nicht-wissenschaftlichen Schultests zum Teil von einzelnen und Gruppen kommt, die anscheinend gegen alle Intellektuellen allgemein Mißtrauen hegen.

Vielleicht könnte ich diesem scheinbaren Widerspruch in meiner Auffassung durch den Hinweis begegnen, daß viele der tonangebenden Intellektuellen unter den Psychologen des Landes die Gültigkeit dieser Verfahrensweise anzweifeln. Jedoch geht es uns hier in erster Linie um das Einbrechen in die privaten Bereiche, nicht aber um die Frage, was gültig ist und was nicht.

Vielleicht könnte ich mich von dem Vorwurf eines solchen Widerspruches ferner freimachen durch den Hinweis, daß ich eine Anzahl von Test-Herstellungsbetrieben kennengelernt habe – einige davon sind Multimillion-Dollar-Unternehmen – und die Entdeckung machen konnte, daß die Atmosphäre in den meisten Betrieben mehr auf Unternehmertum als auf einen akademischen Beruf schließen läßt. Einige sind durch und durch auf Geschäftemachen eingestellt. Um jedoch der Wahrheit die Ehre zu geben, muß gesagt werden, daß einer ganzen Reihe der eigentlichen Test-Erfinder die Achtung vieler ihrer akademischen Kollegen gehört.

Ich meine allerdings, zwei besonders prägnante Punkte sollten nicht unerwähnt bleiben. Es sollte vor allem hervorgehoben werden – und viel zu häufig wird dies mit Stillschweigen übergangen –, daß die

Volksschulen es im wesentlichen mit einer unfreiwilligen Zuhörerschaft zu tun haben. Nach dem Gesetz sind die Eltern verpflichtet, ihre Kinder zur Schule zu schicken; und die meisten Eltern können es sich nicht leisten, ihrem Mißfallen dadurch Ausdruck zu geben, daß sie ihre Kinder von den staatlichen Schulen herunternehmen und in Privatschulen schicken. Darum beschäftigen wir uns hier mit Maßnahmen zum Erforschen der privaten Bereiche eines Schülers durch Einrichtungen des Staates, deren Besuch obligatorisch ist. Was nun die Frage betrifft, ob ich meine Kinder Intellektuellen anvertrauen würde, will mir scheinen, daß mit Recht eine Ausnahme gemacht werden kann, ohne daß ich mich mit jenen auf eine Stufe stelle, die den Intellektuellen gegenüber allgemein Mißtrauen entgegenbringen. Ich bin dankbar für die Gelegenheit, meinen Kindern Einblick in alles Wissenswerte geboten zu wissen, das die Intellektuellen ihnen nur vermitteln können. Und ich glaube zuversichtlich, daß meine Kinder letztlich und endlich davon profitieren werden und es ihnen zugute kommen wird, je kühner und individueller das Denken dieser Intellektuellen ist. Ich habe aus den Äußerungen meiner Kinder entnehmen können, daß sie bereits sehr wohl in der Lage sind, zwischen wahrhaft Gebildeten und denen zu unterscheiden, die alles mögliche nachplappern. Andererseits wäre ich mißtrauischer, wenn ich erführe, daß die Leitung von staatlichen Schulen derartige Testverfahren willkürlich anwendet, um aus meinen Kindern Auskünfte und Erkenntnisse über ihr Leben im Elternhaus oder ihre ureigenste innere Welt herauszulocken, anstatt ihnen Wissen und Erkenntnisse zu vermitteln. Die Tester sind aufgrund ihrer Wißbegierde und ihrer eigenen Kunstfertigkeit in ihrem Beruf mehrfach über das eigentliche Ziel hinausgeschossen. Sie haben sich an Bereichen des kindlichen Daseins und Erlebens vergriffen, von denen sie die Finger zu lassen haben; es sei denn, die Eltern des Kindes hätten ihnen dazu die Erlaubnis erteilt. Unsere Gesellschaft sollte sich der Erkenntnis nicht verschließen, daß tausende wohlmeinende Menschen ein geradezu brennendes Interesse zu entwickeln begonnen haben an der Herstellung, am Geschäft mit oder der Sammlung und Aufbewahrung von »Persönlichkeits«-Tests. Und es sollte außerdem nicht unbeachtet bleiben, daß allzu viele geplagte Schulleitungen infolge wahrer Sturzfluten von neuen Schülern voller Gier auf der Jagd nach solchen Auswahlverfahren sind, die Erfolg versprechen beim Ausfindigmachen von »Problem«-Kindern und die den Zweck verfolgen, »Profile« der emotionellen Veranlagung aller Kinder aufzuzeichnen. Sie suchen also Auswahlverfahren, die sofort Antworten bieten, sozusagen auf Hundertstelstelle genau.

Zu den beliebteren oder umstritteneren »Persönlichkeits«-Erforschungsmitteln, die in staatlichen Schulen zur Anwendung kommen, gehören der Minnesota Counseling Inventory, der Junior Inventory, der von Science Research Associates herausgegeben wird, die Kansas Junior High School Student Survey, die Moody Problem Check List, der Wishing Well genannte Fragebogen des staatlichen Bureau of Educational Research von Ohio, der California Test of Personality und der von der Psychological Corporation entwickelte Blacky-Test. Vom Standpunkt des Eindringens in das Privatleben her betrachtet, sind einige davon in ihrer Fragestellung äußerst zudringlich. Den Eltern oder den zum Schulbeirat gehörenden Eltern sollte Gelegenheit gegeben werden, alle nicht-fachgerechten Testarten zu überprüfen, die an den Lehranstalten an ihren Kindern ausprobiert werden. Hier seien nur einige Beispiele aufgeführt; die Fragen bzw. Aussagen sind neun verschiedenen »Bestandsaufnahmebogen« der Testlisten entnommen. Schulkinder in großer Zahl und aller Altersklassen wurden aufgefordert, durch Vermerke oder Erklärungen anzugeben, ob und welche der aufgeführten Problemkreise auf sie zutreffen.

Über die inneren Nöte und selbstquälerische Fragen unserer Kinder

– »Ich bin zu klein geraten . . .«
– »Ich bin bei den anderen Jungen (Mädchen) nicht beliebt.«
– »Meine Nase ist häßlich.«
–»Ich möchte gern wissen, wie man eine Menge Geld verdient und trotzdem ein sehr guter Staatsbürger ist.«
– »Die Leute haben etwas gegen meine Hautfarbe oder meine Nationalität.«
– »Ich glaube, ich bin nicht so klug wie die anderen Leute.«

Gesundheitliche Sorgen unserer Kinder

– »Meine Menstruation macht mir Sorgen.«
– »Ich habe wunde Stellen zwischen den Zehen.«
– »Wenn ich auf die Toilette muß, habe ich Schmerzen.«
– »Ich möchte meine Pickel loswerden.«
– »Was kann ich gegen meinen schlechten Mundgeruch tun?«
– »Ich muß immerzu in der Nase bohren.«
– »Badest du jeden Tag?«

Über das Leben in der Familie

– »Ich wünschte, mein Vati wäre öfter zu Hause.«
– »Bei mir zu Hause gibt es keine echte Zuneigung und Liebe.«
– »Nehmt ihr die Mahlzeiten in der Familie gemeinsam ein?«
– »Triffst du deine Freunde/Freundinnen lieber woanders, weil es zu Hause nicht schön genug ist?«
– »Haben deine Eltern dich häufig geohrfeigt?«
– »Sind deine Eltern glücklich miteinander?«
– »Ich wünschte, meine Eltern wären anders; dann könnte ich sie lieber haben.«
– »Ich schäme mich der Art, wie meine Eltern sich kleiden und benehmen.«
– »Meine Eltern haben kein Vertrauen zu mir.«
– »Meine Eltern vermeiden es, mit mir über sexuelle Dinge zu sprechen.«

Über die Einstellung in Glaubensfragen

– »Ich kann das nicht mehr glauben, was die Kirche lehrt.«
– »Ist es eine Sünde, nicht an Gott zu glauben?«
– »Ich weiß überhaupt nicht mehr, was ich glauben soll.«
– »Der Gedanke an Himmel und Hölle läßt mich gar nicht mehr los.«

Über ihre sexuellen Gedanken

– »Wenn ich nur wüßte, ob ich in meiner sexuellen Entwicklung auch wirklich normal bin.«
– »Ich wünschte, ich müßte nicht immerzu an sexuelle Dinge denken.«
– »Ich träume schrecklich oft von sexuellen Dingen.«
– »Ich denke oft stundenlang über sexuelle Fragen nach.«
– »Muß ich mich von jedem anfassen lassen, um beliebt zu sein?«

Zugegeben, diese Sätze gehören zu den zudringlicheren, auf die ich stieß. Aber jede Frage ist Hunderten von Kindern vorgelegt worden, und in einigen Fällen sogar Hunderttausenden. Ich bin nur dankbar, daß meine Tochter und meine beiden Söhne eine Volksschule – und es war eine gute Schule – besucht haben, die niemals derartige »Persönlichkeits«-Erforschungsexperimente an ihnen vorgenommen hat. Fragen der oben wiedergegebenen Art scheinen Kritik herauszu-

fordern, nicht nur, weil sie in die Privatsphäre des Schülers eindringen, sondern weil sie Zweifel und Überlegungen in sein Denken pflanzen, die er vorher nicht hatte. Dadurch kann Selbstmitleid und auch Feindschaft gegen die Eltern erzeugt werden.
In einer Reihe von Schulen untersucht man die sexuelle Entwicklung der Kinder mit dem Guilford-Zimmerman Temperament Survey, der an höhere Lehranstalten lebhaft verkauft wurde. Wie bereits erwähnt, ist einer der Maßstäbe, mit denen er den Charakter messen soll, der Maßstab »Maskulinität – Feminität«.
Außer diesen Fragelisten zum Ankreuzen werden den Kindern an einigen Schulen sogenannte »projektive« Tests vorgelegt, bei denen sie Bilder betrachten müssen und dann angeblich ihre inneren Antriebskräfte offenbaren.
Diese Art von Tests wird fast stets bei Kindern angewandt, die besondere Probleme zu haben scheinen. Eine der umstrittenen Testarten ist der Blacky-Bildertest. Die mitgelieferte Gebrauchsanweisung besagt, daß dieser Test einen Versuch darstelle, »tiefer in die geheimsten Winkel der Persönlichkeit zu gelangen...« Es wird erklärt, daß Bildern von Hunden gegenüber Bildern von Menschen der Vorzug gegeben würde, um »größere Freiheit in der persönlichen Ausdrucksweise in solchen Situationen zu ermöglichen, in denen Darstellungen menschlicher Figuren einen unnötig hemmenden Widerstand herausfordern könnten, da sie allzusehr an Gegebenheiten des häuslichen Lebens erinnern könnten«. Diesem Blacky-Test kann man in Schulen im Staate Minnesota begegnen, im Staate Washington, auf Long Island und vermutlich noch in zahlreichen anderen Gegenden. An einem staatlichen Schulsystem auf Long Island hat man diesen Test bei neunzehn Schülern angewandt, ohne daß die Schulleitung oder die zuständigen Schulbehörden davon in Kenntnis gesetzt worden waren.
Die Blacky-Bilderreihe setzt sich aus elf Bildergeschichten zusammen, die die Abenteuer eines Hundes namens Blacky zeigen. Die Rollen der Charaktere sind verteilt auf Blacky, Mama, Papa und Tippy, der als »Mitkind von undefinierbarem Alter und Geschlecht« beschrieben ist. Laut Gebrauchsanweisung hat jede einzelne Darstellung die Aufgabe, »entweder eine Stufe des psycho-sexuellen Reifestadiums oder eine bestimmte Form der Objekt-Beziehungen innerhalb des betreffenden Reifestadiums darzustellen«. Der Tester gibt zu jedem Bild eine kurze Einführung. Hier folgen nun ein paar von diesen einleitenden Bemerkungen und ein Hinweis auf die »seelischen Bereiche«, die aufgrund der Antworten der befragten Schüler zu den einzelnen Bildern getestet werden sollen:

Bildserie I: »Das ist Blacky mit Mama.« – Orale Erotik.
Bildserie III: »Hier verrichtet Blacky sein (ihr) Geschäft.« – Analsadismus.
Bildserie IV: »Hier bewacht Blacky Mama und Papa.« – Oedipus-Komplexe.
Bildserie V: »Hier entdeckt Blacky Sex.« – Onanie-Schuldgefühle.
Bildserie VI: »Hier bewacht Blacky Tippy.« – Kastrationsängste (Jungen), Penisneid (Mädchen).

Dem Kind, das die untersten Klassen der Schule besucht, wird bei Durchführung des Blacky-Tests vom Tester, wenn er sich an die Anweisungen hält, erklärt, daß dies »eine Art Test ist, die zeigen soll, wie stark deine Vorstellungskraft ist«. Die »inneren Antriebskräfte«, die bei dem Schüler erforscht werden sollen, sind beispielsweise »Stärke des Wunsches nach analem Lustgewinn«, »Intensität des Onanie-Schuldgefühls«, »Intensität der Kastrationsängste«, »Intensität des Penisneides«, »Intensität der Rivalität gegen Geschwister« usw.

Als ein Bewerber um ein Amt bei der Schulbehörde in eben derselben Stadt auf Long Island der Anwendung der Blacky-Bilder bei der Befragung von Schulkindern den Kampf ansagte in einem seiner Programmpunkte seines Feldzuges, der ihm zu dem gewünschten Posten verhelfen sollte, verteidigte ein Psychologenverband der Stadt Blacky. Der Präsident des Verbandes erklärte der Zeitschrift »*Newsday*« gegenüber mit allem Nachdruck, daß Kinder »in diesen Bildern keinen offenkundigen sexuellen Sinngehalt sehen«. Er machte geltend, daß »wenn Laien versuchen, dem Bildungssystem ihre höchsteigenen Neigungen und Voreingenommenheiten auf eine Art und Weise aufzuzwingen, die dem Versuch gleichkommt, ein gebräuchliches und auch legitimes psychologisches Verfahren auszuschalten, bleibt nur noch ein kleiner Schritt bis zum Verbieten von Lehrbüchern ...« (Der Mann, der sich um die Position beim Schulamt beworben hatte, ein »Konservativer«, gewann die Schlacht – und dann ließ er beklagenswerterweise den Versuch folgen, aus den Schulbüchereien des gesamten Bezirks alle Bücher entfernen zu lassen, »die der amerikanischen Sache nicht förderlich sind«!)

Wir haben uns hier jedoch mit den Argumenten zu befassen, die zur Rechtfertigung von Blacky seitens des Präsidenten des städtischen Psychologenverbandes vorgebracht wurden. Er erklärte, daß eine Zensur der Anwendung von psychologischen Testverfahren bei Kindern nicht weniger abzulehnen sei als eine Zensur ihrer Lehrbücher. Ich glaube, er übersieht hierbei ein wichtiges Unterscheidungsmerkmal: Ein Lehrbuch vermittelt einem Kinde Kenntnisse;

das Testverfahren zieht Wissen oder Kenntnisse, die bei einem Kinde vermutet werden, aus ihm heraus. Es ist zwar durchaus möglich, daß von diesen Informationen später Gebrauch gemacht wird in dem Bemühen, dem Kinde zu helfen, oder bei der Entscheidung, was mit ihm zu tun sei. Es bleibt jedoch der beunruhigende Umstand, daß die Informationen auf dem Wege eines zwangsweisen Einbruchs in den Persönlichkeitsbereich des Kindes durch eine amtliche Institution gewonnen wurden.

Es kann durchaus sein, daß der Sprecher des Psychologenverbandes absolut recht hatte, als er den Blacky-Test als ein »legitimes psychologisches Verfahren« bezeichnete. Ich bezweifle allerdings, ob die Legitimität des Verfahrens allein Rechtfertigung genug ist, um es für den Gebrauch gegenüber dem für gewöhnlich befangenen Kreis von Volksschülern angebracht erscheinen zu lassen. Der Test sollte in jedem Falle erst nach Rücksprache mit den Eltern des Kindes angewendet werden, und dann von Menschen, die aufgrund ihrer Ausbildung einwandfrei qualifiziert sind, die Ergebnisse entsprechend zu deuten.

Zahlreiche Kinder brauchen dringend größeres Verständnis. Und genaueres Wissen um die innere Welt des Kindes und seiner familiären Verhältnisse können zu diesem besseren Verständnis beitragen. Der Gebrauch einiger der hier beschriebenen Testmittel ist jedoch ganz eindeutig ein Übergriff und sollte daher nur zulässig sein, sofern die elterliche Zustimmung vorliegt. Und vorzugsweise sollte solch ein Test nur von einem Fachmann außerhalb des Lehrkörpers vorgenommen werden, so daß die Testresultate nicht in die Sammelakte der Schule über das betreffende Kind Aufnahme finden, wo sie ihm noch in späteren Jahren ernste Schwierigkeiten bereiten könnten. Der außenstehende Berater könnte – die Zustimmung der Eltern vorausgesetzt – der zuständigen Schulbehörde mündlich Bericht erstatten.

Sache der Eltern hätte es allerdings zu sein, sich stärker dafür zu interessieren, ob ihre Kinder willkürlich Persönlichkeitserforschungstests und Fragebogen über ihre familiären Verhältnisse ausgesetzt sind. Und die Lehrer sollten sich weit mehr der Tatsache bewußt sein, daß sie sich im empfindlichen Bereichen bewegen, wo die ureigensten Rechte des einzelnen berührt werden, wenn sie derartige Testmittel anwenden. In ein paar Gemeinden haben Elterngruppen zu erreichen versucht, daß sämtliche Persönlichkeitstests unterbleiben, sofern die Zustimmung der Eltern nicht vorliegt. Solche Gruppen gibt es im Kern County des Staates Kalifornien, in East Hampton und Levittown im Staate New York (an den staatlichen Schulen von Island

Trees). Protesten der Eltern war es zum großen Teil zuzuschreiben, daß es gelang, diese letztgenannten Schulen dazu zu bewegen, von einem »Inventar«-Test Abstand zu nehmen, der die Einstellung der Schüler der Unterstufe höherer Lehranstalten zu sexuellen Fragen, zum Familienleben, zu Glaubensfragen usw. erforschen sollte. Fraglich ist allerdings, ob der Schulleiter wirklich eine ernstzunehmende Wandlung in seiner inneren Einstellung durchgemacht hat. Mir teilte er jedenfalls nur sehr förmlich mit, daß die ganze Angelegenheit lediglich »ein Problem von untergeordneter Bedeutung« gewesen wäre, von dem nur einige wenige Elternpaare betroffen worden seien, und daß nur ein paar außenstehende Querulanten, »die diese Art von Bewertungsverfahren« ablehnen, die Sache aufgebauscht hätten.

Der mit der größten Hartnäckigkeit durchgefochtene und wohl am aufregendsten verlaufene Kampf, den ein Elternteil gegen die Persönlichkeitstesterei geführt hat, ging darum, daß er auf seinem Rechtsanspruch auf Einsichtnahme in die Personalakte seines Kindes in der Schule bestand. Dieser Kampf spielte sich in East Meadow auf Long Island ab, wo ein zornentbrannter Vater die psychologischen Gutachten über seinen Sohn, der die siebte Klasse besuchte, zu sehen verlangte. Die Schule dagegen erbot sich lediglich, dem Vater die Gutachten zu interpretieren, wollte ihm jedoch die Einsicht verwehren. Der Vater, Mr. Edward J. Van Allen, war ehemals Gerichtsstenograph gewesen und hatte nun den Posten des Chefredakteurs der Lokalzeitung »*Kernel*« inne – diese beiden von ihm bekleideten Positionen machten ihn zu einem harten Gegner. Er verklagte die Schulleitung und zog in seinem Blatt unermüdlich gegen sie zu Felde, um die öffentliche Meinung auf den Plan zu rufen. Eine seiner Schlagzeilen lautete: VERBERGEN DIE VOM STAAT BEZAHLTEN SCHULPSYCHOLOGEN IHRE EIGENEN VERFEHLUNGEN? Diese Frage gründete sich auf die Äußerungen der Verteidigung in dem von ihm angestrengten Gerichtsverfahren. Ein Sprecher der New York State Psychological Association sagte aus, daß ein Psychologe – sofern die psychologischen Gutachten den Eltern zur Einsicht freigegeben würden – unter Umständen eine Anzeige bei Gericht zu gewärtigen habe, falls er in seinem Gutachten zu irgendwelchen »zweifelhaften« Schlüssen gelangt wäre.

Richter William Brennan, jr., vom Obersten Gerichtshof des Nassau County fand, daß die Verfassung des Staates eine Antwort auf die Frage nach dem elterlichen Recht auf Einsicht in die Akten der eigenen Kinder in den Volksschulen schuldig blieb. So kam er zu dem Schluß, daß sich die Rechte des Vaters herleiteten »von seiner Stellung der Schulbehörde gegenüber als Vater, der ihr im Zuge der allgemeinen Schulpflicht die Vollmacht zur Erziehung seines Kindes *übertragen* hat«. Richter Brennan entschied also zugunsten des Vaters und billigte ihm das Recht zu, die Gutachten einzusehen.

Als Mr. Van Allen in der Schule erschien, um die Gutachten zu sehen, legte man ihm einen Aktendeckel mit losen Blättern vor, der Vermerke über Intelligenzquotienten, über Leistungssteigerungen, allgemeine Notizen der Lehrkräfte usw. enthielt. Aber was offensichtlich fehlte, wie Mr. Van Allen feststellte, waren die Resultate der psychologischen Spezialtests, von denen er genau wußte, daß sie an seinem Sohn vorgenommen worden waren, ohne daß von einem Elternteil die schriftliche Zustimmung gegeben worden wäre. Ein Beamter der Schulbehörde erklärte hierzu, wie man erfuhr, die Psychologin der Lehranstalt habe die Tests »im Kopf«.

Mr. Van Allen marschierte daraufhin zurück zum Gericht und erwirkte, daß alle Mitglieder des Lehrkörpers umgehend eine gerichtliche Verwarnung zugestellt bekamen – einschließlich des Schulleiters. Als er ein zweites Mal bei der Schulleitung vorsprach, schaffte man die psychologischen Gutachten herbei und legte sie ihm zur Einsicht vor.

Es war zum großen Teil auf diesen Entscheid zurückzuführen, daß der Commissioner of Education des Staates New York die Verfügung erließ, den Eltern seien lediglich die »offiziellen« Akten zu zeigen, der Einblick in die gesamten Unterlagen, die die Schule über die Schüler besäße, sei ihnen jedoch zu verwehren. Ein Ausschuß der Medizinischen Gesellschaft des Bezirks New York empfahl im Zusammenhang mit der bewußten Kontroverse dringend, daß »die Berichte der Schulpsychologen wie ärztliche Gutachten zu betrachten und zu behandeln seien ...« In der Mehrzahl der Fälle bekommen die Eltern überhaupt nur sorgfältig »frisierte« Berichte mit Auszügen aus medizinischen Gutachten vorgezeigt. Das Argument, daß schulpsychologische Gutachten in der gleichen Art und Weise zu behandeln seien wie ärztliche Gutachten, legt eine interessante Parallele nahe. Sollte man der psychologischen Behandlung von Schulkindern nicht mit der gleichen Vorsicht begegnen, mit der man auch der in den Schulen durchgeführten ärztlichen Behandlung gegenübertritt?

Martin Gross, ein ausgesprochener Kritiker des Testens, äußerte sich wie folgt dazu: »Während Jonnys Eltern für gewöhnlich ihr Einverständnis schriftlich erteilen müssen, ehe die Schulleitung es überhaupt wagt, einen ordnungsgemäß approbierten praktischen Arzt zu veranlassen, einem Schüler eine ganz gewöhnliche, subkutane Spritze zu geben, fühlt sich niemand verpflichtet, die Eltern um Erlaubnis zu fragen oder sie zu unterrichten, wenn man mit dem Geist des Kindes pseudomedizinische Experimente anstellt[3].« Er machte sogar die Entdeckung, daß in einigen Staaten ein Arzt einem Kinde ohne elterliche Einwilligung noch nicht einmal eine Aspirintablette verabreichen darf. Im Staate New York, so wurde ich belehrt, ist es der Schulleitung staatlicher Lehranstalten nach dem Gesetz nur dann gestattet, ein Kind vom Schularzt untersuchen zu lassen, wenn die Eltern es versäumt haben, das Kind von einem Arzt eigener Wahl untersuchen zu lassen. Es scheint nicht mehr als vernünftig, daß den Eltern das gleiche Recht hinsichtlich einer Untersuchung auf emotionale Störungen oder Probleme der Persönlichkeit eines Kindes eingeräumt wird.

Der Kampf dauert an. Zwei verschiedene Elterngruppen dringen mit aller Gewalt auf Verabschiedung eines Gesetzes, das bereits während der 1962er Legislaturperiode im Staate New York eingebracht wurde. Dieses Gesetz sieht vor, daß in den staatlichen Lehranstalten im Staate New York »ein Schüler nur dann im Hinblick auf andere Fragen als auf seine geistigen Fähigkeiten, seine Leistungen in den Grundfächern und den Stoff des Lehrplans getestet werden darf, wenn an die Eltern eine entsprechende Mitteilung ergangen ist und die elterliche Zustimmung vorliegt«. In Washington, D.C., machte der Kongreßabgeordnete John M. Ashbrook von Ohio im Jahre 1963 einen erneuten Vorstoß, um das von ihm eingebrachte Gesetz H. R. 10 508 durchzupauken. Nach diesem Gesetz wäre die Verwendung irgendwelcher Geldmittel des Ministeriums für Gesundheit, Erziehung und Wohlfahrt für diejenigen Untersuchungen in Grund- und Mittelschulen ohne die Zustimmung der Eltern verboten, die »die Persönlichkeit, die Umgebung, das häusliche Leben, die Beziehungen zu Eltern und Familie, die wirtschaftlichen Verhältnisse, den religiösen Glauben, die Vaterlandsliebe, sexuelle Einstellung und Verhalten, sowie soziologische und psychologische Probleme« eines Schülers betreffen.

Der Kampf droht jedoch allem Anschein nach einen entmutigenden Verlauf für alle die zu nehmen, die für eine stärkere Achtung vor dem Privatleben des einzelnen eine Lanze brechen. Auf der Invitational Conference on Testing Problems prophezeite Mr. Henry Chauncey, der Präsident des Educational Testing Service und eine der angesehensten Persönlichkeiten auf dem Gebiet des Schultestens, daß Persönlichkeits-Massentests »in jeder höheren Lehranstalt sowie in akademischen Bildungsanstalten allgemein üblich werden[4]«.

Wie das Prüfungsamt für die Zulassung an Hochschulen berichtet, sind die Colleges ungemein daran interessiert, nicht-akademische

»Persönlichkeits«-Tests ausfindig zu machen, die die Entscheidung zu erleichtern vermögen, wer zugelassen werden sollte. Das Zulassungsamt hat selbst eine Reihe von Forschungsvorhaben finanziert, die der Suche nach einem solchen brauchbaren Auslesemittel galten. Es nimmt an, daß in wenigen Jahren solche Mittel verfügbar sein werden. Es fügt allerdings einschränkend hinzu, daß »keiner der heute üblichen Persönlichkeitstests, die dem Zulassungsamt bekannt sind, ausreichend erforscht zu sein scheint, um ohne Gefahr die sehr großen Risiken eingehen zu können, die sicherlich mit der tatsächlichen Anwendung solcher Testarten zur Entscheidung einer Zulassung Hand in Hand gehen«.
Es bestätigt außerdem den mißlichen Umstand, daß die »Persönlichkeitsskalenwerte die Studenten zwingen, mehr über ihr Verhalten Bericht zu erstatten, als es an den Tag zu legen, und sie daher vor die harte Frage gestellt sind, entweder die Unwahrheit zu sagen oder sich selbst belastende Aussagen zu machen. Durch diese Testverfahren gelangen Informationen, die in einigen Fällen als persönliche und private Angaben zu werten sind, in die Hand der Schul- und Hochschulverwaltungsbehörden«. Es heißt weiter, daß sich daraus »unüberwindliche Schwierigkeiten ergeben könnten, selbst wenn die Skalenwerte insgesamt bekannt sind«.
Wollen wir hoffen, daß diese Sorgen wegen eines gewaltsamen Eindringens in das Privatleben des einzelnen sich auch unter jenen zahllosen, mit der Zulassung an Hochschulen betrauten Verwaltungsbeamten verbreiten mögen, die unermüdlich nach einem passablen »Sortiermittel« Ausschau halten!

9. Wie sicher bist du noch in deiner Burg?

> *»Eine gesunde, anständige, zivilisierte Gesellschaft muß für eine ... Oase, einen Zufluchtsort vor öffentlicher Kontrolle und Beobachtung sorgen, für einen abgeschlossenen Bezirk, eine Enklave, einen für andere unzugänglichen Ort, der dem Menschen eine feste Burg ist.« – Richter Jerome Frank.*

Richter Frank meinte, irgendein solcher »unangreifbarer Ort« sei »noch ein beträchtliches Stück Freiheit – wert, daß er vor Übergriffen geschützt werde«. Er wich mit dieser Meinung vom Mehrheitsbeschluß eines amerikanischen Berufungsgerichtes ab, das die Verwendung von Beweismaterial zuließ, das man durch elektronisches Abhören innerhalb der Mauern eines Privatbesitzes des Angeklagten gewonnen hatte.[1]

Als abgeschlossenes Reich eines Menschen, der das Privatleben schätzt, gewähren moderne »Burgen« in mancherlei Hinsicht viel weniger Schutz als noch vor einigen Jahrzehnten. Der Lebensraum für den Durchschnittsbürger ist zusammengeschrumpft. Das kann von etlichen Gegenden der Welt gesagt werden, trifft jedoch insbesondere auf die Vereinigten Staaten von Amerika zu. Die »Burgen« sind nicht nur immer enger aneinander gerückt; das Eindringen von Geräuschen in die Heimstatt reißt auch nicht mehr ab. Die Vereinigten Staaten sind eines der wenigen großen Länder, die noch nicht dazu übergegangen sind, baupolizeiliche Vorschriften zu erlassen, damit die Hellhörigkeit der Häuser vermindert und die Flut der Geräusche aus den umstehenden Gebäuden in dichtbewohnten, neuen Wohngegenden eingedämmt wird.

Spekulationsfreudige Bauherren haben einen Großteil ihrer Erfindungskraft darauf verwandt, Mittel und Wege zu finden, um Wände und Zwischenböden immer dünner zu machen und die Decken der Wohnräume immer niedriger einzuziehen. Um die Kosten für Rohrleitungen zu verringern, werden die Badezimmer Wand an Wand eingebaut – und über- und untereinander.

Die Bewohner der meisten neueren Appartementhäuser erfahren – ob sie wollen oder nicht – keineswegs wenig über das Liebesleben ihrer Nachbarn und deren Sitten und Gebräuche im Badezimmer, ihren Zank und Streit, ihre Besucher und die Uhrzeit, zu der ihre Kinder sich in den Schlaf zu schreien pflegen. Ein New Yorker Freund von mir, der seinen Beruf zu Hause ausübt und dessen Arbeitszimmer an die Praxis eines Psychiaters stößt (mit einer dünnen Wand dazwischen), hat diesen Psychiater nie gesehen, weiß jedoch zwangsläufig eine ganze Menge über dessen Patienten. Das ständige Problem einer Patientin, so erzählt er, ist beispielsweise, daß die erotischen Annäherungsversuche ihres Mannes bei ihr am darauffolgenden Morgens stets Magen- und Darmverstimmungen hervorrufen.

Die Wände sind nicht nur dünner, sie sind im Innern der »Burgen« auch seltener geworden, wiederum wohl aus Sparsamkeitsgründen. Moderne Architekten fördern den Gedanken eines »fließenden« Wohnraums, und Trennwände werden lediglich durch Vorhänge oder Bücherregale angedeutet. Das hilft die Tatsache zu verschleiern, daß das Familieneßzimmer in Wirklichkeit verschwunden ist. In Stadtrandsiedlungen kann man in vielen Fällen – ab zehn Uhr vormittags – ein ewiges Kommen und Gehen von Nachbarn beobachten, die – häufig ohne anzuklopfen – »mal eben hereinschauen« möchten.

Alle die Geräusche und der verwirrende Lärm mag in vielen Amerikanern eine bisher unbekannte Sehnsucht wachrufen. Jedenfalls wurde der Bauherr einer Wohnsiedlung in Dallas, als er »Das ruhige Haus« in der Zeitung annoncierte, an einem einzigen Wochenende von 3400 Interessenten überlaufen. Es war die größte Menschenansammlung, die er seit vielen Jahren erlebt hatte.

Das Fehlen des Privatlebens zu Hause treibt immer mehr Halbwüchsige dazu, ihre Siebensachen zu packen und im Familienauto ein ungestörtes Plätzchen zu suchen. Diesem Umstand ist es zu verdanken, daß sie in immer jüngeren Jahren die Grenze zu dem überschreiten, was David Riesman »den letzten Grenzbezirk der Privatsphäre« genannt hat – zum Sexualleben. Nach einem langen Studium der Lebensgewohnheiten von Teenagern berichteten Grace und Fred Hechinger: »Für viele Teenager, die in den ›Familienwohnbereichen‹ eines modernen Hauses aufwachsen, das seiner Anlage nach jedes Eigenleben ausschließt, stellt das Auto nahezu das einzige sichere Mittel dar, dem Zusammenleben zu entfliehen. Das Auto hat die nach hinten liegende Veranda und das Wohnzimmer abgelöst – die traditionellen, halbprivaten Treffpunkte, wenn man zu zweit allein sein wollte.«[2]

Die modernen Wohnungen haben nicht nur räumlich weniger privaten Charakter; auch moderne elektronische Einrichtungen machen es den Eltern möglich, eine Auge auf ihre Kinder zu haben, wenn diese sich in anderen Räumen des Hauses aufhalten – und den Kindern ermöglichen sie das Belauschen der Eltern. Der Leiter einer Firma, die Betriebsfernsehanlagen herstellt, berichtet, daß er Fernsehkameras an Familien in Städten wie Miami und New York verkauft habe – nicht nur, um die Bays und das Schwimmbecken zu überwachen, sondern ebenso die älteren Kinder im Spielzimmer und ihrem »Klub«-Raum.

Auch die Kinder haben ihre elektronischen Verbündeten, wie ein Besuch der Spielzeugmesse oder eine Kostprobe der vorweihnachtlichen Fernsehwerbung erweist. Zu den begehrtesten Spielsachen des Jahres 1962 gehörte das »Kleine Fräulein Echo«, eine niedliche Puppe mit einem in ihrem Bauch verborgenen Batterietonbandgerät (Preis: etwa 25,– Dollar). Sie eignet sich vorzüglich zum Herumsitzenlassen, wenn Familiengeheimnisse besprochen werden. Wenn der Herr Sohn beispielsweise Papa im Verdacht hat, daß dieser geschwindelt habe, als er erklärte, warum er am Vorabend nicht zum Essen zu Hause sein konnte, dann steht dem Sprößling jetzt (für 12,95 Dollar) ein Lügendetektor namens »Neues Wissenschaftliches Polygraph-Spiel« zur Verfügung. Ein elektrifiziertes Band

wird um die eine Hand befestigt, und der Mechanismus verzeichnet die Stärke des Schweißausbruches, den die verschiedenen Fragen hervorrufen. Ein Zeiger auf der Skala bewegt sich von der Antwort »Könnte stimmen« bis zu der Antwort »Großes Lügenmaul«. In seinem Jahresbericht über die Spielzeugproduktion für Weihnachten berichtete die Zeitschrift »*The New Yorker*« in ihrer Ausgabe vom 7. Dezember 1963: »Eine der vorgeschlagenen Fragen lautet: ›Gehst du gern zur Schule?‹, aber wir möchten annehmen, daß wahrscheinlich irgend jemandem noch andere Fragen einfallen werden.«
Oder wenn es das Geschwisterpaar Hans und Grete unserer Tage danach gelüstet, dann haben sie die Möglichkeit zu hören, was Papi und Mami im Schlafzimmer oder in jedem anderen Raum des Hauses tun oder sagen, und was Bruderherz und Schwesterherz sich zu erzählen haben. Die Futura Line of Bell Products in St. Louis, eine Unterabteilung der Gabriel-Industries in New York, hat für »elektronische Präzisionsgeräte für die ganze Familie« geworben. Einer der am stärksten angepriesenen Gegenstände ist das »Große Ohr« (für etwa 18,– Dollar), ein kleines, mit Transistoren versehenes Parabol-Mikrophon, das »Stimmen aufnimmt, die für dein Ohr zu weit entfernt sind«. In einer Rundfunk-Werbesendung, auf die man mich aufmerksam machte, wurde behauptet, daß das Gerät Geflüster noch in einem Umkreis von etwa zwölf Metern aufnimmt. Der anschauliche Prospekt für dieses Gerät zeigt einen Jungen und ein Mädchen, die eine entfernt stehende Gruppe mit stethoskopartigen Hörgeräten belauschen. Der Prospekt verspricht: »Richte es auf eine Gruppe deiner Freunde einen Block weiter, dann hörst du jedes Wort.« Ein Sprecher der Firma Gabriel erklärte mir, am meisten würden von diesem Gerät Kinder »zwischen acht und vierzehn Jahren, hauptsächlich Jungen« angesprochen.
Möglicherweise war die Zusage solcher Leistungen reiner Enthusiasmus der Firma – wenn man glauben darf, was die Techniker über die Fähigkeiten viel größerer und kostspieligerer parabolischer Instrumente berichten. Aber die Hersteller haben unter der Jugend den Gedanken gefördert, daß elektronisches Abhören ein Mordsvergnügen bereitet. Ein aufgeweckter junger Mann, der Technik studiert und etwa einen halben Kilometer von meinem Haus entfernt wohnt, hatte sich ein eigenes, sieben Fuß hohes, parabolisches Mikrophon gebastelt und bewies mir, daß es noch in einiger Entfernung geführte Unterhaltungen sehr verstärkt wiedergibt.
Wenn zwischen einem Mann und einer Frau, die zusammen gewohnt haben, plötzlich Unfriede ausbricht – oder einer dem anderen mit Argwohn begegnet –, dann können sie es heute dank der elektro-

nischen Wunderdinge noch erheblich beschwerlicher finden, sich ihr Eigenleben zu erhalten. Ein Mann, der seine Frau im Verdacht hatte, ihm bei mehreren Gelegenheiten untreu gewesen zu sein, bestand darauf, daß sie sich dem Lügendetektortest unterzog. Dies wurde von der Lügendetektor-Abteilung der riesigen Wackenhut Corporation in Miami gerne arrangiert. Der Mann, der den Apparat bediente, war nach dem Test nicht bereit, der Frau ein einwandfreies Zeugnis auszustellen. Jedoch schien der Ehemann das Gefühl zu haben, daß die Situation gar nicht so schlimm sei, wie er es erwartet hatte (und vielleicht befriedigte es ihn einfach, sie gezwungen zu haben, sich einer Prüfung zu stellen, die für sie eine sehr demütigende Erfahrung gewesen sein muß). Jedenfalls hat er sie, wie bekannt wurde, wieder aufgenommen, und damit fand die Trennung von Tisch und Bett ein Ende.

Die für einen gesetzgebenden Ausschuß des Staates New York tätigen Ermittler entdeckten eine Anzahl von Fällen, in denen getrennt lebende Ehepartner Vorkehrungen getroffen hatten, daß im Schlafzimmer des anderen ein Mikrophon und ein Sendegerät versteckt angebracht wurden. (Das Ehescheidungsgesetz von New York, das den Beweis eines Ehebruchs fordert, hat in ungeahnten Ausmaßen zum Abhören ermuntert.) Es erschienen Berichte, daß der bekannte, inzwischen verstorbene Finanzier Serge Rubinstein, als er New York für eine Geschäftsreise nach Kalifornien verließ, für die Dauer seiner Abwesenheit ein Mikrophon unter dem Bett seiner damaligen Geliebten hatte anbringen lassen. Dieses Mikrophon registrierte jedes Geräusch in ihrem Zimmer. Die Ermittlungen der New Yorker Behörden erbrachten auch tatsächlich den Beweis, daß sich irgendwo in ihrer Wohnung versteckt ein Sendegerät befand.

In den Jahren von 1950 bis 1957 war es in New York gestattet, daß Leute, die das Anzapfen von Leitungen von Berufs wegen betrieben, ihre Dienste öffentlich allen unzufriedenen Ehefrauen anbieten konnten, und zwar aufgrund einer maßgebenden Gerichtsentscheidung im sogenannten Fall Appelbaum. Mr. Appelbaum wurde in seinem Recht bestätigt, die auf seinen Namen lautende Telephonleitung anzapfen und die Gespräche seiner Frau abhören und aufnehmen zu lassen, da das Recht auf Wahrung des Fernsprechgeheimnisses erst nach dem höher stehenden Recht eines Anschlußinhabers rangiert, darauf zu achten, daß sein Telephonanschluß nicht zur Schädigung seines Geschäftes, seines Hauses oder seines Ehelebens benutzt wird. Das war ganz gewiß nicht fair den Ehefrauen gegenüber; denn der Anschluß wird für gewöhnlich unter dem Namen des Mannes geführt. Das Lächerliche der Situation wurde noch deutlicher, als ein

Ehepaar, das ich hier Mr. und Mrs. Wilson nennen will, mit elektronischen Waffen aufeinander losging. Mr. Wilson begann selbstgefällig die Tonbänder mit den Telephongesprächen seiner Frau vor Gericht abzuspielen – aber dann hatte sich sein Fall plötzlich erledigt. Es stellte sich heraus, daß Mrs. Wilson wohlüberlegt den Anschluß ihres Mannes auf ihren eigenen Namen hatte überschreiben lassen. Der professionelle Mithörer hatte von dieser Veränderung keine Ahnung, da weiterhin dieselbe Leitung benutzt wurde. So machte sich der Mithörer strafbar. In der Zwischenzeit war Mrs. Wilson zum Gegenangriff übergegangen und hatte sich der Mithilfe eines Mädchens versichert, von dem sie wußte, daß sie mit ihrem Mann befreundet war. In einer Bar verwickelte es ihn in eine Unterhaltung, die von einem Tonbandgerät, das die junge Dame unter einem Gürtel trug, aufgenommen wurde. Der Ausgang der Schlacht ist unbekannt; von der Elektronik her gesehen, verließ aber Mrs. Wilson als eindeutige Siegerin das Schlachtfeld. Heutzutage gibt es staatliche Gesetze in New York, die die meisten Arten elektronischen Abhörens durch *private* Parteien verbieten; und trotzdem geht ein Großteil der Abhörerei weiter. Ein weniger weit zurückliegender Ehekrieg, der 1962 vor den Gerichten von New York ausgefochten wurde, zeigte eine bedenkliche Schwäche des Vierten Zusatzartikels zur Verfassung auf, der den Bürgern Schutz »vor willkürlicher Durchsuchung und Beschlagnahme« verheißt.

Die rechtmäßig von ihrem Mann getrennt lebende Frau eines Arztes aus Brooklyn führte ein beschauliches Dasein in ihrem eigenen Heim auf dem Linden-Boulevard, bis der Arzt eines Tages vor Morgengrauen einen Überfall inszenierte, der Photographien von ihr in »splitternacktem« Zustand und von ihrem nur mit einem Unterhemd verhüllten Freund erbrachte. Diese Photographien wurden in der Gerichtsverhandlung vorgelegt, wobei der Arzt, der die Scheidung der Ehe verlangte, keine Rücksicht auf den Protest seiner Frau nahm. Der erste Richter verwarf die Bilder als Beweismaterial mit der Begründung, daß sie von einer »willkürlichen Durchsuchung und Beschlagnahme« auf privatem Grund und Boden herrührten. Als die andere Partei jedoch Berufung einlegte, erklärte die Mehrzahl der Richter die Photographien als Beweismaterial für zulässig, da ihrer Ansicht nach das in der Verfassung ausgesprochene Verbot willkürlicher Durchsuchung und Beschlagnahme *nur* auf Übergriffe durch Amtspersonen, nicht aber auf Überfälle durch Privatpersonen anwendbar sei! Ein Richter, der anderer Meinung war, machte grollend geltend, daß zumindest das geringfügigere Delikt eines unbefugten Übergriffs gegeben wäre.

Was uns alle hier am meisten angehen sollte, ist die Tatsache gewaltsamen Eindringens Fremder in die private, häusliche Sphäre. Es gibt die nicht-amtlichen Eindringlinge, zu denen auch die Nachbarn rechnen, und die offiziellen, regierungsamtlichen Typen. Wir haben den Erstgenannten Vorrang zugebilligt und wollen uns auch zuerst mit ihnen befassen.

Zu den nicht-offiziellen, fremden Eindringlingen gehören Versicherungsprüfer zu Hunderten, die ihre »Nachbarschafts-Kontrollgänge« machen. In einem dieser Kontrollberichte, von dem ich Kenntnis erhielt, wurde erwähnt, daß der Versicherungsnehmer (eine unverheiratete Frau) seit zwei Monaten mit einem pensionierten Oberst zusammenlebte. Ich fragte den Ermittler, wie in aller Welt er denn diese Tatsache hätte in Erfahrung bringen können. Er erwiderte: »Sie wären sicher entsetzt, wie einfach es war, das herauszubekommen. Die Auskunft erhielt ich, ohne daß ich auch nur danach fragte, von einer Hausangestellten in dem Appartementhaus, in dem die Frau wohnt.« Mancher wird nun sagen, daß Versicherungsgesellschaften solche Informationen benötigen, um im Geschäft zu bleiben; aber es scheint doch ein Armutszeugnis für unsere Gesellschaft zu sein, daß ein derartiges Überwachen überhaupt für notwendig gehalten wird.

Neugierige Ermittler vom Rundfunk tauchen ebenfalls auf, die die Hörermeinung auswerten. Sie wollen wissen, *wer* du bist, um ihren Bericht abfassen zu können. Und dazu gehört die Angabe deines Alters, deines Einkommens, deines Berufes, deines Bildungsganges, die Anzahl deiner Wagen usw. usw. Der Leiter eines sehr bekannten Umfrage-Unternehmens sagte mir, daß es zu den wichtigsten Einzelheiten, deren man habhaft zu werden versuchen muß, gehört, zu einer möglichst genauen Schätzung des Einkommens einer Person zu gelangen. Im April und Mai, wenn die Leute ihre Einkommensteuererklärung im Kopf haben und mißtrauisch fragen, ob der Befrager nicht womöglich doch ein Spitzel der Regierung, also jemand vom Finanzamt ist, nehmen die Fälle zu, in denen diese Auskunft verweigert wird. Doch auch dann verweigern nur etwa 25 Prozent der Befragten die Antwort auf die Frage: »Haben Sie ein Einkommen, das zwischen 7 500,– und 10 000,– Dollar jährlich liegt?« Für den Rest des Jahres sinkt die Zahl der verweigerten Antworten auf etwa 15 Prozent.

Der Auswertungsdienst wendet allerdings seine ganze Erfindungsgabe auf, um Mittel und Wege zu ersinnen, wie man auf elektronischem Wege in Erfahrung bringen könnte, welche Rundfunkstation du angestellt hast. Dadurch würde das lästige Anrufen bei dir oder

der persönliche Besuch in deiner Behausung wegfallen. Einige der sich eröffnenden Möglichkeiten lassen erkennen, daß das System des »Großen Bruders« – in dem eine Regierung die Gewohnheiten ihrer Landeskinder hinsichtlich des Rundfunkhörens kontrollieren könnte – technisch bereits durchführbar erscheint.

Der in den letzten Jahren erzielte Fortschritt ist phänomenal. Als der Fernsehproduzent Dick Powell noch lebte, hörte ich ihn einmal sagen, daß es für einen Techniker heutzutage bereits möglich sei, mit einem besonders dafür ausgerüsteten Lastkraftwagen eine Straße entlangzufahren und anschließend zu berichten, welchen Kanal jeder Fernsehteilnehmer in der Straße gerade eingeschaltet hätte. Ich habe mich inzwischen belehren lassen und aus fünf höchst zuverlässigen Quellen erfahren – darunter war auch ein Berater der FCC –, daß es solch einen Kontrollwagen schon heute geben könnte. Und in der Tat waren solche Wagen auch schon im Einsatz. Der eine, von dem ich hörte, war im Gebiet von Spokane-Yakima eingesetzt und hatte auf seinem Dach eine Art Radarantenne. Ein Fernsehingenieur erzählte mir, daß er solch ein Fahrzeug in Los Angeles mit eigenen Augen gesehen habe. Der Fahrer bereitete sich allerdings viel Ärger; die Häuser in Los Angeles stehen nämlich so dicht beieinander, daß er sich eine Art Angelrute von etwa sechs Meter Länge konstruiert hatte, an deren Ende ein empfindliches Meßgerät angebracht war. Diesen Stab, der am Dach seines Wagens befestigt war, schwang er zu den Antennen der einzelnen Häuser. Die »Verletzung des Luftraums« erregte die Bewohner der Gegend. Sie riefen die Polizei, und der Mann mußte seine Arbeit aufgeben – zumindest in diesem Stadtteil von Los Angeles.

Die Verwendung von Lastwagen wird jedoch nicht als sehr zufriedenstellend angesehen, da man eine Menge solcher umherfahrenden Wagen benötigen würde, um zu jeder beliebigen Zeit umfassende Berichte liefern zu können, welche Fernsehprogramme gerade eingestellt sind. Die Forschung ist bereits dabei, wirksame Mittel und Wege zur Durchführung von Fernsehempfangskontrollen zu erarbeiten.

In jedem Fernsehempfänger ist z. B. ein Nachrichtengerät mit geringer Leistung eingebaut – ein Kleinsender, der dazu benutzt wird, um das Fernsehsignal durch das Gerät zu leiten –, das ein schwaches Signal aussendet und anzeigt, welcher Kanal empfangen wird. Ein Sprecher eines Auswertungsdienstes sprach hoffnungsvoll über die Möglichkeit, die Fernsehgeräte-Hersteller zu veranlassen, leistungsfähige Sender anstatt der bisherigen schwachen in ihren Geräten einzubauen, damit die Geräte in den Wohnungen von fernen elektronischen Stationen aus überwacht werden können.

Inzwischen glauben andere Rundfunk- und Fernsehspezialisten, einen noch besseren Weg gefunden zu haben, um einen sofortigen Überblick zu erlangen, auf welchen Sender sich jede Familie unter 100 000 oder 1 000 000 Fernsehteilnehmern gerade eingeschaltet hat. Die Träume dieser Männer scheinen realisierbar, und zwar durch die Einführung von berechnetem oder Münz-Fernsehen, das bestimmte Sender ausstrahlen, und ebenso durch die rasche Verbreitung der Gemeinschafts-Fernsehantennen, bei denen Kabel von auf Hügeln errichteteten Türmen oder von Zentralantennen über den Appartementhäusern die Fernsehprogramme an Hunderte oder Tausende von Wohnungen übertragen. Das Kabel wird oft von einer dünnen, billigen Drahtleitung begleitet, die berichten kann, was in jeder Wohnung für Empfangsgewohnheiten bestehen.
Mr. Ira Kamen von der Firma Teleglobe, die in Denver versuchsweise berechnetes Fernsehen eingeführt hat, zeigte mir einen Lochstreifen, der für einen Computertyp entwickelt wurde. Dieser Streifen gibt zu jedem gewünschten Zeitpunkt eine Sofortübersicht über jeden Teilnehmer. Die erste Lochkennzeichnung ergibt nach Auswertung durch den Computer einen Überblick, wer überhaupt sein Gerät eingeschaltet hat. Die zweite Kennzeichnung zeigt, welcher Kanal vom einzelnen Fernseher eingeschaltet ist. Die dritte kann sogar wiedergeben, wie der Zuschauer über das laufende Programm denkt. Man kann den Zuseher nämlich auffordern, seine Meinung auszudrücken, indem er eine Wählscheibe auf einer kleinen Schachtel betätigt.
Vor allem die beiden ersten Kennzeichen – also Auskunft darüber, wer zuschaut und was er sieht – sind im Hinblick auf ihre Bedeutung für das Eindringen in den privaten Bereich von Interesse. Man erhält diese Auskünfte auf rein automatischem Wege. Hierzu bedarf es nicht einmal der Betätigung der Wählscheibe durch den Zuschauer. Mr. Kamen sagte: »Anhand der Ablochung des Bandes läßt sich jeder einzelne Fernsehteilnehmer identifizieren. Es kann festgestellt werden, ob er sein Gerät eingeschaltet hat oder nicht... Auskünfte über Jones erhält man zum Beispiel stets über die 40. Kennlochung, Smith dagegen ist an der 45. Lochung des Bandes abzulesen.« Mr. Kamen interessieren einzig und allein solche Auskünfte, die sein Band zwecks Ausstellung der Rechnungen oder zur Feststellung der Reaktion der Fernsehteilnehmer auf ein Programm liefert. An einer Überwachung in größerem Rahmen liegt ihm absolut nichts. Er meinte: »Wenn Sie mich fragen – meine Einstellung dem ›Großen Bruder‹ gegenüber ist fast so etwas wie Haß. Jeder Mensch hat schließlich ein Recht auf Privatleben.«

Aber ein Unternehmer auf dem Gebiet des Drahtfernsehens spricht in schwärmerischen Worten von jener allerletzten Möglichkeit, nämlich auf Anhieb – in 50 Sekunden – erkennen zu können, was sich Millionen Menschen im ganzen Lande, fein säuberlich nach Wohnungen geordnet, zu einer bestimmten Zeit gerade ansehen.
Mit der Entwicklung derartiger elektronischer Wunder wird zweifellos eine unheilvolle Möglichkeit technisch durchführbar. Wenn jemals eine totalitäre Gruppe in Washington oder in einem U.S.-Staat, in Kanada oder auch in Europa an die Macht gelangen sollte, könnten ihre Führer auf Anhieb feststellen, in welchem Hause man einen Sender hört, der für allzu unabhängig angesehen wird oder der für das Wohl des Regimes als schädlich und unliebsam gilt.
Doch wir wollen fortfahren in der Beschreibung der Entwicklung weiterer elektronischer Instrumente und Einrichtungen, durch die Millionen von Einwohnern dazu gebracht werden, ihr Privatleben Stück für Stück immer weiter anknabbern zu lassen. Einige Leser – insbesondere Einwohner von Stadtbezirken – werden einwenden, daß das, was ich zu schildern im Begriff stehe, eine durchaus wünschenswerte Entwicklung sei. Ihr Sinnen und Trachten ist so ausgefüllt mit der Sicherung ihres Heimes und ihrer Person gegen Diebstahl und Angriffe von außen, daß sie sogar bereit sind, um einer erhöhten Sicherheit willen auf ein verhältnismäßig großes Stück ihrer Privatsphäre zu verzichten. Auf jeden Fall scheint mir das rasche Zunehmen der Anwendung von Fernseh-»Schutz«-Einrichtungen in den Appartementhäusern in zahlreichen Städten unseres Landes eine Quelle der Besorgnis zu sein und aufmerksame Beachtung zu verdienen.
Vor allem gibt es die sogenannten »Sicherheits«-Systeme, mit Hilfe derer der Portier oder Hausmeister auf alles ein Auge haben kann, was an den Eingängen, in den Aufzügen, in den Vorhallen und manchmal sogar in den Korridoren vor sich geht. Die Kameras mögen sichtbar oder unsichtbar angebracht sein: Die Bewohner wissen für gewöhnlich, daß die Anlage eingeschaltet ist, aber die Besucher wissen es möglicherweise nicht.
Ich sah mir eine Reihe dieser Einrichtungen im oberen Ostteil von Manhattan an, während ich die Rolle eines eventuellen künftigen Mieters spielte, der sich auf ein Inserat meldete. Die eindrucksvollste Anlage traf ich in der 61. Straße im Ostteil der Stadt an, in einem funkelnagelneuen Appartementhaus mit Steingarten vor dem Hause usw. Der Portier in seiner kleidsamen Uniform stand neben einer Wand mit sechs Fernsehkontrollbildschirmen, auf denen alles zu sehen war, was sich in den beiden Aufzügen, am rückwärtigen Haus-

eingang, an den beiden Lieferanteneingängen und in der Vorhalle abspielte.
Die Zeitschrift »*Buildings*« brachte in ihrer Juli-Ausgabe 1963 einen Spezialbericht über »Fortschrittsplanung« für »private Fernsehanlagen« in den Aufzügen von Appartementhäusern. Auf einer Zeichnung war ein Kontrollbildschirm dargestellt unter der Überschrift: »Der Bildmonitor im Superappartementhaus. – Stets eingeschaltet.« Es gab keinen Hinweis auf einen sichtbaren Kontrollbildschirm am Eingang. Eine der neckischen Zwischenüberschriften lautete: »Lächle – irgend jemand hat dich im Bild.«
In einigen Gebäuden in New York sind die Kameras in den Aufzügen unsichtbar in die Decke eingelassen. Die meisten, die ich zu Gesicht bekam, waren vertikal gleich unterhalb der Decke an einer seitlich angebrachten Rahmenleiste von etwa 10 cm Stärke eingebaut. Wie mir schien, konnte solch eine Kamera beim besten Willen nicht aufnehmen, was innerhalb des Aufzugs passierte, da das Objektiv – durch eine Öffnung kaum wahrnehmbar – nach oben zur Decke gerichtet war. Zu einem Hausmeister in einem der neuen Gebäude in der 84. Straße von New York meinte ich, daß die Kamera wohl nicht in Betrieb sei, da die Linse ja nach oben weise. Er erwiderte: »Ach, das meinen Sie nur. Das ist ja gerade der Trick dabei. Das wird alles mit Spiegeln gemacht.« Wir wurden also aufgenommen, ohne daß ich es bemerkt hatte. Ich fragte ihn, ob irgend jemand von den Mietern gegen die Kameras in den Aufzügen etwas einzuwenden hätte. Er lachte. »Nur in dem Moment, wenn sie sich küssen. Dann verdecken manche von ihnen die Kamera mit der Hand.« Er setzte noch hinzu, daß die Leute ja nicht nur von der Kamera aufgenommen würden, sondern daß vom Pförtner auch alles, was gesprochen würde, mitangehört werden könne, sobald ihm etwas nicht ganz geheuer vorkäme (oder ihn die Neugier plagte).
Von einem Pförtner irgendwo in einer der vierziger Straßen wird berichtet, daß er für eine vergnügliche Abwechslung seiner Freunde sorgt. Er lädt sie ein, sich anzusehen und anzuhören, wie junge Verliebte in den Aufzügen seines Hauses miteinander schmusen.
Eine der heftigsten Äußerungen des Unwillens über Fernsehaugen in den Aufzügen kam von einer bildhübschen Dame, die mir im Vertrauen mitteilte, daß sie die Augenblicke des Alleinseins im Aufzug seit Jahr und Tag dazu benutzt hätte, Gesichtsgymnastik zu treiben. Sie machte mir vor, wie sie genau nach Anweisung ihre Augen auf fünferlei Art zu rollen pflegt und ihren Mund in sechs verschiedenen Stellungen verrenkt. Sie seufzte und meinte, angesichts der Vielzahl versteckter Kameras müßte sie nun wohl diese Gewohnheit aufgeben.

Mancher mag einwenden, daß Aufzüge und Korridore von Appartementhäusern als zumindest halböffentliche Räume anzusehen seien und niemand Anstoß daran nehmen könne, wen er einer visuellen Kontrolle durch ein unsichtbares elektronisches Auge ausgesetzt wäre. Aber müssen wir denn unser Leben in dem Bewußtsein verbringen, es könnte uns irgendeine Kamera im Bilde festhalten, ausgenommen vielleicht während der Zeit, die wir in unseren eigenen vier Wänden verbringen? Ich möchte meinen, man sollte uns doch wenigstens warnen.

Eine ganz andere Form des Fernseh-»Schutzes« in Wohnungen bringt das Bild des Besuchers direkt in die Wohnung des Mieters. Man installiert diese Anlagen in Zehntausenden von Wohnungen in allen Teilen Amerikas. Auch sie appellieren an das Sicherheitsbedürfnis des einzelnen. Allerdings gestatten sie auch der gesamten Nachbarschaft, an dem Spielchen »Kontrolle des Nächsten« teilzunehmen. Und hierbei gibt es keinesfalls eine Warnung an die Adresse des Besuchers.

Es gibt zwei unterschiedliche Fernsehsysteme, mit deren Hilfe die Mieter den Besucher unten am Eingang in Augenschein nehmen können. Aber bei beiden weiß der Besucher nicht, daß er »im Bilde« festgehalten wird. Derjenige, der beispielsweise Mrs. Brown zu sprechen wünscht, geht also zu dem Wandbrett, auf dem über dem Namensschild eines jeden Mieters der entsprechende Klingelknopf angebracht ist. Neuartig an der Sache ist, daß die Klingelknöpfe offenbar rund um einen kleinen Spiegel angebracht sind. Es ist einer der sogenannten Zwei-Weg-Spiegel, und derjenige, der die Klingel betätigt, sieht direkt in eine dahinter verborgene Fernsehkamera. Die Kamera kann auch in einer Ecke der Flurdecke eingelassen sein, von wo sie die gesamte Halle überblicken kann. (Bei anderen Anlagen kann der Mieter den Ankommenden auch beobachten, solange er sich im Aufzug befindet.)

Die in der Eingangshalle verborgene Kamera ermöglicht es Mrs. Brown, ihren Besucher bereits prüfend zu beäugen, bevor sie sich entschließt, ob sie zu Hause sein will oder nicht, also noch bevor sie die Sprechanlage benützt oder den Türöffner betätigt. Gleichzeitig erhalten alle neugierigen Mitbewohner des Hauses Gelegenheit, den Fremden zu inspizieren. Dieses System einer Hallenkontrolle bietet den Mietern die Möglichkeit, sich selbst davon zu überzeugen, mit welchen Jungen sich die Mädchen im Hause verabredet haben, welche Gläubiger auf der Jagd nach welchen Mitbewohnern sind, welche verheiratete Frau mit fremden Männern ausgeht und wer den im Hause wohnenden Psychiater aufsucht, wer zum Handliniendeu-

ter geht oder Kunde des Perückenmachers ist. Die Menschen pflegen zwar seit altersher von ihrer Veranda, ihrem Balkon oder indem sie durch die Fenstervorhänge spähen zu beobachten, wer bei den Nachbarn aus und ein geht. Doch stets war dem Fremden bekannt, daß ihn soundsoviele Augen heimlich aufspießten.
Das billigere und einfachere System besteht darin, die Kamera an die Hauptantenne des Hauses anzuschließen und das aufgenommene Bild über einen freien Kanal auszustrahlen. Wenn der Mieter den Summer seiner Wohnungstür hört, braucht er sein Fernsehgerät nur auf den freien Kanal einzustellen.
In den Appartements der Universität von Chicago ist dieses System seit mehr als zwei Jahren in Gebrauch. Einer der Vizepräsidenten der Gesellschaft, die Eigentümer der Wohnungen ist, gab mir zu verstehen, daß man sich über die Hausverwaltung zwar zeitweilig lustig gemacht habe, die Bewohner jedoch im allgemeinen kein Mißfallen geäußert hätten. Wie er mir ferner sagte, »schalten manche Bewohner, statt ihr Gerät zum Empfang eines der örtlichen Fernsehprogramme einzustellen, lieber die Fernsehüberwachungsanlage ein, um beobachten zu können, wer zu ihren Nachbarn zu Besuch kommt. Eine Dame teilte mir treuherzig mit, sie fände am Beobachten der anderen Leute eigentlich mehr Vergnügen als am Betrachten der Fernsehsendungen, und gerade am Abend wäre es doch eine ganz wunderbare Gelegenheit.«
Eine Schwäche weist dieses System allerdings auf: Wenn man lediglich daran interessiert ist, die eigenen Besucher unter die Lupe zu nehmen, nicht aber die Beobachtung der anderen Leute als eine Art Sport betreibt, muß man einkalkulieren, daß das Fernsehgerät etwa vierzig bis sechzig Sekunden braucht, ehe es warm geworden ist (wenn es nicht schon eingeschaltet war).
Die Bell Television Inc. arbeitet mit aller Kraft an der Behebung dieses Mißstandes. Sie installiert neuerdings einen sogenannten »Fernseh-Wachhund«, ein Miniaturgerät mit einem 12-cm-Bildschirm, das schräg in die Wand eingelassen wird, an der die Wechselsprechanlage zur Halle eingebaut ist. Der Mieter drückt auf den Knopf und hat in vier Sekunden das Bild seines Besuchers vor Augen, da der »Wachhund« ständig »in Bereitschaft« ist. Die Firma Bell berichtet, daß sie zur Zeit bereits mehr als 10 000 Anlagen dieser Art im Stadtgebiet von New York eingebaut habe. In Boston, Providence, Washington, D. C., Baltimore, im Norden von New Jersey, im nördlichen Teil des Staates New York, Long Island, Connecticut und Florida habe sie inzwischen Konzessionen vergeben, und als nächstes wären Chicago und Kalifornien an der Reihe.

Vom Standpunkt des Eindringens in das Privatleben des einzelnen gibt es einen ziemlich gewichtigen Unterschied zwischen diesen beiden Systemen der Beobachtung des Besuchers: Bei dem Miniatur-Fernsehwachhund muß man aufstehen, wenn man nachschauen will, wer wohl zum Nachbarn zu Besuch kommt!
Man könnte noch ergänzend erwähnen, daß einige der energiegeladenen Befürworter der elektronischen Einrichtungen versucht haben, die Bewohner der Vororte wie der Stadtzentren für den Gedanken zu erwärmen, daß es noch andere Arten des »Schnüffelns mit den Ohren« gibt, die auch Spaß machen. In den letzten Monaten konnte man in den amerikanischen Zeitschriften eine Reihe von Anzeigen finden, die sich an den erwachsenen Amerikaner wandten und die aufregende Neuigkeit ausposaunten, daß es nunmehr eine beachtenswerte Mithörvorrichtung (ein parabolisches Mikrophon) gäbe – »Schnüffler« genannt, die »den Ton millionenfach verstärkt«! Man spricht von diesem Gerät als einem »Ableger der phantastischen Antennen zum Aufspüren von Raketen« und weist darauf hin, daß das Gerät noch auf eine Entfernung von »500 Fuß« das gesprochene Wort aufzufangen imstande sei. Dann ersucht man den Leser des Inserats dringend, sich durch einen Versuch mit einer Gruppe von Freunden selbst zu überzeugen. Der Text der Anzeige endet mit der Ermunterung »Viel Vergnügen«! Kostenpunkt: 18,95 Dollar.
Während ich noch auf zwei dieser Inserate starrte und meine Gedanken bei dem soeben geschriebenen Absatz weilten, bemerkte ich zwei interessante Übereinstimmungen. Die Anzeige in der Zeitschrift *»House and Garden«* war von Madison Electronics, die Anzeige in *»Diner's Club Magazine«*, die für den selben Artikel warb, war von Lincoln Electronics aufgegeben. In beiden Fällen war ein und dasselbe große Bürogebäude als Adresse der Hauptverwaltung der beiden Firmen angegeben. Die zweite Übereinstimmung ergab die Abbildung dieses Wundergerätes für Erwachsene. Es war in beiden Anzeigen das gleiche Gerät, und es war darüber hinaus auch identisch mit der Abbildung des »Großen Ohres«, das – wie oben gesagt – die Gabriel Industries, 184 Fifth Avenue, New York, als Kinderspielzeug auf den Markt gebracht hatte. Einige Monate danach zeigte eine Firma namens Telco ebenfalls im *»Diner's Club Magazine«* ein Gerät unter der Bezeichnung »Telephonschnüffler« an (18,95 Dollar). Hier sah man auf dem Bild einen Mann, der vergnügt einer wechselseitigen Unterhaltung lauscht – vielleicht telephonierte gerade sein Chef oder seine Frau –, und zwar ohne auch nur den Hörer von der Gabel abheben zu müssen. Er hielt einfach den Schnüffler gegen den Telephonapparat. Der Inserattext versicher-

te, dies sei »ein hübsches praktisches Spielzeug – paßt in jede Tasche, ohne daß sie ausbeult«.

Ferner gibt es die privaten Mithörer, die Richter Douglas »eine wahre Landplage« genannt hat. Aus der Vielzahl der Fälle, in denen es um Mithören und angezapfte Leitungen ging, möchte ich der Einfachheit halber nur einen Mammutfall herausgreifen, um wenigstens eine Vorstellung zu geben von den Möglichkeiten des Eindringens in private Bereiche. Damals stand die inzwischen sattsam bekanntgewordene Herstellerfirma von Mithöreinrichtungen vor Gericht, die zwei Jahre lang in der 55. Straße von New York ihren Geschäften nachgegangen war. Vier Männer waren zumindest in den Fall verwickelt: Ein Detektiv, ein Elektrotechniker und zwei Angestellte einer Telephon-Gesellschaft, die sich auf diese Weise einen Nebenverdienst verschafften. Sie konnten sich jederzeit in die Gespräche eines jeden der insgesamt 100 000 Fernsprechteilnehmer einschalten, sobald sie den Auftrag dazu erhielten. Das kam daher, weil einer der Männer von der Telephongesellschaft im Hauptverteilerraum beschäftigt war. Er hatte eine Schlüsselstellung für dieses Unternehmen, weil er sich mittels einer Anzapfleitung in jede der 100 000 Leitungen einschalten konnte, die überwacht werden sollte.

Im folgenden soll nun vom gewaltsamen Eindringen in die Abgeschlossenheit des Familienlebens in den neuzeitlichen »Burgen« durch offizielle Stellen die Rede sein. Ein Teil dieser Einbrüche geschieht nicht »in natura«, sondern indirekt. Grund dazu gibt die Verabschiedung von unverständlich zudringlichen Verordnungen und Gesetzen.

In meinem Heimatstaat Connecticut versucht die Regierung, die Bedingungen, unter denen sich Männer und Frauen der Liebe hingeben, Kinder zeugen oder empfangen, in gewissem Grade gesetzlich zu regeln. Sie tut dies, indem sie die Anwendung von empfängnisverhütenden Mitteln verbietet und den Ärzten untersagt, Ratschläge für die Anwendung solcher Schutzmittel zu erteilen. Viele Minister sahen darin »einen Einbruch in die intimsten Bereiche des Ehelebens«.

Wiederholt lehnte die Regierung es in der Vergangenheit ab, dieses Gesetz abzuschaffen, so daß man es nicht einfach als ein vergessenes Überbleibsel längst vergangener Zeiten abtun kann. Wollte man dieses Gesetz buchstabengetreu erfüllen, wäre die Ausfertigung hunderttausender Haussuchungsbefehle nötig. Die Polizeibeamten sähen sich genötigt, von Schlafzimmer zu Schlafzimmer zu marschieren, um in Augenschein zu nehmen, was sich dort abspielt. Zu ihrer Verteidigung vor Gericht wären zudem beide Ehepartner

gezwungen, Auskunft zu geben über das, was sie im Schlafzimmer getan haben – eine unglaublich peinliche Situation würde damit für alle Beteiligten heraufbeschworen; denn schließlich ist von einem Ehepaar nicht zu erwarten, daß es Dritten gegenüber Rechenschaft ablegt über seine allerintimsten Beziehungen.
Erst 1961, also vor nicht allzulanger Zeit, hatte sich die Mehrheit des Obersten Bundesgerichtshofes der Vereinigten Staaten in Musterprozessen dagegen ausgesprochen, dieses Gesetz als verfassungswidrig abzuschaffen. Die Entscheidung gründete sich auf der Tatsache, daß es solche Kontrollgänge durch die Schlafzimmer bisher nicht gegeben hat. Das Gesetz ist bisher nur in der Form durchgeführt worden, daß in diesem Staate keine öffentlichen oder privaten Beratungsstellen für die Geburtenkontrolle eröffnet werden durften. Der Richter Harlan war damit nicht einverstanden und erklärte: »Ein Gesetz, das die Anwendung von Mitteln zur Empfängnisverhütung durch *Eheleute* als eine strafbare Handlung brandmarkt, ist ein unerträglicher und ungerechtfertigter Einbruch in die privaten Bereiche der Lebensführung des einzelnen, in seine Intimsphäre.« In seinen Augen war das Gesetz absolut verfassungswidrig. Zwei Ehepaare und ein Arzt hatten eine richterliche Entscheidung in dieser Frage gesucht. Harriet Pilpel, der dieses Buch gewidmet ist, war maßgebend bei der Abfassung der Eingabe an den Obersten Gerichtshof beteiligt, die die Abschaffung dieser gesetzlichen Bestimmung forderte. Das Gericht entsprach der Forderung der Eingabe, und versuchsweise wurde eine Beratungsstelle eröffnet. Dann kamen ein Arzt und ein Sozialfürsorger vor Gericht und wurden verurteilt – und eine erneute Berufung ist im Gange.
In Cleveland wurde eine Mutter dafür, daß sie ihrer Tochter gesagt hatte, sie solle Mittel zur Empfängnisverhütung verwenden, nachdem sie bereits drei uneheliche Kinder hatte, verhaftet und zu Gefängnis und einer Geldstrafe verurteilt. Anfangs hatte die Mutter ihrer Tochter strikt untersagt, sich überhaupt in intime Beziehungen einzulassen. Später hatte sie nachgegeben und verlangte nur, die Tochter solle ihren Partner wenigstens bitten, dafür zu sorgen, daß sie nicht wieder schwanger würde. Dadurch, so hieß es in der Anklage, habe die Mutter das moralische Empfinden der Tochter verletzt. Inzwischen ist gegen das Urteil Berufung eingelegt worden.
Ein tatsächliches, physisches Eindringen von Polizisten und andern Beamten in die Wohnungen ohne ordnungsgemäß ausgestellte Haussuchungsbefehle hat man leider unerfreulich oft feststellen müssen. Die Gesetze und Gerichtsbeschlüsse bieten dem Staatsbürger, der Einspruch dagegen erhebt, nur recht wenig Handhaben und Schutz.

Tatsächlich kann es ihm durchaus passieren, daß er sich im Gefängnis wiederfindet, wenn er sich einem solchen Eindringen widersetzt.
Der Wortlaut des 4. Zusatzartikels der Verfassung scheint zwar klar und eindeutig, zumindest soweit es das Eindringen durch Beamte des Staates betrifft. Im Text ist festgelegt, daß die Menschen in ihren Wohnungen sicher sein sollen vor willkürlichen Durchsuchungen und Beschlagnahmen und daß eine Durchsuchung nicht ohne einen ordnungsgemäß ausgefertigten Befehl durchgeführt werden darf.
Wenn das Gesetz so lautet, warum kommt es dann in den verschiedensten Teilen der Vereinigten Staaten heutzutage vor, daß die Inspektoren der Wohnungsbehörde darauf bestehen, sie hätten ein Recht darauf, jede Wohnung zu inspizieren, wenn es ihnen notwendig erscheint, ohne daß sie erst das unnütze Hin- und Hergerede bei der Beantragung eines Haussuchungsbefehls mitmachen müßten? Nicht genug damit: Die Inspektoren können sich zudem auch noch auf einen Beschluß des Obersten Bundesgerichts der USA berufen, den es auch erst seit 1960 gibt, in dem mit einem Stimmenverhältnis von 4 : 4 – ein Richter hatte sich selbst disqualifiziert – ohne weiteren Kommentar ein Beschluß des Obersten Gerichtshofes des Staates Ohio bestätigt wird. Dieser billigte eine in Dayton erlassene Verfügung, daß ein Wohnungsinhaber Wohnungsinspektoren Zutritt zu den Wohnungen auch ohne Vorlage eines Haussuchungsbefehls gestatten müßte. Ein Wohnungsbesitzer, ein Mann in den Sechzigern, der dagegen Einspruch erhoben hatte, war ins Gefängnis eingewiesen worden, weil er nicht die Kaution von tausend Dollar aufzubringen vermochte. Die Begründung war anscheinend, daß die Bestimmungen gegen Durchsuchungen ohne Haussuchungsbefehl, sofern kein Verbrechen vorliegt, in erhöhtem Maße der öffentlichen Ordnung Rechnung tragen sollten.
Im Zuge der wachsenden Verstädterung der Vereinigten Staaten haben manche Städte heute bereits viele Tausende von Wohnungs-, Gesundheits- und Feuerschutzinspektoren angestellt. Das für sich in Anspruch genommene Recht lokaler Behörden, die Wohnräume zu inspizieren, scheint mir eine in wachsendem Maße bedenkliche Herausforderung des Vierten Zusatzartikels. Richter Douglas hat mit deutlichem Sarkasmus feststellen können: »Die Bedingung, daß ein Haussuchungsbefehl von der Obrigkeit nur ausgestellt werden darf, wenn ausreichende Verdachtsgründe vorgebracht werden, hat jetzt die Bedeutung gewonnen, daß die Polizei dann keinen Durchsuchungsbefehl benötigt, um in den privaten Bereich der Wohnung

einzudringen, wenn sie nur in der Dienstkleidung der Gesundheitsbehörde auftritt[3].«

Was nun die Polizei anbetrifft, so gelangt man zu dem Schluß, daß sie sich ganz entschieden zu viele Fernsehsendungen angesehen hat, in denen Polizisten und Privatdetektive Wohnungstüren eintreten, damit »mehr Schwung« in die Handlung des Stückes kommt. Im August 1963 sprach sich ein Bezirksstaatsanwalt in Manhattan in einem Fernsehprogramm zugunsten eines erstaunlichen Gesetzes aus, das dem Parlament des Staates New York vorgelegt worden war. Demnach bekäme ein Polizist, wenn er nur mit einem Haussuchungsbefehl bewaffnet aufkreuzt, das Recht, die Grundstücke einschließlich der Wohnungen zu betreten, ohne vorherige Ankündigung, wer er sei und was er wolle. Er erklärte, daß dies die beste Art sei, Verbrecher mitsamt ihrem Diebesgut festzunehmen.

Eine noch bessere Art wäre es jedoch, wieder zu den gerichtlichen Haussuchungsbefehlen der Kolonialzeit zurückzukehren, die die Beamten der Krone ermächtigten, zu jeder beliebigen Zeit in Räumlichkeiten einzudringen und diese zu durchsuchen und dazu noch Hilfskräfte anfordern zu können.

Die vermutlich die Gemüter am meisten in Zorn und Wallung versetzenden Einbrüche in Privatwohnungen durch die Polizei im Laufe der amerikanischen Geschichte trugen sich während der letzten Dekade in Kalifornien zu. In einer Reihe von Fällen wurde das Eindringen von der Polizei so bewerkstelligt, daß sie durch die Fenster kletterte oder einfach Löcher in die Wände schlug, um Mikrophone einzubauen, in der Hoffnung, belastenden Beweismaterials habhaft werden zu können. Seit Jahrzehnten haben immer wieder die Gerichte entschieden, daß der Zutritt zu Wohnräumen – auch mit Haussuchungsbefehlen – nicht zu rechtfertigen sei, wenn die Durchsuchung lediglich der Sammlung von Beweismaterial dienen soll. In Kalifornien jedoch unterzog sich die Polizei noch nicht einmal der Mühe, derartige Haussuchungsbefehle überhaupt zu beschaffen. Sie zog es vor, sich an ein in Kalifornien gültiges Gesetz aus dem Jahre 1941 zu halten, das der Polizei den Gebrauch versteckter Mikrophone gestattete und sie berechtigte, sich überall dort Zutritt zu verschaffen, wo sie ihre Mikrophone anzubringen gedachte.

Das Anbringen von Mikrophonen – das sollte nicht unerwähnt bleiben – ist ein noch gröberes Eindringen in das Privatleben einzelner als das Anzapfen von Leitungen. Beim Leitungsanzapfen wird die Unterhaltung wenigstens noch mit jemandem *außerhalb* der Mauern des Hauses geführt, aber ein Mikrophon kann selbst Gespräche, die Eheleute im Schlafzimmer führen, aufnehmen und wiedergeben.

Weil aber die Telephongespräche seit jeher Verordnungen des Staates unterlagen, hat der Bürger in den meisten Staaten der USA in höherem Maße gesetzlichen Schutz vor dem Anzapfen seiner Telephonleitung als vor der Anwendung von verborgenen Mikrophonen.

Ein Fall, der bis vor das Oberste Gericht kam, hatte einen der unverschämtesten Einbrüche in eine Wohnung durch Angehörige der Polizei von Los Angeles zum Gegenstand. Dieser Fall betraf einen verdächtigen Buchmacher namens Irvine. Während Mr. und Mrs. Irvine vom Hause abwesend waren, verschaffte sich die Polizei mit Hilfe eines Nachschlüssels Zutritt zu den Wohnräumen und machte sich daran, ein Loch in das Hausdach von Irvines Anwesen zu schlagen, einen Draht durch die Öffnung zu leiten und diesen mit einem entfernt angebrachten Mithörgerät zu verbinden. Anfangs verbarg die Polizei dieses Gerät auf dem Vorplatz des Hauses. Als man jedoch keine befriedigenden Erfolge zu verzeichnen hatte, drangen die Polizisten einige Tage später, als Irvines wieder nicht zu Hause waren, erneut in die Wohnung ein und brachten das Mikrophon im Schlafzimmer des Ehepaares an. Am Monatsende erfolgte ein weiterer derartiger Einbruch, um das Mikrophon nun endlich im Schlafzimmerschrank unterzubringen. Nach etwa einem Monat glaubte man das zu haben, was man für belastendes Beweismaterial hielt.

Einige der Richter des Obersten Gerichtes stellten sich auf den Standpunkt, daß die durch die Polizei angewandte Taktik gegen den Grundsatz des 4. Zusatzartikels verstieße, doch die Mehrzahl hielt dem entgegen, daß das auf diese Weise gewonnene Beweismaterial in Anbetracht der in Kalifornien geltenden Bestimmungen zulässig sei[4].

Doch inzwischen hat man im Zusammenhang mit einem anderen Fall – ebenfalls vor einem kalifornischen Gericht – die Entdeckung gemacht, daß die Polizei sich auch weiterhin das Recht und die Freiheit nahm, durch Wohnungsfenster einzusteigen. Auf der Suche nach Beweismaterial über einen suspekten Buchmacher namens Cahan kletterten die Polizisten von Los Angeles zu nächtlicher Stunde durch das Seitenfenster der Wohnung des Bruders in die Wohnung von Cahan, um dort ein Mikrophon anzubringen. Um Zutritt zu der Mietwohnung eines Mannes zu erlangen, hinter dem man den Buchhalter Cahans vermutete, traf ein Polizeibeamter – wie aus einer eidesstattlichen Erklärung hervorging – mit dem im Hause wohnenden Vermieter der Wohnung vertraulich die Absprache, er solle seinen Mietern mitteilen, daß in Kürze Termiten-Inspektoren zur Überprüfung der Wohnungen erscheinen würden. Die Termiten-Inspek-

toren wurden von den Mietern freundlich aufgenommen. Im Laufe der Inspektion baute einer der »Assistenten« unbemerkt ein Mikrophon in der Wohnung ein.
Die Polizisten in der Stadt fuhren fort, sich Beweismaterial dadurch zu verschaffen, daß sie sich den Zutritt zu Wohnungen und privaten Grundstücken mit Gewalt und anderen unerlaubten Mitteln erzwangen. Als der Fall Cahan schließlich vor Gericht kam, entschied der Oberste Gerichtshof des Staates Kalifornien, daß die Entwicklung den Behörden in einem solchen Ausmaß und in so offenkundiger Weise aus der Hand geglitten sei, daß sich nunmehr das Gericht zum Erlaß von Bestimmungen gedrängt fühlte, demgemäß fortan auf ungesetzlichem Wege und mit unerlaubten Mitteln zusammengetragenes Beweismaterial bei den Gerichtshöfen des Staates Kalifornien nicht mehr zugelassen sei[5].
Um eine letzte Form des behördlichen Eindringens in die Burgen unserer heutigen Zeit aufzuzeigen, sei darauf hingewiesen, mit welcher Faszination und Hingabe sich die Bundes-, Staats- und lokalen Behörden den umfangreichen Sprühprojekten der Schädlingsbekämpfung zugewendet haben. Die erzielten Erfolge sind noch in der Diskussion. Noch heftiger sollte aber die Frage diskutiert werden, ob irgendeine Behörde das Recht hat, von Flugzeugen oder Lastwagen herunter Giftstoffe zu versprühen, die auf Gärten und Häuser von Privatleuten heruntersinken. Kann uns nicht mehr gestattet sein, als hilflos die Fäuste gegen Flugzeuge und Lastwagen zu schütteln? Sicherlich sollte dieses Versprühen von Giftstoffen niemals vorgenommen werden, ohne den davon betroffenen Bewohnern rechtzeitig und in ausreichendem Maß Mitteilung davon zu machen, so daß sie noch die Möglichkeit eines Einspruches haben, wenn sie einen solchen Schritt für geboten halten. Im Jahre 1963 ließen Dienststellen der Bundesregierung und der Stadtverwaltung von New York Giftstoffe über eine Fläche von 40 000 Hektar in der Umgebung des New Yorker Stadtkerns versprühen, um Mottenschwärme zu bekämpfen. Senator Jacob K. Javits von New York behauptete, daß dieses Großraumsprühprojekt zur Hälfte bereits abgeschlossen war, bevor die Einwohner überhaupt erfuhren, daß damit begonnen werden sollte. Sollten diese und andere Arten von Einbruch in die Privatsphäre des einzelnen sich weiter so ausbreiten wie bisher, dann wird die Vorstellung von unserem Heim als unserer Burg tatsächlich ihres ursprünglichen Sinnes beraubt und bedeutungslos!

10. Der unnotierte Preis für den Schutz vor finanziellen Verlusten

»Dieser Mann, der die Antragstellerin heiraten will, weiß nicht, daß sie sich mit den beiden anderen Männern abgegeben hat, mit denen ich sie in den letzten Wochen gesehen habe.« – Auszug aus einem Bericht eines Versicherungsermittlers, der die Aufgabe hatte, eine junge Frau zu überprüfen, die eine Versicherung auf ein Schmuckstück abschließen wollte.

Natürlich ist es nicht jedem Ermittler vergönnt, eine Person besser kennenzulernen als der künftige Ehepartner. Zehntausende von Kreditüberprüfern und Versicherungsermittlern wissen allerdings erheblich mehr über das Privatleben von Millionen amerikanischer Staatsbürger, als jenen bewußt ist. Sie wissen häufig sogar noch erheblich mehr, als der Bewerber auf seinem Antragsformular für ein Darlehen oder eine Versicherung angegeben hat. Diese Ermittler haben Zugang zu Zentralkarteien; sie führen oftmals telephonische Kontrollen durch, und sie machen nicht selten Stichproben in der Nachbarschaft oder bei der Bank des Antragstellers.

Wenn Kreditbüros sich um Platzgeschäfte bemühen, prahlen sie gern damit, daß ihre Gutachten einem Menschen anhaften wie ein Schatten. Daran ist mehr als nur ein Körnchen Wahrheit, selbst wenn man in einen anderen Staat übersiedelt. Die etwas über 2000 Kreditbüros schicken sich gegenseitig mehr als 4 000 000 Gutachten über Einzelpersonen im Jahr zu. Jedes Büro legt routinemäßig für jeden Bewerber eine Akte an, der bei einem seiner Klienten einen Kreditantrag stellt. Diese Akte enthält aller Wahrscheinlichkeit nach Angaben über die bisherigen beruflichen Positionen, Wohnsitze, Familienverhältnisse, Einkommen, Bankkonto, die gesetzlichen Verpflichtungen, Schulden, Vermerke über die Frist, in der die Rechnungen beglichen werden, usw. Alles in allem gibt die Akte eine Art Überblick über Herkommen, Kreditwürdigkeit, Charakter – kurz, über alle Angaben, die einem Geschäftsmann von Nutzen sind, wenn er jemandem Kredit einräumen und vorher kurz überschlagen will, wie groß sein Risiko möglicherweise ist. Verlangt ein Kunde ein Sondergutachten (das zwischen 15,– und 100,– Dollar und mehr kosten kann), ziehen die Ermittler des Kreditbüros natürlich gründlichere Erkundigungen ein. Und wenn die Auskünfte für sachdienlich gehalten werden, können sie außerdem Angaben über die Abschlußnoten der Universitätsexamina oder die Stabilität der Ehe des Bewerbers beschaffen.

Der Schriftsteller Hillel Black erforschte eines der Riesenunternehmen, das Credit Bureau of Greater New York, so gründlich, daß das Unternehmen – ohne Erfolg – versuchte, seine Tätigkeit durch einen »Sicherheitsvorhang« abzuschirmen[1]. Black erfuhr, daß dieses Büro seiner Aktensammlung jedes Jahr eine Million »nachteilige« Berichte hinzufügt. Man kann aufgrund solch eines »nachteiligen« Berichtes, der eine der verschiedensten Ursachen haben kann, wie Säumigkeit bei der Mietzahlung oder in der Begleichung von Rechnungen, ernstlich in Schwierigkeiten geraten. Ein großer Teil der ungünstigen Informationen wird dem Kreditbüro von den angeschlossenen Firmen geliefert. Mehr als zwei Dutzend »Blitz-Telephon-Mädchen«, die in der Zentralkartei des Büros sitzen, können ungeduldigen Angestellten oder den Leitern von Kreditabteilungen der zu ihrem Kundenkreis zählenden Warenhäuser in weniger als zwei Minuten einen Bericht zusammenstellen. Außerdem arbeiten für jenes Büro etwa vierzig Ermittler, die so etwas wie eine Überprüfung von ungefähr 250 000 Personen jährlich vornehmen. Den größten Teil ihrer Arbeit erledigen sie telephonisch, um Zeit zu sparen. Der Durchschnittsermittler bearbeitet rund zwanzig Fälle am Tag. Er hat die Möglichkeit, den Vermieter des Überprüften, die Nachbarn, Vorgesetzten oder seine Bank anzurufen oder in den verschiedenen Verzeichnissen nach ihm zu fahnden. Die Retailers Commercial, eine Tochtergesellschaft der gigantischen Retail Credit Company, betätigt sich in zahlreichen Städten ebenfalls rege mit der Beschaffung von Kreditüberprüfungen von Einzelpersonen.

Kreditüberprüfer und Versicherungsermittler verlassen sich größtenteils auf ein Spezialtelephonbuch, das vielfach »Kreuz-und-quer-Verzeichnis« oder auch »Straßenkreuz-Verzeichnis« genannt wird. Es ist nach Straßen eingeteilt und führt die Inhaber der Fernsprechanschlüsse mit voller Anschrift in der Reihenfolge der Straßennamen auf. Anschließend wird die Nummer des Anschlusses angegeben. Auf diese Weise kann der Ermittler »seinen Mann« nicht nur in seiner Nachbarschaft präzise lokalisieren, sondern gleichzeitig mit einem Blick auch dessen nächste Nachbarn kennenlernen.

Das Ausfindigmachen der Bank, bei der der Überprüfte ein Scheckkonto hat, ist – wie ich zu meiner Überraschung erfuhr – normalerweise eine recht einfache Sache, obgleich die Banken keine Kundenlisten herausgeben. Jemand, der in den größeren Warenhäusern einen Kredit beantragt oder auf Ratenzahlung kauft, wird bei Eröffnung eines Kreditkontos oder bei Beantragen eines Wareneinkaufskredits für gewöhnlich aufgefordert, seine Bankverbindungen anzugeben. Diese Auskunft wird dann automatisch an die Kreditbüros weitergegeben. Ist einmal die Bank ausfindig gemacht, kann häufig schon ein Anruf oder Besuch eines vertrauenswürdigen Kredit- oder Versicherungsermittlers bei einem Beamten der Bank eine ganze Menge von Informationen über die Angelegenheiten des Kreditnehmers zutagefördern, von denen er wohl angenommen haben mag, daß sie vertraulich behandelt würden. Allerdings unterscheiden sich in dieser Beziehung die Banken in ihrer Bereitwilligkeit zur Mitarbeit durchaus voneinander.

Ein Bankleiter ist üblicherweise bereit, auf Rückfrage einer eingeführten Auskunftei die folgenden Informationen über das laufende Konto eines Bankkunden zur Verfügung zu stellen: Die laufende Höhe des Guthabens auf dem Konto ..., ob auf dem Konto Kredit in Anspruch genommen wird oder nicht und ob im Fall der Kreditaufnahme Sicherheit gestellt ist oder nicht... ferner, ob das Konto von dem Kunden ordnungsmäßig geführt wird oder nicht. In Fällen, in denen der Kunde eine Hypothek in Anspruch genommen hat, wird der Bankleiter üblicherweise auch noch angeben, ob sich hinsichtlich der laufenden Leistung von Zins- und Tilgungszahlungen Schwierigkeiten ergeben haben oder nicht. Wie eingehend die erteilten Auskünfte sind, hängt davon ab, ob sich der Ermittler bei der Befragung als erfinderisch erweist, und wie günstig seine Firma vom Bankbeamten beurteilt wird. Es kommt aber auch auf das Maß an Bereitwilligkeit zur Zusammenarbeit des Bankiers an. Beispielsweise könnte der Bankbeamte erklären, der Saldo des Girokontos bewege sich in den »unteren drei« oder den »oberen vier«. Im normalen Sprachgebrauch bedeutet das, daß der Kontenstand für gewöhnlich zwischen 200,– und 400,– Dollar, oder aber zwischen 7000,– und 9000,– Dollar liegt. Ein ehemaliger Versicherungsermittler in den Südstaaten erzählte mir, daß er so gut wie jedesmal in der Lage war, Bankauskünfte in »runden Tausend« einzuholen. Die Banken, das sei noch hinzugefügt, führen heutzutage eine riesige Menge von Überprüfungen selbst durch, sowohl zu ihrer eigenen Information als auch zur Information ihrer Kunden.

Der Leiter einer großen Finanzauskunftei in New York zeigte mir die Auskunft über einen Geschäftsmann. Hinsichtlich seines Verhältnisses zu seiner Bank fand sich darin folgender Vermerk: »Sein Konto kann als normal bezeichnet werden; Kredit wird nicht in Anspruch genommen; das Konto ist stets ordnungsgemäß geführt worden und zeigt gegenwärtig ein vierstelliges Guthaben mittlerer Höhe.«

Eine der peinlicheren – wenn auch nützlichen – Dienstleistungen zahlreicher Kreditbüros besteht in der Ausfertigung von Kreditbulletins an ihre Kunden, in denen jene Personen aufgeführt werden, die anderen Kunden ungedeckte Schecks ausgestellt haben. Ich nenne diese Listen peinlich, weil ein großer Teil von den hunderttausenden Schecks, die nicht gedeckt sind, lediglich aus Nachlässigkeit, nicht aber aus bösen Absichten heraus ausgeschrieben werden. Einige Leute führen eben nicht sorgfältig Buch. Theoretisch gesehen ist ein ungedeckter Scheck nicht vor Ablauf einer bestimmten Frist (z. B. fünf Tage in New York) einklagbar, in der der Aussteller des Schecks für Deckung sorgen kann. Doch man hört zuweilen Klagen, daß einige Kreditbüros sich nicht der notwendigen Mühe unterziehen, in ihren Kreditbulletins zwischen vergeßlichen Hausfrauen und Scheckbetrugskünstlern zu unterscheiden. Der beste Schutz für eine Hausfrau ist ein freundlicher, nachsichtiger Bankbeamter, der sie das Konto überziehen läßt, da er genau weiß, daß er sich darauf verlassen kann, daß sie das Defizit wieder ausgleichen wird.

Und die Büros geben tägliche Prozeßberichte heraus mit den Namen der Leute, gegen die ein Verfahren angestrengt worden ist. Dies ist ebenfalls eindeutig eine rechtmäßige Dienstleistung gegenüber den Mitgliedsfirmen. Aber wegen der häufig mangelnden Sorgfalt beim Unterscheiden zwischen Betrug und Fällen, in denen aufgrund eines Vergleiches das Verfahren eingestellt wird, können diese Listen die Chancen eines Mannes, einen guten Posten zu bekommen, noch nach Jahren zunichtemachen.

Wie wir bereits festgestellt haben, lassen nämlich Arbeitgeber vor einer Einstellung häufig als reine Routinemaßnahme unter anderen Ermittlungen auch Kreditüberprüfungen durchführen. Ein ungedeckter Scheck mag trotz ungenügender Deckung einmal unbedachterweise ausgestellt worden sein. Die Angelegenheit kann aber augenblicklich wieder in Ordnung gebracht und eine Klage wegen Geringfügigkeit abgewiesen oder niedergeschlagen worden sein. Dennoch verfolgt die Geschichte einen Menschen noch jahrelang. Die Warenhäuser, die mit einem Kreditbüro zusammenarbeiten, sind verpflichtet, das Büro davon zu unterrichten, wenn bei einem Scheck nachträglich für Deckung gesorgt wurde. Sie unterlassen es aber oft genug.

Das Problem liegt darin, daß die Kosten für die Erlangung von Auskünften über gerichtliche Verfahren niedrig sind, die Kosten für das Verfolgen der niedergeschlagenen Verfahren aber wegen des Aufwandes von Zeit und Mühe erheblich höher liegen. Angesichts dieser Tatsache sollte jeder Geschäftsmann einen zukünftigen Kunden oder Kreditnehmer zumindest anrufen und seine Erklärung zu der aufgeführten Klage einholen.

Das Credit Bureau of Greater New York macht es allen seinen Kunden, die Prozeßberichte anfordern, zur Pflicht, eine vorgedruckte Verzichterklärung zu unterschreiben. Darin heißt es: »Das Kreditbüro haftet nicht für Schäden und Verluste, die dem Unterzeichner aufgrund von Irrtümern, Unterlassungen, Ungenauigkeiten oder anderen Fehlern in den Prozeßberichten entstehen können.«

Ich lernte einen Mann kennen, der sich in den Praktiken der Kreditinstitute genau auskannte und der die Entdeckung machte, daß in seinem eigenen Kreditgutachten bei einem sehr großen Institut im Osten des Landes drei gegen ihn angestrengte Verfahren aufgeführt waren. Sein Zorn scheint gerechtfertigt gewesen zu sein. Eine der Klagen lag weit zurück und datierte gegen Ende der dreißiger Jahre. Dabei ging es um ein Zeitschriftenabonnement, das er nie bestellt hatte. Ihm wurde wegen 5,– Dollar eine Klage angedroht, aber damit war der Fall auch erledigt. Der zweite Rechtsstreit, gegen Ende der vierziger Jahre, ergab sich aus Unstimmigkeiten zwischen ihm und seinem Rechtsanwalt über eine Gebühr von 200,– Dollar. Der Rechtsanwalt und er einigten sich schließlich auf eine Summe von 50,– Dollar, und die Klage wurde zurückgezogen. Der dritte Rechtsstreit betraf den Wert einer Dienstleistung für einen Kunden, mit der dieser nicht einverstanden war. Die Klage kam vor ein Geschworenengericht und der Mann gewann nicht nur den Prozeß, sondern brauchte nicht einmal die Anwaltskosten zu übernehmen.

Sein Kreditgutachten enthielt keinerlei Vermerke über eine der Gerichtsverfügungen. Es kostete den Mann zwei Tage, bis er die Gerichtsbeschlüsse hervorgekramt hatte und sie dem Kreditinstitut vorlegen konnte. Die Eintragungen in seinem Report wurden daraufhin gelöscht. Mein Gewährsmann vertritt mit allem Nachdruck den Standpunkt, daß man es den Kreditbüros und allen übrigen Institutionen, die derartige Berichte herausgeben, zur Pflicht machen sollte, die Einstellung eines Gerichtsverfahrens oder das ergangene Urteil bis zu neunzig Tagen vor Erstellung eines Berichts in den entsprechenden Unterlagen aktenkundig zu machen.

Für alle Ermittler auf dem Gebiet des Finanzwesens bedeutet es für gewöhnlich eine schwere Enttäuschung, wenn sie aufgefordert werden, ein Gutachten über jemanden zu verfassen, der nichts vom Geldpumpen, von einem Leben auf Kredit und der Eröffnung eines Kundenkreditkontos hält. In solchen Fällen gibt es keinerlei schriftliche Hinweise über die Kreditwürdigkeit dieses Menschen, die man als Ausgangsbasis benutzen könnte. Dieses Problem ergibt sich oft bei wohlhabenden Personen, insbesondere denjenigen, die aus Europa oder Südamerika stammen, und die Auffassung vertreten, es sei ehrenrührig, Schulden zu haben. Ein Ermittler, der angewiesen worden war, die finanziellen Verhältnisse eines ehemaligen Angehörigen des europäischen Hochadels zu überprüfen, der sich inzwischen in den Vereinigten Staaten niedergelassen hatte, machte seinem enttäuschten Herzen mit den folgenden Worten Luft: »Nicht ein einziges Bankkonto dieses Menschen schien es im Stadtgebiet von Groß-New York zu geben, nichts ließ sich ausfindig machen. Es existierte nicht der geringste Hinweis, daß der Betreffende einen Kredit aufgenommen oder beantragt hatte. Es war einfach nicht möglich, an irgendwelche Informationen heranzukommen, die es erlaubt hätten, die Finanzlage dieses Mannes zu beurteilen.«

Im Zeitraum der letzten zwei oder drei Jahre hat man sich in England bemüht, auf nationaler Ebene einen Bonitätsprüfungsdienst ähnlich dem der amerikanischen Kreditbüros ins Leben zu rufen. Diese Bemühungen stießen bei denen, die in ihrem Denken der guten, alten Zeit die Treue gehalten haben und in solch einer Maßnahme einen gewaltsamen Eingriff in den privaten Bereich des einzelnen erblicken, auf eisige Ablehnung. Sie stellen sich auf den Standpunkt, die Finanzen eines Menschen sollten nur ihn allein etwas angehen, sonst jedoch niemanden. Hillel Black zitiert einen in Großbritannien erschienenen Leitartikel, in dem Klage geführt wird, daß der typische Brite seit dem viktorianischen Zeitalter seine Finanzverhältnisse als eine rein persönliche Angelegenheit zwischen sich und seinem Bankier, und keinem anderen betrachtet habe. In dem Artikel heißt es weiter: »Der Gedanke, daß, wie es in Amerika bereits der Fall ist, (irgend jemand) einer wie auch immer gearteten öffentlichen Kreditwürdigkeitsprüfung unterworfen werden sollte, stellt ein Ansinnen dar, das (ein Brite) naturgemäß zurückweist.«

Vielleicht fangen manche Amerikaner auch schon an, sich gegen einen derartigen, anmaßenden Eingriff zur Wehr zu setzen. Wenigstens scheint es, als ob einige Geschäftsleute, die ihre Ware ausschließlich gegen Barzahlung abgeben, glauben, daß sie den mit den Kreditwürdigkeitsprüfungen verbundenen Eingriff in die persönlichen Bereiche für sich ausnutzen könnten. Der Textilkonzern Robert Hall betont in seinen Werbesendungen ausdrücklich, daß seine Filialläden »nicht in Ihr Privatleben mit Kreditfragebogen eindringen.« (Und man hätte getrost fortfahren können, daß die Fragebogen oft ja nur den Anfang des Einbruchs in die Privatsphäre darstellen.)

Nicht so allgemein bekannt wie die Überprüfer der Kreditwürdigkeit, aber vielleicht innerhalb der modernen amerikanischen Gesellschaft allgegenwärtiger, sind jene Firmen, die sich auf Versicherungsermittlungen spezialisiert haben. Die Amerikaner sind hinreichend begütert, um Abermillionen Versicherungspolicen verschiedenster Art zu besitzen. Millionen von Antragstellern werden überprüft, für gewöhnlich ohne ihr Wissen. Normalerweise geht dem Abschluß einer Versicherung bis zu einem Betrag in Höhe von 10 000,– Dollar nur eine Routineermittlung voraus, es sei denn, »besondere Umstände« erforderten mehr. Liegen besondere Gründe vor, die größere Vorsicht ratsam erscheinen lassen, zieht man auch dann schon genauere Erkundigungen ein, wenn es sich um eine ganz gewöhnliche Fahrzeugversicherung im Werte von 1500,– Dollar handelt. Um einen »besonderen Umstand« handelt es sich beispielsweise, wenn ein verheirateter Mann eine Lebensversicherung abschließen will und als Begünstigte ein Mädchen benennt, das zu ihm in keiner verwandtschaftlichen Beziehung steht. Die Versicherungsgesellschaft wird sich natürlich fragen, ob sie nicht seine Geliebte sein könnte. Dies würde in der Vorstellung der Versicherer die Möglichkeit eines unvorhersehbaren Umstandes bedeuten, den sie als Risiko ansehen müssen. Ein paar Gesellschaften bieten neuerdings Nichtrauchern niedrigere Prämien für eine Lebensversicherung an. Sie werden jedoch oft Nachbarschaftskontrollen anordnen, um die Gewähr zu haben, daß der Antragsteller auch wirklich Nichtraucher ist.

In der Frage, wann die Antragsteller einer Überprüfung unterzogen werden, sind offenbar die Gepflogenheiten der einzelnen Versicherungsgesellschaften unterschiedlich. Ein ehemaliger Ermittler sagte mir, daß er im Staate Lousiana Anweisung erhalten habe, auch in solchen Fällen genaue Erkundigungen einzuziehen, in denen es sich lediglich um Versicherungen im Werte von 500,– Dollar zur Deckung der Bestattungskosten gehandelt hatte.

Einige der großen Versicherungsgesellschaften verwenden Computer, um Fälle für Stichproben auszuwählen. Wenn ein solches Unternehmen beispielsweise 10 000 sogenannte PPFs (»personal property floaters« = Hausratspauschalversicherungen) zu je 10 000,– Dollar hat, werden vermutlich 9500 Fälle einer nur oberflächlichen Überprüfung unterzogen; aber der Computer wird 500 für eine Spezialüberprüfung auswerfen und etwa 100 (oder ein Prozent) für eine Totalüberprüfung auswählen. Im allgemeinen kann wohl angenommen werden, daß jeder, der eine Versicherung in Höhe von mehr als 20 000,– Dollar abzuschließen gedenkt, sehr sorgfältig überprüft wird.

Ein Laie könnte meinen, daß der Versicherungsagent, der mit dem Antragsteller verhandelt, am ehesten in der Lage sein müßte, alle

notwendigen Auskünfte zu beschaffen. Die Versicherungsunternehmen sind jedoch anderer Ansicht und glauben, daß die Begeisterung des Vertreters für seine Provision ihn vermutlich unfähig macht, die Risiken realistisch zu bewerten. Infolgedessen ziehen die Versicherungsunternehmen es für gewöhnlich vor, derartige Ermittlungen durch außenstehende »Prüfungsgesellschaften« vornehmen zu lassen.
Da diese eingehenden Untersuchungen helfen, den Unschuldigen zu schützen, kann man ihnen theoretisch eigentlich nur Beifall zollen. Uns beschäftigen hier jedoch andere Praktiken, die sich entwickelt haben, da zahlreiche Methoden, die von einer Reihe von Ermittlungsfirmen angewandt werden, nachlässig sind oder einen unmäßigen Einbruch in das Privatleben darstellen. Außerdem glauben die Ermittlungsbüros oftmals, sich das Recht herausnehmen zu dürfen, Informationen aus ihren Akten an »außenstehende« Kunden anderer Branchen als dem Versicherungswesen zu verkaufen. Oder sie glauben berechtigt zu sein, ihre Sonderstellung dazu benutzen zu können, anderweitige Aufgaben zu übernehmen. Offenbar geschieht es aus Gründen der Wirtschaftlichkeit, daß man sich an fremde Ermittlungsagenturen wendet, die derartige Ermittlungen in großem Stil durchführen: Die Versicherungsgesellschaft kann durch Ausspielen einer Agentur gegen die andere bei jedem Ermittlungsauftrag ein paar Pfennige einsparen.
Zu den bekannteren Unternehmen in dieser Flut von Versicherungsermittlungs- oder Überwachungsbüros im Osten der Vereinigten Staaten gehören Hooper-Holmes, Service Review, O'Hanlon Reports und die Silas R. Franz Company. Die Mehrzahl von ihnen arbeitet in allen Teilen der Vereinigten Staaten. Hinzu kommt das sich über alle Teile der Vereinigten Staaten spannende Netz von Zweigbüros der Retail Credit Company, einer Organisation auf Landesebene. Obgleich die Retail Credit Company als ein Kreditüberprüfungsunternehmen ins Leben gerufen wurde, betreffen 86 Prozent ihrer gesamten Ermittlungen heute Versicherungsanträge oder -ansprüche. Dieses Unternehmen führt – einschließlich Versicherungsermittlungen – jährlich zwölf Millionen Überprüfungen durch, in der Hauptsache Überprüfungen von Einzelpersonen oder Kleinbetrieben.
Je höher eine Versicherungssumme, desto erschöpfender sind die Erkundigungen. Aber einige Gesellschaften führen in jedem Fall irgendeine Prüfung durch, wie mir jemand von der Retail Credit Company erklärte. Unter Zuhilfenahme eines durchaus typischen Beispiels erkundigte ich mich, welche Art von Prüfung wohl in Frage käme, wenn es sich um einen normalen Antrag auf eine Lebensver-

sicherung in Höhe von 5000,– Dollar handelte. Ich erhielt zur Antwort, die Versicherungsgesellschaft würde wahrscheinlich zwei oder drei Interviews erwarten, je nach den Umständen. Er könnten vielleicht Gespräche mit einem Nachbarn, einem Kollegen, mit dem Bankier des Antragstellers, mit seinem Arbeitgeber oder auch mit ihm selbst geführt werden.

Einige der Ermittlungsfirmen, wie die Retail Credit Company, zahlen ihren Ermittlern fixe Gehälter, andere entlohnen sie auf Provisionsbasis pro Auftrag. Manche halten die Provisionen so niedrig wie möglich, um den Versicherungsgesellschaften günstigere Preise bieten zu können. Ein Großteil dieser riesigen Versicherungsgesellschaften versucht, die Pauschalpreise so niedrig wie nur möglich zu halten.

Dementsprechend nimmt ein Ermittlungsunternehmen unter Umständen eine große Zahl von Aufträgen entgegen und berechnet für jedes Gutachten, das sich auf Aktenstudium und Nachbarschaftskontrollen gründet, einen Pauschalpreis von 3,60 Dollar. Dies ist die sogenannte »Nur-einmal-anhalten«-Ermittlungsmethode. Der Ermittler erhält wahrscheinlich die Hälfte der Gebühren, also 1,80 Dollar. Da er für diesen mageren Lohn auch noch jedes Gutachten selbst auf der Maschine schreiben muß, steht es ihm wohl an, »schnellfüßig« zu sein, und könnte ihn möglicherweise dazu verleiten, sich da auf bloße Annahmen zu stützen, wo es sich um weniger riskante Einzelheiten des Gutachtens handelt.

Viele Ermittler sind »Gebietsspezialisten«. Sie bearbeiten alle Fälle innerhalb, sagen wir, eines Gebiets von etwa dreißig Häuserblocks einer Stadt, was natürlich die Fahrtzeiten erheblich verkürzt. Sie sind manchmal schon nach einem »Schwätzchen« von nur zehn Minuten mit dem Besitzer der Wäscherei, dem Pförtner, dem Fahrstuhlführer oder mit der Nachbarin auf ihrer Veranda in der Lage, ihren Bericht zu schreiben. Viele Menschen lehnen es glücklicherweise ab, Ermittlern gegenüber Einzelheiten zu erwähnen, aber viele andere, die Langeweile haben oder sich einsam oder auch geschmeichelt fühlen, ergreifen die willkommene Chance, mit ihrem Wissen zu glänzen. Die Rolle, die gewisse Fahrstuhlführer als Informanten spielen, war u. a. Gegenstand eines Artikels in der *»New York Times«* über den Einfluß automatischer Aufzüge auf die Fahrstuhlführer. Der Reporter bemerkte hierzu: »Das Vertrauen in die selbsttätig funktionierenden Maschinen droht auch jene Fahrstuhlführer überflüssig zu machen, die lange Zeit Wett-Tips gaben, herumstrolchende Kinder wieder auffanden – und als professionelle Lauscher fungierten.«

Der Ermittler, der vor Abschluß einer Versicherung gegen Einbruchdiebstahl eine Spezialermittlung durchführt, wird wahrscheinlich gern einen Blick in die Wohnung des Versicherungsnehmers werfen oder sich zumindest eine Wohnung gleichen Typs ansehen wollen. Zu seinen Aufgaben gehört es, Schlösser, Summeranlagen des automatischen Türöffners und die Fenstersicherungen zu inspizieren. Das läßt sich meistenteils wohl ohne besondere Schwierigkeiten möglich machen. Und sollten die Überredungskünste einmal versagen, läßt sich für gewöhnlich der Hausmeister erweichen und fördert einen Nachschlüssel zutage, wenn man ihm einen Zehndollarschein zusteckt. Diese Hausmeister sind allerdings auch klug genug zu wissen, daß die Hausverwaltung nicht die leiseste Lust verspürt, bei der eigenen Versicherungsgesellschaft ins Fettnäpfchen zu treten. Es kann schließlich durchaus sein, daß diese auch der Firma, für die der Ermittler tätig ist, Ermittlungsaufträge erteilt.
Der Geschäftsführer des kleinen Lebensmittelgeschäfts gerade um die Ecke gilt nicht als aussichtsreiche Informationsquelle über einen Antragsteller, da er diesem gegenüber vielleicht zu einer Art hartnäckiger Treue verpflichtet zu sein glaubt. Die Geschäftsführer von Supermärkten stehen dagegen in dem Ruf, sich um Dinge wie Loyalität weniger den Kopf zu zerbrechen. Außerdem gibt es in etwa einem Drittel dieser Selbstbedienungsläden die Möglichkeit, die eingekaufte Ware durch Schecks zu begleichen. Darum haben jene Manager möglicherweise sehr lohnende Angaben darüber zu machen, wieviele Schecks der Überprüfte innerhalb eines Monats eingelöst hat, und vielleicht erinnert er sich auch noch daran, wo das Geld herkam.
Die Ermittler berichteten zuweilen, daß sie manchmal in der nächstgelegenen Tankstelle sehr brauchbare Informationen erwerben konnten. Der Tankwart beschreibt vielleicht freimütig die Familie, läßt entsprechende Bemerkungen über die Kinder fallen, die kaum vor Wildheit zu bändigen sind, oder über den schmutzigen Zustand, in dem sich der Wagen der Familie befindet. Oder er könnte im Laufe des Gespräches einflechten: »Es vergeht kein einziger Monat, in dem ich den Wagen nicht gebracht bekomme, um ihn abzuschmieren und die Bremsen nachzusehen.« Einer der Ermittler bemerkte in diesem Zusammenhang: »Mir sagt das schon eine ganze Menge. Mein Schützling ist also einer von den Ordentlichen, die regelmäßig ihren Wagen in der Werkstatt nachsehen lassen. Es liegt folglich klar auf der Hand, daß er nicht leichtsinnig in Schulden gerät.«
Bei den meisten Versicherungsermittlungen sind die wichtigsten Angaben, die ermittelt werden müssen: Die finanzielle Stabilität des Antragstellers und die Frage, ob er moralisch ein Risiko sein könnte.

Ein Schürzenjäger z. B. könnte von einem wütenden Ehemann eine Kugel in den Kopf bekommen, wenn er im Schlafzimmer der Ehefrau »in flagranti« erwischt würde. Diese Möglichkeit macht den Mann zu einem Risiko für die Versicherung. Auch wer viel Alkohol zu sich nimmt, ist ein Risiko. Noch schlimmer wäre es, wenn der Mann unerlaubten Handlungen Vorschub leistete, um in den Besitz der Versicherungssumme zu gelangen.
Ist eine Spezialermittlung erforderlich, hat der Ermittler möglicherweise eine ganze Liste mit Dutzenden von Einzelfragen, auf die er die Antwort finden muß. Der »Spezielle«, wie diese Art von Ermittlung in der Sprache mancher Agenturen heißt, ist um einen Grad sorgfältiger als die »Nur-einmal-anhalten«-Methode, aber er ist nicht so umfassend und tiefschürfend wie die Ermittlung »mit allen Schikanen«, die mitunter ein Gutachten von tausend Worten erforderlich macht. In vielen Fällen ist der Ermittler im Rahmen seiner Befragung ermächtigt, sich direkt mit dem Antragsteller zu unterhalten. Der »Spezielle« wird für gewöhnlich angeordnet, wenn über eine hohe Versicherungssumme abgeschlossen wurde, wenn die Risiken über das normale Maß hinausgehen oder der künftige Inhaber der Police eine prominente Persönlichkeit ist. Der bloße Umstand der Zugehörigkeit zur Prominenz genügt, wie man annehmen muß, um den Antragsteller zum besonderen Risiko werden zu lassen. Unter dem »Speziellen« versteht man eine gründliche, wenn auch nicht übertriebene Ermittlung der beruflichen Karriere, der Finanzlage und des persönlichen Lebenswandels eines Bewerbers. Bei einer Einbruch-Diebstahlversicherung muß zusätzlich eine sorgfältige Bewertung der speziellen, das Risiko beeinflussenden Gegebenheiten erfolgen. (Dazu zählen die Art der Schlüssel, die Urlaubsgewohnheiten, eine genaue Beschreibung aller Hausangestellten, die Zutritt zur Wohnung haben, Geschlecht und Rasse aller Bediensteten und Angabe, ob sie im Hause schlafen oder nicht.)
Über die finanziellen Verhältnisse wird der Ermittler zumindest in Erfahrung bringen müssen: Eigenkapital, jährliches Einkommen während der letzten fünf Jahre, genaue Angabe, auf welchen Banken Bank- und Sparkonten unterhalten werden, Zeitpunkt der Konteneröffnung, durchschnittlicher monatlicher Saldo, alle Darlehen, ihr Verwendungszweck, Einzelheiten über die Rückzahlung, Übersicht über die laufenden Konten, Höchstbetrag, der je in einem Monat belastet wurde, durchschnittliche Frist der Begleichung von Rechnungen, irgendwelche Schwierigkeiten beim Eintreiben von Außenständen, Kreditlimit... Gerichtsverfahren oder -urteile im Zeitraum der letzten zwanzig Jahre.

Der »persönliche« Teil eines Sondergutachtens könnte folgende Angaben zur Person enthalten: Einen ziemlich vollständigen Lebensabriß (mit Ausnahme der geschäftlichen Informationen und der Angaben finanzieller Natur, die an anderer Stelle des Gutachtens aufzuführen sind), einschließlich der rassischen und nationalen Herkunft. Man informierte mich, daß die Versicherungsgesellschaften noch bis vor etwa fünf Jahren unerbittlich darauf bestanden, daß Angehörige der jüdischen Rasse genau angegeben werden mußten, selbst wenn nur die Großeltern Juden waren, oder wenn ein Name geändert wurde. Insbesondere diese Forderung rührt meiner Meinung nach von den ziemlich feindseligen Vorurteilen her, die unter den führenden Persönlichkeiten des Versicherungswesens vorherrschten. (Das Versicherungswesen steht unverändert fast an der Spitze der Unternehmen, die praktisch keine Juden in leitenden Stellungen dulden, wenngleich die Diskriminierung vor nicht allzu langer Zeit zurückgegangen ist und den Juden mehr Möglichkeiten eingeräumt worden sind.)
An »persönlichen« Daten über den Antragsteller erwartet man ermittelt zu bekommen: Lückenlose Angaben über den Bildungsweg ... seine Kinder ... Altersangabe ... Herkunft und eventuelle frühere Ehen seiner Frau ... Hinweise, ob die Ehe harmonisch oder stürmisch verläuft ... ob von ihm oder seiner Ehefrau bekannt ist, ob es von ihnen heißt oder ob gerüchtweise davon gesprochen wird, daß sie außereheliche Beziehungen gehabt haben oder zur Zeit haben ... Natur der Beziehungen zwischen Eltern und Kindern.
Ein Sondergutachten enthält unter den Angaben zur Person höchstwahrscheinlich eine detaillierte Schilderung der »Gewohnheiten« des Betreffenden. Der Bericht muß angeben, ob die Eheleute bekannt sind als Menschen, die ein ruhiges Leben führen (gut für die Bewertung) oder ob sie Aufsehen erregen durch ihr Benehmen oder ihren Umgang (schlecht für die Beurteilung). Kennt man den Betreffenden oder seine Frau als Menschen, die ihre Pelze, Schmucksachen oder ihre Luxuswagen um jeden Preis zur Schau stellen oder ob sie mit teuren Sachen achtlos umgehen, so ist das ebenfalls kein Pluspunkt in der Bewertung. Ferner sollte im Bericht genau angegeben sein, wie oft im Hause Gäste empfangen werden und die Art der Geselligkeiten und der Gäste. Zusätzlich mag vermerkt sein, ob der Mann und die Frau dazu neigen, Freunde oder Bekannte aus »ihren Kreisen« zu wählen oder nicht. Zieht es die beiden womöglich allabendlich in den Nachtklub, muß dies mit gebührender Sorgfalt untersucht werden. Wahrscheinlich findet man auch eine Eintragung, die besagt, in welchem Maße die beiden zu Tabletten greifen.

Und zuguterletzt hat der Ermittler jede Neigung zu Glücksspiel, zu ungewöhnlichem oder exzentrischem Verhalten zu berichten. (Nach einer Schätzung wird in ungefähr einem unter zwölf Fällen das Objekt der Ermittlung als »moralisches Risiko» klassifiziert, und zwar wegen seines Alkoholkonsums, wegen seiner finanziellen Lage, wegen häuslicher Probleme oder infolge ungewöhnlichen Benehmens.)
Die Ermittlungsfirmen auf dem Gebiete des Versicherungswesens begegnen gewissen Personen mit besonderer Vorsicht, und mit dieser Vorsicht entschuldigen sie auch ihre außergewöhnlichen Schritte gegen das Privatleben anderer. Beispielsweise könnte man eine unverheiratete Frau »in den besten Jahren«, die Geld hat oder ein Geschäft besitzt, als Risiko ansehen. Hierbei läßt man sich offensichtlich von der Überlegung leiten, daß man bei einer Frau weit eher als bei einem Mann damit rechnen muß, daß sie labil wird und den Kopf verliert, wenn einmal eine Liebesaffäre unglücklich endet. Auch besteht, wie man vermutet, jederzeit die Gefahr einer Schwangerschaft.
Die Versicherungsermittler prüfen häufig mit ganz besonderer Gründlichkeit das Leben solcher Menschen, die sich ihr Privatleben völlig unkonventionell einrichten, oder das Leben der Menschen, die außerhalb der Vereinigten Staaten von Amerika geboren wurden. Diese übertriebene Vorsicht denen gegenüber, die im Ausland geboren wurden, mag teilweise einfach auf Fremdenfeindlichkeit zurückzuführen sein. Sie kann aber auch aus der besonderen Schwierigkeit entspringen, die komplette Lebensgeschichte zu rekonstruieren, die von der Versicherungsgesellschaft erwartet wird. Ein weitverbreitetes Handbuch über die Abschätzung von Risiken (*»Risk Appraisal«* von Harry W. Dingman) weist außerdem auf die Tatsache hin, daß im Ausland geborene Bewerber »vielleicht noch nicht Anhänger der amerikanischen Lebensweise geworden sind. Manchmal mögen ihre Vorstellungen von Moral un-amerikanisch sein.«
Von gewissen Leuten in leitenden Stellungen in Versicherungsermittlungsfirmen wird gesagt, daß sie eine persönliche Aversion gegen angesehene Intellektuelle hätten, und daß sie bei sich bietender Gelegenheit sehr darum bemüht seien, Beweise vorlegen zu können, daß diese Menschen homosexuell oder zumindest »homophil« sein müßten. In einen der Fälle war eine Berühmtheit aus der Unterhaltungsbranche verwickelt, die eine Versicherung in Höhe von 25 000,– Dollar auf ihr persönliches Eigentum abschließen wollte, und von der gerüchtweise behauptet wurde, sie sei möglicherweise sexuell abartig. Der Ermittler, der diesen Fall übertragen bekam,

befragte zu diesem einen Punkt allein elf Informanten und bat sogar einen Freund, die Personalakte im Pentagon einzusehen. Außer dem bloßen Verdacht existierte absolut nichts.

Solche Berichte werden auf vertraulicher Basis abgefaßt und dienen nur als Hinweis für die Versicherungsgesellschaft. Den Angestellten des Ermittlungsunternehmens ist es gesetzlich strengstens untersagt, Informationen, die sie im Verlauf der Ermittlungen gesammelt haben, zu verkaufen. Bezeichnenderweise sind aber die *Eigentümer* dieser Firmen in vielen Staaten keinerlei derartigen Einschränkungen unterworfen. Ihnen steht es frei, Informationen auch an Kunden, die nicht im Versicherungswesen arbeiten, zu verkaufen; und sie können von ihren Spezialeinrichtungen und Kontakten Gebrauch machen, um außerordentlich einträgliche Ermittlungen für Kunden außerhalb des Versicherungssektors vorzunehmen.

Im Staate New York – um nur ein Beispiel zu nennen – enthält das Allgemeine Handelsrecht, unter das auch private Ermittler fallen, nichts, was einem lizenzierten Ermittlungsunternehmen verbieten könnte, die gleichen Informationen, die vermutlich streng vertraulich für einen Kunden zusammengestellt wurden, ebenfalls an andere Kunden zu verkaufen.

Und überall in den Vereinigten Staaten wird man nur selten davor sicher sein können, daß die Auskünfte, die man selbst an die eine oder andere Organisation gibt, nicht an andere Organisationen weitergegeben oder verkauft werden, die die Angaben aus völlig anderen Motiven haben wollen. Dies scheint der passende Moment zu sein, um das beunruhigende Phänomen des massiven Handels zu untersuchen, der sich mit dem Austausch von Informationen über Einzelpersonen entwickelt hat.

11. Der Handel mit Informationen über uns blüht, wächst und gedeiht

»23 000 Frauen, die Mittel zur Entwicklung ihrer Büste gekauft haben 14 Dollar pro Tausend«
»48 000 Männer und Frauen, die über beträchtliche Mittel verfügen 15 Dollar pro Tausend«
»500 000 Jungvermählte... 17 Dollar pro Tausend«
»84 000 ältere Männer, die Mittel zur Steigerung ihrer sexuellen Leistungsfähigkeit gekauft haben... 15 Dollar pro Tausend«
Diese vier Listen wurden im Adressenkatalog von Dunhill zur Miete angeboten.

Der Verkauf, Tausch und Austausch von Informationen über den einzelnen amerikanischen Bürger hat geradezu groteske Formen angenommen. Mehrere hundert Millionen Dollar wechseln jährlich allein im Verkauf dieses Materials den Besitzer.
Das Geschäft läuft auf zwei verschiedenen Wegen. Zunächst kennen wir den Verkauf von Informationen über sorgfältig zusammengestellte Personengruppen, die einige Gemeinsamkeiten besitzen, durch die sie ein geeignetes Ziel von Werbekampagnen werden. Diese Art des Verkaufs wird von solchen rapide wachsenden Unternehmen wie der oben erwähnten Dunhill International List Company durchgeführt. Zweitens gibt es den Verkauf von aktenmäßig erfaßten und vermutlich vertraulichen Informationen über einzelne Personen im speziellen.
Außer dem Barverkauf gibt es noch drei weitere Arten des Handels mit Informationen über uns, die Beachtung verdienen: Den Austausch von Informationen durch Regierungsstellen, die vertrauliches Aktenmaterial besitzen; den Tausch von Informationen zwischen privaten und staatlichen Unterlagensammlern, und den umfangreichen Tausch zwischen privaten Parteien, die Zugang zu vertraulichem Informationsmaterial über uns haben. Im Folgenden soll jede dieser fünf Arten der Weitergabe von Informationen über uns unter die Lupe genommen werden.
Der Verkauf unserer Namen auf Massenbasis. Ein Name auf einer Adressenliste ist nichts weiter als eine Ware, deren Wert normalerweise pro Verwendungszweck zwischen einem und drei Cent liegt. Einige wenige Auswahllisten, die nur eine begrenzte Anzahl von Namen enthalten, haben natürlich einen höheren Wert, vielleicht von einem Dollar pro Name; doch das sind Ausnahmen.

Der relative Wert unserer Namen – ein oder drei Cent – auf einer umfangreichen Liste hängt vorwiegend davon ab, wie attraktiv wir für die Werbungstreibenden sind und wie schwierig eine derartige Liste zusammenzustellen ist. Angesichts eines so niedrigen Einzelpreises werden unsere Namen und Anschriften überhaupt nur interessant, weil sie sich immer wieder weiterverkaufen lassen – und zwar auf Massenbasis. Unsere Namen verkauft man für gewöhnlich zusammen mit zehntausend und mehr Namen anderer Leute, die ein verlockendes Ziel abzugeben versprechen für alle, die Produkte oder Kandidaten einer politischen Partei zu verkaufen haben, oder die für karitative Einrichtungen werben. Einmal rangieren wir alle vielleicht als Psychiater ... oder sind bekannt als Abnehmer eines Mittels gegen unreine Haut ... oder als Spitzenkräfte der Wirtschaft ... oder wir haben alle gerade eine neue Wohnung bezogen.

Es steht außer Zweifel, daß wir auf Massenlisten ein begehrter Artikel sind. Firmen, Wohlfahrtsorganisationen und politische Parteien geben heute ungefähr 400 Millionen Dollar im Jahr für den Ankauf und die Verwendung unserer Namen aus. Anfang 1963 brachte das »*Wall Street Journal*« die Schlagzeile: AUFWÄRTSTREND IM HANDEL MIT NAMEN, DA DIREKTWERBUNG VORAUSSICHTLICHE KUNDEN SUCHT. Hier sei nachdrücklich darauf hingewiesen, daß der Verkauf von Namen ein durchaus legitimes Geschäft ist, jedenfalls so lange die Namen auf legalem Wege erworben werden, was meistenteils der Fall ist.

Mehr als 250 Unternehmen widmen sich dem Ankauf und Verkauf von Namen. Außerdem hat eine ganze Reihe normaler Betriebe erkannt, daß das Verkaufen oder Vermieten der Namen ihrer Kunden ein einträglicher Nebenerwerb sein kann. Der Diner's Club bietet Ihnen beispielsweise die Chance, Ihre Waren durch Werbeschreiben an seine 680 000 Mitglieder anzubieten für eine Gebühr von etwa 17 000 Dollar. (Sie können die Liste nur einmal bekommen.) Einige große Zeitschriften vermieten die Listen ihrer Abonnenten; andere wieder vermieten nur die Listen der ehemaligen Bezieher.

Auch Beamte des öffentlichen Dienstes haben sich in das Spiel gestürzt, Namen in Massen zu verkaufen. Einige haben hierzu sogar den Segen der Regierung; für andere dagegen ist es lediglich ein ruhiger Nebenverdienst. In einer der Großstädte an der Ostküste verdiente ein Angestellter des Standesamtes 60 000 Dollar im Jahr. Er verkaufte Listen mit Namen der Leute, die eine Heiratserlaubnis beantragt hatten. Später wurde das entsprechende Gesetz geändert, um diese Praktiken zu unterbinden.

Der Posten eines Bezirksschreibers kann in Hunderten von amerikanischen Bezirksverwaltungen in der Tat ein außerordentlich einträgliches Geschäft sein. Oft genug ist dem Schreiber in der Verwaltungskanzlei nicht nur offiziell erlaubt, die Gebühren für die Ausstellung der Heiratsgenehmigungen in Höhe von zwei Dollar sowie verschiedene andere Gebühren für sich zu kassieren. Er hat außerdem oft die Möglichkeit, diverse Listen zu verkaufen: Listen von Neugeborenen, von Neuvermählten, von neu zugezogenen Familien, neu hinzugekommenen Betrieben usw. In manchen Bezirken erhält der Schreiber kein festes Gehalt. Sein Einkommen sind die verschiedenen Verwaltungsgebühren, ergänzt vielleicht durch Einkünfte aus dem Verkauf von Informationen an die Adressenverlage und Firmen, die an der Direktwerbung interessiert sind. Mancher Bezirkssekretär verdient sich durch den Verkauf von Informationen seinen Lebensunterhalt. Wenn er nicht ausdrücklich verpflichtet ist, dem gewöhnlichen Bürger Informationen kostenlos zu erteilen, dann verkauft er sie ihm eben.

Großstädte verkaufen in aller Offenheit die Listen ihrer Steuerzahler an Firmen wie Dunhill. Jeder Staat bietet Listen mit Namen der Personen an, die ein Kraftfahrzeug angemeldet haben – oft gegen Höchstgebot. Die riesige Reuben H. Donnelly Corporation bietet fast ausnahmslos sehr hohe Summen für Listen von Wagenbesitzern. Sie enthalten gleichzeitig die Angabe des Wagentyps und des Baujahres. Der höchste Betrag einer Adressenfirma für eine Liste des Staates New York belief sich auf 75 000 Dollar. Donnelly bietet Werbungstreibenden 40 Millionen Namen von Autobesitzern.

Ich kam zu dem Schluß, daß an einige der attraktiveren Namenslisten nur mit Hilfe gewisser Machenschaften heranzukommen ist. Die Adressenfirma, die eine Liste der Swimming-Pool-Besitzer zu bekommen versucht, dürfte den Beamten der Bauaufsichtsbehörde eine »Gebühr« anbieten. Es ist auch nichts Ungewöhnliches, wenn solche Unternehmen in der örtlichen Gesundheitsbehörde oder in der Kanzlei der Bezirksverwaltung oder auch in der Schiffsregistrierung des Schiffahrtsamtes eines Staates ihre »eigenen Leute« sitzen haben.

Wenn jemand 40-Fuß-Boote verkaufen will, dann genügt es nicht, wie ein Angestellter eines Adressenverlages erklärte, dem Hersteller eine Liste mit den Namen von Bootsinteressenten anzubieten. Sein Angebot würde dann viel zu breit gestreut. Stattdessen, so fuhr er fort, »werden wir ihm eine Namensliste der Besitzer von 30- und 35-Fuß-Booten verschaffen. Auf eine andere Art läßt sich nun einmal nichts erreichen. Das Material für diese Liste bekommen wir ohne Schwierigkeiten von der Küstenwache.«

Noch präziser sind die Listen mit Namen junger Mütter. Viele Adressen-Unternehmen wetteifern miteinander in der Errichtung von »Kontakten« in großen Krankenhäusern (häufig ist eine Schwester der »Kontaktmann«). Diese sind nicht abgeneigt, Nebenverdienste zu haben, oder sich Geschenke machen zu lassen dafür, daß sie als erste die Namen aller Frauen liefern, die sich in einer Klinik zur Entbindung angemeldet haben. In New York City gibt es zwei Firmen, die nur Listen von Neugeborenen anbieten. Wichtig ist vor allem, bereits innerhalb weniger Tage mitgeteilt zu bekommen, welche Kinder an welchem Tage zur Welt gebracht wurden. »Es mag Leute geben, die eine Liste der Neugeborenen noch vor Ablauf der ersten zehn Tage verlangen«, bemerkte ein Angestellter einer Adressenfirma. »Darunter können beispielsweise Firmen sein, die Schwedenwindeln verkaufen. Gerade heute hatten wir einen dieser Fälle. Dann wieder gibt es Firmen, die an einer Liste der Mütter aller zwei Monate alten Babys interessiert sind. Sie verkaufen meistens Babynahrung.«

Von einem anderen Angestellten hörte ich, wie er die für seine Firma wichtigen Namen schlicht als Rohmaterial seines Unternehmens bezeichnete. Er sagte: »Das Leben der Leute ist für uns wie ein offenes Buch. Eine Adressenfirma wie die unsere verschafft sich mit dem Geburtsdatum den Anfang... Das Kind wächst heran, und später gibt es wichtige Stationen auf seinem Bildungsweg. Die Promotion, Verlobungen und Hochzeiten sind zu verzeichnen, und den Schluß bildet dann der Tod.«

Es gibt keine Möglichkeit, dich der listenmäßigen Erfassung deines Namens zu entziehen. Ebensowenig kannst du dem Bombardement mit Briefen von Händlern und anderen interessierten Gruppen, die deinen Namen gekauft haben, entfliehen. Stehst du erst einmal auf einer Liste, dann bekommst du für alle Zeiten Post. Auch jene Briefe finden noch den Weg zu dir, auf denen vor Jahren irgendein Tippfräulein deinen Namen einmal verstümmelt hat.

Ich finde in meinem Postfach – und darf mich damit eine beachtliche Strecke Weges bergauf abschleppen – im Jahr wenigstens 2000 direkt an mich adressierte Werbebriefe. Etliche Dutzend sind an »Vance Richard« an meine Privatanschrift im Staate Connecticut adressiert. Mit der Anschrift und auch mit dem Vornamen hat alles seine Richtigkeit; nur beim Schreiben des Familiennamens war die Schreiberin vermutlich zerstreut. Ich versuche immer noch herauszubekommen, was die verschiedenen Vance Richards wohl miteinander gemein haben. Mir ist beispielsweise aufgefallen, daß die »*Harvard Business Review*« mich als Abonnenten zwar unter meinem richtigen Namen führt und die Sendungen richtig adressiert. In ihrer Werbekartei bin ich hingegen unter dem Namen Vance Richard zu finden.

Die Werbeabteilung eines Verlages, mit dessen Herausgebern ich lange Zeit ausgesprochen herzliche persönliche Beziehungen unterhielt, führt mich in der Bezieherkartei für Buchprospekte als Vance Richard. Wieder ein anderer Verlag machte den Versuch, mich als Vance Richard für den Kauf eines Buches »Die Kunst der Ehe – Ein Aufklärungswerk für Mann und Frau« zu erwärmen. Man sollte hieraus doch wohl schließen können, daß das Malheur mit dem Namen passiert ist, als man Namen von Bücherfreunden zu einer Liste zusammenstellte. Wenn dem aber so ist, wieso bekomme ich dann an Vance Richard adressierte Post von der American Forestry Association?

Wer Direktwerbung treibt, wird beim Ankauf von Listen natürlich bemüht sein, Adressen von Leuten zu bekommen, die an den von ihm vertriebenen Artikeln Interesse haben. Hat man also einmal eine Bestellkarte für Vitamintabletten an ein Versandhaus zurückgehen lassen, so mag das für die Käufer von Listen ein Anzeichen dafür sein, daß man ein Hypochonder ist und darum vermutlich Kunde für alle möglichen Elixiere oder sogar für ein Buch über die Manneskraft ist. Bist du erst einmal auf der Liste der Käufer von Beruhigungsmitteln, so gehörst du unweigerlich zu den Anwärtern auf Prospekte für ein Buch über Schlaflosigkeit.

Einige Verbindungen verkaufen die Namenslisten aller »Alten Herren«, um ihre Kosten zu verringern. Eine Reihe von Versandgeschäften hortet sorgfältig die Namen aller Katalogbesteller. Diese Namen sind eines Tages Gold wert. Auf diese Weise ist eine Firma in der Lage, gegen eine Leihgebühr »500 000 Hausfrauen, die Obstmesser bestellt haben«, anzubieten. Die Gebühr beträgt eineinhalb Cents pro Hausfrau.

Ein großer Teil der Arbeit dieser Adressenverlage ist dem Sammeln von Namen und Anschriften jener Leute gewidmet, von denen man weiß, daß sie sich an Wohlfahrtsspenden beteiligt haben oder gut situiert sind. Boyds City Dispatch hat für etwas mehr als 2 Cent pro Kopf 13 000 Millionäre verkauft.

In der letzten Zeit haben die Versandlistenleute außerdem ein neues Interesse an Kindern und Jugendlichen entwickelt. Die Firma Dunhill beispielsweise bietet 200 000 Mädchen im Alter von acht bis fünfzehn Jahren zum Festpreis von etwa je zwei Cent an. Jugendliche ziehen die Adressenverlage auf verschiedene, aber zwingende Art und Weise an. Es gibt nämlich heute einige zehn Millionen Kinder und Jugendliche, die jährlich mehr als 500,– Dollar ausgeben. In diesem Alter der größten Beeinflußbarkeit beginnen sie auch, ihre Einkaufsgepflogenheiten für ihr ganzes weiteres Leben zu entwickeln. Doch der wichtigste Grund für diese Anziehungskraft liegt in einer Entdeckung der jüngsten Zeit, die auch in der Literatur über Marktforschung beschrieben worden ist, nämlich daß Kinder in dem erwähnten Alter mit Vorliebe an sie persönlich gerichtete Postsendungen öffnen, auch wenn die Adressen nur von einer Maschine gedruckt worden sind.

Der Verkauf von besonders gefragten Unterlagen, die sich auf bestimmte Personen beziehen. – Der Dollarwert dieses Handels ist geringer, stellt aber ein Beispiel von einem viel tieferen Einbruch in die Privatsphäre des einzelnen dar. Die Beschaffung dieser Unterlagen wird häufig von spezialisierten Privatdetektiven durchgeführt.

Für die nachstehenden Ausführungen sollte man wissen, daß es Privatermittler vom hungrigen, ewig gehetzten Privatdetektiv in einer Welt zwielichtiger Legalität bis zum nüchternen, gewissenhaften, verantwortungsbewußten Geschäftsmann gibt, der davon ausgeht, daß sein Tun mittlerweile zu einem unentbehrlichen Element im Leben unserer ständig in Bewegung befindlichen, komplexen Gesellschaft geworden ist. Die Ermittler unterscheiden sich nach Charakter, Gebaren und Aufgabenbereichen so grundlegend voneinander, wie sich zum Beispiel ein kundschaftwitternder kleiner Rechtsanwalt, der hinter jedem Krankenwagen herjagt, von dem Leiter eines konservativen großen Anwaltsbüros unterscheidet.

Sehr viele von Ehrgeiz getriebene Detektive sind durch die unerbittliche Konkurrenz im Ermittlungswesen und wegen ihres Wunsches nach lukrativen Aufträgen gezwungen, eigene Kanäle zu schwer erreichbaren Informationen persönlicher Natur zu suchen. Die Fernsehserien wie »Hawaiian Eye«, »77 Sunset Strip«, »Surfside Six« und »Peter Gunn« trifft zweifellos ein Teil der Schuld daran, daß der Detektivberuf neuerdings überlaufen ist. Diese Fernsehstücke zeigen ausgesprochen gutaussehende, verwirrende Exemplare von Detektiven, die sich in behaglich eingerichteten Büros räkeln, umgeben von Prachtstücken von Sekretärinnen. Oder man sieht den Privatdetektiv in seinen Jaguar springen, um einer reichen Erbin in ihrem Kummer beizustehen. All dieser falsche Glanz hat dazu geführt, daß der Detektivberuf überfüllt ist.

Der in einer ganzen Reihe von Staaten feststellbare Mangel an gesetzlichen Bestimmungen zur Regelung des privaten Ermittlungswesens und seiner Angestellten, sowie die Laxheit bei der Durchführung der wenigen, tatsächlich in Kraft befindlichen Gesetze fördern ebenfalls die Vermehrung von Pseudo-Detektiven und den erbarmungslosen Wettlauf nach Aufträgen. In ein paar US-Staaten, zu denen auch der Staat New York rechnet, wo zahlreiche Lizenzinhaber riesige Unternehmen führen, wird eine verhältnismäßig strenge Überprüfung des Lizenzträger vorgenommen – wenn auch nicht ihrer Angestellten. Dagegen hat im Staate Louisiana bisher jeder – einschließlich eines soeben aus dem Gefängnis Entlassenen – die Möglichkeit gehabt, sich lediglich aufgrund einer einmaligen Zahlung von zwei Dollar Geschäftszulassungssteuer als Privatdetektiv niederzulassen. Die Vereinigung der Privatdetektive des Staates New Jersey klagte darüber, daß wenigstens tausend nicht registrierte Privatdetektive in vier Bezirken im Norden des Staates ihrem Handwerk nachgingen.

Ich bin tatsächlich Leuten aus der Ermittlungsbranche begegnet, die über elegant eingerichtete Räume verfügten. Aber das waren ausnahmslos Spitzenkräfte von bedeutenden, weitgespannten Organisationen. Die Büroräume von etwa einem Dutzend führender Mitarbeiter der William J. Burns International Detective Agency, die ein ganzes Stockwerk eines New Yorker Wolkenkratzers innehat, haben teppichstoffbespannte Wände und eine geschmackvolle Ausstattung in Schwarz, Weiß und Kastanienbraun. Aber das Unternehmen zählt schließlich auch 15 000 Angestellte. Wenn es jemandem lediglich darum zu tun ist, viel Geld zu verdienen, gelingt ihm das meistens als Bauhilfsarbeiter schneller als als angestellter Detektiv, der sehr bald entdecken muß, daß er einen Stundenlohn von 1,50 Dollar oder 1,75 Dollar auch erwarten kann, wenn er einen alltäglichen Beruf ausübt. (Einige der angesehensten Ermittlungsunternehmen zahlen ihre Angestellten wöchentlich aus; und ein erfahrener Detektiv kann es bis zu einem Jahreseinkommen von 9000 Dollar bringen.)

Bedeutende und juristisch vorgebildete Unternehmer auf dem Gebiet des Ermittlungswesens können hohe Gebühren verlangen, wenn sie schwierige Aufträge für die Leitung bedeutender Unternehmen übernehmen. Ein Mann, der lediglich eine Sekretärin und nicht mehr als zwei halbtags beschäftigte Assistenten hat, teilte mir im Vertrauen mit, daß er im vergangenen Monat 4900 Dollar eingenommen hätte. Viele von den übrigen, die ehrgeizig sind, versuchen, weniger gut bezahlte, aber besonders gewagte Aufträge zu übernehmen. Sie haben beispielsweise die Möglichkeit, Spezialisten auf dem Gebiet der elektronischen Spionage zu werden. Oder sie versuchen an nicht-öffentliche Informationen heranzukommen, die nur schwer zu gewinnen sind, und nach denen aber große Nachfrage von Rechtsanwälten, Versicherungsgesellschaften usw. besteht. Es ist denkbar, daß unveröffentlichtes Informationsmaterial über Unfallprotokolle, Geburtsurkunden oder Klinikberichte über bestimmte Patienten einem Anwalt helfen können, eine unangenehme Klage abzuweisen – besonders wenn die Information im Kreuzverhör dazu benutzt wird, die Zeugen zu verwirren und zu Fall zu bringen.

Im Zuge der Entwicklung dieser besonderen Fähigkeiten finden viele Ermittler, daß sie sich wie ein Seiltänzer am Rande der Legalität bewegen. Mancher rutscht ab – oder wird heruntergestoßen.

Die »Spezialisten«, die mit den Informationen handeln, die sie geheimem, scheinbar geheimem oder auch schwer zugänglichem Aktenmaterial entnommen haben, lassen sich meiner Meinung wohl in drei verschiedene Kategorien einteilen. Diese drei Kategorien könnte man etwa wie folgt bezeichnen:

– Die echten Spezialisten. Das sind die alten, erfahrenen Hasen, die es fertiggebracht haben, sich Zugang zu gewissen Arten von Aktenmaterial oder Informationen zu verschaffen, indem sie »Kontakte« aufbauten und den Hütern dieses Materials Gefälligkeiten erwiesen. Im allgemeinen werden sie von ihren Kollegen als Tatsache hingenommen, zumindest solange ihnen nichts schiefgeht. Sehr oft arbeiten sie auf der Basis freier Mitarbeit als eine Art Bereitschaftsdienst für die bedeutenden Ermittlungsunternehmen.

– Die Wiesel. Darunter versteht man die ohne Lizenz arbeitenden Privatdetektive – allgemein als »Fixer« bekannt – die sich darauf spezialisieren, sich amtliche Schriftstücke durch Bestechung der Verantwortlichen zu verschaffen. Sie versuchen, diesen speziellen Markt zu beherrschen. Ein Ermittler konnte mir berichten: »In einem großen Verleumdungsprozeß brauchte ich plötzlich eine ganz bestimmte Zulassungsurkunde. Da habe ich sie einfach von einem ›Wiesel‹ gekauft, der sie von der Fakultät besorgte.«

– Die Doppelverdiener. Das sind die Angestellten des öffentlichen Dienstes, einschließlich der Polizeibeamten, die ihr Einkommen durch den Verkauf von Informationen aus amtlichen, der Öffentlichkeit nicht zugänglichen Schrift- oder Aktenstücken oder aus schwer zugänglichem Material an Privatabnehmer – wie beispielsweise Ermittlungsfirmen – erhöhen. Einige – und das trifft in den Fällen zu, in denen die Betreffenden in den Archiven der Polizeibehörde arbeiten – erhalten regelmäßige Zuwendungen von größeren Ermittlungsfirmen.

Will man beispielsweise in New York City einige Angaben aus dem Paßantrag einer bestimmten Person erfahren, dann wendet man sich an einen Spezialisten, der sein Büro in einem Gebäude ganz in der Nähe der Grand Central Station hat. Will man Krankenhausberichte über eine bestimmte Person, dann nimmt man Verbindung mit einem sogenannten »Wiesel« auf, das in der Gegend der Wall Street lebt (wenigstens stimmte diese Anschrift noch bis vor kurzem). Sagt er zu deinen Wünschen »ja«, dann garantiert er, daß du innerhalb von vier Tagen die gewünschten Angaben erhältst. Die größeren Ermittlungsfirmen haben wahrscheinlich einen Bereitschaftsspezialisten, der sofort an die Einwanderungs- bzw. Einbürgerungsunterlagen herankommt. (Die Mehrzahl der Akten ist für jedermann einzusehen – aber auch hierbei lautet die entscheidende Frage: gewußt, wo...) Ein anderer wiederum kann innerhalb kurzer Zeit die Abschrift einer Geburtsurkunde beschaffen. Dann gibt es Spezialisten, die Durchschriften von Telegrammen oder nicht registrierte Telephonnummern beschaffen können, oder Steuerunterlagen aus dem Finanzministerium oder Bewerbungsunterlagen für Posten bei der Stadtverwaltung. Als ich den Leiter einer New Yorker Ermittlungsfirma fragte, wie er zu Berichten käme, sagte er: »Man kann sie kaufen. Wenn ich von jemandem einen Strafregisterauszug haben will, dann rufe ich einfach einen Freund an. Später schicke ich ihm vielleicht in einem Umschlag einen Zehndollarschein. Wenn ich ein Kreditgutachten haben will, muß ich eben dem Mädchen dort entweder 5,– Dollar zustecken oder ihr eine Flasche Parfüm senden.«

Ich habe versucht, eine Liste mit einigen Preisen zusammenzustellen, die mir zu Ohren gekommen sind als Beträge, die man wahrscheinlich für schwer erhältliche Informationen in New York City zahlen muß. Ich möchte noch hinzufügen, daß Ermittlungsexperten, die dieses Kapitel von mir zu lesen bekamen, sich mächtig ins Zeug gelegt haben, um mich davon zu überzeugen, daß einige Zahlen viel zu hoch, andere jedoch viel zu niedrig gegriffen sind. Oder sie bezweifelten überhaupt, daß der eine oder andere »Artikel« käuflich erworben werden kann. Man darf also wohl annehmen, daß die Liste ganz impressionistisch ist und zeigt, daß derjenige, der eine Sache sucht, auch einen Verkäufer finden wird.

Ein Haftbericht . . . . 10,– Dollar
Ein Kreditgutachten für Nichtabonnenten 5,– bis 10,– Dollar
Inhalt des Unfallprotokolls eines Polizeibeamten . . . 10,– Dollar
Eine nichtregistrierte Telephonnummer . . . . 20,– Dollar
Eine Geburtsurkunde . . . . 15,– bis 50,– Dollar
(15,– Dollar pro Stück bei Sammelbestellung durch eine Ermittlerfirma; 25,– Dollar pro Urkunde für Ermittler, 50,– Dollar bei Bestellung durch Rechtsanwälte oder andere »Außenstehende«).
Telephongesprächbeleg, alte Telephonrechnungen oder Zweitnummern

zum Abhören . . . . mindestens 50,– Dollar
Vollständiger Krankenbericht eines wegen körperlicher Leiden eingelieferten Patienten . . . . mindestens 300,– Dollar
Klinikbericht über geistig oder seelisch kranke Patienten
. . . . mindestens 500,– Dollar
Medizinisches Gutachten . . . . . . mindestens 500,– Dollar
Einsichtnahme einer Bundes-Einkommensteuererklärung
. . . . mindestens 1000,– Dollar

Zu dem letztgenannten Posten sei noch ergänzend erwähnt, daß die bei den Bundesbehörden befindlichen Steuerunterlagen ziemlich unerbittlich bewacht werden. Sogar ein ehemaliger Spezialagent im Dienste der Steuerfahndung teilte mir mit, daß auch er keinen Zugang habe. Ermittlern und Privatdetektiven gelingt es mitunter jedoch an die Informationen, die in den Einkommensteuer-Unterlagen enthalten sind, heranzukommen; und zwar auf einem indirekten Wege, der mit weniger Kosten und weniger Gefahr verbunden ist.

In einer Reihe von Staaten ist das Archivieren der Einkommensteuererklärungen Pflicht. An die Akten von einigen dieser Staaten – darunter auch die des Staates New York – ist leichter heranzukommen als an die Bundeskartei. Die meisten Steuerzahler in diesen Staaten schreiben ohnehin das Meiste einfach von der Steuererklärung für den Bund ab, wenn die Steuererklärung für den Staat fällig ist. Ich bekam auch Berichte über Beamte der Einkommensteuerstelle im Staate New York, die sich emsig einen Nebenverdienst zu schaffen versuchten, indem sie für private Ermittlungsfirmen arbeiteten.

Der Austausch von Informationen aus den Akten über Einzelpersonen zwischen verschiedenen Regierungsdienststellen. – Ein Teil des Aktenmaterials wird mit offizieller Genehmigung der betreffenden Regierungsstellen ausgeliehen oder ausgetauscht – zumindest bei Beginn der Rundreise der Akten von der Heimatkartei aus.

Ein ins Auge springendes Beispiel eines derartigen Austausches ist die Zentralsammelstelle für Informationen über zahlreiche bekannte oder verdächtige Verbrecher, die von einer Fahndungsabteilung im Justizministerium eingerichtet wurde. Diese Zentralstelle erleichtert den Austausch von Informationen, die vom FBI, vom Einwanderungs- und Einbürgerungsamt, der Steuerfahndung, vom Bundesamt für Rauschgift, vom Geheimdienst, der Zollbehörde, vom Bureau of Labor Management Reports und den Postal Inspectors gesammelt wurden. Die meisten gehorsamen Staatsbürger – einschließlich jener, die Vorbehalte wegen des Anwachsens der Zentralkarteien in unserem nationalen Leben haben – dürften wahrscheinlich begeistert von diesen Bemühungen sein, das organisierte Verbrechertum zu bekämpfen.

Eine weitere Art von Austausch betrifft die Weitergabe von Bundeseinkommensteuererklärungen des einzelnen. Das ist eine ganz andere und beunruhigendere Sache. Die meisten Menschen sind der Ansicht, daß nur die Steuerfahndung das Recht zur Überprüfung von Steuererklärungen habe. Tatsache ist aber, daß im Jahre 1963 neun Kongreßausschüsse berechtigt waren, jede Steuererklärung eines jeden amerikanischen Steuerzahlers aus den letzten Jahren anzufordern – und manche sogar aus den Jahren zurück bis 1947.

Drei Ausschüsse sind mit der Steuergesetzgebung befaßt: House Ways and Means, Senate Finance und das Joint Congressional Committee on Internal Revenue Taxation. Sie haben das Recht, Steuererklärungen einzusehen. Ich glaube, daß die meisten Bürger das einsehen und verstehen würden. Aber der Präsident hatte Mitte 1963 auf Antrag Ausführungsbestimmungen erlassen, die weiteren fünf Kongreßausschüssen für die Dauer der 88. Sitzungsperiode des Kongresses den Zugang zu den Einkommensteuererklärungen zubilligten. Diese waren das Committee on Government Operations (dieser Ausschuß befaßt sich mit der Leistungsfähigkeit und der Wirtschaftlichkeit der Regierung) ... der Senatsausschuß für Auswärtige Angelegenheiten – (der sich kürzlich mit Fällen von Lobbyismus zugunsten ausländischer Mächte befassen mußte) ... das House Committee on Public Works – (das zuständig ist für die Überprüfung des Bundeshilfsprogramms für den Straßenbau) ... das Committee on Rules and Administration – (dieser Ausschuß befaßt sich mit der Überprüfung von wirtschaftlicher Betätigung der Angestellten oder der ehemaligen Angestellten des Senats) ..., und außerdem gibt es die Durchführungsbestimmung Nr. 11 109, die alle Einkommensteuererklärungen aus den Jahren 1947 bis 1963 freigibt »zur Überprüfung« durch das House Un-American Activities Committee, »oder einem seiner ordnungsgemäß ermächtigten Unterausschüsse zum Zweck der Weiterführung von ... Ermittlungen über subversive oder unamerikanische Umtriebe und Propaganda ...« Vermutlich wäre es für den HUAC-Ausschuß interessant, die Einkommensquellen oder den Umfang der Beteiligungen des einzelnen zu kennen, den er für einen möglichen Feind Amerikas hält. Der gesetzgeberische Zweck, den derartige Informationen erfüllen könnten, ist weit weniger klar ersichtlich.

Jede Überprüfung einer Einkommensteuererklärung durch einen der fünf durch Ausführungsbestimmungen ermächtigten Ausschüsse soll »vertraulich« behandelt werden. In den Bestimmungen heißt es dann aber weiter: »*Jedoch nur unter der Voraussetzung,* daß jede relevante oder mit der Ermittlung in ursächlichem Zusammenhang stehende Einzelheit durch den die Ermittlungen führenden Ausschuß dem zuständigen Kongreßausschuß vorzulegen ist« (und demzufolge womöglich im Tätigkeitsbericht des Kongresses veröffentlicht wird).

Die Kongreßausschüsse weisen erhebliche Unterschiede auf hinsichtlich der Wachsamkeit, mit der sie das vertrauliche Aktenmaterial in ihren Karteien und Archiven behandeln. Das House Un-American Activities Committee ist – oder war es wenigstens noch bis vor etwa einem Jahr – stets geneigt gewesen, einen Großteil seines Aktenmaterials unter der Hand an ultrakonservative Leitartikelschreiber, an Zeitungen und andere Freunde des Ausschusses weiterzureichen. Vielleicht ändert sich das irgendwann einmal; aber man kann sich jedenfalls wohl auch heute der 1961 geäußerten Meinung der »*Washington Post*« anschließen, die in einem Kommentar im Hinblick auf die durch den Kongreß ausgesprochene Ermächtigung für den HUAC-Ausschuß schrieb: »Wir würden gern erfahren, was der HUAC-Ausschuß mit derartigen Informationen im Sinn hat ... Es ist nicht allzu schwer, sich die unheilvollen Absichten auszudenken, die der HUAC-Ausschuß mit dem Durchkämmen der Einkommensteuererklärungen verfolgen könnte ... Es ist jedoch schwer, sich nützliche Vorhaben auszumalen, die er damit bezwecken könnte ...«

Es hat geheißen, daß Steuererklärungen – oder Auszüge daraus – die Reise vom Finanzministerium zum Verteidigungsministerium gemacht haben. Senator Barry Goldwater von Arizona erhob in einer Senatssitzung bittere Vorwürfe gegen den Ressortleiter der Abteilung Bürgerrechte im Verteidigungsministerium, der sich angeblich die Einkommensteuererklärungen mit ihrem ganzen Gewicht als Druckmittel zunutze gemacht hatte, um die örtlichen Geschäftsleute zu zwingen, in ihren Unternehmen in der Nähe von militärischen Standorten die Rassentrennung aufzuheben. Das Verteidigungsministerium wies die Vorwürfe zurück. Das Büro des Senators teilte mir mit, daß dort tatsächlich Berichte vorlägen, daß der Senator jedoch nicht in der Lage sei, seine Informanten preiszugeben. Wie dem auch sei, – jeder Amerikaner sollte sich angesprochen fühlen und dafür eintreten, daß die Einkommensteuerunterlagen des einzelnen Amerikaners vor jeglicher Art von Mißbrauch geschützt werden, zumal die darin enthaltenen Angaben in den kommenden Jahren leichter zugänglich sein dürften, da sie dann »kumulativ« in Elektronenrechnern gespeichert vorliegen dürften.

Ein Beispiel für die Art und Weise, in der eine Regierungsstelle die Akten der anderen Dienststellen auf Informationen über Einzelpersonen hin überprüft, liefert die Arbeit der Bundesdienst-Überprüfung, die von Ermittlern für das Verteidigungsministerium durchgeführt wird. Diese Bundesdienst-Überprüfung ist das Mindeste an Kontrolle, das jeder über sich ergehen lassen muß, der für eine Einstellung beim Verteidigungsministerium vorgesehen ist und eine Position bekleiden soll, in der er Zugang zu militärischem Geheimmaterial haben muß. Im Jahre 1962 unterlagen annähernd 675 000 Personen dieser Bundesdienst-Kontrolle.

Dies sind die Stellen, die im Rahmen der Bundesdienst-Kontrolle befragt werden:

– Die Verbrecher- und Untergrund-Kartei des FBI.

– Die Geheimdienst- oder Spezialkarteien von Heer, Marine und Luftwaffe, sofern die betreffende Person zu irgendeinem Zeitpunkt einer der drei Waffengattungen angehört hat.

– Die Bundesbediensteten-Kartei der Civil Service Commission, sofern der Betreffende bereits einmal bei einer Bundesbehörde angestellt gewesen ist.

– Die Immigranten- und Naturalisierten-Kartei des Immigration and Naturalization Service, wenn es sich bei dem Betreffenden um einen naturalisierten Amerikaner oder einen Ausländer handelt.

– Die Kartei des House Un-American Activities Committee, »wenn es angebracht erscheint«.

– Die allgemeine Personal- und Dienststellenkartei der militärischen Sicherheitsbehörde, sofern der Betreffende jemals Angestellter eines Kontraktunternehmens des Verteidigungsministeriums für Geheimaufträge gewesen ist.

– Sonstige Dienststellen, »wenn angebracht«.

Die meisten von uns würden es wahrscheinlich nur klug und umsichtig finden, wenn das Verteidigungsministerium versuchte, auch nicht eine einzige Möglichkeit ungenutzt zu lassen, um vorliegende Informationen nachteiliger Natur über die zur Einstellung bei einer Bundesbehörde vorgesehenen Personen zu überprüfen. Und dennoch: Angesichts der sich immer weiter ausdehnenden Tätigkeit der Bundesregierung kann man sich eines leisen Unbehagens beim Gedanken an eine gigantische Bürokratie nicht erwehren, der aufgrund des weitgespannten Netzes von Geheiminformationen sammelnden Dienststellen künftig gar nichts mehr verborgen bleiben wird.

Es sollte ebenfalls nicht unerwähnt bleiben, daß ein Teil der Weitergabe von Dokumenten, Dossiers und Informationen innerhalb der Bundesdienststellen keineswegs zulässig ist. Gegen Ende 1963 enthob das Außenministerium den Leiter der Auswertung in der Sicherheitsabteilung, Otto Otepka, seines Amtes, weil, wie man ihm vorwarf, ein allzu großer Teil der ihm übergebenen angeblich geheimen Dokumente urplötzlich in den Händen des Beratenden Sachverständigen beim Senatsunterausschuß für Innere Sicherheit aufgetaucht war. Senator Thomas Dodd, der stellvertretende Vorsitzende des Senatsunterausschusses, rügte ärgerlich die Entlassung Mr. Otepkas als einen Affront gegen den Senat. Mr. Otepka und Mitglieder des Unterausschusses rechtfertigten ihren Handel mit Informationen mit »höherer Staatsräson«.

Der Austausch von Informationen über Einzelpersonen zwischen Regierungsdienststellen und privaten Ermittlern oder privaten Organisationen. Diese Art Tauschhandel scheint auf örtlicher, Bezirks- und staatlicher Ebene allgemein üblich zu sein. Nur das Personal der Exekutive des Bundes ist allem Anschein nach lediglich in ganz geringem Maße an diesem Tauschhandelsgeschäft beteiligt. Bei den Bezirks- und Stadtverwaltungen in New York sind Tausch und Verkauf von Informationen offenbar nicht ungewöhnlich.

Als ein Detektiv starb, der dem Büro eines Bezirksanwalts in New York zugeteilt gewesen war, stand in der Todesanzeige in der Zeitung, daß der Verstorbene u. a. auch Teilhaber eines privaten Ermittlungsunternehmens gewesen war. Übrigens stand sein Name auch auf einer Liste, auf der ich rund 20 Namen von Personen zusammengestellt hatte, die jederzeit Zugang zu den Unterlagen einer der führenden Finanzauskunfteien in New York hatten, obwohl sie nicht Angestellte der Firma waren. Normalerweise war der auch für einen Bezirksanwalt einzuhaltende Amtsweg der, die Genehmigung der örtlichen Justizbehörde einzuholen, bevor er Einblick in Berichte über Einzelpersonen bei einer solchen Firma nehmen konnte.

Was die bei der Polizei von New York City untergebrachten, vermutlich geheimen Akten des Bureau of Criminal Identification anbetrifft, so wurde mir mitgeteilt, daß eine Anzahl größerer Ermittlungsfirmen über Kontakte innerhalb der BCI verfügt oder auch Zutritt zu der Dienststelle hat. Wenn die Sicherheitsbeauftragten eines der großen Warenhäuser in Erfahrung bringen wollen, ob jemand, der sich um eine Anstellung bei ihnen bewirbt, der Polizei bekannt ist, rufen sie einfach einen ihrer Kontaktleute im Polizeipräsidium an. Dieser geht dann die Geheimakten des BCI durch. Als Dank für diese Art von Gefälligkeit schlägt der Sicherheitsbeauftragte des Warenhauses vielleicht seinem Freund aus dem Polizeipräsidium vor, gelegentlich einmal seine Frau zum »Einkaufen« ins Warenhaus zu schicken.

Verschiedene sehr angesehene Ermittlungsfirmen scheinen nicht das Geringste dabei zu finden, geheime Lohnlisten zu führen für die Bezahlung eines oder mehrerer Polizeibeamten, die Nebenbeschäftigungen nicht verachten. Allerdings war eine Firma ungehalten, als sie die Entdeckung machte, daß der von ihr bezahlte Polizeidetektiv auch noch für ein anderes großes Ermittlungsunternehmen der Versicherungsbranche tätig war. Man hatte das Gefühl, jener habe irgendwie gegen einen Ehrenkodex verstoßen.

Man mag einwenden, daß interessierten Privatorganisationen durchaus das Recht eingeräumt werden sollte, Einblick in die Polizeiakten zu nehmen. Mir will jedoch eher scheinen, daß Aktenmaterial, das den Vermerk »vertraulich« trägt und zu einem ganz bestimmten, offiziellen Zweck über eine Einzelperson angelegt und gesammelt worden ist, auch vertraulich behandelt werden müßte. Andernfalls könnte sich rasch ein heimlich betriebener Handel mit Informationen persönlicher Natur entwickeln. Wenn der Allgemeinheit daran gelegen ist, daß die Polizeiakten über Verbrecher und Zwischenfälle veröffentlicht werden sollen, soll sie dafür sorgen. Solange man aber zu diesem Schritt nicht bereit ist, sollte den von Neugier Geplagten auch künftig der normalerweise einzuhaltende Amtsweg zur Erlangung derartiger Informationen nicht erspart werden.

John Cye Cheasty, berühmter Ermittler seines Zeichens, hat zwar nur einen kleinen Mitarbeiterstab, verfügt jedoch über einen großen »Stall« und zahlreiche Kontakte. Zu seinem Stall gehören jederzeit einsatzbereite Spezialisten. Da gibt es Überwachungsspezialisten, Spezialisten auf dem Gebiete heimlichen Photographierens, Lügendetektor-Experten, Spezialisten in Elektronik, Buchhaltungsspezialisten und noch manche andere. Zusätzlich zu diesen Spezialisten »muß man Kontaktleute in Kreditermittlungsbüros haben; man muß außerdem Kontaktleute in den verschiedenen Polizeidienststellen haben, und man braucht solche Kontakte ebenfalls in allen Bundesbehörden, von denen man möglicherweise eines Tages Informationen notwendig haben könnte. Aus dem FBI ist nicht das Geringste herauszuholen. Dort zu fragen ist von vornherein sinnlos.« (Ein anderer Ermittler stufte das Schatzministerium wie den FBI ein.)

Wie mir von einem Mann, der es wissen sollte, erzählt wurde, steht einer bedeutenden Ermittlungsfirma in Manhattan außer einem beachtlichen Mitarbeiterstab eine nicht zu unterschätzende »Reserve« zur Verfügung, auf die im Bedarfsfall zurückgegriffen werden kann. Zu dieser gehört ein Mann, der Zugang zu Geburtsnachweisen hat und ein anderer mit Zugang zu den Paßanträgen in der Paßabteilung des Außenministeriums usw. Und von dem Leiter einer Firma, der

sich gerade noch über die Inanspruchnahme »bezahlter Informanten« mokiert hatte, hörte ich im nächsten Augenblick die Bemerkung, daß in Washington ein guter Mann zu seiner Verfügung stünde, der »großartige Erfolge in der Überprüfung von Leuten, die als Sicherheitsrisiken gelten, zu verzeichnen hat«.
Das Vertraut-Gemütliche der Beziehungen zwischen amtlichen und nicht-amtlichen Archivaren wird vielleicht am besten veranschaulicht durch einen Fall, der vermutlich noch nicht einmal existierende Akten betrifft. Es handelt sich um die sogenannten KSD-Akten, die jene Polizeiabteilung in Verwahrung hat, die häufig »Sittlichkeits-Kommando« genannt wird. Zu ihren Aufgaben gehört es unter anderem, die sexuell Abartigen unter Kontrolle zu halten, die aus dem einen oder anderen Grunde schon einmal die Bekanntschaft der Polizei, respektive der Justizbehörden gemacht haben. Die Abkürzung KSD ersetzt die Worte »known sexual deviate«, d. h. bekannt sexuell abartig. (In Washington, D. C., existieren – wie man mir mitteilte – ähnliche Unterlagen, die die Polizei in Zusammenarbeit mit verschiedenen Bundesdienststellen in Verwahrung hat und die die Bezeichnung KSP tragen. Dies ist die Abkürzung von »known sexual pervert«, d. h. bekannt sexuell pervers. (Das Wort »pervers« wird aus Achtung vor den Kongreßabgeordneten benutzt, die den stärkeren Ausdruck vorziehen, wenn sie von Abartigen sprechen.)
In New York greifen Ermittlungsfirmen, Kreditabteilungen von Großkaufhäusern und politische Organisationen gern und oft auf ihre Kontaktleute zurück, um in den KSD-Akten nach diesem oder jenem fahnden zu lassen. Im Laufe meiner Nachforschungen zeigten mir Mitarbeiter von Ermittlungsfirmen und auch Privatdetektive Muster ihrer Berichte, die ihre Arbeitsweise veranschaulichen sollten, oder lasen mir daraus vor. Einer lenkte meine Aufmerksamkeit besonders auf sich, da darin auf die Frage eingegangen wurde, wie man sich Zugang zu dem KSD-Material verschaffen kann. Die Ausführungen nahmen zehn Seiten in Anspruch. Nachstehend sind die vier wichtigsten Stadien dieses Weges in chronologischer Folge wiedergegeben:
1. Ein Unternehmen sah plötzlich – aus Gründen, die man nicht nannte – in der charakterlichen Beschaffenheit dreier Männer einer bestimmten Firma, mit der das Unternehmen in Verhandlungen wegen eines Geschäftsabschlusses stand, Grund zur Besorgnis.
2. Ein Vertreter des Unternehmens wandte sich am frühen Nachmittag an ein Privatdetektivbüro, um eine schnelle und dringend erforderliche Überprüfung jener drei Männer vornehmen zu lassen.
3. Da der Auftrag eilig war, war die Hauptfrage, vor die sich das

Detektivbüro gestellt sah: Welcher Weg ermöglicht es am schnellsten, an das Informationsmaterial der KSD-Akten der Polizeibehörde heranzukommen? Man beschloß, einen Privatdetektiv einzuschalten, den ich hier Peter nennen will. Von ihm hieß es, er stehe auf außerordentlich gutem Fuße mit einem nicht der Polizei angehörenden Sicherheitsbeamten hohen Ranges, der – wie man allgemein wußte – häufig aufgrund seiner guten Beziehungen zu einem der Höchsten der Polizeibehörde, die KSD-Akten einsehen konnte.

4. Zu diesem Weg entschied man sich. Innerhalb von zwei Stunden las der nicht der Polizei angehörende Sicherheitsbeamte Peter aus einer Akte, die er auf seinen Knien hielt, alles Wissenswerte über die betreffende Firma und die Moral ihrer Mitarbeiter vor. (Zwei jener drei Männer waren tatsächlich als KSDs registriert.)

Ich fagte meinen Informanten, wie Peter eine derartig erstaunliche Zusammenarbeit hatte erwirken können. Er antwortete mir: »Sie drückten Peter einfach die gesamten Unterlagen in die Hand, da er ihnen ja auch schon mehrfach sehr brauchbares Material angeschleppt hatte. Außerdem können sie Peter dort nun einmal gut leiden.«

Eine lächerlichere Situation, von der ich erfuhr, betraf eine umgekehrte Austauschaktion. Im Jahre 1962 bekam ein Privatdetektiv häufig Besuch eines Hauptmanns der Kriminalpolizei, für den er Informationen aus den Akten einer staatlichen Justizbehörde besorgen sollte. Der Hauptmann war durchaus berechtigt, die Informationen auf dem direkten Wege anzufordern. Das würde allerdings bedeuten, daß er seinen Antrag in fünffacher Ausfertigung auf dem Dienstweg absenden müßte. Die benötigte Information wäre erst nach Ablauf von etwa sechs Tagen in seinen Besitz gelangt. Jedesmal, wenn er eine Information sehr dringend brauchte, rief er den Privatdetektiv John an. John brachte es fertig, ihm die gewünschte Information bereits innerhalb einer Stunde heranzuschaffen! Auch Kreditgutachten besorgte John innerhalb einer einzigen Stunde, während es auf dem Dienstweg einige Wochen dauern würde. Der Offizier erwies sich John gegenüber dadurch dankbar, daß er John jede gewünschte Information aus den Akten der Polizeibehörde beschaffte – in vertretbarem Rahmen, versteht sich.

(Im dreizehnten Kapitel »Das Recht, abweichende Ansichten zu haben« werden meine Leser erfahren, daß auch die Ermittler oder Privatdetektive, die mit der Beschaffung von Unbedenklichkeitsbescheinigungen in der Unterhaltungsbranche zu tun haben, in gleicher Weise zu jeder Zeit an die Archivare verschiedener Bundesdienststellen mit derartigen Anliegen herantreten können.)

Der Tauschhandel mit Informationen über uns zwischen interessierten privaten Geschäftspartnern.– Die bedeutenden Ermittlungsfirmen auf dem Finanzsektor verfügen gewöhnlich über umfangreiches Aktenmaterial und die entsprechenden Einrichtungen zum Sammeln von Tatsachenmaterial. Oft genug befindet sich in ihrem Besitz Informationsmaterial, an das anderweitig nicht leicht heranzukommen ist. Dieser Umstand läßt sie zu attraktiven Partnern bei Vereinbarungen über einen Tauschhandel werden.
Der einzige Verlierer bei diesem Geschäft ist der Bürger, der seines Privatlebens beraubt wird.
Diese auf Gegenseitigkeit beruhende Anziehungskraft erklärt auch, warum Bankbeamte häufig entgegenkommender sind, als ihnen offiziell erlaubt ist, wenn sie einem vertrauenswürdigen Ermittlungsunternehmen Auskünfte über einen Kontoinhaber erteilen. Diese Unternehmen können sich nämlich erkenntlich zeigen, indem sie der Bank in vielen Fällen Informationen beschaffen, an die normalerweise schlecht heranzukommen ist. Diese können z. B. einen Kunden betreffen, der bei der Bank einen beunruhigend hohen Debetsaldo hat.
Manche Zeitungen öffnen sogar ihre Archive und stellen mitunter manchen Ermittlungsfirmen auch ihre Unterlagen über Rechtsfälle zur Verfügung. Zum Dank werden ihnen dann die umfangreichen Dossiers der Ermittlungsfirmen zugänglich gemacht, die mit intimen und oft erschreckenden Einzelheiten über bekannte Persönlichkeiten, die in der Öffentlichkeit von sich reden machen, aufwarten können.
Ab und zu dürften sogar die Ärzte ihr Berufsethos ein wenig in den Hintergrund schieben, um Tatsachen über den Zustand eines Patienten im Austausch gegen Informationen über andere Patienten zu enthüllen. Den Ermittlungsunternehmen ist es ein leichtes, Kreditauskünfte über diejenigen Patienten zu beschaffen, die es nicht für nötig gehalten haben, größere Rechnungen zu begleichen. Oder aber dem Arzt ist daran gelegen, aus sicherer Quelle etwas über die Zahlungsfähigkeit eines Patienten zu erfahren, bevor er ihm die Rechnung über eine ärztliche Behandlung größeren Ausmaßes zuschickt. Zahnärzte interessieren sich ebenfalls für derartige Einzelheiten, haben allerdings längst nicht gleichwertige Informationen dafür zu bieten.
Es soll an dieser Stelle nochmals nachdrücklich darauf hingewiesen werden, daß die konservativen Ermittlungsorganisationen die Ermittler, die sich mit den von mir beschriebenen Arten des Verkaufes und Tausches von Informationen befassen, mit deutlich spürbarer

Geringschätzung behandeln. Sie haben ihre eigene Society of Professional Investigators ins Leben gerufen. Diese stellt hohe Ansprüche an die Beschaffung und Behandlung der Informationen, die von den Kunden verlangt werden. Eines der führenden Ermittlungsunternehmen gibt ein gutes Beispiel, wie vertrauliche Unterlagen geschützt werden sollten. In den Verträgen zwischen diesem Unternehmen und seinen Kunden heißt es gleich zu Beginn des Vertragstextes: »Ausnahmslos alle Informationen, die aufgrund des vorliegenden Vertrages an Sie gelangen, sind vertraulicher Natur und zur Wahrnehmung berechtigter Interessen bestimmt und dürfen nicht veröffentlicht oder wörtlich auszugsweise Dritten gegenüber wiedergegeben werden, für die diese vertragliche Absprache nicht verbindlich ist.« Ein interessantes Beispiel für von Hand zu Hand wandernde, in Karteien zusammengefaßte Informationen über Menschen en masse stellt die Verwendung von Meinungsäußerungen dar, die von Meinungsforschern gesammelt wurden. Mittlerweile sind bereits Versuche unternommen worden, diese Informationen in Elektronenhirnen zu sammeln, um politische Reaktionen vorhersagen zu können. Wir kennen beispielsweise die »Volksmaschine«, die 1962 den Demokraten zum Wahlsieg verholfen haben soll. Thomas B. Morgan berichtete in der Januar-Ausgabe von *»Harper's Magazine«* im Jahre 1961, daß Berater der Simulmatics Corporation Auswertemaschinen mit Einzelinformationen speisten, die in einer anderen Art von Gedächtnisbank, dem Roper Public Opinion Research Center am Williams-College, gesammelt worden waren. Man übernahm von dort Angaben, die sich aus 100 000 Interviews im Zeitraum mehrerer Jahre ergeben hatten. Daraufhin stellte man 480 verschiedene »Wählertypen« fest und ordnete sodann in diese Gedächtnisbank Millionen Einzelinformationen ein. Sie gaben Auskunft über die Einstellung der 480 Wählertypen, wie sie sich durch die Beantwortung einer Vielfalt von Fragen ergeben hatte.
Auf diese Weise war die Maschine imstande, Vorhersagen zu treffen, wie jede dieser 480 Wählergruppen auf die einzelnen Themen im Wahlkampf wahrscheinlich reagieren würde. Mr. Morgan schloß seine Ausführungen mit der Frage: »Können wir unseren traditionellen Anspruch auf Eigenleben aufrechterhalten, wenn wir immer mehr Daten für die Maschine suchen? Wie groß wird der Zwang zur Konformität sein, zu dem uns die Maschine treibt?« Er hätte ebensogut die Frage stellen können, ob 1984 die Partei die Macht innehaben werde, die über die besten Computer verfügt oder die in den Computern gespeicherten Informationen am geschicktesten auswertet. Ist ein privater Archivar an einem Austausch von Informationen

nicht interessiert, so kennen die Ermittler mannigfaltige Tricks, Kniffe und Verstellungskünste, mit denen sie versuchen, die gewünschten Einzelheiten aus ihm herauszubekommen. Ich nenne der Einfachheit halber hier nur zwei dieser Hilfsmittel, die als typisch gelten können.

Einmal hörte ich zum Beispiel den Leiter einer kleinen, aber in weitem Umkreis bekannten Detektei zu einem seiner Außendienstmitarbeiter am Telephon sagen: »Sagen Sie doch einfach, Sie kämen von der Kreditabteilung... Der Name der Firma? Ach, denken Sie sich doch irgendeinen aus.«

Ein anderer Ermittler sprach von einem Trick, auf den er stets zurückgreifen würde, wenn er auf einen Personalsachbearbeiter einer Firma stieße, der nicht mehr als ein Minimum an Auskunft geben will und nur bestätigt, daß ein Angestellter jetzt oder früher im Betrieb beschäftigt war. Der Ermittler erklärte: »Man beginnt damit, daß man eine Bestätigung einiger Daten erbittet. Selbstverständlich will man mehr als nur das. Sehr bald wirft man ein, hier könne zweifellos etwas nicht stimmen. Ob man wohl 'mal eben mit dem Leiter der Personalabteilung sprechen könnte? Fast immer bekommt man augenblicklich die Möglichkeit einer Unterredung mit dem Personalchef, dessen Neugier und Besorgnis auf diese Weise wachgerufen sind, selbst wenn es sich um Leute handelt, die nicht mehr der Firma angehören. Der Personalleiter wird sich also die Akte kommen lassen, um noch einmal die von mir entstellt wiedergegebenen Angaben zu überprüfen.«

All dieses Manövrieren, Manipulieren, Tauschen und Kaufen von Informationen durch die Leute, die Zugang zu Karteien und Archiven haben, hilft mit, die Vertraulichkeit einer Information über einen Bürger in vielen Aktenbeständen zu zerstören. Wenn diese Praktiken anhalten und sich noch weiter ausbreiten, wird der Bürger fortan nicht mehr glauben können, daß Einzelheiten seines Privatlebens und seiner Intimsphäre, die er anderen gegenüber preisgeben muß, bei ihnen tatsächlich gut und sicher aufgehoben sind.

In dem Augenblick, da dieses Stadium erreicht ist, werden wir nicht nur einen großen Teil unseres Privatlebens eingebüßt haben. Viel von unserem Gefühl für Freiheit wird außerdem abhanden gekommen sein.

12. Das Recht auf ein privates, unbehindertes Leben

»Das ist ja etwas ganz Neumodisches, diese verrückte Idee, daß man das Recht hätte, zu jeder beliebigen Zeit überall hinzureisen ...« – US-Abgeordneter E. L. »Tic« Forrester von Georgia (1959).

Die meisten vernünftigen Amerikaner nehmen die Tatsache hin, daß es nicht durchführbar ist, auf einem Kontinent, der jetzt von 190 Millionen Menschen bevölkert ist, zu versuchen, ein Einsiedlerdasein zu führen. Ein echter Einsiedler würde wahrscheinlich sogar Opfer beträchtlicher Neugier sein. Dennoch sollte man auch der Tatsache eingedenk sei, daß die »Gründenden Väter« der Vereinigten Staaten von Amerika eine Gesellschaft ins Leben zu rufen gedachten, in deren Rahmen jeder – ob Mann, ob Frau – einen beachtlichen Spielraum in der Wahl seines Lebensstils gewährt bekommen könnte.

Man hatte angenommen, daß man die Freiheit haben würde, sein eigenes Leben zu führen – vorausgesetzt, man war kein der Bestrafung entgangener Verbrecher, nicht für wahnsinnig erklärt oder kein einberufener Soldat. Man konnte sich in die Einsamkeit zurückziehen, wenn man sich in der Stimmung fühlte, nachzudenken und nachzugrübeln. Frei und unbehindert konnte man umherstreifen, auch sogar auf die Gefahr hin, das eigene Leben aufs Spiel zu setzen, wenn man sich in das Gebiet der feindlich gesinnten Indianer begab. Man konnte jeden – unter dem Beifall der Allgemeinheit – mit der Reitpeitsche strafen, der sich unerlaubt in fremde Angelegenheiten drängte, um seine Neugier zu stillen, oder durch die Weitergabe von Klatsch etwas profitieren wollte. Und man konnte in Würde leben, wie immer man diesen Ausdruck auffaßte.

Heute aber, angesichts einer Gesellschaft, die unausgesetzt in die Bereiche anderer eindringt, und angesichts der Abnahme von unverletzlichen Orten, hat der Gedanke, daß man ein privates, unbehindertes Leben führen könne – oder versuchen sollte, es zu tun – viel von seiner Macht eingebüßt.

Betrachten wir als den spürbarsten Einbruch in unser Recht auf ein Privatleben zunächst die Rolle der eindringenden Geräusche. Sollte diese oder jene Stelle in diesem Teil des Buches mehr als normalerweise gereizt klingen, so mag der Ton teilweise der Tatsache zuzuschreiben sein, daß in nächster Nachbarschaft zwei aus Leibeskräften brüllende Bagger, ein Bulldozer und drei Mann mit quietschenden Maschinensägen am Werke sind. Sie schlagen eine breite, neue Autostraße durch das, was bis vor kurzem noch liebliches Waldland war. Dieser Lärm oder vergleichbare Geräusche waren nun schon seit Wochen eine Qual für meine Trommelfelle. Man darf selbstverständlich nicht protestieren; denn die Krachmacher sind nicht auf meinem Grundstück beschäftigt. Außerdem bedeuten ihre Unternehmungen Gewinn für einen Bauherrn und mehr Steuern für die in der Nähe gelegene Stadt Wilton, im Staate Connecticut. Alles in allem fällt das Ganze unter unsere neuzeitliche Definition von Fortschritt.

Allerdings lassen sich gewisse Drangsale für das Ohr reduzieren und sollten bekämpft werden. Es gibt zum Beispiel die Stellensucher, die ihre Redefreiheit dazu mißbrauchen, ihre Stimmen mit Hilfe von Tonträgern hundertfach zu verstärken, und Zehntausende von Jugendlichen mit ihren Transistor-Lautsprechern. Dieselbe Firma, die in Massen das »Große Ohr« für Kinder verkauft hat, verkauft jetzt ebenfalls massenhaft den »Großen Sturm«. (»Nur einen Griff am Abzug, und schon schallt deine Stimme über weite Entfernungen hinweg.«) Und dann gibt es die »Musik in Dosen«, die man eben überall auf öffentlichen Plätzen und in Gaststätten hören kann und die ohne dein Zutun auf dich zukommt: Im Zoologischen Garten, in den neueren Bibliothekslesesälen, im Krankenhaus und sogar im Flugzeug.

Schließlich und endlich – hier aber nicht zu guter Letzt – gibt es allein in den USA mehr als zehn Millionen transportabler Transistorradios, und weitere Millionen in wenigstens noch fünfzig anderen Ländern. Vor einigen Monaten hatte ich erstmals in meinem Leben Gelegenheit, eine dieser mit ehrfürchtigem Schauer erfüllten Reisen zur Akropolis von Athen und hinauf zu dem vollendetsten Bauwerk, zum Parthenon, zu machen. Dort auf den Stufen des Tempels saß ein junger Mann unbekannter Nationalität mit einem Transistorgerät und ließ dieses eine Art griechischer Rock-and-roll-Musik ins Blaue hinein schmettern. Er schien erstaunt, als ich ihm durch eine Handbewegung höflich zu verstehen gab, er möge die Lautstärke drosseln; aber er entsprach meiner Bitte. Eine Unzahl von Briefschreibern haben sich an den Londoner *»Observer«* gewandt und sich bitter über die neue Pest in England »mit diesen schrecklichen Kästen« beklagt.

In einem Leitartikel, der ebenfalls voll Klagen über den mehr und mehr ansteigenden Geräuschpegel ist, schildert Norman Cousins seine beachtenswerten Eindrücke von einer Straßenecke der Madison Avenue[1]. Dort waren ein paar Männer dabei, unterirdische Kabel zu verlegen. »Einer von ihnen trug eine Art Stirnband, an dessen Innenseite ein winziger Radioapparat befestigt war«, berichtete Cousins. »Auf einer schmalen Steinbrüstung stand ein zweiter Radioapparat, auf volle Lautstärke eingestellt. Das war auch nötig; denn schließlich hatte er gegen zwei Preßluftbohrer anzukämpfen, die nur wenige Meter weiter auf vollen Touren arbeiteten.«

Höchstwahrscheinlich werden etliche Millionen Menschen auf diesem Stern mit der Zeit gar nicht mehr ohne starken Lärm leben können. Schon heute ist nicht mehr daran zu zweifeln, daß viele Menschen in unserer modernen Welt abgehetzte Sensationsjäger sind. Mr. Cousins behauptet, daß »die Leute, die an einen hohen Geräuschpegel gewöhnt sind, selbst viel Lärm machen«.

Der seelische und physiologische Schaden, der durch die ziemlich kontinuierliche Lärmflut, die Millionen Menschen umspült, wahrscheinlich angerichtet wird, wird in seinen ganzen Ausmaßen wohl erst in etwa einem Jahrzehnt festzustellen sein. Aber die Besorgnis ist erwacht. Psychiater behaupten, daß starker Lärm eine Art Spannungszustand erzeugt, der zu seelischen Störungen führen kann. Der Audiologe Joseph Krimsky hat festgestellt, daß das Vermögen des Lärms, die Privatsphäre zu zerstören, nicht nur die Belastungen des täglichen Lebens verschlimmert, sondern sogar pathologische Veränderungen des Gehörs hervorrufen und »die Empfindlichkeit gegen Töne und Musik vermindern kann«.

Menschen, die auf der Reise mit ihren Gedanken allein sein wollen, stellen fest, daß sie dabei auf immer größere Schwierigkeiten stoßen. Die Verkaufsexperten, die sich die größte Mühe geben, die Aufmerksamkeit unserer Augen, Ohren und Nasen zu gewinnen, haben erkannt, daß sie ihre Ziele eher erreichen, wenn sie ein ihnen ausgeliefertes Publikum haben. Es ist schwierig für die in einem Bus sitzenden Menschen, ihre Ohren gegenüber den Werbetexten zu verschließen, die mit musikalischen Einlagen gesendet werden. Eine Gruppe von Fahrgästen in Washington, D.C., wehrte sich gegen diesen tätlichen Angriff auf ihr Gehör und brachte die Angelegenheit vor Gericht. Die Frage war, ob es sich um einen gewaltsamen Einbruch in ihren privaten Bereich handelte, nachdem sie an sich eine wenn auch unfreiwillige Zuhörerschaft bildeten. In gewissem Sinne lief ihre Klage auf eine umgekehrte Anwendung des 1. Zusatzartikels der Verfassung hinaus: Das Recht auf Schutz vor der freien Meinungsäußerung anderer. Das Oberste Gericht entschied gegen sie und wies ihre Klage ab.

Ich wurde selbst das Opfer eines tätlichen Angriffs auf mein Gehör, als ich mit einer Maschine der Continental Airlines über Texas flog. Jeder, der mit einem Flugzeug reist, hat sich längst daran gewöhnt, die langatmigen Floskeln der Stewardessen am Ende des Fluges anzuhören: »Wir danken Ihnen, daß Sie mit der ... Luftfahrtgesellschaft geflogen sind, und bitten Sie, auch das nächste Mal bei der ... zu buchen.« Aber diesmal kam noch etwas hinzu. Während die Maschine sich auf halber Strecke in etwa 3000 m Höhe befand, verbreitete sich der Pilot mehrere Minuten lang über die besonderen Vorzüge gerade dieses Maschinentyps und dieser Fluggesellschaft für den urteilsfähigen Reisenden.

Im Jahre 1962 kam es zu einem in der Geschichte bisher einmaligen Ereignis dieser Art, als männliche Mannequins in der New Haven-Eisenbahn die Gänge als Laufsteg benutzten und für die Firma Phillips-Van Heusden Corp. Bermuda-Shorts, Sporthemden, Berufskleidung usw. vorführten. Ein ehemaliger Baseball-Star machte mit pausenlosen Erläuterungen den Conférencier, während Hunderte von Reisenden sich während der Fahrt vergeblich auf ihre Zeitungen zu konzentrieren bemühten.

Auch die Menschen, die glauben, daß ihre Wohnungen noch Orte der Zurückgezogenheit, der ungestörten Arbeit oder stillen Nachdenkens seien, finden es immer beschwerlicher, ihre Wünsche zu verwirklichen. Die Befürworter eines vertraulichen Direktverkaufs »von Mensch zu Mensch« versuchen in steigendem Maße, sich Eingang in jedermanns »Burg« zu verschaffen. Es gibt immer mehr Handelsvertreter, die von Tür zu Tür gehen und immer mehr Verkäufer per Telephon.

Die meisten Amerikaner werden in der Jugend von ihren Eltern angehalten, am Telephon höflich und nett zu sein. Diese inzwischen zur zweiten Natur gewordene Eigenschaft hat sich für die heute auftretenden Landplagen von Telephonwerbern als wahre Wohltat erwiesen. Die Menschen nehmen es mehr oder minder gelassen hin, vom Duschen oder vom Eßtisch oder auch aus einem Mittagsschläfchen ans Telephon geholt zu werden durch jemand, der sich z. B. zu überprüfen erbietet, ob das Dach ihres Hauses auch keine undichten Stellen aufweist. Ganz besonders lästig und störend sind derartige Anrufe für Menschen, die nachts arbeiten müssen und daher bei Tage schlafen wollen. Ihre Freunde wissen das und lassen sie deshalb auch in Ruhe. Aber die Werbeleute wissen es nicht und rauben ihnen ihren Schlaf. Frischgebackene Bräute werden von Vertreterinnen heimgesucht, die ihnen Möbel und Tafelsilber zum Kauf anbieten ... junge Mütter werden bestürmt von Vertretern für Windeln und Kinderwagen ... der Besitzer eines neuen Hauses hat sich des Ansturms von Leuten zu erwehren, die ihm Versicherungen, Klima-Anlagen oder Teppiche offerieren. Nachdem es in meinem Hause gebrannt hatte, wurde ich noch monatelang von Vertretern von wohl ausnahmslos jeder Herstellerfirma von Feueralarmanlagen im Umkreis von mindestens hundert Meilen angerufen.

Der Verkauf per Telephon hat sich als so gewinnbringend herausgestellt, weil er wenig Anstrengungen erfordert, daß für Artikel wie z. B. Damenstrümpfe eine Massenwerbung betrieben wird. Die Anrufer gehen einfach nach dem Fernsprechverzeichnis vor und rufen nacheinander Anschlußinhaber eines Wohnbezirks an, wobei es sich natürlich nicht ganz vermeiden läßt, daß sie mitunter auch an Junggesellen geraten. Sprecher der Strumpfwarenbranche stellten fest, daß sie auf diesem Wege geradezu phänomenale Erfolge zu verzeichnen hatten.

Mein Verleger erwähnte, daß er bereits zweimal von Telephonverkäufern die aufregende Nachricht übermittelt bekommen habe: »Sie sind der glückliche Gewinner von sechs kostenlosen Tanzstunden.« Ein Vizepräsident eines Konzerns war ungehalten, daß er eines Morgens von jemandem einen Anruf erhalten hatte, der mit den Worten begann: »Wir führen in diesem Gebäude eine Umfrage über Verbrauchergewohnheiten durch.« Es stellte sich heraus, daß es tatsächlich nur der Vertreter einer Molkereigenossenschaft war, der zusätzlich zu seiner kleinen »Umfrage« ein Angebot machte.

Die meisten Privatwohnungen in Großstadtbezirken erhalten jede Woche mehrere Telephonanrufe von Verkäufern. Die Reporterin für die Frauenseite der *»New York Times«* berichtete von einer jungen Frau aus Linden im Staate New Jersey, die diese Anrufer stets mit gelassener Höflichkeit abzufertigen wußte, bis jener Morgen, nur kurze Zeit nach ihrer ersten Entbindung kam. An jenem Vormittag klingelte das Telephon in der Zeit von 8.30 Uhr bis 11.30 Uhr sage und schreibe achtmal. Jedesmal war es wieder ein anderer Firmenvertreter. Sie sagte sich »was zuviel ist, ist zuviel« und rief die Telephongesellschaft an, um eine nicht im Fernsprechverzeichnis eingetragene Anschlußnummer zu beantragen.

Viele Telephongesellschaften haben keine Richtlinien, wie sie das Verkaufen per Telephon unterbinden könnten. Sie stellen sich lieber auf den Standpunkt, daß die ganze Geschichte sie nichts angeht, solange das Telephon nicht ungesetzlich benutzt wird. Auch die Telephonwerbung hilft die Zahl der Telephongespräche zu erhöhen. Über den Sturm auf nicht-eingetragene Telephonnummern sind sie jetzt jedoch etwas besorgt. Einige Leute wollen eine solche Nummer wegen des Ansehens. Aber sehr viele Menschen haben es einfach satt, sich von unbekannten Verkäufern telephonisch belästigen zu lassen. In einigen größeren Städten haben heute bereits mehr als 15 Prozent aller Teilnehmer Geheimnummern.

Manche Vertreter haben sich die Wunder moderner Elektronik zunutze gemacht, um ihren Umsatz zu steigern. Nach Berichten aus verschiedenen Teilen der Vereinigten Staaten ziehen sich die Autoverkäufer höflich und rücksichtsvoll zurück, um dem Interessenten Gelegenheit zu geben, in aller Ruhe die finanzielle Seite mit seiner Frau zu besprechen und sich schlüssig zu werden, wie sehr sie auf den Wagen erpicht sind, bevor sie sich zum Kauf entschließen. Erst dann meldet sich der verständnisvolle Verkäufer wieder, um das Terrain zu sondieren, ob man sich einig werden kann oder nicht. Naht dann die Schlußrunde der Verhandlungen, hat er sozusagen alle Trümpfe in der Hand. Er weiß, mit welchen Preisen er in diesem besonderen Fall operieren kann, da er mit Hilfe eines versteckten Mikrophons die Überlegungen des Ehepaars mitangehört hat.

In einer weniger einschneidenden, wenn auch Ärger verursachenden Weise wird vielen Menschen die Privatsphäre gestört durch Neugierige und Spaßmacher, die mit Tonbandgeräten, Mikrophon-Sendern und Blitzlichtkameras bewaffnet sind. Läden in Kalifornien bieten ein Tonbandgerät in Taschenformat in ihren Anzeigen an. Darin sagen sie dir, daß du mit dem Tonband Mittelpunkt einer Gesellschaft werden kannst, indem du einfach abspielst, was die anderen gesagt haben, ohne daß sie von der Existenz des Gerätes wußten. In einer führenden Bar in Oakland amüsiert der Barmixer seine Gäste mit der Übertragung von Gesprächen und Geräuschen aus den Waschräumen.

Der Besitzer eines Nachtklubs in New York gab im Laufe von Verhandlungen mit der Gewerkschaft unbeabsichtigt zu, daß er im Gesellschaftsraum der Damen ein Mikrophon habe anbringen lassen, um Klatschgeschichten zu sammeln, um sie – vermutlich im Austausch gegen Empfehlungen für sein Unternehmen – an Zeitungsleute weiterzugeben. Man hat vielfach auch davon gehört, daß in Las Vegas allenthalben versteckt eingebaute Mikrophone in Gebrauch sind, um peinliche Unterhaltungen festzuhalten, und sie nur zum Amüsement anderer abspielen zu können.

Im Staate Wisconsin gelang einem Barmixer ein Schnappschuß von einer Frau im Waschraum des Klubs. Dank der Wunder, die man mit der Einstufenphotographie heute zu vollbringen vermag, konnte er in wenigen Minuten die Aufnahmen bei den Gästen an der Bar herumzeigen. Die Dame fand die Sache allerdings gar nicht spaßig, sondern klagte vor Gericht. Eine Wiedergutmachung wurde jedoch verweigert, da es in Wisconsin – wie das Oberste Gericht des Staates Wisconsin entschied – kein gesetzlich verbrieftes Recht auf die Privatsphäre gäbe, auf das man sich bei Rechtsstreitigkeiten stützen könne. Die Gesetzgebung dieses Staates hatte es bisher noch nicht für nötig gehalten, ein Gesetz zu erlassen, das den Schutz des privaten Bereiches des einzelnen betrifft[2].

In einem anderen Fall, der sich kürzlich im Westen Amerikas zugetragen hat, war eine Frau zur Polizei gegangen, um eine Anzeige wegen Vergewaltigung zu erstatten. Von einem Polizeibeamten erfuhr sie, daß Photoaufnahmen gemacht werden müßten, um Verletzungen nachzuweisen. Sie erhob Einspruch, daß die Bilder nichts zeigen würden. Aber er bestand darauf, daß sie sich auszog. Dann mußte sie vor ihm alle möglichen unschicklichen Stellungen einnehmen, während er sie photographierte. Später machten die Bilder bei allen Beamten dieser Abteilung die Runde. Vor Gericht beschuldigte sie die Polizei, daß ihre persönliche Sphäre verletzt worden sei. Das Gericht nahm ihre Klage voller Verständnis an.

Die Benutzung von Tonbandgeräten durch berufliche Berater neigt, auch wenn ungleich wichtigere Beweggründe dahinterstecken, in hohem Maße dazu, die Vertraulichkeit der Unterhaltungen in vielen Fällen zu zerstören. Mehrere Psychoanalytiker nehmen beispielsweise alle Äußerungen ihrer Patienten auf, während diese auf der Couch liegen. Sie tun dies nicht nur, um die eine oder andere Stelle später nochmals abspielen und Einsicht in den Patienten gewinnen zu können. Sie wollen sie auch anderen Analytikern zur Prüfung oder bei medizinischen Konferenzen vorspielen. Bei solchen Tagungen ist von den betreffenden Patienten nichts bekannt außer Geschlecht, Alter und den Symptomen. Im Laufe der Beratungen kann es natürlich durchaus dazu kommen, daß Bemerkungen ins Gespräch geworfen werden, die es dem aufmerksamen Zuhörer eventuell ermöglichen, die Identität des Patienten zu ermitteln.

Samuel Dash berichtete, daß er im Rahmen seiner Ermittlungen über das Abhören und Leitungsanzapfen in Philadelphia auf den Vertreter eines Herstellers von Taschentonbandgeräten traf. Von ihm erfuhr er, daß eine Frau bei ihm auf Empfehlung des sie behandelnden Psychiaters ein solches Kleingerät gemietet hatte. Sie erklärte, daß ihr Arzt ihr vorgeschlagen habe, heimlich die sexuellen Annäherungsversuche ihres Mannes aufzunehmen. Dies sollte dem Arzt bestimmen helfen, wo ihre Probleme lägen.

Wie aus einem Bericht des Joint Legislative Committee des Staates New York zu entnehmen ist, wurden die Beratungen der Geschworenen eines Bundesgerichtes in einem Staat im Westen heimlich auf

Band aufgenommen. Man tat das im Interesse der Forschung: Die Aufnahme war ein Teil einer Forschungsaufgabe der Juristischen Fakultät der Universität Chicago. Der Richter und auch die gegnerischen Parteien hatten ausnahmslos der heimlichen Aufnahme auf Tonband zugestimmt. Die einzigen Leute, die man nicht befragt hatte, waren jene zwölf »armen Schweine« auf der Geschworenenbank, die man in dem Glauben gelassen hatte, sie führten eine geheime Beratung durch.

Die Rolle, die einige Sparten der Massenmedien (Zeitungen, illustrierte Zeitschriften, Rundfunkgesellschaften) spielen, sollte ebenfalls im Hinblick darauf untersucht werden, in welchem Maße sie zur Aushöhlung des Privatlebens beitragen. Zuvor hat man sich allerdings darüber im klaren zu sein, daß es dabei zu Interessenüberschneidungen kommen kann, sowohl auf rechtlichem Gebiet wie auch auf philosophischem. Die Gesetzgebung, die sich speziell mit dem Schutz der Privatsphäre befaßt, ist noch immer kümmerlich und besteht hauptsächlich aus Verordnungen und Gewohnheitsrechten. Erst im Jahre 1890 wurde erstmalig ein allgemeines Recht auf eine Privatsphäre – also ein Recht, in Ruhe gelassen zu werden – in amerikanischen Juristenkreisen ernsthaft diskutiert. Der heute klassische Artikel »The Right to Privacy« von Samuel D. Warren und Louis D. Brandeis erschien in der Dezember-Ausgabe der *»Harvard Law Review«*. Die Verfassung sah keinen Schutz der Privatsphäre als solcher vor. Sie erfaßte nur Einzelaspekte des Privatlebens durch verschiedene Bestimmungen, wie den Schutz gegen unberechtigte Durchsuchung und Verhaftung, die Garantien, daß niemand »seines Lebens, seiner Freiheit und seines Besitzes« ohne »ein ordentliches Gerichtsverfahren« beraubt werden dürfe; das garantierte Recht auf Redefreiheit.

Andererseits garantiert der Erste Zusatzartikel zur Verfassung ausdrücklich, daß der Kongreß kein Gesetz erlassen darf, das die Pressefreiheit einschränkt. Daraus läßt sich das Recht der Öffentlichkeit ableiten, sich Kenntnis von Tatsachen zu verschaffen, selbst wenn es sich dabei um Fakten handelt, die für den Bürger äußerst peinlich sind, der Gegenstand der Enthüllungen ist. Wie Mr. Dooley bemerkte: »Was für den einen Neuigkeiten, sind für den anderen Sorgen.«

Creed C. Black, der Vorsitzende des Ausschusses Freedom of Information der American Society of Newspaper Editors, ist ein Mann, der die Ansicht vertritt, der Kampf des Durchschnittsbürgers um sein Recht, von der Presse in Ruhe gelassen zu werden, sei nicht aussichtslos. Öffentlichkeit und Presse, so behauptet er, seien gar nicht interessiert an »den weltlichen Affären im Privatleben der Durchschnittsbürger«. Um seinen Standpunkt klar zu machen liebte er es, eine witzige Bemerkung zu zitieren, die der Schauspieler Herb Shriner über seine Heimatstadt in Indiana machte. Herb sagte, seine Vaterstadt sei so klein, daß »jeder ohnehin weiß, was der andere tut. Die Zeitung halten die Leute nur um zu sehen, wer sich wohl diesmal erwischen ließ.«

Trotzdem wird aus Gewinnstreben ein großer Teil peinlicher oder höchst unangenehmer Informationen über die Privatangelegenheiten einzelner veröffentlicht – besonders in Klatschspalten und in den Sensationsblättern. Unsere Vorväter können nicht solch saftige Ergüsse vor Augen gehabt haben, wenn sie von »der Presse« sprachen. Aber solange keine direkte Beleidigungsklage erhoben werden kann, sind unsere Richter bisher der Verbreitung solcher Informationen gegenüber außerordentlich nachsichtig gewesen. Harriet F. Pilpel, eine Autorität in der Frage, was veröffentlicht werden kann und was nicht, hat jetzt, nachdem die Gerichte seit Jahren eine entsprechende Gesetzgebung angestrebt haben, den ungefähren Stand der Dinge wie folgt zusammengefaßt[3]:

»Im großen und ganzen wird das Recht auf eine Privatsphäre heute so ausgelegt, als verhindere es nur oder hauptsächlich die kommerzielle Ausbeutung des Namens oder des Bildes einer Person zum Zwecke des Verkaufs anderer Dinge als der Tatsachen über die Person als solche. Allgemein gesprochen, wird eine erfundene oder dramatisierte Version der Tatsachen als ein Fall von kommerzieller Ausbeutung betrachtet.« (Verleumdung steht natürlich auf einem anderen Blatt.)

Der Schutz vor Verwertung eines Eigennamens für geschäftliche Zwecke ist heutzutage wenigstens nicht mehr gar so kläglich, wie es noch im Jahre 1902 der Fall war, als ein Mädchen namens Abigail Roberson ihr niedliches, unschuldsvoll dreinblickendes Gesicht als Zierde von Mehlsäcken finden mußte. Die Werbung hatte gerade ihre Macht zu entdecken begonnen. Als es bei Gericht klagte, um diesem Mißbrauch ihres Bildes durch die Mühle Einhalt zu gebieten, wälzten die Richter die Gesetzbücher hin und her und zerbrachen sich die Köpfe, bis sie das Mädchen dahingehend belehrten, daß dies kein Fall für das Gericht sei. Dies war lediglich eine der groben Ausschreitungen, die um die Jahrhundertwende von den Werbeleuten begangen wurden. Die »*New York Times*« protestierte heftig gegen die Ansicht des Gerichts, daß die Bevölkerung kein Recht auf eine Privatsphäre habe. Innerhalb weniger Monate erließ die Regierung des Staates New York ein Gesetz, das dem einzelnen

das Recht auf Privatleben zugestand. Das Gesetz, das heute unverändert in Kraft ist, gewährt nur Schutz vor der Verwendung des Namens, des Bildes oder des Fotos eines Menschen in der Werbung oder zu »Zwecken des Handels«.
Auch dieses Gesetz ist keineswegs immer durchgesetzt worden. Vor einigen Jahren entdeckte ein Tennis-Star, daß mit einem Zeitungsbericht über eines seiner Spiele, in dem sein Name mehrmals genannt wurde, ein lustig-bunter Stoff bedruckt worden war, der für Pyjamas und Unterwäsche für Mädchen verarbeitet wurde. Er erhob Einspruch gegen die Verwendung seines Namens »in Nebeneinanderstellung mit intimen Körperpartien...« Seine Klage wurde von einem New Yorker Gericht abgewiesen mit der Begründung, daß die Verwendung seines Namens »eine rein zufällige wirtschaftliche Verwendung« gewesen sei. Mrs. Pilpel bemerkte dazu, dies sei »der erste bekanntgewordene Fall, daß die freie Presse als Bekleidungsstück benutzt wurde«.
Ein interessantes Symptom unserer Zeit ist der Erfolg der Fernsehsendung »Candide Camera«, in der man Menschen zeigte, die, ohne zu wissen, daß sie aufgenommen wurden, in aufschlußreichen und oft albernen, lächerlichen Augenblicken gefilmt wurden. Die Witwe eines der Opfer der Kamera klagte bei Gericht. Man hatte ihren Mann während einer Episode in der Untergrundbahn aufgenommen, als ein Fremder (ein Fernsehschauspieler) versuchte, sich unbedingt noch zwischen ihn und eine Frau auf den Sitz zu zwängen. Die Klage, die im Moment noch anhängig ist, lautet auf Lächerlichmachung der Familienmitglieder in der Öffentlichkeit, auf seelische Quälerei und Demütigung. Einer der Gründe dafür, daß nicht mehr Menschen Klagen eingereicht haben, ist wahrscheinlich darin zu suchen, daß ein Mitarbeiter der Sendung versucht, von den aufgenommenen Personen sofort die Erlaubnis einzuholen. Die erste Reaktion dieser Menschen ist, wie man mir sagte, fast immer, daß sie sich durch den Gedanken geschmeichelt fühlen, sie könnten auf den Bildschirmen des ganzen Landes erscheinen. Bis sie die Sendung sehen, mag ihnen noch nicht klargeworden sein, daß sie sich mit einem leicht schwachsinnigen Gesichtsausdruck zur Schau gestellt oder sich unwissentlich lächerlich benommen haben. Die Klageschrift des oben erwähnten Falles bringt vor, daß die Frau in der U-Bahn allgemein fälschlicherweise für die Ehefrau des Verstorbenen gehalten wurde.
Fernsehreporter und Kameraleute sind in jüngster Zeit verschiedentlich dafür kritisiert worden, daß sie sich fast mit Gewalt den Stoff für ihre Sendungen über das Tagesgeschehen zu verschaffen suchen.

Das Fernsehen verletzt unter den Massenmedien die Intimsphäre am stärksten. Wenn das aus Reporter und Kameramann bestehende Team seine Mikrophone den Menschen vors Gesicht hält, die unter Schmerz oder Verlegenheit leiden, und sie nur bei Gewaltanwendung entkommen läßt, dann geht das entschieden zu weit.

Wer wahrscheinlich am meisten unter derartigen Einbrüchen in die private Sphäre durch Enthüllungen der Massenmedien zu leiden hat – und den geringsten Schutz durch das Gesetz genießt –, das sind die Menschen, die aus dem einen oder anderen Grunde »im Rampenlicht der Öffentlichkeit« stehen oder einmal gestanden haben. Alan Schwartz, eine Autorität in Sachen Recht auf Privatleben, bemerkt hierzu: »Können Filmstars, Gouverneure, Präsidenten, Menschen, deren Leben als Erwachsene sich größtenteils vor den Augen der Öffentlichkeit abspielt, damit rechnen... jemals wieder ihr Privatleben zurückzubekommen? Bis heute scheint die zögernde Antwort immer noch ›nein‹ zu heißen. Ganz abgesehen von der Verwendung ihrer Bilder in der Werbung für Seifenpulver oder Ähnliches, sind ›Personen des öffentlichen Interesses‹ Freiwild für die Massenmedien.«

Die Schauspieler vom Broadway sind fast immer entsetzt, wenn sie die Entdeckung machen müssen, daß ihnen in Hollywood noch weniger Möglichkeiten eines Privatlebens bleiben. Hubschrauber fliegen über ihre Terrassen und machen Aufnahmen der Stars. Bestimmte Filmmagazine schicken ihre Photographen als Dekorateure getarnt in die Häuser der Stars, um Aufnahmen ihrer Schlafzimmer in die Hand zu bekommen – und irgendwelche Anzeichen männlicher Besucher in den Räumen lediger Schauspielerinnen. Die Filmstars haben sich ohne Erfolg über die Photographen mit Teleobjektiven beklagt, die ihre Aufnahmen von nahen Bergkuppen aus machen.

In einem Fall, von dem ich durch einen in Hollywood ansässigen Rechtsanwalt Kenntnis erhielt, waren Teleaufnahmen von einem Schauspieler und einer Schauspielerin gemacht worden, während sie im Schlafzimmer äußerst intim miteinander waren. Sie war die Frau eines anderen. Die meisten Bilder waren zu geschmacklos, um veröffentlicht zu werden, aber vielleicht fanden auch sie ihre Verwendung. Wenigstens eine in Hollywood erscheinende Zeitschrift erhielt Inserate als Gegenleistung für die unterlassene Veröffentlichung solchen Materials, das die Intimsphäre der Stars verletzte.

Wenn eine Aufnahme von außerhalb des Grundstücks einer berühmten Persönlichkeit nicht als Beleidigung gilt, kann man augenscheinlich kaum etwas unternehmen, um eine Veröffentlichung zu verhindern. Vor einigen Jahren entschied der Oberste Gerichtshof mit

Stimmenmehrheit in Verbindung mit dem On Lee-Fall: »Die Benutzung von Ferngläsern, Feldstechern oder Teleskopen zur Vergrößerung des Objektes in der Sicht des Zeugen fällt nicht unter die verbotene ›Durchsuchung und Beschlagnahme‹, auch dann nicht, wenn die Aufnahmen ohne Wissen (des Betreffenden) gemacht werden oder ohne seine ausdrückliche Zustimmung zu dem, was man gemeinhin als persönliche Taktlosigkeiten bezeichnen würde.«
Maximilian Schell ist einer der Schauspieler, der den Mut gehabt hat, die Photoreporter anzugreifen, die sich in das Privatleben von Persönlichkeiten drängen, die im Rampenlicht des öffentlichen Lebens stehen. Er wies protestierend darauf hin, daß die Gesetze in Europa und den Vereinigten Staaten nicht ausreichend seien, auch nur das Mindeste an Privatleben zu gewährleisten. Mr. Schell sagte, er hätte sich – vor allem in Europa – mit Photographen herumschlagen müssen, die sich außerhalb seines Wohnsitzes auf Bäumen postiert hatten.
Kurz bevor Marilyn Monroe Selbstmord beging, machte sie einige Bemerkungen über das Privatleben im allgemeinen, die auf ein Empfindungsvermögen und eine Erkenntnistiefe hindeuteten, die vielen Menschen eine neue Achtung für sie abnötigten. Sie sprach von den Schwierigkeiten, die das Leben eines Schauspielers mit sich brächte und meinte dann: »Goethe hat einmal gesagt, ›Es bildet das Talent sich in der Stille‹, wissen Sie? Das ist sehr wahr. Es gibt für einen Schauspieler ein echtes Bedürfnis nach Alleinsein, von dem die wenigsten Menschen eine Ahnung haben. Es ist fast so, als müßte man bestimmte Dinge für sich behalten und sie wie ein Geheimnis hüten, ein Geheimnis, das man die ganze Welt eben nur für Augenblicke sehen läßt, nämlich nur dann, wenn man spielt. Aber alle zerren unablässig an einem herum, wollen stets so etwas wie einen Narren aus einem machen[4].«
Eine andere Schauspielerin, deren Leben fast zerstört wurde, weil dauernd an ihr herumgezerrt wurde – bis sie demgegenüber vielleicht eine gewisse Unempfindlichkeit entwickelte –, ist Elizabeth Taylor. Während sie und Richard Burton beide noch mit anderen Partnern verheiratet waren, wurden sie einmal mit Hilfe von Teleobjektiven in einer äußerst heißen Umarmung photographiert. Sie hatten geglaubt, in dem kleinen Motorboot auf der See allein zu sein. Diese Aufnahme wurde in aller Welt veröffentlicht. Ich erkundigte mich bei einem Rechtsanwalt, der sich mit den Problemen im Leben von Miß Taylor gut auskannte, ob sie in Betracht gezogen habe, Klage wegen gewaltsamen Eindringens in ihre Privatsphäre einzureichen. Er zuckte die Achseln. »Ein Boot ist wahrscheinlich kein privater

Ort. Wäre dies das allererste Mal gewesen, daß es zwischen ihr und Burton zu Zärtlichkeiten kam, dann hätte man möglicherweise Veranlassung zur Klage wegen Einbruchs in die private Sphäre gehabt. Aber wen wollen Sie hier verklagen? Die meisten Photographen in Europa sind ja doch freie Mitarbeiter.« Als Elizabeth sich in Paris aufhielt, folgten ihr beständig auf Schritt und Tritt mindestens 25 Photographen und versuchten, Aufnahmen von ihr zu machen, um damit bei Illustrierten oder Agenturen hausieren zu gehen. Wenn Magazine Bilder ankaufen, verlangen sie häufig vom Photographen eine Erklärung, daß er für eventuellen Schaden haftet. Deshalb gibt es da wirklich kaum Schutz, – und ihr blieb nichts übrig, als in einem fort wütend zu sein.

Einmal wurde sie jedoch in einem völlig anders gelagerten Fall ermuntert, vor Gericht zu gehen: Sie verklagte eine Kette von Warenhäusern auf eine Million Dollar wegen Verkaufs von »Elizabeth-Taylor-Blusen« sowie einiger anderer Artikel, die der Trägerin angeblich einen »Liz-Look« geben sollten. Ihre Rechtsanwälte hatten bereits mehr als 4000 Dollar ausgegeben für die Sammlung von Beweismaterial. Obwohl hier einwandfrei der Tatbestand des Eindringens in das Privatleben gegeben war, wurden die Warenhäuser wegen »unlauteren Wettbewerbs« verurteilt. Im Wesentlichen verteidigt sie letztlich privates Eigentum, nämlich ihr Recht auf den Werbewert ihres Namens und ihrer Beliebtheit. Das ist mehr oder weniger alles, was einer angesehenen Persönlichkeit von ihrem privaten Bereich noch zu verteidigen übrigbleibt.

Auch andere Berühmtheiten haben gerichtliche Verfahren angestrengt. Der Filmschauspieler Kirk Douglas und seine beiden Söhne waren einmal zu dem Produzenten Walt Disney nach Hause eingeladen. Mr. Douglas nahm an, es sei einer der üblichen, rein gesellschaftlichen Sonntagnachmittagsbesuche. Das mag ursprünglich auch durchaus beabsichtigt gewesen sein. Aber im Laufe des Nachmittags machte Mr. Disney jedenfalls Heimfilmaufnahmen von Mr. Douglas und seinen Söhnen, als sie sich auf Mr. Disneys Spielzeugeisenbahn vergnügten. Offenbar hatten die drei Douglas einen Mordsspaß mit dem Zug, und der Film wiederum erfreute Mr. Disney. Zwei Jahre später brachte das Fernsehen im ganzen Lande ihre Fahrt mit der Spielzeugbahn im Rahmen der Disneyland-Show. Mr. Douglas erhob Einspruch, und er erhielt, wie man hörte, die Zusicherung, daß der Film kein zweites Mal gezeigt werden würde. Das war aber dann doch der Fall. Mr. Douglas wurde daraufhin wütend genug, um Klage einzureichen. Er klagte nicht nur wegen der Verletzung seiner Privatsphäre, sondern auch, weil er einen Anspruch auf Erhaltung des von ihm vorhandenen Bildes beim Publikum habe. Ferner forderte er eine Vergütung für seinen Auftritt als Schauspieler. Auf Grund der Wortgefechte in den Aussagen der Voruntersuchung unterstützte der Richter die Argumente von Mr. Douglas, jedoch offenbar mehr wegen des Anspruchs auf Schutz gegen Beeinträchtigung des Publicity-Wertes von Kirk Douglas als wegen des Rechtes auf seine Privatsphäre.

Ein weiteres Problem in puncto Privatsphäre, mit dem sich insbesondere Schauspielerinnen in den letzten zwei Jahren konfrontiert sahen, ist die steigende Erwartung der Produzenten, daß die Mädchen – nachdem sie für eine Rolle verpflichtet wurden – in einer kurzen Szene unbekleidet oder so gut wie unbekleidet auftreten. Eine solche Szene ist meistens als Köder für das Publikum bestimmt, um den Film anzupreisen. Obgleich vollständige Nacktphotos in allen in den Vereinigten Staaten hergestellten Filmen, die hoffen, die Genehmigung der Industrie für den einheimischen Markt zu erhalten, verboten sind, hat eine Reihe unabhängiger Filmproduzenten einige Szenen mit der betreffenden Schauspielerin stets in zwei verschiedenen Versionen drehen lassen. Für den amerikanischen Markt trägt die Schauspielerin dann einen Büstenhalter; für den ausländischen Markt, der offenbar gegen Nacktaufnahmen zu größerer Toleranz neigt, wird man sie auffordern, sich busenfrei aufnehmen zu lassen oder im Evakostüm ein kurzes Bad zu nehmen. (Eine andere Art von Missetätern sind die Produzenten der sogenannten »Nackedei«-Shows, die durch Inserate hübschen jungen Mädchen Filmrollen anbieten, ohne zu verraten, daß sie in völlig unbekleidetem Zustand auftreten müssen.)

Eine Anzahl von festangestellten Schauspielerinnen, die erst als sie eine Rolle angenommen hatten, entdeckten, daß man von ihnen erwartete, daß sie fast oder völlig nackt vor der Kamera erscheinen sollten, protestierten dagegen bei der Screen Actors Guild. Andere, die mehr zum Exhibitionismus neigten oder ehrgeizig um jeden Preis waren, hatten nichts dagegen einzuwenden. Die Guild wurde durch diesen Trend in Unruhe versetzt. Buck Harris, der dieser Vereinigung angehört, sagte mir, daß die Guild versuchen wolle, jede Schauspielerin durch einen Guild-Vertrag davor zu bewahren, für einen Produzenten arbeiten zu müssen, der von ihr verlangte, »entgegen ihrem Willen unbekleidet tätig zu sein«. Dana Andrews, die neue Präsidentin der Guild, hat warnend darauf hingewiesen, daß ein ungeheurer Druck auf die Schauspielerinnen ausgeübt würde, nackt aufzutreten, wenn die Öffentlichkeit sich nicht einschaltete.

Eine sehr schwierige Frage hinsichtlich der Grenzen des Privatlebens jener Leute, die im Lichte der Öffentlichkeit stehen oder stehen müssen, ergibt sich aus der Praxis der Massenmedien, dramatische Ereignisse vergangener Zeiten wieder aufzugreifen. Diese Ereignisse waren für die Beteiligten häufig mit Angst und Schrecken verbunden. Es verdient jedoch beachtet zu werden, daß die Gerichte in diesem besonderen Aspekt des Rechtes auf eine private Sphäre zu einer größeren Schutz gewährenden Haltung neigen.

In zwei klassischen Rechtsfällen in früherer Zeit wurden den Persönlichkeiten, die einmal im öffentlichen Leben eine Rolle gespielt hatten, mitgeteilt, sie hätten das Recht auf Eigenleben verloren. In den dreißiger Jahren behauptete William James Sidis, ein ehemaliges Wunderkind, daß die Zeitschrift »*The New Yorker*« sein Persönlichkeitsrecht durch den Artikel »Wo sind sie heute?« verletzt habe. Als Erwachsener – zwanzig Jahre nach seinem Berühmtsein als Kind – war Mr. Sidis zu einem fanatischen Einsiedler geworden. Das Gericht stellte sich auf die Seite der Zeitschrift. In einem bekanntgewordenen Fall zu Beginn der fünfziger Jahre schilderte die Rundfunkgesellschaft NBC in ihrer Sendung »*The Big Story*« die heldenhafte Art und Weise, in der eine unerschrockene und tapfere Reporterin vor mehr als zehn Jahren einen Menschen aus der Todeszelle befreite, indem sie den Nachweis erbrachte, daß seine Verurteilung auf einem Irrtum beruhte. Der Betreffende verklagte die NBC wegen Einbruchs in sein Privatleben, obgleich sein Name nicht ausdrücklich genannt worden war und die Dramatisierung des Stoffes keine exakte Wiedergabe darstellte. Wieder entschied das Gericht zugunsten der Beklagten, hauptsächlich deshalb, weil es um die Frage ging, wie viele Zuschauer seinen Fall als Vorlage des Stückes identifiziert hätten. Es ließ jedoch die Einschränkung gelten, daß, wenn er wiederzuerkennen gewesen wäre, die Frage hätte geklärt werden müssen, ob es sich in diesem Fall um eine »unberechtigte« Enthüllung von Einzelheiten handelte oder um eine »unbillige« öffentliche Bloßstellung.

In den sechziger Jahren scheinen sich zur Wehr setzende Kläger allerdings auf größeres Verständnis zu stoßen. Im Jahre 1962 gestand ein New Yorker Gericht einer Familie einen Schadensersatz in Höhe von 175 000 Dollar zu wegen einer Mitte der fünfziger Jahre in der Zeitschrift »*Life*« erschienenen Bildgeschichte, die angeblich einen dramatischen Zwischenfall wiedergab, der sich drei Jahre zuvor ereignet hatte. Die Familie war damals von einigen entsprungenen Strafgefangenen in ihrem Hause außerhalb von Philadelphia gefangengehalten worden. Als dann ein Bühnenstück mit dem Titel »Stunden der Verzweiflung« gegeben wurde, das sich allem Anschein nach zumindest teilweise auf die Erlebnisse jener Familie gründete, benutzte »*Life*« die Gelegenheit und brachte die Geschichte unter dem Titel »Tatsächliches Verbrechen regt atemberaubendes Bühnenstück an«. Die Zeitschrift nahm Schauspieler, die in dem Stück mitwirkten, mit hinaus zu dem Haus, das seinerzeit Tatort gewesen war und aus dem die Familie inzwischen ausgezogen war. Man machte Aufnahmen, wie sie dem Bühnenbild des Stückes selbst entsprachen. Daraufhin machte die Familie geltend, daß einige Szenen zumindest teilweise nicht den wahren Begebenheiten entsprächen. Ihre Klage lief aber hauptsächlich darauf hinaus, daß der Artikel mehr ein Mißbrauch ihres Namens zu rein geschäftlichen Zwecken gewesen sei, als eine vertretbare Berichterstattung über eine Neuigkeit. Gegenwärtig ist eine Wiederaufnahme des Verfahrens anberaumt, und zwar allein wegen der Höhe des Schadensersatzes. Die Rechtsanwälte der Klägerin nehmen an, daß der Verleger mit dem Fragenkomplex der Schadenshaftung in die Berufung gehen und die Entscheidung einer höheren Instanz suchen wird.

Des neueste Fall, der am stärksten die Eigentümer der Massenmedien und diejenigen, die an die Pressefreiheit glauben, in Sorge versetzte, ereignete sich in Chicago. Es handelte sich dabei um die Wiedergabe eines Verbrechens durch zwei Kriminalromanhefte, das vor höchstens fünf oder sechs Monaten geschehen war. Viele Hefte brauchen drei oder vier Monate dazu, einen Artikel über ein Thema in Auftrag zu geben und zu veröffentlichen. In diesem speziellen Fall war ein junges Mädchen ermordet und auf grauenvolle Art beiseitegeschafft worden. Eines der Hefte, der »*Startling Detective*«, betitelte seine Geschichte »Gefrorene Leiche in Lovers' Lane«. Die Mutter des Mädchens verklagte die Zeitschrift daraufhin wegen übler Nachrede. Die Klage wurde abgewiesen, da die Einspruchsfrist bereits verstrichen war. Das amerikanische Berufungsgericht verwarf diese Entscheidung und ordnete an, daß der Fall als Klage wegen gewaltsamen Eindringens in die Privatsphäre zu verhandeln sei. Der Richter schrieb im Namen des Gerichtes: »Sobald die Nachrichtenmedien ihre eigentliche Aufgabe erfüllt haben, über die aktuellen Ereignisse zu berichten, haben die darin verwickelten Personen das Recht eines jeden Menschen, wieder in die Abgeschlossenheit ihrer privaten Sphäre zurückzukehren.«

Wenige Wochen später widerrief dieser Gerichtshof sein Urteil, da er daran erinnert worden war, daß etwa zu der gleichen Zeit, als die Artikelserien erschienen, auch der Mordprozeß begann. Also hatte der Mord noch Aktualitätswert. Die beiden Zeitschriften kamen gerade noch mit einem »blauen Auge« davon, da sie weitgehend von der Wiedergabe tatsächlich geschehener Verbrechen leben. Was aber noch wichtiger ist: Die Massenmedien insgesamt kamen noch einmal gut davon, da der Richter sich in seiner Verteidigung des Rechtes auf Zurückgezogenheit nicht auf die bloße Rekonstruktion obskurer Verbrechen oder Verbrechen überhaupt beschränkt hatte. Er hatte beantragt festzustellen, ob Nachrichten noch aktuell und demzufolge ohne Schadenshaftung zu veröffentlichen waren oder nicht. Meiner persönlichen Meinung nach sollten die Gerichte endlich dahin kommen, das Recht der Menschen auf ihr persönliches Leben auch dann zu schützen, wenn die grauenhaften Ereignisse, durch die sie einmal an das Licht der Öffentlichkeit gerückt wurden, Jahre später wieder aufgegriffen und publiziert werden, hauptsächlich um damit Schock und Nervenkitzel zu erzeugen.

Ich meine aber auch, daß – falls zeitliche Begrenzungen getroffen werden sollten – die Massenmedien sich bemühen müßten, einen gesetzlich zugelassenen breiten Spielraum zu erlangen, in dessen Rahmen sie auf vergangene Ereignisse anspielen können, die zu Recht im Blickpunkt der Öffentlichkeit standen. Sonst könnten Historiker, Biographen und sogar Anwälte in Schwierigkeiten kommen, wenn sie Kriminalfälle zitieren, die sich vor Jahren zugetragen haben. In letzter Zeit wird England sogar mehr als die Vereinigten Staaten von Problemen geplagt, die das Eindringen von Massenmedien in die Privatsphäre zum Gegenstand haben. Zwar haben die Vereinigten Staaten ihr Rechtssystem von England übernommen, doch hat dieses Land bis jetzt noch keine Gesetze zum Schutze der Privatsphäre herausgebracht, die sich mit den rudimentären Verfügungen vergleichen lassen, die selbst in einigen Staaten der USA bestehen. Möglicherweise aber ließen die überkommenen strengen Ansichten der Briten über Anstand und Würde solche Maßnahmen unnötig erscheinen.

In den letzten Jahren scheinen die Briten einen Umschwung der moralischen Auffassungen zu erleben. Einige nennen es eine »sexuelle Revolution«. Die Massenmedien förderten diese Revolution, indem sie traditionelle Hemmungen beseitigten. Diese Entwicklung führte manchmal zu Exzessen, die so marktschreierisch wirkten, wie die New Yorker Sensationspresse gegen Ende der zwanziger Jahre. Ein Blatt brachte die geradezu atemberaubend aufgemachte Nachricht: »Dies sieht die Königin, wenn sie badet!« (»Dies« stellte sich als bambusartige Tapete heraus[5].)

Den Höhepunkt fand diese Entwicklung während der heute allgemein bekannten Profumo-Geschichte, über die Premierminister Macmillan beinahe gestürzt wäre. Über die Frage, ob der Fall wahrhaftig den ganzen Rummel wert war, der darum gemacht wurde, läßt sich streiten. Es steht allerdings außer Zweifel, daß einige Londoner Sensationsblätter eine entscheidende Rolle spielten, indem sie den Ablauf der Krise verschärften. Dies taten sie dadurch, daß sie mit den Bekenntnissen der Call-Girls die größtmögliche Wirkung beim Publikum zu erzielen versuchten und auch wohl erreichten.

Um auf die USA zurückzukommen: Das Recht der Amerikaner zu reisen, wohin es ihnen beliebt, solange sie ihre Reisen bezahlen können, ist ein weiteres angestammtes Recht, das von engstirnigen Bürokraten im Außenministerium, ermutigt von fremdenfeindlichen Kongreßabgeordneten, unterminiert wird. Das Oberste Bundesgericht der Vereinigten Staaten hat festgestellt, daß die Freiheit zu reisen, wohin man will, »ein natürliches und verfassungsmäßig verankertes Recht« sei. Das Gericht stellte weiter fest, daß »die Freiheit zu reisen Teil jener Freiheit ist, der der Staatsbürger nicht ohne ein ordentliches Gerichtsverfahren beraubt werden kann[6]«.

Nichtsdestoweniger hat es seit 1940 zahlreiche Bemühungen gegeben, das Recht des Reisens einzuschränken. Mit einer ganzen Reihe dieser Bemühungen hat man Erfolg gehabt. Das einstmals so klar und eindeutig formulierte Recht zu reisen, wie es im Ersten und Fünften Zusatzartikel zur Verfassung verankert ist, hat recht verschwommene Formen angenommen.

Die letzten drei Präsidenten der Vereinigten Staaten haben sich um ein Anwachsen der Reisetätigkeit und des Verkehrs zwischen den Ländern bemüht und einen stärkeren Gedankenaustausch befürwortet, weil der Wettstreit der Ideen den Wettstreit der Waffen ersetzen soll. Das Außenministerium hat jedoch beständig versucht, einige Länder für den Reiseverkehr zu sperren. Rußland, das früher zu den gesperrten Ländern zählte, ist zwar jetzt für den Reiseverkehr zugelassen. Aber es ist den Amerikanern sonderbarerweise untersagt, nach China, Albanien oder Kuba zu reisen – außer »im Interesse und zum Besten der Vereinigten Staaten«. Alle diese Länder sind arm und von Diktatoren beherrscht. Ihre Lage scheint also nicht dazu angetan, freie und wohlhabende Amerikaner für sich zu bekehren.

Eine der Erklärungen, die das Außenministerium dafür parat hält, warum ganze Länder als Reisegebiete gesperrt sind, ist die, daß das Außenministerium nicht in der Lage sei, amerikanische Staatsbürger dort zu schützen, wenn sie in Schwierigkeiten geraten sollten. Die Regierung der Vereinigten Staaten von Amerika sah sich schließlich auch nicht gezwungen, den Pionieren Schutz zu gewähren, als sie durch das Land der Schwarzfüße immer weiter in den unbesiedelten und umkämpften Nordwesten des Landes oder mitten durch das Gebiet der Apachen nach dem unter spanischer Kontrolle stehenden Kalifornien zogen. Außerdem hat das heutige Außenministerium sich ganz entschieden geweigert, irgendeinem Amerikaner die Erlaubnis zu geben, sich aus dem Schutz der Regierung zu entfernen und sein Glück zu suchen.

In einigen wenigen Fällen hat das Außenministerium sich genötigt gesehen, Ausnahmen zu machen. Ein griechischer Stipendiat aus New York City, Mr. George Martin, plante mit einer Gruppe von Stipendiaten aus Großbritannien und Ländern des europäischen Festlandes eine Reise zu den griechischen Ruinen. Eine der größten griechischen Ruinen überhaupt liegt zufällig in der heute albanischen Stadt Durres. Das Außenministerium verfügte, daß Mr. Martin an Bord des Schiffes zu bleiben hätte, während seine europäischen Kollegen den Landungssteg hinuntergehen konnten, um Durres einen Besuch abzustatten. Erst als der für Mr. Martin zuständige Kongreßabgeordnete John V. Lindsay sich in einen langwierigen Kampf einließ, um das Außenministerium von der Widersinnigkeit seines Standpunktes zu überzeugen, gab es nach und erlaubte Mr. Martin, sich seinen Freunden für eine Tagestour anzuschließen.

Das Außenministerium war jedoch ernstlich aufgebracht, als eine Gruppe von 57 Amerikanern, größenteils College-Studenten, kürzlich Kuba ohne Sondergenehmigung besuchte. Vier Führer der Gruppe wurden angeklagt.

Außer dem allgemeinen Verbot für Reisen in bestimmte Gegenden hat das Außenministerium immer wieder versucht, gewissen Amerikanern jede Reise ins Ausland zu untersagen. Man versuchte, jedem einen Reisepaß zu verweigern, der in dem Verdacht stand, jemals mit den Kommunisten sympathisiert zu haben. Es ist die Meinung sehr vieler Leute – und der Kongreßabgeordnete Emanuel Celler gehört zu ihnen –, daß ein echter sowjetischer Spion sich nicht die Mühe machen würde, einen amerikanischen Reisepaß zu beantragen.

Kongreßabgeordnete haben den Versuch unternommen, dem Außenministerium besondere gesetzgeberische Machtbefugnisse zu übertragen, um einigen Amerikanern das Recht zu beschneiden, nach Belieben zu reisen, indem sie Dutzende neuer Gesetze vorlegen wollten. Im Laufe einer Kongreßsitzung über ein solches Gesetz spöttelte der Abgeordnete Forrester über die Vorstellung, jeder Amerikaner – einschließlich der angeblichen Kommunisten – habe das Recht zu reisen, »wohin es ihm beliebte«, und bezeichnete diesen Gedanken als »verrückt«.

Die American Civil Liberties Union, die sich gegen das zur Debatte stehende Gesetz wandte, erinnerte die Kongreßabgeordneten daran, daß es jedem Staatsbürger freistünde zu reisen, wohin immer er wolle, außer er sei in ein Gerichtsverfahren verwickelt, das seine Anwesenheit im Lande erforderte, oder sein Land befände sich in einem heißen Krieg. Bis heute hat der Kongreß sich nicht zur Verabschiedung eines derartigen Gesetzes bereitfinden können. Doch dann ließ sich das Oberste Gericht entgegen seinem früheren harten Standpunkt im Rechtsstreit Kent gegen Dulles zu einem Kompromiß bewegen. Es faßte – vielleicht nicht einmal mit voller Absicht – einen Beschluß, der direkt nichts mit der Ausstellung von Reisepässen und dem Reisen allgemein zu tun hatte und der die Frage der Reisepässe nicht einmal berührte. Das Gericht berief sich auf die Bestimmung des 1950 erlassenen Subversive Activities Control Act, das allen Mitgliedern kommunistischer Organisationen die Meldepflicht im Rahmen dieses Gesetzes auferlegt. Paragraph 6a dieses Kontrollgesetzes schließt automatisch einen jeden, der der Meldepflicht unterliegt, sowohl von einer Beantragung eines Reisepasses, als auch von dessen Erneuerung aus – und erklärt die Ausstellung eines Passes an die Betreffenden durch Regierungsbeamte zum Verbrechen! Dieser Paragraph scheint eindeutig verfassungswidrig, doch das Außenministerium ist wieder in seine Gewohnheit verfallen, Reisepässe zurückzuhalten.
Zunächst hängte das Außenministerium nur an jeden Antrag auf einen Reisepaß einen Zettel mit dem warnenden Hinweis auf jenen Paragraphen. Inzwischen hat es einen härteren Standpunkt eingenommen und verlangt von allen Antragstellern, daß sie an Eides statt erklären, innerhalb der voraufgegangenen zwölf Monate keiner Gruppe angehört zu haben, die gemäß dieses Paragraphen »unwiderruflich« der Meldepflicht unterliegen. Die Verfassungsmäßigkeit dieser Angelegenheit wird von den Gerichten, unterstützt durch eine Stellungnahme der ACLU, in Frage gestellt. Es war vorgesehen, die Frage der Verfassungsmäßigkeit im Frühjahr 1964 vor den Obersten Bundesgerichtshof zu bringen. Die neueste Regelung scheint gerade deswegen nicht annehmbar zu sein, weil sie dem Angeklagten kein Recht einräumt, dem geheimen Informanten der Regierung je gegenübergestellt zu werden, der die Organisation, deren Mitglied der Angeklagte ist, als ehemalige kommunistische Front- oder Untergrundgruppe deklariert hat. Beantwortet der Antragsteller die Frage, ob er der als Frontorganisation bezeichneten Gruppe angehört hat, mit »Ja«, begeht er *automatisch* durch seinen Antrag auf einen Paß ein Verbrechen.

Sollte sich unsere Regierung angewöhnen zu glauben, sie könne alle Amerikaner hindern, bestimmte Orte oder Gegenden im Ausland zu besuchen – und bestimmte Amerikaner, zu allen Orten und Plätzen zu reisen –, dann sind wir alle in Gefahr, einen Teil unserer Freiheit, ein eigenes Leben zu führen, zu verlieren. Es wäre viel gewonnen und wenig verloren, wenn wir praktizierten, was wir predigen und allen rechtmäßigen Bürgern der Vereinigten Staaten die Freiheit zubilligten, nach Belieben zu reisen. Die kommunistischen Länder haben nur wenig an attraktiven Dingen zu bieten im Vergleich mit den Ländern der freien Welt, die ihnen geographisch nahe liegen.

13. Das Recht, abweichende Ansichten zu haben

> *»Hält ein Mensch mit seinen Weggenossen nicht mehr Schritt, hat das möglicherweise seinen Grund darin, daß er innerlich einem anderen Schrittempo Folge zu leisten hat. Laßt ihm seinen Schritt, der dem ihm eigenen Lebensrhythmus entspricht, und kümmert euch nicht darum, ob er euch überflügelt oder zurückbleibt und sich von euch entfernt.« –*
> *Henry David Thoreau*

Nicht nur das Talent bildet sich in der Stille, sondern auch kühnes, eigenständiges Denken entwickelt sich nur in der Abgeschlossenheit eines Kollegen- und Freundeskreises. Wenn jeder Mensch jederzeit aus dieser Umgebung herausgerissen und gezwungen werden kann, irgendwelche seiner Gedanken preiszugeben und sie vor einem grimmig dreinblickenden Gremium fremder Menschen auszubreiten und zu erklären – vielleicht vor feigen, kleinmütigen, engstirnigen privaten Kreisen oder gewissen Kongreßabgeordneten, die an chronischem Mißtrauen kranken oder von Geltungsdrang beseelt sind –, dann wird es unerschrockenes Denken in diesem Lande nicht mehr lange geben, und unorthodoxes Denken wird verkümmern. Dies gilt besonders für jemanden, der sich nicht nur zu seinen eigenen, vom Üblichen abweichenden Gedanken bekennen muß, sondern der ebenso für die Ansichten anderer Menschen aus seinem Lebenskreis einzutreten hat, wenn sie den eigenen verwandt oder ähnlich sind.

In den letzten Jahren gab es eine erschreckend hohe Zahl solcher aufsehenerregenden Vorkommnisse. Senator Dodd, ehemaliger FBI-Mann und Mitglied des Senatsausschusses für innere Sicherheit, forderte, daß Dr. Linus Pauling, heute zweifacher Nobelpreisträger, ihm die Namen aller jener amerikanischen Wissenschaftler nennen sollte, die ihm – Dr. Pauling – ihre Mithilfe bei der Verbreitung von Aufrufen zum Widerstand gegen Kernwaffenversuche gewährt hatten. Derselbe Senator hatte seine Hand auch im Spiel, als es darum ging, die Leute vor einen Prüfungsausschuß zu zerren, die einer kleinen, recht experimentierfreudigen Rundfunkgesellschaft mit drei Radiostationen angehören, die sich der Erforschung des Wirkungsbereiches provokatorischen Gedankengutes widmen (WBAI, New York; KPFK, Los Angeles; KPEA, San Franzisco). Diese Stationen boten allen Leuten mit unorthodoxen Ideen ein Forum – von führenden Vertretern der John-Birch-Society und der amerikanischen Nazi-Partei bis zum Sprecher der Kommunisten Südkaliforniens. Und – was vom Standpunkt Senator Dodds vielleicht am ärgsten war – sie räumten auch einem verärgerten ehemaligen Geheimagenten Sendezeit ein. Diese Stationen bringen außerdem jene Art von Bühnenstücken, Musik und Lyrik, die man nur außerordentlich selten im Programm der Sender entdecken wird, die die breite Masse ansprechen wollen. Diese drei Sender hingegen richteten sich an einen verhältnismäßig kleinen Kreis Intellektueller. Die Rundfunkgesellschaft, die von der Pacifica Foundation finanziell unterstützt wird, ist ein nicht auf Gewinn ausgerichtetes Unternehmen, und sein weiteres Fortbestehen hängt von Zuschüssen seiner Hörer ab. Der Spiritus rector der Pacifica während der ersten Jahre ihres Bestehens war Louis Schweitzer, der sich dem Redakteur James A. Wechsler gegenüber einmal als »die Nuß um die ›Bill of Rights‹« bezeichnete[1]. Mitarbeiter dieser Rundfunkanstalt zeigten sich nicht etwa eingeschüchtert, sondern wiesen die inquisitorischen Senatoren darauf hin, daß es »solche Rundfunksender schließlich auf der ganzen Welt kein zweites Mal« gäbe. »Sie können weder unter einem kommunistischen noch unter einem faschistischen Regime existieren – und auch nicht unter einer anderen Regierungsform, wenn diese der Freiheit entraten zu können glaubt oder, wo es um Wesentliches geht, einzig und allein die offizielle Auffassung gelten läßt.«

Um der von dem Senatsausschuß gestifteten Verwirrung ein Ende zu machen, drohte die Federal Communications Commission, die drei Sender zur Einstellung ihrer Sendetätigkeit zu zwingen. Sie nahm einen durchaus ungewöhnlichen Standpunkt ein, indem sie von den Angestellten der Stiftung verlangte, daß diese einen Fragebogen über ihre früheren und derzeitigen politischen Verbindungen ausfüllen sollten. Dies verweigerten die Mitglieder der Stiftung. In einem Artikel stellte die *»New York Times«* fest, die Sender widmeten sich »Sinfonien und Symposien« und schrieb weiter: »Macht die FCC, nach all ihren von nobler Gesinnung zeugenden Äußerungen über brachliegende Gebiete in den Programmen der Rundfunk- und Fernsehsender und über das Bedürfnis nach mehr erzieherischen, bildenden, aber auch umstrittenen Sendungen, durch ihre Hexenjagd auf Sender, die in ihrem Programm unpopuläre Ansichten vertreten, nicht alle ihre Moralpredigten zunichte?« Die Mannigfaltigkeit der Sendeprogramme war durch das Eingreifen der Bundesbehörde, das in diesem Fall durch die Aktion des Senatsausschusses ausgelöst worden war, bedroht. Aber glücklicherweise gab die FCC klein bei und bewilligte der Pacifica auch weiterhin ihre Lizenz.

Ein anderer Kongreßausschuß, vor den die Verfechter unorthodoxer Ideen zu Tausenden zitiert wurden, ist das House Un-American Activities Committee (HUAC). Als beispielsweise ein wohlhabender, wenn auch unorthodoxer Industriekapitän aus Cleveland, Cyrus Eaton, kritische Bemerkungen über den amerikanischen Geheimdienst äußerte, unterschrieb der damalige Ausschußvorsitzende, der inzwischen verstorbene Abgeordnete Francis Walter, unverzüglich eine Vorladung, um Eaton unter Strafandrohung zur Erläuterung seiner Ansichten beranzuzitieren. Dies war so widersinnig und lächerlich, daß irgend jemand – wahrscheinlich eine Abordnung des FBI selbst – es fertigbrachte, den Vorsitzenden von seinem Vorhaben abzubringen, so daß die gerichtliche Vorladung nicht zugestellt wurde [2].

Von Frank J. Donner, einem Anwalt und Kritiker des HUAC, stammt der bedeutsame und lobenswerte Ausspruch: »Die Hauptleistung des Ausschusses war die Verwandlung der Hearings in ein Instrument öffentlicher Geständnisse, das die für die Freiheit so wesentlichen Bezirke des Privaten zerstört. Weil dies die Voraussetzungen für die Freiheit antastet, war die stets gegenwärtige Drohung, vor den Ausschuß gebracht und dort wie ein Goldfisch in seinem Glase von prüfenden Blicken angestarrt zu werden, bedrückender als alle gesetzlichen Maßnahmen gegen Bücher [3].«

In letzter Zeit hat das House Un-American Activities Committee unter seinem neuen Vorsitzenden, dem Abgeordneten von Louisiana, Edwin Willis, einen etwas gemäßigteren Weg eingeschlagen. Und wenn es schon ohne diesen Ausschuß nicht geht, wäre es sehr zu wünschen, daß er sich allmählich eines verantwortungsbewußteren Verhaltens befleißigte und ein von tieferer Verantwortung getragenes Konzept seiner gesetzlich festgelegten Berechtigung entwickelte. Das verderbliche Erbe dieses ganzen Terrors des privaten und behördlichen Wütens bei der Jagd auf Leute mit abweichenden Ideen, der in der sogenannten McCarthy-Ära von 1948 bis 1954 seinen

Höhepunkt erlebte, wirkt auch heute noch fort. Bei Zeitungen, Büchern und Zeitschriften tritt es nicht so deutlich in Erscheinung, vielleicht, weil diese gegen die Pressionen der Interessenverbände weniger empfindlich sind. Hingegen wirkt es noch sehr stark in der Film- und Fernsehproduktion nach – und in einigen Gegenden – in besonders peinlicher Weise im staatlichen Schulwesen.
Dore Schary, der während des größten Teiles seines Lebens im Film- und Theaterwesen tätig war, sagte mir einmal: »Die Furcht ist noch riesengroß. Die Produzenten von Filmen und Fernsehstücken finden nichts dabei, heikle Sexualfragen anzupacken, schrecken aber vor sozialen Fragen zurück. Wir haben unsere Hemmungen nicht nur infolge der McCarthy-Verhöre, sondern schon wegen des unwiderstehlichen Dranges, nur solche Stücke herauszubringen, die bei jedem ankommen. Es steht uns überhaupt nicht zu, den Südstaaten zornige Vorwürfe zu machen oder die Schuld an der heutigen Situation auf sie oder auf die Kriegsteilnehmer, die Katholiken, Juden oder Protestanten abzuwälzen – wir haben uns nun einmal eines unabdingbaren Rechts begeben, des Rechts auf moralische Entrüstung. Infolgedessen haben wir auch nicht mehr das sich daraus ableitende Vorrecht, andere anzugreifen.« Erst kürzlich traf Richter Douglas vom Obersten Gerichtshof die Feststellung: »Radio- und Fernsehstationen fürchten sich häufig vor ihren Auftraggebern für Werbesendungen, und jene wiederum haben Angst vor Nonkonformisten«.
Im Mittelpunkt der meisten Aktionen zur Entlarvung unorthodoxer Ansichten steht der sogenannte »Subversive«. Ursprünglich verstand man darunter Kommunisten, ehemalige Kommunisten, die mit den Kommunisten Sympathisierenden und jene, die sich durch die Kommunisten hatten täuschen lassen. Und mit »der Subversivität verdächtig« bezeichnete man denjenigen, der sich den Kommunisten angeschlossen hatte oder in seiner Verwandtschaft einen Kommunisten aufzuweisen hatte. Heute hat die Bedeutung des Wortes »subversiv« eine etwas fächerförmige Erweiterung erfahren und schließt Pazifisten, Atomwaffengegner und noch viele andere ein. Nach Auffassung der »John Birchers« kann ein sogenannter »comsymp« (mit den *Kom*munisten *Symp*athisierender, Anm. d. Übers.) anscheinend jeder sein, der sich für die Vereinten Nationen ausspricht oder für die Aufhebung der Rassentrennung in den Schulen.
Hier soll jedoch die ursprüngliche Bedeutung des Wortes »subversiv« zum Hauptgegenstand der Ausführungen gemacht werden. Jeder denkende Mensch wird die Verbindung von sowjetischen und rotchinesischen Zielen und die grauenerregende Vernichtungskraft von Atomwaffen als die Ursache der entstandenen lebensgefährlichen

Situation erkennen, in der wir auf absehbare Zeit zu leben haben werden. Sie erkennen also die Notwendigkeit ständiger Wachsamkeit. Sie sind entsprechend entsetzt, wenn in Amerika hin und wieder jemand entlarvt wird, der sowjetische Spione mit militärischen Geheimnissen der USA versorgt hat (gleichgültig, ob aus ideologischen Beweggründen oder gegen Bezahlung). Sie sind befriedigt, daß die Amerikaner – mit Hilfe des FBI und der militärischen Spionageabwehr – offensichtlich die Preisgabe von tatsächlich lebensgefährlichen Geheimnissen in den letzten Jahren auf ein verhältnismäßig geringes Maß des Durchsickerns eindämmen konnten.
Zugleich aber hoffen alle diese Amerikaner, die sich ernsthafte Gedanken machen, daß die auch weiterhin unerläßliche Wachsamkeit sich ohne Aufgabe der persönlichen Freiheit und des Privatlebens verwirklichen läßt, wie sie in der »Bill of Rights« niedergelegt worden sind. Hysterie dient der Wachsamkeit ebensowenig wie chronisches Mißtrauen gegenüber den Ansichten der Bevölkerung.
Tatsächlich waren die wenigen echten amerikanischen Spione, die aufgrund des Verrats von Geheimnissen an die Sowjets festgenommen wurden, ohne Ausnahme außerordentlich darauf bedacht, kein Wort über ihre Lippen dringen zu lassen und sich den Anschein loyaler Amerikaner mit völlig herkömmlichen Ansichten zu geben. Es ist zweifelhaft, ob die privaten Überwachungsgruppen, die nach dem Motto »Wir sind loyaler als die anderen« operierten, oder die mit der Überprüfung vermeintlicher subversiver Elemente betrauten Regierungsausschüsse überhaupt je während der letzten Jahrzehnte des Schimpfens und Verhörens für die Entdeckung auch nur eines einzigen Spions, der später verurteilt wurde, verantwortlich zeichnen konnten. Diese Arbeit wurde mit viel größerem Erfolg und ohne großes Aufsehen durch die Beamten der Sicherheitsbehörden geleistet.
Es verdient außerdem erwähnt zu werden, daß der erste Kongreßausschuß in neuerer Zeit, der sich mit amerikafeindlichen Umtrieben befaßte – der sogenannte Dickstein-Ausschuß –, zu Beginn der dreißiger Jahre mit geradezu peinlicher Sorgfalt darauf bedacht war, die Rechte der einzelnen Zeugen zu wahren und zu schützen. So gab es drei Eingänge zum Schutze der Leute, wann immer Geheimsitzungen anberaumt waren. Und die Berichte von den unter Ausschluß der Öffentlichkeit stattfindenden Sitzungen waren tatsächlich geheim, mit einem großen Aufdruck GEHEIM oben und unten auf dem Aktendeckel. In den Fällen, in denen im Anschluß an Geheimsitzungen noch öffentliche Ausschußsitzungen folgten, erhielt der Zeuge ein beglaubigtes Exemplar des Sitzungsprotokolls der

Geheimsitzung, und man gestattete ihm, in dem Bericht der öffentlichen Sitzung Korrekturen vorzunehmen oder Erklärungen einzufügen. Außerdem durfte er nicht über Dinge befragt werden, die in der geheimen Ausschußsitzung nicht behandelt worden waren. Jener Ausschuß erfüllte einen wichtigen legislativen Zweck: Er schuf die Meldepflicht für Ausländer.

Unter den Mitgliedern des Ausschusses war ein Texaner namens Martin Dies. Als er nach einer gewissen Zeit zum Leiter des offiziell designierten House Un-American Activities Committee ausersehen wurde, machte er daraus eine Zirkusarena mit Schauprozessen. Der eingeschlagene Kurs erwies sich als eine politisch so dankenswerte Sache, daß der HUAC noch ein weiteres Vierteljahrhundert diesen Kurs gewissenhaft beibehielt. Einer der späteren Vorsitzenden, J. Parnell Thomas, erklärte dazu: »Die Hauptaufgabe des Ausschusses ... ist stets die Bloßstellung staatsfeindlicher Elemente und ihrer gegen Amerika gerichteten Umtriebe gewesen.« Der Ausschuß war bestrebt, jene Personen für ihre Ansichten als eine öffentliche Schande zu brandmarken. Mr. Thomas, ein Feuerkopf, der später wegen Korruption eine Gefängnisstrafe abzusitzen hatte, war es wahrscheinlich noch nie zu Bewußtsein gekommen, daß ein einstimmiges Urteil des Obersten Gerichtshofes aus dem Jahre 1881 vorlag, das besagte, daß der Kongreß »nicht ermächtigt sei, Nachforschungen über die privaten Bereiche der Bürger anzustellen[4]«. Die während der letzten Amtsperioden gewählten amerikanischen Parlamente haben es abgelehnt, sich durch diesen Beschluß gebunden zu fühlen, und der Oberste Gerichtshof hat in den letzten Jahren nichts unternommen, in dieser Frage auf sie einen Zwang auszuüben.

Regierungsausschüsse, die sich mit angeblichen »staatsfeindlichen« Umtrieben in Amerika befassen, sind bemüht gewesen, eine vierte Regierungsgewalt zu bilden. Sie begannen mit der Verfolgung von Einzelpersonen, die gerichtlich nicht belangt werden konnten. In diesem Land kann gegen den einzelnen normalerweise nicht gerichtlich vorgegangen werden, nur weil er ungewöhnliche Ansichten hat, selbst wenn jene Ansichten höchst wunderlicher Art, närrisch oder die Folge irregeleiteten Denkens zu sein scheinen. Der HUAC-Ausschuß machte sich eilends auf, um die in seinen Augen vorhandene Lücke zu schließen, die von den »Vätern der Verfassung« offensichtlich übersehen worden war. Auf seine Art hat er Andersdenkende angeklagt, gerichtlich verfolgt und verurteilt. Der Ausschuß hat sich seine eigenen Gesetze gegeben, die einen Zeugen in weitaus ärgerem Ausmaß seiner prozessualen Rechte entkleideten, als wenn er ein Verbrecher wäre. Der Zeuge war nicht in der Lage, seine Ankläger

ins Kreuzverhör zu nehmen. Oft genug hat man ihn nicht einmal wissen lassen, was gegen ihn vorgebracht worden war. Und in unserer heutigen Gesellschaft wiegt der gegen jemanden geäußerte Verdacht, er sei möglicherweise ein sogenannter »Commie« (Kommunist) oder irgendwann einmal Kommunist gewesen oder sympathisiere mit den Commies, erheblich schwerer, als wenn man ihn des Diebstahls, der Hehlerei, des Wechselbetrugs oder sonstiger gewöhnlicher Verbrechen bezichtigt.
Ein vom HUAC-Ausschuß vorgeladener Zeuge hatte stets bald herausgefunden, daß die größte Chance, sich das Wohlwollen der Regierung nicht zu verscherzen, darin lag, ein »hilfsbereiter« Zeuge zu sein; denn fiele er in Ungnade, kostete es ihm mit größter Wahrscheinlichkeit seine Stellung. Er gab also alles zu, bereute in aller Öffentlichkeit sein sündhaftes Andersdenken und demonstrierte, in welcher Weise er hieb- und stichfeste Maßnahmen zu seiner Umkehr auf den Weg der Rechtsgläubigkeit bereits getroffen hatte. Ein Mittel, dessen er sich hierzu bediente, war die Aufzählung der Namen aller jener Leute, von denen er wußte, daß sie seine früheren, falschen Ansichten geteilt hatten. (Ein Mann in Hollywood nannte die Namen von 162 ihm bekannten Leuten; wahrscheinlich ein Rekord.)
Der HUAC machte sich für gewöhnlich gar nicht die Mühe, die Genannten aufzusuchen – es sei denn, die Namen wären von besonderem Interesse gewesen –, da es einfach an der dazu erforderlichen Zeit mangelte. Er benötigte die Namen jedoch für einen anderen Zweck: Er bot sie seinen konservativen Verbündeten als Waffen an, nämlich jenen privaten Überwachungskommandos, die seine Arbeit unterstützten und dazu beitrugen, daß ihm mehr und mehr staatliche Mittel bewilligt wurden. Namen waren also Waffen. Waren sie erst einmal listenmäßig erfaßt und in einem der regierungsamtlichen Rechenschaftsberichte abgedruckt, waren die aufgeführten Personen praktisch für jeden in ihrer Gemeinde oder sogar im ganzen Land Freiwild; und ein jeder konnte mit Fingern auf sie zeigen und sie beschuldigen, »ein Roter« zu sein oder es zumindest mit den Roten zu halten. Für den derart Angeschuldigten gab es kaum eine Möglichkeit, sich mit Hilfe einer Verleumdungsklage dagegen zu wehren.
Wohl die umfangreichste Liste von allen, die unter dem HUAC-»Firmenzeichen« herauskam, war ein 2000 Seiten umfassendes Werk in sieben Bänden mit allen Namen von verdächtigen Organisationen und Personen, das im Jahre 1944 von einem Unterausschuß herausgegeben wurde. Das Register enthielt 22 000 Namen, meist von Einzelpersonen, von denen viele anerkanntermaßen weder »Rote« noch Mitläufer der Kommunisten waren. Die Liste war ein

solches Zufallsergebnis, daß der Hauptausschuß – wie es hieß – ihr Erscheinen ausdrücklich untersagt hatte; jedoch erst, als ein Großteil der Exemplare bereits im Besitz von privaten und amtlichen Stellen war, wo sie als Kontrollisten Verwendung fanden[5].
Wer waren nun die Kommunisten der damaligen Zeit? Meiner Erinnerung an jene turbulente Zeit (1934–1946) nach zu urteilen und nach dem, was ich seither darüber erfahren habe, hatten eine ganze Reihe Amerikaner sich entweder mit Haut und Haaren, nur teilweise, oder ganz ohne daß sie etwas dafür konnten, dem Kommunismus verschrieben, und zwar aus gänzlich anderen Gründen als dem Verlangen, die amerikanische Regierungsform zu ändern. Meiner Auffassung nach haben einige, von denen ich persönlich allerdings glaube, daß sie verführt und nicht selten das Opfer einer Täuschung waren, in erster Linie versucht, ihre Gegnerschaft gegen den sich in Europa Schritt für Schritt ausbreitenden Nazifaschismus zu demonstrieren. Vom Ende der dreißiger Jahre bis zu dem Zeitpunkt, da Rußlands Ministerpräsident Stalin an der Schwelle des Zweiten Weltkrieges seinen zynischen Pakt mit Hitler schloß, waren es im In- und Ausland die Kommunisten, die unermüdlich zur Bildung einer Volksfront unter Zusammenschluß aller demokratischen Parteien gegen den Faschismus drängten. Man sollte auch nicht vergessen, daß die Sowjetunion von 1942 an drei Jahre lang offiziell ein Alliierter der Vereinigten Staaten im Kampf gegen den Weltfaschismus war.
Richter Douglas äußerte sich zu diesen Fragen: »Aus dem Studium zahlreicher Gerichtsakten solcher Fälle, in die Kommunisten verwickelt waren, entnehme ich, daß viele, die sich den Kommunisten seinerzeit angeschlossen haben, es vermutlich nicht taten, um eine Unterwanderung zu unterstützen. Einige von ihnen scheinen einfach aus Gefühlsduselei auf diesen Weg geraten zu sein; andere waren ganz einfach total verwirrt. Trotzdem war man nur zu bereit, alle, die zu irgendeinem Zeitpunkt des Bestehens der KP Mitglied wurden, mit der Zielsetzung, wie sie von den Kommunisten vertreten wird, zu identifizieren. Sie werden straffällig wegen des Beitritts zu einer Organisation – eine Vorstellung, die unserer Geschichte fremd ist[6].«
Später war es nicht nur der HUAC-Ausschuß, sondern auch andere parlamentarische Ausschüsse, die damit begannen, Listen mit Namen von vermeintlichen Kommunisten oder angeblich Sympathisierenden aufzustellen und gedruckt herauszubringen. Regierungsausschüsse verschiedener Bundesstaaten taten es ihnen gleich. Die Liste, die am wenigsten Widerspruch duldete, wurde im Jahre 1947 von Tom Clark, dem amerikanischen Generalstaatsanwalt, veröffentlicht.

Es war eine Liste mit Namen von Organisationen – nur vereinzelt waren Namen einzelner Personen aufgeführt –, die nach Auffassung des Justizministeriums mit Sicherheit subversiven Charakter hatten. Diese Liste ist in regelmäßigen Abständen auf den neuesten Stand gebracht worden. In ihrer ursprünglichen Fassung sollte sie nur ein Faktor der Bewertung der vollständigen Unterlagen über einzelne Personen sein. Doch rasch wurde sie zur wahren Bibel für Sicherheitsüberprüfungen. 1961 legte Mr. Clark, zu der Zeit Richter am Obersten Bundesgericht, vor den Jurastudenten der Columbia-Universität eine Beichte ab. Er sagte: »Vielleicht hätten wir – so wie ich die Sache heute sehe – den Parteien doch Gelegenheit geben sollen, ihre Ansicht dazu zu äußern, bevor wir die Liste veröffentlichten.«

Ermittlungsbeamte des Kongresses machten gegen Ende der vierziger Jahre die Entdeckung, daß die verheißungsvollsten Jagdgründe für die Jagd nach Andersdenkenden die Welt der Unterhaltungsindustrie war. Diese Welt, weithin der Phantasie gewidmet, hatte mehr als nur den ihr zukommenden Teil an gefühlsbetonten Leuten aufzuweisen, die in der Welt der Krisen in dem Jahrzehnt von 1935 bis 1945 ihre Namen in den Dienst antifaschistischer oder humanitärer Belange gestellt hatten, wie sie von den Kommunisten als Kampfparolen ausgegeben worden waren. Vielleicht noch wichtiger war die Tatsache, daß diese Leute aus der Vergnügungsbranche wirklich große Namen besaßen, Namen mit schillerndem Glanz und Sex appeal, die den Kongreßschnüfflern täglich Schlagzeilen garantierten. In Hollywood folgte ein Beutezug dem anderen, und während ich dies schreibe, spricht man in Kreisen der Kongreßabgeordneten bereits wieder von der Notwendigkeit eines weiteren Unternehmens ähnlicher Art.

Den Anfang bildete 1947 die berühmte Liste der »Widerspenstigen Zehn von Hollywood«. Diese Zehn hatten sich geweigert, mit dem HUAC-Ausschuß zusammenzuarbeiten. Daher klagte man sie an und brachte sie wegen Mißachtung des Kongresses ins Gefängnis. Eigentlich waren es neunzehn Widerspenstige gewesen, aber der Ausschuß hatte es nicht für nötig gehalten, die restlichen neun ebenfalls vor die Schranken des Gerichts zu bringen. Zu der Zeit, als der HUAC-Ausschuß seine Hollywood-Verhöre 1951 wieder aufnahm, hatte das Unwesen der schwarzen und grauen Listen bereits ungeheuerlich überhandgenommen. Es gab es keineswegs nur die Listen des HUAC-Ausschusses. Auch die American Legion übergab den Produzenten eine Liste mit 300 Namen. John Cogley berichtet, daß ein Angehöriger der Legion später »vergnügt zugab, daß die Liste aus

›willkürlich benutzten Quellen‹ zusammengeschrieben« worden wäre[7].

Nachdem es beträchtlichen Ärger und – zumindest für eine ganze Reihe von Leuten – Zeiten der Arbeitslosigkeit gegeben hatte, brachte die große Mehrzahl der auf der Liste der American Legion Aufgeführten es schließlich fertig, den Legions-Leuten beizubringen, daß sie nicht als Risiken oder Gefahr zu betrachten seien. Normalerweise taten sie dies durch ein Schreiben an das Hauptbüro der Legion oder indem sie dort persönlich vorsprachen.

In einer Analyse der Tätigkeit der Legion, die in der »*Stanford Law Review*« erschien, war man zu dem Schluß gelangt, daß der Versuch der Legion, Hollywood-Größen durch die Herausstellung zu ungünstiger Publicity zu verhelfen, alle die Leute betroffen hätte, »die zu irgendeiner Zeit in irgendeiner Art und Weise mit einer Tätigkeit in Zusammenhang gestanden hatten, an der Mitglieder der Kommunistischen Partei ebenfalls irgendwie beteiligt waren[8]«.

Eine weitere Liste Verdächtiger wurde auf der Basis der Namen jener Hollywood-Berühmtheiten zusammengestellt, die einen Aufruf des Committee for the First Amendment unterschrieben hatten, das gegen die Mißachtung verfassungsmäßiger Rechte, wie sie damals in Hollywood gang und gäbe war, protestierte.

Zum Zeitpunkt der 1951er Hearings machten viele der Widerspenstigen die Erfahrung, daß ihre einzige Hoffnung auf Rettung ihrer Karriere darin lag, sich zu »umgänglichen« HUAC-Zeugen zu entwickeln. Der Fall einer Persönlichkeit aus Hollywood, die als einer der Widerborstigen bekannt war, gilt als geradezu »klassisch«. Er erschien vor dem HUAC-Ausschuß, bekannte seine Sünden, während des Krieges einmal Kommunist gewesen zu sein, erklärte jedoch, bereits vor fünf Jahren wieder aus der Partei ausgetreten zu sein. Daraufhin verlangte man, er solle die Namen der Leute nennen, die ihm aus jener ersten Kriegszeit als Kommunisten bekannt geworden wären. Er legte gegen diese Frage Protest ein und machte geltend, daß praktisch alle seither aus der Partei ausgetreten seien und die Angabe der Namen ihnen völlig unnötig schaden würde. Eines der führenden Ausschußmitglieder wollte wissen, warum es überhaupt noch notwendig sei, ihn zur Preisgabe der Namen zu zwingen, da der Ausschuß offenbar bereits im Besitz der Namen sei. Der Rechtsausschuß bestand jedoch darauf, daß er die Namen nennen müsse. Der Schauspieler erhob ein letztes Mal erbost Einspruch und sagte: »Stellen Sie mich bitte nicht vor die Wahl, wegen Mißachtung dieses Ausschusses im Gefängnis landen zu müssen oder mich selbst zu zwingen, tatsächlich durch den Morast der Anschwärzerei zu kriechen und am anderen Ende als Denunziant herauszukommen... Ich sehe da keinen Sinn... Ich glaube nicht, daß das amerikanische Justiz ist.«

Nach einer Sitzung der maßgebenden Persönlichkeiten gab er seinen Widerstand auf und nannte die Namen. Zwei Jahre danach fühlte er sich genötigt, als Teil des Rituals des Beweisens seiner Bekehrung dem Ausschuß in einem Schreiben mitzuteilen, er habe das, was er so unüberlegt über das »durch den Schlamm kriechen« gesagt habe, nicht ernst gemeint.

Inzwischen nahm man Persönlichkeiten von Funk und Fernsehen unter Beschuß, weniger von seiten der verschiedenen Regierungsausschüsse – obgleich sie dabei auch eine gewisse Rolle spielten – als seitens der erschreckten Geldgeber. Veteranen-Gruppen und andere rechtsgerichtete Kreise erkannten zu ihrer Freude, daß die Geldgeber für Rundfunk- und Fernsehprogramme sehr leicht in Angst zu jagen waren. Daher machten sich die Listenschreiber auch in diesem Fall ans Werk und arbeiteten sich mühsam durch die Vielzahl von veröffentlichten Listen der Legislative, die sie verwenden konnten, ohne Verleumdungsklagen befürchten zu müssen. Die berühmteste Liste mit der Bezeichnung »Rote Kanäle« enthielt die Namen von 151 Personen aus Funk und Fernsehen, die unter dem Verdacht standen, Beziehungen zu linksgerichteten Kreisen zu unterhalten. Diese Liste erschien im Jahre 1950 als »Sonderbericht« (für Außenstehende war sie käuflich zu erwerben; pro Stück 1,– Dollar) einer Dreier-Gruppe, die den American Business Consultants angeschlossen war und außerdem einen wöchentlich erscheinenden Informationsbrief mit dem Titel »Counterattack« (Untertitel: Tatsachen über den Kommunismus) herausgab. Diese Organisation – kurz ABC genannt – war stark mit ehemaligen FBI-Leuten besetzt. Die Redakteure des Blattes waren vorsichtig genug, ihre »Roten Kanäle« gegen Verleumdungsklagen durch den Hinweis zu schützen, es sei durchaus möglich, daß einige der aufgeführten Aktionen und Unternehmen harmlos seien. Schon bald war der Bericht als die »Bibel von Madison Avenue« bekannt. Von einem Reporter der Rundfunkgesellschaft CBS (Columbia Broadcasting System) hieß es, er habe ausgerufen: »Mein Gott, das kommt doch direkt von Kafka, oder? Diese drei piekfeinen Herren haben doch tatsächlich die ganze verdammte Industrie lahmgelegt...«[9] Es erschienen in rascher Folge weitere graue und schwarze Listen, darunter die *»Firing Line«*, eine Zusammenstellung des Postens 41 Syracuse der American Legion. Dieser Posten besaß zufällig in Syracuse einen außerordentlich mächtigen und angriffslustigen Verbündeten namens Laurence Johnson, dem einige Supermärkte unterstanden. Er bombardierte nahezu pausenlos die Sponsors, Werbeagenturen und Radiostationen mit Drohbriefen. Darin kündigte er einen Boykott für den Fall an, daß in einer der Sendungen, die von einer der vielen tausend Herstellerfirmen der Nahrungsmittelbranche, die in seinen Läden vertreten waren, bezahlt wurden, Personen mitwirkten, die er für Kommunisten oder Verfechter kommunistischer Ideen und Ziele hielt.

Viele größere Sender und Agenturen reagierten auf die verschiedenen Versuche, sie unter Druck zu setzen, damit, daß sie »Sicherheitsbeauftragte« einsetzten und umstrittene Persönlichkeiten fallenließen. Gleichzeitig trafen sie entsprechende Vorkehrungen, die Mitwirkenden künftiger Sendungen einer Überprüfung zu unterziehen.

Ich hatte Gelegenheit, mich mit einem Mann zu unterhalten, der mehr als 2000 Schauspieler und andere Mitwirkende überprüft hatte; hauptsächlich solche, die in bestimmten, beliebten Fernsehunterhaltungssendungen mitwirken sollten. Lassen Sie mich ihn Mr. Diggs nennen. Er war von einer der großen amerikanischen Werbeagenturen beauftragt worden. In manchen Fällen war er gebeten worden, eine solche Überprüfung aufgrund einer speziellen Anfrage nach dem »Erwünschtsein« eines Schauspielers durchzuführen. In anderen Fällen kamen solche Anfragen nicht selten aus der näheren Umgebung einer gewissen einflußreichen Persönlichkeit des religiösen Lebens. Sie erreichten Mr. Diggs auf folgendem Wege: Der hervorragende Kleriker wandte sich direkt an die Frau des Vorsitzenden der Gesellschaft, die das betreffende Programm finanzierte... diese sagte ihrem Mann davon... der seinerseits das Gehörte an einen seiner Vizepräsidenten weitergab... der die Mitteilung als Empfehlung dem für Funk und Fernsehen verantwortlichen Vizepräsidenten einer Werbeagentur zuleitete... und dieser wiederum weihte den eigens für derartige Dinge abgestellten Vertrauensmann von Mr. Diggs bei der Agentur ein. Im Zuge der Entwicklung dieses Systems wurde nahezu jeder Mitwirkende einer Sendung einer Überprüfung unterzogen, falls er noch nicht auf Mr. Diggs' Liste der »geklärten Fälle« stand.

Mr. Diggs blätterte in seinen Akten und zog zwölf Berichte hervor, die er über allgemein bekannte Darsteller verfaßt hatte. Darunter waren ein Akkordeonspieler, eine Tänzerin, ein Sänger, ein Komiker, eine Schauspielerin der »leichten Muse«.

Ein großer Teil dieser Berichte begann mit dem allgemein üblichen Standardsatz: »Der Name des Betreffenden ist in keinem der regelmäßig zu Rate gezogenen Berichte der staatlichen oder privaten Spezialisten enthalten.« Das bedeutet, daß er – laut Anweisung – die Unterlagen folgender Organisationen oder Institutionen zu Rate gezogen hatte:

1. Die Sammelakten des House Un-American Activities Committee (HUAC) mit Angaben der zigtausend Personen, die aus dem einen oder anderen Grunde im Zeitraum der letzten zwei Jahrzehnte in die HUAC-Zentralkartei geraten waren.

2. Die Sammelkartei vom Unterausschuß für Rechtsfragen beim Senatsausschuß für innere Sicherheit. (Ungefähr 36 000 Namen.)

3. Die Sammelkartei, in der alle *Zeugen* erfaßt sind, die vor irgendeinen Ausschuß der Regierung auf Bundes- oder staatlicher Ebene, der sich mit subversiver Tätigkeit befaßte, zitiert worden waren. (Staaten, in denen u. a. Hearings stattfanden, waren: Kalifornien, Michigan, Pennsylvania und Ohio.) Übrigens hatte der Ausschuß in Kalifornien die haarsträubendsten Anklagen wegen subversiver Tätigkeit überhaupt erhoben (das heißt, unter den Beschuldigten waren Thomas Mann und Dr. Albert Einstein).

4. Die Kartei des Ständigen Unterausschusses für Ermittlungen beim Senate Committee for Government Operations. Hier sind auch die berüchtigten Hexenjagden erfaßt, die auf Betreiben von Senator McCarthy von seinem jugendlichen, unüberlegten Berater Roy Cohn durchgeführt wurden. (Ungefähr 4000 Namen.)

5. Der Bericht über die McCarthy-Vernehmungen innerhalb des Militärs. (3000 Namen.)

6. Die Liste der Generalstaatsanwaltschaft mit den Namen aller Untergrundorganisationen.

7. Die HUAC-Sonderliste der angeblich subversiven Organisationen und Publikationen.

8. Der Jahresbericht 1952 des Joint Legislative Committee von Kalifornien zur Erforschung amerikafeindlicher Umtriebe. Darin sind die Berichte über den Mischmasch gesammelt, den dieser Ausschuß von 1945 bis einschließlich 1952 angerichtet hat.

9. »Rote Kanäle«.

Nach dieser Routineprüfung der Berichte unternimmt Mr. Diggs je nach den Umständen weitere Untersuchungen. In zehn von zwölf Fällen wird er einen Kontaktmann bei der American Legion befragen und in acht weiteren Fällen die Firma Aware, Inc., sowie die freiwilligen Überwachungsgruppen, die sich der Bekämpfung »kommunistischer Konspiration im Unterhaltungs- und Unterrichtungswesen« widmen. In fünf weiteren Fällen geht eine Anfrage an den »Ermittler für Kolumnisten der Nachrichtenagenturen mit umfangreichen Unterlagen« ... in vier Fällen wendet er sich an den »Personalsicherheitsbeauftragten einer größeren Sendestation«. Weitere fünf Fälle machen eine Rücksprache mit dem »Spezialisten für Personalüberprüfung der größeren Förderer von Fernseh- und Rundfunkprogrammen« erforderlich. Bei zwei Kontrollen schaltet er einen Kontaktmann bei der Organisation »Katholische Kriegsteilnehmer« ein... und in verschiedenen anderen Fällen vergewissert er sich bei dem Vertrauensmann für Schriftsteller beim HUAC und im Senatsunterausschuß für innere Sicherheit in Washington.

Anfangs galten diese Überprüfungen lediglich »unseren Sonderinteressen« – der Politik. Später aber lag der Werbeagentur auch daran zu erfahren, wie es mit der Moral der Darsteller stünde und ob dieser oder jene jemals straffällig geworden sei. Hierzu erklärte Mr. Diggs: »Das Ganze fing mit den politischen Nachforschungen an. Die Nachforschungen in puncto Sittlichkeit und im Hinblick auf kriminelle Taten hätten niemals begonnen, wäre es nicht im Interesse politischer Belange erforderlich gewesen.«

So war einer seiner zwölf Berichte, über eine gefeierte Schauspielerin, ein fast ausschließlich intimen Dingen gewidmetes Elaborat über ihre »psychiatrische Verfassung«, die durch vorübergehende Depressionen wegen des Gefühls beruflichen Versagens gekennzeichnet war. In einem anderen dieser zwölf Berichte wurde eine Schauspielerin erwähnt, die bei den Versicherungsgesellschaften »rot angestrichen« war, weil sie wiederholt Pelze und Schmuck verloren hatte. Wieder ein anderer Bericht hatte Steuerprobleme eines Schauspielers zum Gegenstand. Und ein vierter Bericht beschäftigte sich schließlich mit der Tatsache, daß die Frau des Schauspielers im Übermaß Stimulantien gebrauchte.

Das Resultat war, daß Mr. Diggs, obwohl er in seinem Bericht an die Agentur von zwölf Persönlichkeiten nur eine (und zwar einen Bühnenautor) als »absolutes Risiko« für die in Frage kommende Aufführung (aus politischen Gründen) bezeichnet hatte, nur drei der ausgewählten Mitwirkenden ohne Vorbehalt genehmigte. Alle übrigen (acht) erhielten die Erlaubnis zur Mitwirkung mit einschränkenden Vermerken. Nur für diese eine Aufführung, die zur Debatte stand, war ihnen die Mitwirkung gestattet; jedoch sollten weitere Überprüfungen folgen – die natürlich von Mr. Diggs vorgenommen werden würden –, falls eine Weiterverwendung der Betreffenden in Aussicht genommen werden sollte.

Ein von Mr. Diggs im Jahre 1958 abgefaßter Bericht über eine Tänzerin zeigt das Empörende des Problems, dem man sich bei der Suche nach Arbeit gegenübersieht, wenn der eigene Name auf einer der gewichtigen Listen Falschdenkender erscheint. Nennen wir diese

Tänzerin Mary Fixx. Fünf Jahre zuvor hatte Mr. Diggs der Agentur mitgeteilt, daß Marys Name auf einer der vertraulichen Listen des HUAC-Ausschusses stand, da sie einmal eine Zeitlang Mitglied der Kommunistischen Partei gewesen war und vor den Ausschuß zitiert werden sollte. Demnach stellte ihre Mitwirkung bei der fraglichen Aufführung ein eindeutiges Risiko dar. Im Jahre 1957 (vier Jahre danach) forderte man ihn auf, ein zweites Gutachten über sie anzufertigen. Daraus war ersichtlich, daß der HUAC-Ausschuß ihren Namen noch aufgewärmt parat hielt, daß man jedoch noch nicht dazu gekommen war, sie vorzuladen. Wie ein Ausschußmitglied Mr. Diggs zu verstehen gab, würde aber der Ausschuß gegen ihre Mitwirkung bei dieser speziellen Aufführung öffentlich keine Einwände erheben.
Die Frage, was wohl die politische Einstellung von Miss Fixx vor etlichen Jahren mit ihrem heutigen Können als Tänzerin zu tun habe, hat man niemals bei den Entschließungen berücksichtigt. Sie war eben einfach »umstritten«! Punkt – Streusand.
Im Jahre 1958 erhielt Mr. Diggs erneut die Aufforderung, sich um den Fall von Miss Fixx zu kümmern, da man sie für ein Bühnenstück haben wollte. Diesmal lautete sein Bericht, daß die American Legion »keinerlei Interesse mehr an der Betreffenden« habe. Er hatte außerdem zu berichten, er habe aus seiner zuverlässigen Quelle in der Sicherheitsabteilung der Paßstelle des US-Außenministeriums vertraulich erfahren, daß Mary ohne Schwierigkeiten einen Paß ausgestellt bekommen habe und auch dort offenbar nicht mehr »rot angekreuzt« sei. Er folgerte ferner, daß Miss Fixx wohl eines jener ritualistischen, obligatorischen »Bereinigungs«-Gespräche mit einem FBI-Beamten gehabt haben müsse, in dessen Verlauf es ihr gelungen sei, ihn davon zu überzeugen, daß sie – zumindest heute – ein guter, loyaler Staatsbürger sei. Zu guter Letzt hatte sein Vertrauensmann im Senatsunterausschuß für innere Sicherheit Mr. Diggs zu verstehen gegeben, daß man auch seitens dieses Ausschusses gegenwärtig an Mary nicht weiter interessiert sei.
Nicht so der HUAC-Ausschuß, der nach wie vor nicht zu erklären bereit war, daß er kein Interesse an Mary Fixx mehr habe. Er führte sie immer noch auf jener Liste. Und obgleich es zutraf, daß man in fünf Jahren nicht ein einziges Mal Zeit gefunden hatte, sich mit ihr zu befassen, könnte es »irgendwann zu einem späteren Zeitpunkt durchaus noch notwendig werden, sie vorzuladen«, wie es im Bericht von Mr. Diggs hieß. Er versicherte sich selbst, daß es so gut wie ausgeschlossen sei, daß der HUAC-Ausschuß ausgerechnet in den nächsten Monaten dazu kommen würde, sich mit ihrem Fall wieder

zu befassen. Daher glaubte er, der Agentur mitteilen zu können, daß man Mary, ohne damit ein Risiko einzugehen, zur vorgesehenen Zeit bei der Aufführung mitwirken lassen könne.

In einigen Fällen wandte Mr. Diggs sich von der Überprüfung ab und half – wie viele andere Ermittler auch – den Betreffenden, eine Unbedenklichkeitsbescheinigung zu bekommen. Eine der Persönlichkeiten, denen er half, »unbelastet« zu werden, bekam anschließend den »Oscar« verliehen, eine andere den Pulitzer-Preis; einer dritten verlieh man den Emmy-Preis. Der mit dem »Oscar« Ausgezeichnete, ein beliebter und berühmter Star, war einstmals als Zeuge vor dem Senatsunterausschuß für innere Sicherheit aufgetreten. Mr. Diggs erreichte durch eine Helferin bei jenem Ausschuß, die er persönlich gut kannte, daß dem Vorsitzenden ein Schreiben mit den Standardphrasen einer Unbedenklichkeitsbescheinigung zur Unterschrift vorgelegt wurde, als jener gerade in guter Stimmung war. Das für die Unterschrift des Senators entworfene Schreiben war an den Vertrauensmann von Mr. Diggs bei der Werbeagentur gerichtet. Darin hieß es: »Nach sorgfältiger Überprüfung der Aussagen von Mr. ... bin ich zu der Auffassung gelangt, daß er freimütig, bereitwillig und ausführlich seine Aussagen gemacht hat und daß jeder Makel, der seinem Ruf möglicherweise in der Vergangenheit anhaftete, durch seine Aussage erfolgreich getilgt werden konnte. Ich habe ferner den Eindruck gewonnen, daß Mr. ... ein loyaler und vaterlandsliebender Amerikaner ist und daß es ungerecht wäre, ihn für irgendwelche Fehlbeurteilungen im Verlauf der vergangenen Jahre zu bestrafen.« Der Vorsitzende unterschrieb.

Lehrkräfte, Wissenschaftler, Staatsbeamte, Journalisten und andere mit einem – wegen früher vertretener irriger Auffassungen – angeblich beflecktem Ruf haben sich jahrelang zusammen mit Unterhaltungskünstlern durch den Kongreß am Spieß braten lassen müssen. Und die nicht-amtlichen, auf Wachsamkeit bedachten Gruppen, die sich die Sorge um eine richtige Gesinnung angelegen sein lassen (so definieren die Rechtsextremisten ihr Tun), haben ihre Einschüchterungsversuche an Fernsehproduzenten, Lehrkräften, Arbeitgebern und einer Reihe von Besitzern großer Tageszeitungen kraft ihrer Möglichkeiten fortgesetzt, jeden, der ihnen nicht genehm war, als staatsfeindliches Element anzuprangern.

Einige der gefährlicheren Symptome von Antagonismus gegenüber falscher politischer Gesinnung begannen sich in der überwiegenden Zahl der amerikanischen Bundesstaaten in dem Augenblick zu vermindern, als es endlich doch gelang, Senator Joe McCarthy das Handwerk zu legen. In den letzten Jahren halfen außerdem einige

besondere Vorkommnisse mit, die Auswüchse der parlamentarischen Gesinnungsprüferei und des privaten Denunzierens in fast allen Teilen der Vereinigten Staaten spürbar zu beschneiden.
In zwei Fällen boten Entscheidungen des Obersten Bundesgerichts den Bürgern zumindest einen gewissen Schutz vor willkürlicher Verfolgung durch Kongreßausschüsse. Im Watkins-Fall des Jahres 1957 entschied das Gericht, daß die Entschließung, nach der der HUAC-Ausschuß gebildet wurde, so ungenau abgefaßt sei, das jedem Zeugen fortan das Recht zugestanden werden müsse, auf Erläuterung und Begründung der ihm gestellten Fragen hinsichtlich ihrer Sachdienlichkeit zu bestehen. Hauptrichter Warren stellte hierzu fest: »Der Kongreß ist nicht befugt, Einzelheiten lediglich des Enthüllens wegen zu enthüllen. Die Öffentlichkeit hat natürlich ein Anrecht darauf, über die Arbeit der Regierung unterrichtet zu werden. Das darf jedoch nicht zu einer Generalvollmacht führen, alles zu entlarven, wenn das überwiegende Resultat nur ein gewaltsamer Eingriff in die privaten Rechte des einzelnen sein kann [10].«
Das zweite, erst kürzlich, nämlich zu Beginn des Jahres 1963 ergangene Urteil, das mit 5:4 Stimmen zustande kam, besagte, daß Fahndungsbeamte der Regierung sich auf der Suche nach Verbindungen zu den Kommunisten nicht ohne weiteres in die Angelegenheiten einer Gruppe von Personen mischen dürften; es sei denn, jener Gruppe wäre eine »subversive Tätigkeit oder anderweitig illegale oder rechtswidrige Betätigung« bereits eindeutig nachzuweisen gewesen. Es gab aber auch zwei Entscheidungen, die das genaue Gegenteil besagten (nämlich die Urteile im Fall Barenblatt und im Fall Wilkinson), die hier nicht unerwähnt bleiben sollen; denn in diesen Entscheidungen bestärkt das Gericht den HUAC-Ausschuß in seinem entschlossenen Vorhaben, die privaten Ansichten der Staatsbürger im Zusammenhang mit der Frage, wie weit der kommunistische Einfluß gehe, einer Prüfung zu unterziehen.
Die nicht-amtlichen Stellen, die mit der Bezeichnung »mit den Kommunisten sympathisierend« stets sehr rasch bei der Hand waren, erhielten durch den Beschluß eines New Yorker Geschworenengerichts vom Juni 1962 Gelegenheit, in ihrem Tun einmal etwas zu pausieren. Damals ging es um ein sechs Jahre zuvor von dem Ermittlungsunternehmen Aware, Inc., herausgegebenes Bulletin, das darauf spezialisiert war, die in verschiedenen Fällen erhobenen Anklagen zu publizieren. Diese Anklagen wurden – ob beabsichtigt oder nicht, sei dahingestellt – häufig verwendet, um »schwarze Listen« mit Namen aus der Funk- und Fernsehindustrie zusammenzustellen. In diesem einen Fall beschuldigte das Bulletin einen in

Funk- und Fernsehsendungen mitwirkenden Humoristen namens John Henry Faulk, im Rahmen zahlreicher getarnter kommunistischer Veranstaltungen aufgetreten zu sein oder dazu seinen Namen hergegeben zu haben. Es erhob sich die Frage nach seiner Loyalität. Diese Ausgabe des Bulletins wurde ungewöhnlich weit bei Zeitungen, diversen Geldgebern, in Funk- und Fernsehkreisen usw. verbreitet und auch Geldgebern jener Programme zur Kenntnis gebracht, bei denen Mr. Faulk durch die Bemühungen von Mr. Johnson, dem Leiter des Supermarkts in Syracuse, mitwirkte. Diese Verleumdungskampagne war in den Augen von Mr. Faulk nichts weiter als eine billige Rache dafür, daß er sich kritisch über die Firma Aware ausgelassen und sich erfolgreich mit einem neutralen Programm, das sowohl anti-kommunistisch als auch gegen die schwarzen Listen eingestellt war, um eine Funktion in der American Federation of Television and Radio Artists bemüht hatte.
Die Karriere von Mr. Faulk im Rahmen des amerikanischen Funk- und Fernsehwesens fand durch dieses Bulletin in dem Augenblick ein Ende, als er ein Jahreseinkommen von 35 000 Dollar hatte. Bei seinen Versuchen, in verschiedenen Städten in Radio- und Fernsehsendungen mitwirken zu dürfen, stieß er auf erhebliche Schwierigkeiten, so daß er sich gezwungen sah, buchstäblich von einer Stadt zur anderen zu fliehen, und schließlich in einer kleinen Werbeagentur in Texas Unterschlupf zu suchen.
Er verklagte die Firma Aware, Mr. Johnson und Vincent Harnett, den Verfasser des Bulletin (der zugleich einer der verantwortlichen Mitarbeiter der »Roten Kanäle« war), wegen Verleumdung. Die Beklagten sahen sich nicht in der Lage, den Wahrheitsbeweis für die im Bulletin geäußerten Unterstellungen anzutreten. Die Geschworenen gestanden Mr. Faulk eine Summe von insgesamt 3,5 Millionen Dollar als Schadenersatz zu – den größten Betrag, auf den jemals in einem Rechtsstreit wegen Verleumdung erkannt worden ist. Der Richter lehnte es ab, die Summe herabzusetzen, und sagte, es sei »offensichtlich beabsichtigt, das Gewissen der Allgemeinheit zum Ausdruck zu bringen«. Mr. Johnson, bekannt als vielfacher Millionär, starb wenige Tage, bevor das Urteil rechtskräftig wurde. Seine Nachlaßverwaltung einigte sich mit Mr. Faulk schließlich auf Zahlung eines Betrags in Höhe von 175 000 Dollar; aber über diesen Betrag hinaus sah Mr. Faulk kein Geld. Da ich dieses niederschreibe, hat ein Berufungsgericht dahingehend entschieden, daß eine Wiederaufnahme des Verfahrens unumgänglich sei, sollte Mr. Faulk einer Herabsetzung des Betrages auf insgesamt 550 000 Dollar nicht zuzustimmen bereit sein.

Während der Gerichtsverhandlung kam es seitens zweier bekannter Zeugen, die als Zeugen der Verteidigung zugunsten von Mr. Faulk auftraten, zu äußerst interessanten Aussagen. Garry Moore, der berühmte »Zeremonienmeister« des Fernsehens, sprach davon, daß die Aufnahme der Namen von Unterhaltungskünstlern in die schwarzen Listen »in etwa mit einem Kampf gegen sechs Männer in einem kleinen dunklen Raum zu vergleichen« sei. »Man kann nicht sagen, wer einen gerade schlägt.« Und der Produzent David Susskind sagte aus, daß er zu der Zeit, da das Unwesen der schwarzen Listen in voller Blüte gestanden habe, aufgefordert worden sei, der Werbeagentur des Geldgebers einer Sendung, Young & Rubicam, 5000 Namen von Schauspielern, Schriftstellern, Direktoren und sogar von Kameraleuten anzugeben. Nach seiner Aussage wurden allein 1500 der von ihm genannten Namen als »politisch unerwünscht« abgelehnt.

Heute sind die schwarzen Listen an Zahl und Bedeutung spürbar zurückgegangen. Mr. Faulk ist wieder in seinem Beruf tätig. Wie die Zeitschrift »*Variety*« allerdings zu berichten weiß, gab es im Sommer 1963 noch immer zahlreiche für den Rundfunk tätig gewesene Künstler, die auf der schwarzen Liste gestanden hatten, für die es außerordentlich schwierig war, anständige Stellen zu finden. Eine Schätzung, die man in Hollywood vorgenommen hat, besagt, daß die nicht-amtliche schwarze Liste heute bis auf etwa 100 Namen zurückgegangen sei oder weniger als die Hälfte der Namen enthielte, die sie in den fünfziger Jahren enthalten hätte.

Ein letzter Faktor, der mitgeholfen haben mag, die Kommunistenjagden und die öffentliche Namensnennung zu mäßigen, ist das Bekanntwerden der jämmerlichen Situation, in der sich die Kommunistische Partei heute befindet. Ein ehemaliger Agent des FBI, Jack Levine mit Namen, gab an, daß die Zahl der Parteimitglieder auf 8500 zusammengeschmolzen sei und daß nahezu 1500 der Beitrag zahlenden Mitglieder FBI-Geheimagenten seien.

Obgleich die Jagd auf »Rote« viel von ihrer Heftigkeit und Schärfe eingebüßt hat, haben sich die Formen weiter vererbt. Die einstmals voller hochfliegender Pläne steckenden, rechtsextremistischen »Säuberungsburschen« der Vergnügungsindustrie sind zum größten Teil verschwunden. Aber an ihrer Stelle begegnen wir den Spezialisten der Unternehmen und anderen offiziellen Säuberungsexperten. In zunehmendem Maße verlangen die Radiostationen von den in ihrem Programm Mitwirkenden, daß sie politische Erklärungen unterschreiben, in denen sie unter anderem auch gezwungen werden, anzugeben, daß sie *niemals* der Kommunistischen Partei angehört haben. Die

American Civil Liberties Union protestierte gegen eine solche Erklärung und stellte dabei fest: »Es ist kein Geheimnis, daß der Mißbrauch (der schwarzen Listen) sich als eine feststehende Einrichtung eingebürgert hat und zu einem festen Bestandteil der verwaltungstechnischen Maßnahmen bei der Programmauswahl geworden ist.« Und obgleich der HUAC-Ausschuß seit der Ernennung von Edwin Willis zum Vorsitzenden offenbar unter einer verantwortungsbewußteren Führung steht und weniger Hearings abhält, hat er es doch bewerkstelligt, vom Kongreß im Rahmen des Etats im vorangegangenen Jahr die bisher größte Summe (360 000 Dollar) bewilligt zu bekommen – und zwar mit sage und schreibe 385 zu 20 Stimmen. Anfang 1963, vor Mr. Willis' Aufstieg zum Vorsitzenden, begann der HUAC-Ausschuß mit der Vorladung von Bürgern aus allen Teilen der Vereinigten Staaten, um sie über die – wie es hieß – »kommunistische Infiltration der Friedensbewegung« zu verhören. Die ACLU bescheinigte dem HUAC-Ausschuß, daß solch eine Befragung »unweigerlich die Stimmen derer, die in ihrer Auffassung nicht mit der Regierungspolitik des Kalten Krieges übereinstimmen, zum Schweigen bringen werde ... Es ist der Civil Liberties Union nicht darum zu tun, das Pro und Contra des Programms, wie es von der Friedensbewegung vertreten wird, zum Gegenstand einer Überprüfung zu machen; denn das ist nicht unsere Aufgabe. Wir haben allerdings feststellen müssen, daß das Programm in aller Öffentlichkeit zur Durchführung gelangt.«

Jede Verallgemeinerung über ein Nachlassen der Feindseligkeit gegen Auffassungen, die sich nicht mit den landläufigen Ansichten decken, muß doch einige auffallende Ausnahmen berücksichtigen. Allem Anschein nach herrschen sie hauptsächlich in einem Gebiet vor, das sich in einer Breite von etwa 200 Meilen wie ein Gürtel quer über den südlichen Teil der Vereinigten Staaten zieht. Dieser Gürtel beginnt an der Ostküste zwischen Charleston und Jacksonville, wendet sich leicht südlich bis zur Mitte von Texas, macht dann einen Bogen in nordwestlicher Richtung, bis er zwischen San Diego und Santa Barbara auf die Pazifikküste trifft. Zu diesem Gebietsstreifen gehört der Ort Montgomery ebenso wie Jackson, Baton Rouge und Dallas ebenso wie Phoenix. Das Fehlen jeglicher Toleranz gegenüber den Leuten, die eine andere Auffassung vertreten, kann keinesfalls allein die Folge des wärmeren Klimas sein, da der größte Teil von Florida sich südlich von diesem Gebietsstreifen befindet, der sich bei Erreichen der Westküste nordwärts zu wenden scheint.

Betrachten wir zuerst einmal die westliche Hälfte des Gürtels. Wir haben vor noch nicht allzu langer Zeit miterlebt, daß der amerika-

nische Botschafter bei den Vereinten Nationen, Adlai Stevenson, bespuckt und geschlagen wurde, als er nach Dallas kam, um dort eine Rede über die Vereinten Nationen zu halten. Dieser letzte Satz wurde niedergeschrieben, bevor Präsident Kennedy in derselben Stadt ermordet wurde. Botschafter Stevenson hatte dem Weißen Haus telephonisch zu bedenken gegeben, ob der Besuch des Präsidenten nicht vielleicht wegen einer »Stimmung beispiellosen Wahnsinns in Dallas« abgesagt werden sollte. Eine in Dallas erscheinende Zeitung hatte nach dem Besuch von Mr. Stevenson dazu bemerkt, daß es für jeden gefährlich sei, sich in dieser Stadt aufzuhalten, der unpopuläre Ansichten zu äußern und die Stadt dazu zu drängen gedächte, zu einer Reform bereit zu sein. Es war vielleicht ein Zufall des Schicksals, daß der angebliche Mörder, ein Texaner fanatischer Sorte, die Stadt Dallas zum Schauplatz seiner Schießerei wählte; aber die Zeitung »*Times Herald*« in Dallas vertrat in einem Leitartikel die Ansicht, daß »zunächst die Saat des Hasses aufgegangen sein mußte...« Der Gouverneur von Texas, John Connally, beklagte den Umstand, daß die Bevölkerung dieses Staates es zugelassen hatte, daß der Extremismus als eine Art Marotte in Mode gekommen sei. Möglicherweise hat nun der erlittene Schock die Bevölkerung jener Stadt zu einer verantwortungsbewußteren Haltung denen gegenüber gezwungen, die anderer Meinung sind. Der Bürgermeister der Stadt beschwor die Bevölkerung zu lernen, »sich in Diskussionen einzulassen ohne Haß, und Meinungsverschiedenheiten auszutragen, ohne den anderen verächtlich zu machen«.
Einige unbelehrbare Texaner mögen einmal über die Bemerkung nachdenken, die der Verfechter der bürgerlichen Freiheiten Roger Baldwin machte, als er sagte: »Meine Freiheit, die Fäuste zu schütteln, hört da auf, wo deine Nase anfängt.«
Dann gibt es den Fall des Präsidenten der staatlichen Schulbehörde Kaliforniens, Thomas Braden, der von seinen Nachbarn in Oceanside im Staate Kalifornien als Kommunist denunziert wurde wegen seiner Bemühungen, aufrichtig zu sein und dem auf ihn ausgeübten Druck der Superpatrioten zu widerstehen, die ihn zur Beeinflussung der Schulkinder zwingen wollten. Ich vermute sehr stark, daß er wohl in erster Linie an den dichtbevölkerten Südteil Kaliforniens dachte, als er feststellte, daß sein Staat »sehr rasch zu einer politischen Schrekkenskammer wird. Kalifornien hat die John-Birch-Gesellschaft, hier gibt es die Liberty Torch Bearers, den Keep America-Ausschuß, wir haben den Kalifornien-Ausschuß zur Bekämpfung des Kommunismus, außerdem das American Birthright Committee, die Citizens for Moral Action und das Network of Patriotic Letter Writers...« Er fuhr

fort, es gäbe eine Unmenge von »Studiengruppen, die sich in aller Heimlichkeit treffen, um über die Nachbarn zu diskutieren und dann in aller Öffentlichkeit Lehrer, Redakteure, Geistliche, Lehrbücher, Earl Warren und das zwanzigste Jahrhundert verunglimpfen[11]«.
Während der politischen Kampagne von 1962 entbrannte der heißeste Kampf in Kalifornien um das sogenannte Francis-Amendment. Wäre es jemals in Kraft getreten, hätten sämtliche Mitglieder von Organisationen, die als subversiv angesehen würden, keine Chance, ins Beamtenverhältnis zu kommen oder von Steuern befreit zu werden. Und es wäre allen möglichen Leuten, einschließlich der Bezirksgeschworenengerichte und der amerikanischen Polizisten, überlassen geblieben, zu definieren, was unter »subversiv« zu verstehen sei. Jener Zusatzartikel hätte jeder Person und jeder Personengruppe, die öffentliche Mittel für eine öffentliche Diskussion zu erhalten versucht hätte, zur Pflicht gemacht, sich einem Loyalitätstest zu stellen. Einer der eifrigen Verfechter des erwähnten Zusatzartikels war die Handelskammer von Los Angeles. Doch dank den angestrengten Bemühungen oder dem gesunden Menschenverstand einiger Millionen Kalifornier, die diesen Angriff auf die »Bill of Rights« (Zusatzartikel zur amerikanischen Verfassung) abwehrten, ging das Gesetz nicht durch.
Im Bereich des östlichen Teils des Gürtels ist die intolerante Haltung gegenüber nonkonformistischen Ansichten, dank der ausgedehnten Presseberichterstattung über die Krisen wegen der Bürgerrechte nur zu gut bekannt. In Baton Rouge sind wenigstens fünfzehn religiöse Führer angeblich Opfer des Leitungsanzapfens durch ortsansässige Verfechter der Rassentrennung geworden, die sich hierzu der Hilfe von Regierungsbeamten bedienten. Die Geistlichen hatten eine »Bestätigung religiöser Prinzipien« unterschrieben, die die Rassendiskriminierung als einen »Verstoß gegen das göttliche Gesetz der Nächstenliebe« bezeichnete. Ein Geschäftsmann, der durch ein Bundesgericht des Leitungsanzapfens angeklagt war, hielt dennoch weiter in derselben Baptistenkirche seine Sonntagsschule ab, deren Leiter einer der Geistlichen war, die Opfer des Abhörens geworden waren.
In Alabama wurde der Text eines vermutlich privaten Telegramms, das von einem ehemaligen Präsidenten der Nationalen Vereinigung für den Fortschritt der Farbigen durch die Western Union an einen Bestimmungsort in einem anderen Staat geschickt worden war, durch einen unter Strafandrohung vorgeladenen Angestellten der Western Union als öffentliches Beweismittel vorgelegt. Als ein farbiger Anwalt gegen das gewaltsame Eindringen in die privaten Be-

reiche Protest einlegte und verlangte, daß der Telegraphenbeamte erklären solle, wie der Staat von dem Telegramm überhaupt Kenntnis erhalten habe, war dessen Antwort nur: »Ich weiß es nicht!«

Der namhafte Redakteur und Leitartikler in Atlanta, Ralph McGill, äußerte sich 1963 dazu folgendermaßen: »Während wir aufwuchsen, waren wir es stets gewohnt, die haßverzerrten Gesichter Jugendlicher und Erwachsener in den Zeitungen und auf dem Bildschirm zu sehen, wie sie die furchtbarsten Drohungen ausstoßen und das Gift der Bösartigkeit gegenüber ihrem Land und seiner Obrigkeit verspritzen. Dieses sind die Steine, aus denen sich das Mosaikbild jener Haßgefühle zusammensetzt, die dies Land vergiftet haben...«

Die Feindseligkeit gegenüber einem von der Norm abweichenden Denken ist im Staate Mississippi wohl am ausgeprägtesten. Dr. James W. Silver, ein Historiker der Universität von Mississippi, der sich allgemeiner Wertschätzung erfreut, schilderte die Situation in dem Staate recht deutlich, als er ihn als eine totalitäre Gesellschaft beschrieb, die versklavt sei durch »unterwürfigen Gehorsam gegenüber einer in ihrer Haltung orthodoxen Obrigkeit, deren Einstellung fast identisch zu nennen ist mit einer Philosophie des Eintretens für die Fortsetzung der Sklaverei«. Dieser Mann, so heißt es allgemein, habe in seiner Wohnung in Oxford im Staate Mississippi stets ein geladenes Gewehr bereitstehen. Als ich gegen Ende des Jahres 1962 jener Universität einen Besuch abstattete, hatte ich ein Gespräch mit einem anderen Professor, von dem bekannt war, daß er der geradezu schamlosen Art, mit der der Staat sich in die Angelegenheiten der Universität einmischte und versuchte, der Universität in der Frage der Zulassungen einfach zu diktieren, äußerst kritisch gegenüberstand. Er vertraute mir unter dem Siegel der Verschwiegenheit an, daß er zum Schutze seiner Familie gleich neben dem Vordereingang seines Hauses eine Schrotflinte stehen habe und sich gezwungen sah, seine Frau und seine Kinder im Umgang mit der Waffe zu unterweisen.

Das sind zwar Extremfälle. Es ist und bleibt jedoch erschreckend, daß sich derartige Fälle in dem Lande zutragen, das der eigentliche Urquell der Freiheit für die ganze Welt war. Es mag unvermeidbar sein, daß Fälle geschehen, die den Willen des Volkes zur Freiheit auf die Probe stellen. Der Kongreßabgeordnete Kastenmeier aus Wisconsin kam zu dem Schluß: »Die Verteidigung der Freiheit, unkonventionelle Ideen zu äußern, ist niemals populär. Aber es ist jene Freiheit, die den Unterschied ausmacht zwischen freien Menschen und einem totalitären Staat.«

14. Das Recht, von Mißhandlungen durch die Polizei verschont zu bleiben

> *»Wenn die Regierung zum Rechtsbrecher wird, dann fordert sie zur Mißachtung des Gesetzes heraus; sie lädt damit jedermann ein, sich sein eigenes Recht zu schaffen.«*
>
> *Richter Louis D. Brandeis*

Richter Brandeis war im Fall Olmstead anderer Meinung als das Oberste Bundesgericht, dessen epochemachendes Urteil das Vorgehen der Polizei billigte, die ihre Zuflucht zum Abhören genommen hatte. Obgleich das Urteil einen ungeheuerlichen Rückschlag für die Sache der Freiheit und des Privatlebens darstellte, brachte die Auseinandersetzung darüber in der Gerichtsverhandlung eine Reihe überzeugender Warnungen derjenigen hervor, die dem Gerichtsurteil nicht zustimmten. Von diesen wird man möglicherweise noch reden, wenn der Fall selbst längst in Vergessenheit geraten sein dürfte. Richter Oliver Wendell Holmes warnte: »Wir haben die Wahl, und ich für mein Teil halte es für das kleinere Übel, wenn tatsächlich einige Verbrecher entkommen sollten, als daß die Regierung sich unwürdig erweisen sollte.« Und von Richter Brandeis war folgende Mahnung zu hören: »Menschen, die für ein Leben in Freiheit geboren sind, sind von Natur aus auf der Hut, einen Eingriff überwollender Staatsgewalt in ihre Freiheit abzuwehren. Die größten Gefahren für die Freiheit lauern in den heimtückischen Übergriffen von Menschen voll Übereifer, gutgläubig, aber ohne Einsicht.«

Immer häufiger kommt es vor, daß Beamte der Exekutive aus allzu großem Diensteifer, wohlmeinend, jedoch mit nur geringem Verständnis, kurzerhand Maßnahmen ergreifen, die die verfassungsmäßigen Rechte oder den gesetzlich verbrieften Schutz des einzelnen amerikanischen Staatsbürgers verletzen. Andere Schritte, mögen sie im Grunde auch gesetzlich sein, sind erschreckende Beispiele einer unfairen und unsauberen Gesinnung. Da für gewöhnlich unbeliebte Menschen Opfer dieser verfassungswidrigen oder ungehörigen Methoden der Polizei werden, haben zu viele Amerikaner bisher nicht erkannt, daß ihre eigenen, schwer errungenen Rechte bedroht sind.

Zu derartigen voreiligen Maßnahmen kommt es bei der Sammlung von Beweismaterial, beim Ergreifen Verdächtiger und der Art der Behandlung, die Verdächtigte erfahren, wenn sie erst einmal in Gewahrsam gebracht worden sind. Im letzten Jahrzehnt hat man sich beispielsweise viel zu sehr auf heimliches Abhören und die

Anwendung von Mikrophonen – insbesondere auf letztere – verlassen, da es kaum Gesetze gibt, die solches Tun in einem angemessenen Rahmen halten. Als der ehemalige Oberstaatsanwalt von Philadelphia, Mr. Samuel Dash, gegen Ende der fünfziger Jahre seine Studie über das Leitungsanzapfen und die Anfänge elektronischen Abhörens schrieb, machte er in allen Städten, die er besuchte, die Entdeckung, daß die Polizei sowohl von dem einen als auch von dem anderen Mittel eifrig Gebrauch machte. Und oft genug gab sie es sogar ganz offen zu. Aus den Entdeckungen von Mr. Dash ging hervor, daß die New Yorker Polizei etwa 200 Kriminalbeamte in Zivil praktisch hauptamtlich als Abhörer im Einsatz hatte. (Und gar nicht einmal wenige New Yorker Polizisten benutzten augenscheinlich ihre eigene Abhörausrüstung, um Buchmacher ausfindig zu machen und später Geld von ihnen zu erpressen.)

Über die Verwendung von Mikrophonen in Louisiana wußten Mr. Dash und seine Mitarbeiter folgendes zu berichten: »Die Benutzung von Mikrophonen ist in New Orleans und Baton Rouge allgemein üblich... In Baton Rouge gibt es nicht einen Sicherheitsbeamten, der bei Ermittlungen keine verborgenen Mikrophone und Sender benutzt. Sowohl die staatlichen Polizeibehörden als auch das Büro des Sheriffs gaben bekannt, daß sie sich gegenwärtig überlegten, Parabol-Mikrophone zu erwerben. Alle Sicherheitsbeamten sind mit Taschentonbandgeräten ausgestattet und machen auch häufig Gebrauch davon. Und mehr oder weniger alle Sicherheitspolizisten benutzen versteckte Kameras [1].«

Inzwischen hat Mr. Dash zugegeben, daß er sich zu der Zeit, als er den Posten des Oberstaatsanwalts bekleidete, also in den Jahren, bevor er mit seiner Studie begann, ebenfalls dem Abhören widmete. Er sagte dazu: »Ein Oberstaatsanwalt im Amt fällt nun einmal dieser Berufskrankheit zum Opfer. Er wehrt sich gegen alles, was ihm bei der Sammlung von Beweismaterial hindernd im Wege stehen könnte, um Verbrecher zu überführen. Daher ist die Versuchung zum Abhören groß.« (Wie man hört, hat übrigens das Abhören in Holland und Westdeutschland zugenommen.)

Gegenwärtig neigen die Polizeibeamten in den Vereinigten Staaten allerdings zu etwas größerer Vorsicht bei der Verwendung von Abhörgeräten.

Die Benutzung von Mikrophonen ist wieder etwas ganz anderes. In den meisten Staaten gibt es kaum etwas, das die Polizei davon abbringen könnte, von diesem Mittel elektronischer Überwachung Gebrauch zu machen. Vor ein paar Jahren fand man im Laufe regierungsamtlicher Vernehmungen heraus, daß die Polizeiabteilung der staatseigenen New York Transit Authority (in enger Zusammenarbeit mit der Polizei) die Räumlichkeiten, in denen die Gewerkschaft der U-Bahnangestellten, die bei der Transit Authority nicht gut angeschrieben war, ihre Zusammenkünfte abhielt, mit Mikrophonen überwacht hatte. Das Abhören war tatsächlich schon zwei volle Jahre im Gange! Es hörte auch dann noch nicht auf, als der Staat New York ein Gesetz angenommen hatte, das die Verwendung von Mikrophonen für jedem zum Verbrechen machte – mit Ausnahme »eines Beamten der Sicherheitspolizei, solange er in seiner offiziellen Eigenschaft bei der Ermittlung, Aufklärung oder Ahndung eines Verbrechens gesetzlich handelt«. Der Gewerkschaft konnte nicht zur Last gelegt werden, daß sie eine kriminelle Organisation sei; sie war einfach Opfer des Spionierens im Arbeitskampf geworden. Besonders ironisch ist die Tatsache, daß einer der angezapften Hotelkonferenzräume in einem Gebäude lag, das als »Brandeis-Halle« bekannt war, so genannt zu Ehren des größten amerikanischen Verfechters des Rechtes auf Eigenleben!

Im Sommer 1963, 35 Jahre nachdem Richter Brandeis Regierungsvertreter des Abhörens von Telephongesprächen bezichtigt hatte, hielt Richter William J. Brennan es für notwendig, auf eine vergleichbare Art seine entgegengesetzten Ansichten über die Anwendung verborgener Mikrophone zu vertreten. In seinen entgegnenden Ausführungen in einem Falle, in dem es um den Gebrauch eines versteckten Mikrophons in Massachusetts ging, wo ein Beamter der Steuerfahndung versucht hatte, einem Bestechungsversuch auf die Spur zu kommen, sagte Richter Brennan: »Elektronische Überwachung ... macht die Polizei allwissend; und Allwissenheit der Polizei ist eines der wirksamsten Werkzeuge der Tyrannei.«

Es ist den meisten Staatsbürgern unbekannt, daß die amerikanische Postbehörde mit örtlichen, staatlichen und Bundesdienststellen der Polizei zusammenarbeitet, um eine Überwachung in Form der sogenannten Postkontrolle einzuführen. Wenn jemand unter dieser »Postkontrolle« steht, wird alle an ihn gerichtete Briefpost zurückgehalten, um den Absender, die genaue Adresse und das Absendedatum festzuhalten. Eine solche Überwachungsanweisung, die am 15. März 1963 an einen Briefträger erging, wurde mir vorgelesen. Sie lautete: »Mit sofortiger Wirkung bis einschließlich 15. April 1963 ist alle Briefpost an die nachstehend aufgeführte Anschrift – NAME – dem Vorsteher der Briefzustellung auszuhändigen. Die Briefe erhalten Sie rechtzeitig zur Zustellung am gleichen Tage wieder zurück.«

Die Gesetzlichkeit der Postkontrolle ist mehr als fragwürdig, jedoch

noch niemals Gegenstand gerichtlicher Ermittlungen gewesen, zumindest nicht in diesem Jahrhundert. Im Jahre 1877 entschied das Oberste Bundesgericht der Vereinigten Staaten, daß Briefe, die sich auf dem Postweg befinden, auf den gleichen Schutz Anspruch haben wie die persönlichen Papiere eines jeden in seiner Privatwohnung. Nach dem Amerikanischen Gesetzbuch (Paragraph 1702, Abschnitt 18) macht derjenige sich strafbar, der einen Brief dem Briefträger fortnimmt oder aus einem Postamt entfernt, um Einblick in geschäftliche oder private Angelegenheiten anderer nehmen zu können.
Wir sind dem US-Senator Edward V. Long von Missouri zu großem Dank verpflichtet, daß er das Postministerium gezwungen hat, über die von ihm angewandten Methoden und Praktiken Rechenschaft abzulegen. Im Senat erhob er den Vorwurf: »Mir ist zu Ohren gekommen, daß das Postministerium den Polizeibeamten ein Spionageverfahren zur Verfügung stellt, dessen mögliche Anwendung die Privatsphäre des amerikanischen Staatsbürgers berührt... Es werden Informationen aus dem Leben des einzelnen gewonnen, die die Regierung überhaupt nichts angehen. Man wird unliebsam an die Praktiken eines Polizeistaates erinnert, in dem die Regierung wissen will, wer mit wem korrespondiert.« Zuvor hatte er bereits einen vollständigen Bericht mit allen dazugehörigen Einzelheiten angefordert. Während das Ministerium noch überlegte, wie es sich zu dem Verlangen stellen sollte, versuchte ein Sprecher des Ministeriums, dessen Name nicht genannt wurde, auf die Fragen eines neugierigen Korrespondenten der *»Post Dispatch«* von St. Louis im Heimatstaat von Senator Long die Postüberwachung zu verharmlosen. Er sagte, man hätte in den letzten Jahren verhältnismäßig selten davon Gebrauch gemacht, und wenn, dann nur, um die Verhaftung Flüchtiger zu gewährleisten.
Einen Monat später erhielt Senator Long jedoch eine Antwort von Louis J. Doyle, dem Leiter der Rechtsabteilung des Ministeriums, die ein völlig anderes Bild entstehen ließ. Mr. Doyles Ausführungen besagten, daß zur Zeit »die Gesamtzahl derartiger Postkontrollfälle zwischen 500 und 750« läge. Wenn nun jeder Einzelfall sich nur über einen Monat erstreckt – wie der oben von mir erwähnte –, kann man jährlich gut und gern mit einer Zahl von 6000 bis 9000 solcher Verfügungen rechnen. Aus der Antwort war ferner zu entnehmen, daß diese Postüberwachung keineswegs nur auf »Flüchtige« beschränkt war. Long berichtete dem Senat, daß Fälle von Postkontrolle ebenfalls üblich waren, wenn es um die »Aufdeckung von Postunterschlagung ging, um die Benutzung des Postweges zur Verbreitung pornographischer Schriften und um Fälle von Einkommen-

steuerhinterziehung«. In Fällen, in denen Verdacht auf Steuerbetrug besteht, können die Ermittlungsbeamten mit Hilfe der Postüberwachung allen Personen und Firmen auf die Spur kommen, mit denen der Verdächtige Geschäftsbeziehungen unterhält. Und außerdem können sie vermutlich die Absender über den Inhalt der Briefe oder die Beziehungen des Verdächtigen zu ihnen befragen.

Zur Verteidigung der Postkontrolle machte Mr. Doyle geltend, daß keine gesetzliche Bestimmung sich speziell mit Postkontrolle befasse und daß ein Gesetz vom Jahre 1893 den Postvorstehern ausdrücklich erlaube, der Polizei Amtshilfe zu leisten bei der Fahndung nach Flüchtigen, die sich der strafrechtlichen Verfolgung zu entziehen versuchen. (Das erklärt auch den Nachdruck, mit dem der erste, ungenannte Sprecher von Flüchtigen sprach.) Mr. Doyle berief sich außerdem darauf, daß die Rechte des einzelnen nicht verletzt würden, da kein Gesetz die Angabe des Absenders auf den per Post versandten Briefen vorschriebe.

Die Beamten der Militärpost arbeiten offenbar noch enger mit den Ermittlungsbeamten zusammen. Einem in New London stationierten Offizier kam ein versehentlich in den Briefkasten gesteckter Zettel in die Finger, auf dem zu lesen stand: »Halten Sie die Post dieses Empfängers fest.« Er wurde beobachtet, weil er Sozialist war.

Gegenwärtig geschehen die eklatantesten Übergriffe auf die Rechte des Individuums durch die Art und Weise, in der die Polizei Verdächtige, die möglicherweise in ein Verbrechen verwickelt sind, aufgreift und behandelt.

Alan Barth, Redakteur und angehender Verfassungsrechtler, weist darauf hin, daß willkürliche Verhaftungen seit langem eine Maßnahme des Despotismus gewesen seien. Daraus erwuchs »eine der bittersten Klagen, die gegen George III. erhoben wurde und in der Amerikanischen Unabhängigkeitserklärung ihren Niederschlag fand[2]«. Die zu solchen Klagen berechtigenden Mißstände bewogen die Väter der Verfassung, auf der Grundforderung des 4. Zusatzartikels zu bestehen, daß ein Staatsbürger nur »on probable cause«, also nur bei Vorliegen glaubhafter Gründe oder hinreichendem Verdacht, verhaftet werden könne.

Heutzutage ist der Schaden, den eine willkürliche Inhaftierung anrichtet, vielleicht noch größer als vor zwei Jahrhunderten. Wie bereits festgestellt wurde, haben heute Regierung und Industrie den Hang, einen jeden Bewerber zu befragen, ob er schon jemals verhaftet oder »zur Vernehmung in Untersuchungshaft« genommen wurde. Hier mit »ja« zu antworten, heißt nichts anderes, als automatisch die Voraussetzung für eine spätere Entlassung zu schaffen.

Vor einigen Jahren hörte man, daß der Oberstaatsanwalt von Los Angeles zugegeben haben soll: »... Es stellt ein sehr reales Handikap für die Einstellung eines Bewerbers dar, wenn in seinen Personalpapieren ein Vermerk über eine Inhaftierung zu finden ist... Zahlreiche große Unternehmer sind zu Einzelentscheidungen von Fall zu Fall nicht imstande... Ein Standpunkt, der einmal galt, wird zur allgemeinen Richtlinie, die die Ablehnung eines jeden Bewerbers verlangt, der jemals inhaftiert gewesen ist, gleichgültig, was sich nach der Festnahme des künftigen Angestellten ergab und ob er sofort wieder entlassen wurde oder nicht... usw.«

Dazu hat man dann noch die in heutiger Zeit im ganzen Land vorherrschenden Polizeipraktiken in Betracht zu ziehen. Die sich förmlich überstürzenden Berichte über Verbrechen üben einen ungeheuren Druck auf die Polizeiorgane aus und zwingen sie, ihre »Tüchtigkeit« dadurch unter Beweis zu stellen, daß sie den Verbrecher dingfest machen, bevor noch allzu viele Einzelheiten über die Angelegenheit an die Öffentlichkeit dringen konnten.

Daher wirft man so häufig eine Art »Schleppnetz« aus. Jeder, von dem auch nur angenommen wird, daß er der Täter sein oder über den Täter etwas wissen könnte, wird mit diesem Schleppnetz aufgegriffen; und die Polizei führt die Vernehmungen ohne Hast durch. Die »*Uniform Crime Reports*«, in dem alle in Amerika vorgenommenen Verhaftungen, nach Kategorien geordnet, aufgeführt sind, lassen erkennen, daß sich im Zeitraum von zwei Jahren – 1959 bis 1960 – die Zahl der Verhaftungen »auf bloßen Verdacht« auf nahezu 100 000 pro Jahr belief. Wie Mr. Barth bereits aufgezeigt hat, ist schließlich ein bloßer »Verdacht« nirgends in den Vereinigten Staaten eine strafbare Handlung. Von einer bloßen Verdächtigung bis zu der in der Verfassung erhobenen Forderung nach »hinreichendem Verdacht« ist es aber ein weiter Weg. Nach Auffassung von Mr. Barth war nahezu »jede dieser Verhaftungen eine rechtswidrige Handlung, beinahe jede war in sich selbst ein Verbrechen«. Trotzdem glaubte ein Senatsausschuß im Jahre 1962 aufgrund von Zeugenaussagen feststellen zu können, daß es in den letzten Jahrzehnten keinen Fall gegeben habe, in dem ein Polizeibeamter wegen Freiheitsentzuges aufgrund einer Verhaftung »auf Verdacht« strafrechtlich verfolgt wurde.

Die überwältigende Mehrheit der Leute, die »auf Verdacht« festgenommen worden waren – und die dadurch mit dem Stigma einer Verhaftung in ihren Akten behaftet sind –, entließ man stillschweigend wieder, ohne sie irgendeines Vergehens angeklagt zu haben. Professor Caleb Foote von der juristischen Fakultät der Universität von Pennsylvania wußte zu berichten, daß über eine Zeitspanne von vier Jahren 95 Prozent aller auf Verdacht verhafteten Personen in Baltimore wieder entlassen worden waren. Er machte ferner die Entdeckung, daß von den in einem Jahr in Lincoln im Staate Nebraska zwecks Vernehmung festgenommenen 187 Personen 184 wieder entlassen worden waren.

In Detroit war gegen Ende der fünfziger Jahre ein Drittel aller Verhafteten lediglich zur »Vernehmung« festgenommen worden und ohne daß ein Haftbefehl vorgelegen hätte... In Philadelphia erhielt die American Civil Liberties Union im Jahre 1962 eine Vielzahl von Beschwerden von solchen Leute, die von der Polizei ohne Haftbefehl und nur bei Ansichtigwerden ihrer Person festgenommen worden waren. Viele wiederholten die Worte des verhaftenden Beamten, der ihnen kurzerhand erklärt hatte, es sei befohlen worden, sie »festzunehmen, wann immer wir Sie antreffen«, lediglich aufgrund eines von früher datierenden Vermerks in ihren Akten, daß sie einmal an Glücksspielen teilgenommen hatten. Derartige Verhaftungen halfen der Polizeibehörde sehr, den Eindruck aufrechtzuerhalten, sie sei mächtig »auf Draht« und erzwinge auf diese Weise am ehesten die Einhaltung der Anti-Glücksspiel-Gesetze... Aus einer in Chicago von der Illinois-Abteilung der ACLU im Jahre 1959 angefertigten Analyse der 2038 Verhaftungsvermerke der Polizei ging hervor, daß die Hälfte der Inhaftierten, ohne daß eine Anklage gegen sie erhoben worden wäre, wenigstens für siebzehn Stunden in Gewahrsam gehalten worden war... In den letzten Jahren ist in Washington, D.C., praktisch kein einziger von den Tausenden, die »zur Vernehmung« festgenommen wurden, wegen irgendeines Vergehens unter Anklage gestellt worden. Diese »Fischzug«-Praktiken nahmen im Jahre 1963 derartig üble Formen an, daß die Behörden im District of Columbia dem Einhalt zu gebieten versprachen.

Kürzlich hat man den eindeutigen Versuch gemacht, die Ansichten dahingehend zu beeinflussen, daß für Freiheitsbeschränkungen »nur zwecks Vernehmung« weniger Rechtfertigung nötig sei als für »Verhaftungen«, die einen »hinreichenden Verdacht« erfordern. Die Bestrebungen waren offenkundig darauf gerichtet, den Zeitpunkt des Haftbeginns zu verschleiern. Logisch wäre es anzunehmen, daß die Haft in dem Augenblick beginnt, wenn ein Bürger gewaltsam festgehalten wird. Im Staate Kalifornien besagt das Gesetz, daß ein Angeklagter »ohne unnötige Verzögerung« der zuständigen Justizbehörde vorzuführen ist; es heißt aber dann weiter, »jedenfalls innerhalb 48 Stunden nach erfolgter Festnahme; Sonn- und Feiertage nicht mitgerechnet...«!

In Städten, in denen die Polizei ihre Schleppnetze ausgeworfen und die Menschen darin eingefangen hat, ohne sich zu vergewissern, ob überhaupt stichhaltige Gründe vorliegen, wäre es staatsbürgerlich orientierten Kreisen und den Bürgerrechtsausschüssen der juristischen Berufsverbände ohne weiteres möglich, hier ein sehr wirksames Abschreckungsmittel zu schaffen. Sie brauchten nur für die eindeutigsten Fälle einen Anwalt zu stellen und eine ganze Reihe von Prozessen aufgrund widerrechtlicher Festnahme anzustrengen. Sie hätten lediglich den Beweis zu erbringen, daß die betreffende Person ohne hinreichenden Verdacht festgenommen wurde. Prozesse wegen widerrechtlicher Verhaftung können die städtischen Behörden zehntausende und mehr Dollar kosten, wenn sie die Prozesse verlieren. Und selbst wenn sie sie nicht verlieren, erwachsen den Städten große Unannehmlichkeiten. Eine gewisse Anzahl solcher Prozesse würde genügen, die Polizeibehörde einer jeden Stadt zu zwingen, den Rechten des einzelnen mit mehr Achtung zu begegnen.

Alle Bürger sollten dazu erzogen werden zu verstehen, daß sie in keiner Weise gesetzlich verpflichtet sind oder gezwungen werden können, Rede und Antwort zu stehen, wenn Beamte des Staates sich anschicken, sie in ihren Wohnungen, auf offener Straße oder auch auf einem Polizeirevier auszufragen. Das gilt für alle Fälle, ob der Fragesteller ein Polizist ist, ein Wohnungsinspektor oder ein Ermittler, der sich über einen Nachbarn erkundigt.

Die Anwendung von Gewaltmaßnahmen und, wie es häufig der Fall ist, ungesetzlichen Methoden bei der Durchführung von Verhaftungen scheint besonders oft dann üblich zu sein, wenn es sich bei den Verdächtigen um Angehörige rassischer Minderheiten handelt. Ein solches derbes Anfassen ist offenbar besonders üblich, wenn Farbige in den Südstaaten an Protestdemonstrationen teilgenommen haben, die sich gegen eine Verletzung ihrer staatsbürgerlichen Rechte richten. Diese Beispiele der Mißachtung gegenüber den in der Verfassung garantierten Rechten löst bei der Allgemeinheit möglicherweise noch nicht einmal heftige Kritik aus; wenn nämlich die Vorurteile in der Einstellung der Menschen überwiegen.

Angehörige einer anderen Minorität werden ebenfalls häufig aus sehr fragwürdigen Gründen in Gewahrsam genommen. Das sind die sexuell Abartigen, von denen es etliche Millionen unter der Bevölkerung gibt. Nach Auffassung der Polizei und anderer Beamter in vielen Städten hat der Homosexuelle etwas von einem Verbrecher an sich. Der Hausbesitzer, der Einzelzimmer oder Häuser an Homosexuelle vermietet, läuft in New York Gefahr, gerichtlich belangt zu werden. Ein Polizeibeamter von Tampa soll sogar gesagt haben,

er würde jeden Homosexuellen aus der Stadt vertreiben. Und innerhalb von drei Monaten hatte es 130 Verhaftungen gegeben.
Die fragwürdigste Art und Weise, auf die die Polizeibehörden bisher mit Homosexuellen verfahren sind, ist die Verleitung. Ein Polizeiinspektor in Chicago, der sich für einen Experten im Umgang mit abartig Veranlagten hält, versucht eifrigst, Männer in kompromittierende Situationen zu locken, indem er sie auffordert: »Geh doch mit zu mir, Liebling.« Alle, die zu seinen Parties erscheinen, verhaftet er dann.
In Washington, D. C., sollen Detektive der Sittenpolizei in Parkanlagen herumgelungert und so getan haben, als seien sie Homosexuelle, um angesprochen und zum Mitgehen aufgefordert zu werden. Oder aber sie spielen obdachlos und lassen erkennen, daß sie gern alles täten, um nur zu einem Bett für die Nacht zu kommen.
Die Mattachine Foundation, eine nationale Organisation, die sich mit »Homophilen« befaßt, hat es in einigen Fällen fertiggebracht, abartig veranlagten Menschen dadurch zu helfen, daß sie gegen die von der Polizei erhobenen Beschuldigungen in Fällen einer Verleitung oder offenen Verführung gerichtlich vorging. Vor einigen Jahren verhalf sie so einem Mann in Los Angeles – den ich hier John Doe nennen möchte – dazu, der erste zu sein, der sich im Staate Kalifornien erfolgreich gegen eine Anklage wegen »Landstreicherei und Unzucht« zur Wehr setzte[3]. In diesem Fall hatte sich ein Angehöriger der Sittenpolizei den Anschein gegeben, Homosexueller zu sein, und Doe in eindeutiger Weise angesprochen. Doe jedoch fürchtete, der Mann sei ein Räuber, und versuchte, von ihm fortzukommen. Der Mann folgte ihm fast zwei Kilometer, um sich dann angeblich mit den Ellbogen Zutritt in Does Wohnung zu verschaffen. Als Doe den Zudringlichkeiten unverminderten Widerstand entgegensetzte, begann der Fremde sich zu entkleiden, packte dann Does Hand und legte sie sich auf die Hüfte. Anschließend verhaftete er ihn wegen Unzucht und Landstreicherei.
Ich glaube, die Mehrzahl der Homosexuellen würde es für durchaus vernünftig halten, wenn die heterosexuelle Mehrheit (im Verhältnis 20:1) von dem Recht Gebrauch machte und sich jener Gesetze bediente, die es ihr ermöglichen, Minderjährige und alle diejenigen Erwachsenen, die nichts von Homosexuellen wissen wollen, vor Belästigungen zu schützen. Viele mögen sogar soweit gehen, der heterosexuellen Mehrheit zu konzedieren, sie habe das auf Moral gegründete Recht, notfalls durch Polizeigewalt ein aufsehenerregendes Zurschaustellen homosexueller Liebesbezeugungen auf öffentlichen Plätzen zu unterbinden.

Wie ich jedoch die Dinge sehe, dürfte das, was zwei erwachsene Homosexuelle, die in ihren Neigungen übereinstimmen, in der Stille ihrer privaten Behausung tun, um ihre speziellen, festverwurzelten, veranlagungsbedingten Bedürfnisse zu befriedigen, nur für geistliche Würdenträger oder medizinische Autoritäten von Interesse sein, nicht aber für die Polizei. Und ein Polizist dürfte keinesfalls ein Recht zu einer Verhaftung haben, nachdem er selbst den Homosexuellen zu einer solchen intimen Situation verführt hat.

Die Juristen scheinen sich – wenn auch nur sehr langsam – zu einer leidenschaftsloseren, daß heißt sachlicheren und gerechteren Auffassung über abartig Veranlagte bereitgefunden zu haben. Das American Law Institute, dem ein großer Teil der amerikanischen Rechtswissenschaftler von höchstem Rang und Namen angehört, übergab der Öffentlichkeit 1962 den Entwurf eines Strafgesetzbuches, an dem seit nunmehr zehn Jahren gearbeitet wurde. Eine Bestimmung dieses Gesetzbuches vertritt die Auffassung, daß nach dem Strafgesetz keine Art von sexuellen Beziehungen zwischen Erwachsenen im privaten Bereich – und bei beiderseitiger Zustimmung – strafbar sein sollte. Die Verfasser dieses Strafgesetzbuches erkannten damit an, daß jeder einzelne Anspruch auf Schutz gegen eine Einmischung von seiten des Staates in seine persönlichen Angelegenheiten hat; es sei denn, es würden andere Personen durch sein Verhalten belästigt oder in Mitleidenschaft gezogen. Zum Zeitpunkt, da ich dieses niederschreibe, ist auch der Staat Illinois bereit, sich den Standpunkt dieses Strafgesetzbuchentwurfs zu eigen zu machen.

Aber wir wollen nochmals zurückkehren zu dem allgemeinen Problem der Mißhandlung durch Angehörige der Polizeibehörde. Mißhandlungen von Personen, wenn sie erst einmal hinter Schloß und Riegel gebracht worden sind, sind gewißlich kein neuartiges Phänomen in der Geschichte der Kriminologie. Und doch: Die Zwischenfälle der jüngsten Zeit – darunter solche, in denen neue, wissenschaftliche Methoden der Sammlung von Beweismaterial eine Rolle spielten – passen schwerlich in unsere Vorstellung von der Gerechtigkeit und der sauberen Gesinnung des 20. Jahrhunderts. Ein Bezirksgericht in Los Angeles entschied gegen eine Frau, die Klage eingereicht hatte wegen unzulässiger Durchsuchung und Beschlagnahme, da man sie gezwungen hatte, sich auf der Polizeiwache auszuziehen und eine hochnotpeinliche Leibesvisitation an sich vornehmen zu lassen. Gegen das Urteil wurde jetzt Berufung eingelegt. In Neu-Mexiko stellte man bei einem Mann Trunkenheit fest, indem man ihm Blut zur Blutprobe entnahm, während er nach einem Unfall noch bewußtlos in der Notaufnahme eines Krankenhauses lag. Das auf diese Weise sichergestellte Beweismaterial sah man als durchaus akzeptabel an. Hingegen verwarf das Oberste Bundesgericht der Vereinigten Staaten Beweismaterial, das der stellvertretende Sheriff von Los Angeles im sogenannten »Magen-auspumpen«-Fall bei einem Mann namens Rochin beigebracht hatte [4]. Der Sheriff und seine Leute waren mit Gewalt in das Schlafzimmer von Rochin eingedrungen, da der Verdacht bestand, Rochin sei unerlaubt im Besitz von Morphium. Vor den Augen der Eindringlinge steckte er sich zwei Tabletten in den Mund. Die Polizisten versuchten mit Gewalt, sie ihm wieder aus dem Mund herauszunehmen, doch er hatte sie bereits hinuntergeschluckt. Daraufhin legte sie ihm trotz seines heftigen Protestes Handschellen an und brachten ihn schleunigst in ein Krankenhaus, wo ein Arzt ihm auf polizeiliche Anordnung und gegen seinen Willen ein Brechmittel eingab. Rochin erbrach tatsächlich Spuren von Morphium.

Die sogenannte Rochin-Entscheidung fand erst kürzlich in einem Fall wieder Anwendung, um Beweismaterial auszuschließen, mit dem einem Manne ein Sexualverbrechen nachgewiesen werden sollte. Während Polizisten ihn festhielten, zog ihm ein Polizeisergeant die Hose herunter und machte vier verschiedene Abstriche.

Einige Polizisten scheinen bei den kommunistischen Gehirnwäschern in die Lehre gegangen zu sein. Sie haben gelernt, daß man einen Menschen nicht einmal physisch zu quälen braucht – etwa mit einem Gummiknüppel –, um ihn so weit zu bringen, daß er gesteht. Man braucht ganz einfach nur die Verhöre von verschiedenen Vernehmungsbeamten vornehmen zu lassen, die sich dabei ablösen und keine Pause entstehen lassen und dem Inhaftierten auf diese Weise den Schlaf über das normale Maß des Erträglichen vorenthalten.

In Brooklyn ging die Polizei nach Ansicht des Obersten Bundesgerichts allerdings einen Schritt zu weit[5]. Nach endlosen Vernehmungen eines des Mordes Verdächtigen, die fortgesetzt wurden, bis dieser vollständig mürbe war, übergab die Polizei ihn einem Psychiater, der dem Häftling einredete, er sei nun sein »Arzt«. Der Psychiater schläferte ihn angeblich ein, zumindest versetzte er ihn in eine sanfte Narkose, und während jener sich in diesem Zustand befand, gab er dem Psychiater zu verstehen, daß er ein Geständnis ablegen wolle. Daraufhin erschienen die Polizeibeamten erneut und nahmen das Geständnis zu Protokoll.

Als das Unglaublichste an Anmaßung, was sich die Polizei je geleistet hat, kann man wohl die seit kurzem von ihr vertretene Auffassung ansehen, sie dürfe einen jeden belauschen und hinter ihm herspionieren, der sich in einer polizeilichen Dienststelle nur blicken läßt, ganz gleich, ob als Verdächtiger oder als Freund oder Verwandter eines Verdächtigen.

1963 erzählten mir Anwälte, die es eigentlich wissen sollten, daß das Abhören in Vernehmungsräumen der Polizei in Los Angeles unverändert weiter betrieben wird. Wie Samuel Dash im Laufe seiner Studien herausfand, hat das Polizeigebäude in Los Angeles »sechzig Abhörstellen«. Alle sechzig sind mit einem Tonlabor verbunden. Der Leiter dieses Experimentierraumes kann ein Tonbandgerät einschalten, und so wird die Unterhaltung, die an einer dieser sechzig Stellen geführt wird, auf Tonband aufgenommen. Sogar den Polizeibeamten bleibt es oft genug verborgen, daß mitgehört wird, was sie sagen. Wie Dash zu berichten wußte, hat ein Vernehmungsraum heute eine ganze Auswahl moderner Einrichtungen aufzuweisen (nicht nur ein Mikrophon, sondern auch einen Einweg-Spiegel und eine unsichtbare Kamera), die in Funktion treten können, sobald Häftlinge glauben, sie seien allein im Raum. Dash fügte noch hinzu, daß die Polizeibehörde von Philadelphia ferner über Räume mit Einweg-Spiegeln und Mikrophonanlagen verfügt, die benutzt werden »in den Augenblicken, wenn zwei Untersuchungsgefangene in einem Raum allein gelassen werden und sie den Eindruck haben, sie seien unbeobachtet und niemand höre ihnen zu«.

Als der Regan-Ausschuß der Regierung des Staates Kalifornien Beweismaterial über das Abhören und Mithören durch die Polizei sammelte, sagte einer der Lieferanten vor den Ausschußmitgliedern aus, daß seine Firma Mikrophone und Wiedergabegeräte in den Polizeistationen ganz Kaliforniens versteckt eingebaut habe.

Das Hauptbüro eines Bezirksstaatsanwalts in New York City hat weit mehr mit der Mode Schritt gehalten. Aus authentischer Quelle erfuhr ich letztes Jahr, daß ihm zwei Fernsehüberwachungskameras zur Verfügung stünden. Beide befinden sich in der Decke des Raumes. Sie sind hinter einem netzartigen Vorhang genau über dem Kopf des Vernehmungsbeamten angebracht und direkt auf den Stuhl mit dem Verdächtigen gerichtet. In dem Ermittlungsbüro können sich ein Dutzend Leute aufhalten – Detektive und vielleicht Zeugen –, die zuhören und sich die Vorstellung ansehen können. Der Oberstaatsanwalt hat in seinem Privatbüro einen Kontrollbildschirm für seinen persönlichen Gebrauch, so daß er die Vernehmungen, die von besonderem Interesse für ihn sind, genau verfolgen kann.

Von versteckt angebrachten Mithör- und Beobachtungseinrichtungen wimmelt es förmlich in den Gefängnissen Amerikas. Man könnte hier einwenden, daß dieser Verwendungszweck uns weniger ungehalten machen sollte, da Gefangene nun einmal bewacht werden müssen. Zugegeben. Trotzdem kommt man an der Tatsache nicht vorbei, daß viele von denen, die in Haft sind, ja noch lange keine überführten Strafgefangenen sind, sondern lediglich einer Straftat verdächtig sind und sich nur hinter Schloß und Riegel befinden, weil sie nicht in der Lage sind, eine Kaution aufzubringen. Außerdem ist zu berücksichtigen, daß ein großer Teil des Belauschens im Besucherraum vor sich geht, wo Leute von jenseits der Gefängnismauern hinkommen, um mit Inhaftierten zu sprechen.

In einem Gefängnis in dem New Yorker Stadtteil Brooklyn ist eine Fernsehkamera in einer der großen Gefängnistoiletten eingebaut, und eine weitere erlaubt einen Überblick über das Innere der Kapelle. Wie mir ein Professor der juristischen Fakultät der Universität von Minnesota mitteilte, ist in einer Haftanstalt eine Mikrophonanlage in der Zelle angebracht, die von den Priestern benutzt wird, wenn Gefangene katholischer Konfession beichten wollen.

Zahlreiche Haftanstalten und Polizeistationen, die das Mithören betreiben, lassen zumeist eine Zelle oder sogar einen Teil des Gebäudes für die Rechtsanwälte übrig, in dem nicht mitgehört wird. Der berühmteste Fall, in dem es um das Abhören im Innern von Gefängnismauern ging, trug sich von einigen Jahren im Westchester County im Staate New York zu, als der Gangster Joe Lanza, genannt »Socks«, wegen Fluchtversuchs nach bedingter Strafentlassung hinter »Schwedischen Gardinen« saß.

Die Gefängnisaufsicht hatte die »Familien«-Zelle aufs Korn genommen und die Gespräche abgehört, die Mr. Lanza dort zweimal mit seiner Frau und einmal mit seinem Bruder Harry geführt hatte. Das Mithören geschah in der Absicht, Beweismaterial dafür zu beschaffen, daß man sich unerlaubter Mittel bedient hätte, um »Socks« Lanza herauszuholen. Als der Anwalt, der die Verteidigung Lanzas übernommen hatte, ihn aufsuchte, geriet er aus Versehen in die den Lauschern zugängliche »Familien«-Zelle, anstatt daß er sich in die vor Mithörern geschützte Zelle begab. Und so wurde die Unterhaltung zwischen Anwalt und Klient auf Tonband festgehalten.

Die Tonbänder mit dem Gespräch, das zwischen Joe Lanza und seinem Bruder Harry stattgefunden hatte, trugen *Harry* eine Vorladung ein, vor dem Regierungsausschuß zu erscheinen, dessen Aufgabe die Ermittlung von »faulem Zauber« im System der bedingten Strafentlassung war. Der Ausschuß war im Besitz der Abschrift dieser Unterhaltung zwischen Harry und Joe. Harry verweigerte die Aussage auf die Fragen des Ausschusses und wurde schließlich wegen Mißachtung des Ausschusses zu einem Jahr Gefängnis verurteilt. Er legte Berufung ein, und vom Berufungsgericht gelangte sein

Fall vor das Oberste Bundesgericht. Soweit sich sein Einspruch auf die Verfassungswidrigkeit des Abhörens stützte, wurde er mit 4 : 3 Stimmen abgelehnt. Richter Potter Stewart sagte dazu, »ein Gefängnis ist in keiner Weise mit der Privatsphäre einer Wohnung, eines Autos oder eines Hotelzimmers gleichzusetzen«, und das von Harry vorgebrachte Argument stelle bestenfalls »ein Novum in der Argumentation« dar.

Inzwischen hatte ein Häftling, dem ein Verfahren bevorstand, in dem es wirklich um Kopf und Kragen ging, im Nassau-Distriktgefängnis im Staate New York ein versteckt angebrachtes Mikrophon in dem Raum erspäht, in dem er sich mit seinem Anwalt beraten hatte. (Der Direktor jener Strafanstalt beteuerte zwar, daß die Abhöranlage zur Zeit der Unterredung nicht eingeschaltet gewesen sei.) Die Enthüllung dieses Vorkommnisses und der Lanza-Zwischenfall verursachten einen Sturm der Entrüstung seitens der Juristen.

Diese Protestäußerungen bewogen einen Regierungsausschuß des Staates New York, der schon mehrmals versucht hatte, Unterstützung und Hilfe im Kampf um die Erhaltung der Privatsphäre bei Gesprächen zu mobilisieren, zu folgendem verdrießlichen Kommentar: »Die höchst bedauerlichen Vorkommnisse in den Gefängnissen und Strafanstalten haben einen Sturm der Entrüstung von seiten der Anwälte hervorgerufen, von denen sich eine ganze Reihe vorher nicht merklich angesprochen und betroffen gefühlt hat, als die derzeitige Regierung bestrebt war, das Recht des einzelnen Bürgers auf Privatleben zu schützen ...[6]«

Im Staate Washington hob andererseits das Oberste Gericht im Jahre 1963 ein Urteil auf, das gegen einen Mann ergangen war, der ebenfalls heimlich belauscht wurde, während er gezwungen worden war, im Haft zu verbleiben, nur weil er keine Kaution zu stellen in der Lage war. Eine Unterredung, die zwischen ihm und seinem Verteidiger stattgefunden hatte, war mit Hilfe eines im Sprechzimmer der Haftanstalt unsichtbar eingebauten Mikrophons auf Tonband aufgenommen worden.

Das Gericht berief sich auf den Schutz, der laut Zusatzartikel 5 und 6 zur Verfassung in dem Recht auf juristischen Beistand gegeben sei, und stellte fest, daß »ein wirksamer Rechtsbeistand nicht ohne die Möglichkeit eines Gesprächs unter Ausschluß Dritter gegeben ist«[7]. So kann wenigstens im Staate Washington ein Inhaftierter, der seiner Verhandlung entgegensieht, die Gewißheit haben, daß ein Gespräch unter vier Augen zwischen ihm und einem Besucher nicht übertragen werden kann – vorausgesetzt, es handelt sich bei dem Besucher um den ihm vom Gericht zugestandenen Verteidiger.

Die Gewalttätigkeit, das Herumspionieren und die Heuchelei der Polizeibeamten, die hier unter die Lupe genommen wurden, richteten sich bisher meistenteils gegen solche Menschen, die mit der Gesellschaft in Konflikt geraten waren oder sich in gewissen Kreisen unbeliebt gemacht hatten. Viele von ihnen standen ohnehin in einem schlechten Ruf. Darunter waren hundertprozentige Schurken, die zu den gleichen Mitteln greifen würden, um sie der Gesellschaft gegenüber anzuwenden, wenn sie nur die Gelegenheit dazu bekämen. Dennoch muß eine freie Gesellschaft, wenn sie am Leben bleiben will, die fundamentalen Rechte des geringsten Staatsbürgers mit der gleichen Energie und dem gleichen Nachdruck verteidigen, mit denen sie die Rechte des achtbarsten Bürgers verteidigt. Der verstorbene Präsident John F. Kennedy hat im Jahre 1963 einmal einen Ausspruch getan, der in diesem Zusammenhang von größter Bedeutung ist. Er sagte, daß »die Rechte aller Menschen geschmälert werden, wenn die Rechte eines einzigen Menschen bedroht sind«.

15. Das Recht, vor bürokratischer Belästigung geschützt zu sein

> *»Das Gesetz schreibt vor, daß die Fragen vollständig und sorgfältig beantwortet werden ...« – Gedruckter Hinweis auf dem Titelblatt eines 12seitigen »Haushalts-Fragebogens«, der 165 Einzelfragen enthält und im Rahmen der Volkszählung von 1960 an 16 Millionen US-Haushalte verteilt wurde.*

Die Quälerei des einzelnen durch staatliche Verwaltungsstellen hat während der letzten fünfzehn Jahre beträchtlich zugenommen. In den gleichen fünfzehn Jahren wucherten Verwaltungsstellen und dehnten sich auf städtischer, staatlicher und nationaler Ebene aus. Diese beiden Entwicklungstendenzen stehen ziemlich sicher miteinander in Beziehung.

In gewissem Maße ist eine Einmischung der Behörden unvermeidbar geworden durch das Anwachsen der Bevölkerung, die zunehmende Verstädterung und die Vermehrung des persönlichen Besitzes, zum Beispiel von Autos und Gewehren, mit denen man anderen ernsthaft schaden kann. Außerdem scheint eine immer größere Anzahl von Steuern zur Erhaltung dieser Verwaltungsstellen die Entdeckung neuer Mittel und Wege zu fördern, diesen Steuern zu entgehen. Dadurch wiederum müssen die Behörden vergrößert werden, um den Steuerhinterzieher zu fangen.

Dennoch ist ein großer Teil der staatlichen Einmischung in das Privatleben der Bürger nach jedweder Auffassung von Anstand ungerechtfertigt. Der echte Bürokrat nimmt an, die Allgemeinheit würde mit derselben Vorliebe Formblätter ausfüllen, Unterlagen führen und Anordnungen befolgen, mit der er Fragebogen ausarbeitet und einordnet, Akten prüft und Bestimmungen erläßt. (Hier ein Beispiel für die Art von Anweisung, wie sie einen Bürokraten erfreut: »Siehe Reihe 8, Unterabschnitt D, Absatz II, Formblatt 1098 B.«)

Wie ich die Dinge sehe, sollten sich die berechtigten Einwände der Staatsbürger gegen die Fesseln der Bürokratie hauptsächlich auf zwei Bereiche des Mißbrauchs konzentrieren: 1. die Belästigung des Staatsbürgers durch ungerechtfertigte Formulare und Bestimmungen und 2. die Belästigung des Staatsbürgers, indem er durch abträgliche Kennzeichnungen gebrandmarkt wird. Wir wollen sie auch – wie es sich für gute Bürokraten geziemt – in dieser Reihenfolge betrachten.

Belästigung durch ungerechtfertigte Formulare und Bestimmungen. Das sogenannte »Blaue Formular«, auch »Haushalts-Fragebogen« genannt, das während der Volkszählung des Jahres 1960 vom US Bureau of the Census an jeden vierten Haushalt im Lande verteilt wurde, kommt einem sofort in den Sinn. Ein Angehöriger des Amtes gestand jedem Staatsbürger für das lückenlose und sorgfältige Ausfüllen des Fragebogens mit seinen 165 einzelnen Fragen eine halbe Stunde zu. Selbst wenn man seine außerordentlich bescheidene Zeitschätzung akzeptieren wollte, bedeutete dies, daß das Amt für Volkszählung von amerikanischen Staatsbürgern acht Millionen Arbeitsstunden für das Herumquälen mit diesem Fragebogen verlangt. Sollten Sie nie das Glück gehabt haben, ein Exemplar jenes Fragebogens in die Hand zu bekommen, will ich hier etwa ein Dutzend Fragen als Beispiel anführen:

– Haben Sie eine Waschmaschine?
– Haben Sie einen elektrischen oder einen Gaswäschetrockner?
– Besitzen Sie Fernsehapparate?
– Besitzen Sie Radioapparate?
– Haben Sie Klimaanlagen?
– Wieviele Schlafzimmer hat Ihr Haus oder Ihre Wohnung?
– Haben Sie außer Ihrem Kühlschrank noch eine Heim-Tiefkühltruhe?
– Wieviele Badezimmer hat Ihr Haus oder Ihre Wohnung?
– Wieviele Pkw werden von Mitgliedern Ihres Haushalts regelmäßig benutzt? Wieviele Pkw sind Eigentum?
– Bis zu welcher Klasse sind Sie im Rahmen des normalen Schulbesuchs gekommen?
– Sind Sie mehr als einmal verheiratet gewesen?

– Wenn Sie verheiratet sind, geben Sie die Zahl der Kinder an, mit Ausnahme der Totgeburten.
– Wie hoch war Ihr Gesamteinkommen im Jahre 1959 an Lohn/an Gehalt/an Provision oder Trinkgeldern aus allen ihren Beschäftigungen?

Nicht wenige Bürger scheuten davor zurück, den scheinbar endlosen Fragebogen auszufüllen. Aber ein Bürger, der das Ausfüllen umgehen wollte, wurde deswegen vor Gericht gebracht. Sein Vergehen bestand offenbar darin, daß er einen wutentbrannten Artikel geschrieben hatte, in dem er aussprach, warum er sich weigerte, den Fragebogen auszufüllen [1]. Der Mann hieß William F. Rickenbacker, war Effektenberater von Briarcliff Manor in New York und der Sohn von Edward V. (»Eddie«) Rickenbacker, Flieger-As des Ersten Weltkrieges und Beamter im Ruhestand. Er schrieb, daß der Fragebogen »übermäßig lang, unhöflich inquisitorisch und absolut verfassungswidrig« sei. (Die Verfassung sieht alle zehn Jahre eine reine Volkszählung vor.)

Er wurde zu 100,– Dollar Geldstrafe und einer ausgesetzten Gefängnisstrafe von 60 Tagen verurteilt. Mr. Rickenbacker mußte nicht nur die Geldstrafe zahlen. Er wurde auch vom Richter dahingehend belehrt, daß er die 60 Tage hätte absitzen müssen, wenn das nicht zu der fraglichen Zeit eine besondere Härte für seine Familie gewesen wäre. Es kostete ihn offenbar mehrere tausend Dollar, gegen die 100-Dollar-Geldstrafe Berufung einzulegen.

Mr. Rickenbacker ging mit seinem Einspruch von Instanz zu Instanz bis zum Berufungsgericht der Vereinigten Staaten. Sein Einspruch wurde jedoch abgewiesen. Das Justizministerium erinnerte das Gericht durch seine Anwälte lediglich an Paragraph 221 aus Titel 13 USC, 68 Stat. 1023, 71 Stat. 484. Und das war alles! (Paragraph 221 sieht für alle Personen über 18 Jahre eine Geld- oder Haftstrafe vor, sofern sie die Antwort verweigern auf »eine der Fragen des Fragebogens«, der ihnen in Verbindung mit *irgendeiner* gesetzlich autorisierten Volkszählung oder einer Umfrage, zu deren Beantwortung eine Aufforderung vom Handelsministerium ergangen ist, vorgelegt wurde.)

Mr. Rickenbacker ließ mich wissen, daß er es sehr bedauere, seinen Einspruch nicht vor das Oberste Bundesgericht bringen zu können, weil er glaube, dies sei »der erste Fall in unserer Geschichte, in dem ein Privatmann eine verfassungsrechtliche Frage allein aufgrund des Rechtes auf Privatleben gemäß Viertem Zusatzartikel aufwirft«.

Warum, so könnte man fragen, hielt es das Handelsministerium für notwendig, 16 Millionen Haushaltsvorstände zum Ausfüllen eines

12seitigen Fragebogens zu zwingen, um eine »Stichprobe« der amerikanischen Lebensgewohnheiten zu machen, zu der es die Ermächtigung vom Kongreß erhalten hatte? Die Nielsen-Company hat über die Fernsehgewohnheiten der Amerikaner durch Repräsentativumfragen bei etwa 1200 Haushaltungen Übersichten gegeben, die viele ihrer Kunden zufriedenstellten. Das Arbeitsministerium führt auch nur 35 000 Interviews ohne Zwang durch, um seine allgemein angesehenen Monatsberichte über die Entwicklung auf dem Arbeitsmarkt der Vereinigten Staaten zu erstellen. Mr. George Gallup kann auf Grund von nur ein paar tausend freiwilligen Interviews das Ergebnis der nationalen Wahlen mit einer Fehlerquote von einigen wenigen Prozentteilen voraussagen.

Hinter der erzwungenen »Auswahl« von 16 Millionen Haushalten steckt eine interessante wirtschaftliche Geschichte. In der Erstfassung seiner Klage stellte Mr. Rickenbacker die Behauptung auf: »Das Amt hat wahrscheinlich nicht die Aufrichtigkeit zuzugeben, daß es statistische Angaben für den Gebrauch von Wirtschaftsunternehmen sammelt.«

Während der Verhandlung rief er Robert W. Burgess als Zeugen auf, der 1960 Direktor des Bureau of the Census gewesen war. Mr. Burgess erwies sich als ein nichtssagender Zeuge. Er bekannte, keine klare Vorstellung davon zu haben, wieviele Leute es abgelehnt hatten, den Fragebogen auszufüllen. Außerdem mußte der Richter ihm zum Haushalts-Fragebogen *fünfmal* die Frage wiederholen »Welcher Zweck wurde verfolgt, um diese speziellen Informationen zu bekommen?«, bevor er eine verständliche Antwort erhielt.

Wie es schien, waren die Informationen nicht nur für den Gebrauch der Regierung bestimmt. Viele »Benutzer« der Volkszählungsergebnisse »außerhalb« der Regierung hatten eine Menge Vorschläge, welche Fragen gestellt werden sollten. Diese »außenstehenden Benutzer« tagten mit Regierungsausschüssen, um die Aufnahme aller möglichen Fragen zu erbitten. Man mußte eine Menge aussieben, bis man den Fragebogen auf seine endgültige Länge von zwölf Seiten zusammengestrichen hatte.

War es wirklich nötig, jeden vierten Haushalt – oder insgesamt 16 Millionen Haushaltungen – zur Beantwortung heranzuziehen? Es war allem Anschein nach nötig, damit das Handelsministerium das ausarbeiten konnte, was es »Census tracts« nennt. Das ganze Land ist in »tracts« eingeteilt. Jeder »tract« umfaßt 4000–7000 Personen. Das Handelsministerium kann auf Grund der 16 Millionen Fragebogen die Interessentengruppen, zu denen auch Wirtschaftsunternehmen zählen, mit einer Menge wertvoller statistischer An-

gaben über die sozialökonomische Zusammensetzung jedes und aller »tracts« versorgen.
Meine persönliche Neugier war erregt, als ich Mr. Burgess' Bemerkungen zu den »Census tracts« las. Während ich mit der Sammlung von Informationen zum Thema Adressenlisten beschäftigt war, hatte ich gehört, daß die Firma Reuben H. Donnelley Corporation größtenteils auf der Basis des Kaufs von Tractlisten und des Verkaufs von Einzelinformationen ein Wirtschaftsimperium aufgebaut hatte. Daher las ich mit ganz besonderem Interesse den folgenden Absatz aus dem »*Wall Street Journal*« vom 7. Januar 1963:

Die Firma Reuben H. Donnelley Corporation... kauft vom Census Bureau Tractlisten, die geographische Bezirke aufführt, die jeweils 4000 bis 7000 Personen umfassen, die eine ähnliche Schulbildung genossen haben und in etwa ein gleiches Einkommen beziehen. Die Tractlisten erleichtern es der Firma Donnelley, für ihren jährlichen Direktversand von 700 Millionen Werbesendungen für ihre Kunden geeignete Bezirke zu ermitteln.

Die Donnelley Corporation belehrt mich, daß jede Tractliste einheitliche Merkmale aufweise und etwa 1250 Familien enthalte. Folgende Angaben der Tractlisten sind für Donnelley am interessantesten: Mittelwerte des Einkommens und der Schulzeit, Kinderzahl, den Anteil der Ehepaare an der Bevölkerung, das Durchschnittsalter der Kinder, den prozentualen Anteil an Hauseigentümern, Durchschnittswert der Häuser und der Mietpreise. Man fügte noch hinzu, daß die meisten Großfirmen, die Direktwerbung betreiben, sich diese Auswahlmöglichkeiten, die durch die Tractlisten gegeben sind, zunutze gemacht hätten. Donnelley bezeichnet die Tractauskünfte als verhältnismäßig preiswert, wenn man die Kostensituation in dieser Industrie berücksichtigt.
Aber die Firma Donnelley behauptet, sie habe den größten Vorteil von den Tractlisten, da sie die darin enthaltenen Einzelinformationen in ihre »Massenversandlisten« eingearbeitet habe. »Seit kleine Rechenanlagen zur Verfügung stehen, ist es möglich, sich die Selektivität sehr rasch und sehr billig verfügbar zu machen...« Der Firmensprecher setzte mit deutlich erkennbarem Stolz hinzu: »So weit mir bekannt ist, gibt es niemanden außer der Reuben H. Donnelley Corporation, der seine Versandlisten auf Lochstreifen hat, mit der Möglichkeit der Auswahl entsprechend der Tractlisten.«
In Anbetracht des Vorangegangenen möchte ich mir den Vorschlag erlauben, daß jeder, der sich im Schweiße seines Angesichts mit dem

Haushalts-Fragebogen für 1970 abmühen wird, am besten von der amerikanischen Regierung verlangen solle, den Verkaufserlös aus den Informationen des Fragebogens mit ihm zu teilen.
Übrigens liegt dem Repräsentantenhaus ein Entwurf vor (H. R. 6386), demgemäß in Zukunft solche Haushaltsbefragungen freiwillig geschehen und auf einen von 50 Einwohnern beschränkt werden sollen. Während ich dies schreibe, hat Senator Clifford Case von New Jersey Interesse gezeigt, einen ähnlichen Gesetzesvorschlag im Senat einzubringen.
Die beliebteste Ansprache bei den meisten Wirtschaftstagungen ist ein scharfer Angriff gegen die Bundesregierung, weil sie sich in die Angelegenheiten der privaten Wirtschaft mische. Hier liegt aber die Situation so, daß Geschäftsleute die Regierung bedrängen, dem pflichtgemäß auszufüllenden Fragebogen immer mehr und mehr Fragen hinzuzufügen, die in die Privatsphäre der Bürger eindringen, und daß sie aus den gewonnenen Informationen Gewinn ziehen.
Der politisch konservative Mr. Rickenbacker fragt sich betrübt, ob die Geschäftsleute wissen, was sie tun. Er sagte zu mir: »Es scheint mir so, als ob die Geschäftsleute zu sehr darauf erpicht sind, die Regierung Fuß fassen zu lassen. Sie befassen sich mit dem, was sie für ihr Geschäft halten, sagt Tocqueville, und beachten nicht, daß es ihre Hauptaufgabe ist, ihre Freiheit zu wahren.«
Die impertinenten und ungerechtfertigten Fragen, die an Bewohner der Vereinigten Staaten gerichtet werden, stammen aus verschiedenen Quellen der Verwaltung. Die Einbürgerungs- und Einwanderungsbehörden haben mit dem Fragebogen zur Erlangung der Staatsangehörigkeit ein trauriges Beispiel der amerikanischen Einstellung zum Leben gegeben. Eine Frage lautet:
»Haben Sie in den Vereinigten Staaten, oder in irgendeinem anderen Land... *wissentlich* ein Verbrechen begangen, oder ein Gesetz übertreten, ohne dafür verhaftet worden zu sein?«
Diese Frage läßt mich überlegen. Ich erinnere mich, vor ein paar Jahren in einer Zone mit einer Geschwindigkeitsbegrenzung von 75 km/h in einem unkontrollierten Augenblick mit 80 km/h gefahren zu sein. Niemand hat mich deswegen angehalten, und ich möchte aus Angst, verspätet belangt zu werden, jetzt nicht offenbaren, in welchem Staat dies geschah. Aber an einen Bewerber um die amerikanische Staatsbürgerschaft gerichtet, ist diese Frage einfältig und unverständlich. In gewisser Hinsicht macht sie es den Leuten möglich, ihr Streben nach Einbürgerung dadurch zu beweisen, daß sie den Schutz des Fünften Zusatzartikels ablehnen.
Die revidierten Vorschriften der Steuerbehörde, die im einzelnen

angeben, welche Belege über Reise- und Bewirtungsspesen aufgehoben werden müssen, grenzen manchmal ans Widersinnige. Auch wir sind der Meinung, daß viele Steuerzahler früher mit übermäßigen Ansprüchen durchgekommen sind. Von einer kleinen Firma wurde berichtet, daß sie vor einigen Jahren zu Neujahr ein großes Essen gab. Es wurden ausreichend Getränke und Delikatessen herbeigeschafft, um eine großartige Tafel für die Familien auszustatten, die die Firma seit vielen Monaten führten. Nichtsdestoweniger – die Forderungen nach Offenlegung gehen über das Maß hinaus, das eine auf Würde bedachte Gesellschaft noch dulden soll.

Wenn Sie Bewirtungsspesen absetzen wollen, müssen Sie die besprochene Angelegenheit, selbst wenn sie höchst vertraulich ist, den Zweck der Besprechung und den Namen der Person angeben, die Nutznießer Ihrer Gastlichkeit während der vertraulichen Unterredung war. Das Blackhawk-Restaurant in Chicago entschloß sich, den neuen Prüfungsanforderungen dadurch entgegenzukommen, daß es Tonbandgeräte für die Tische bereitstellte, an denen sich Geschäftsfreunde zu Besprechungen treffen.

Einer meiner Freunde, der eine Einkommenssteuerprüfung durchmachte, befand sich in der verzweifelten Lage, einem düster blickenden Prüfer erklären zu müssen, warum er in einer bestimmten Nacht 4,50 Dollar für ein Abendessen ausgegeben habe. Sein Terminkalender bewies, daß er an diesem Abend mit einem Flugzeug, in dem ein kostenloses Abendessen serviert wurde, in der Stadt angekommen war. Um seinen Anspruch zu rechtfertigen, mußte er dem Prüfer auseinandersetzen, daß er an einer gelegentlichen Übelkeit leide, wegen der er – auf ärztlichen Rat – nicht im Flugzeug essen dürfe. Die Steuergesetze haben, außer den Bürger seiner Privatsphäre zu berauben, noch eine andere deutliche Wirkung erzielt. Die Forderung nach Belegen bewirkte, daß sich das Geschäft der Kreditkartenklubs enorm entwickelte. Der große Erfolg dieser Klubs hatte zur Folge, daß die Ausgaben der Gesamtbevölkerung für das Essen außer Hause, meist in guten Restaurants, um etwa sieben Prozent anstiegen. Ohne Frage liegt der größte Triumph des bürokratischen Geistes in seiner Kapazität, auf jeden Fall immer neue Gründe zu erfinden, warum Menschen Genehmigungen oder Bewilligungen für ihre Betätigungen, ihren Lebensstil, für ihre Freiheit und ihr Glück erteilt werden könnten. Die Besessenheit der New Yorker bietet ein gutes Beispiel. Es gibt dort mehr als tausend Tätigkeiten, für die man eine städtische, staatliche oder bundesstaatliche Lizenz oder Genehmigung braucht. Das städtische Lizenzamt allein nimmt über 1 500 000 Dollar an Gebühren für Genehmigungen und Lizenzen ein.

Wenn Sie in New York City wohnen, verletzen Sie offiziell die Bestimmungen, wenn Sie ohne vorschriftsmäßige Lizenz, Erlaubnis oder Zulassung:
– Ziegen halten.
– Einen Tischtennistisch in Ihrer Wohnung aufstellen.
– Einen Baum pflanzen.
– Einen Schlauch zum Spritzen ihres Gartens und Rasens benützen.
– An einem Geländelauf um einen Park teilnehmen.
– Einen öffentlichen Tanz veranstalten.
– Gewerbsmäßig Angelfliegen herstellen.
– Einen Zeltplatz aufmachen.
– Als Imbißverkäufer arbeiten.
– Ein totes Haustier auf einem Grundstück des Gesundheitsamtes begraben.
– Türhüter oder Kartenkontrolleur bei einem Boxkampf sind.
– Einen Maskenball inszenieren.
– Zu Hause arbeiten.

Es wird einige von meinen Schriftstellerfreunden überraschen, aber das Folgende wird offiziell gefordert, wenn sie zu Hause in einer Mietwohnung arbeiten: Sie selbst müssen sich um eine Bewilligung bemühen, ihr Arbeitgeber muß eine Erlaubnis beantragen, und bis vor kurzem mußte auch der Hausherr um eine Genehmigung ersuchen! Wenn das konsequent durchgesetzt würde, würden die Genehmigungen sicher die Bürgersteige vieler Häuserblocks außerhalb des Lizenzamtes füllen.

Für die tausend und mehr Lizenzen und Genehmigungen, die in New York erforderlich sind, muß sich der Bewerber nicht nur einer Überprüfung unterziehen, sondern er muß auch Fingerabdrucke machen lassen.

In einigen Teilen der Vereinigten Staaten neigen sogar die Sozialbehörden in ihren Anordnungen dazu, die Menschen, denen sie zu helfen versuchen, grob zu behandeln. Ein Mitglied einer Wohlfahrtkommission in einer kleinen Stadt im Südosten von Connecticut gestand mir ihre Abneigung gegen einen Teil ihrer Arbeit. Sie muß um neun Uhr vormittags Familien besuchen, die von der Unterstützung leben, um sicherzustellen, daß das Haus in Ordnung gebracht worden ist, und daß niemand mehr schläft.

In verschiedenen Bezirken des Staates Kalifornien – besonders in Kern und Alameda – benutzen die Außendienstmitarbeiter von Wohlfahrtsämtern gern die späten Nachtstunden oder den ganz frühen Morgen, um ihre überraschenden Kontrollbesuche in den Wohnungen von Leuten zu machen, denen der Staat aus dem Fonds für bedürftige Kinder eine Unterhaltsbeihilfe zahlt. Im Sommer 1963 führte man eine derartige Razzia in einer einzigen Nacht in 500 Wohnungen durch, um nachzusehen, ob sich vielleicht bei der einen oder anderen Mutter nachts ein Mann aufhielte, der möglicherweise der Vater des Kindes ist oder in anderer Hinsicht Unterstützung anbietet. Wird in einer dieser Wohnungen ein Mann ertappt, der dort schläft oder wohnt, so wird die Behörde die Einstellung der Unterstützung in Erwägung ziehen.

Zuletzt mag noch daran erinnert werden, daß es in meinem Staat Connecticut Anordnungen gibt, die es einer Verwaltungskommission von drei Personen erlauben, einen Menschen auf Grund eines Mehrheitsbeschlusses unfruchtbar zu machen. Zu dieser Bestimmung braucht kein Kommentar geschrieben zu werden. Das vorgesehene Opfer kann dagegen keine Beschwerde einlegen und hat nicht einmal Gelegenheit, gehört zu werden. Diese medizinischen Kommissionen können im Staatsgefängnis, in einer der drei Irrenanstalten oder in der Schule für geistig Zurückgebliebene gebildet werden.

Wenn der leitende Beamte erklärt, daß ein Insasse ein Mensch sei, für den eine Zeugung nicht ratsam sei, und die Kommission übereinstimmend feststellt, daß diese Person Kinder mit angeborener Kriminalität, Geisteskrankheit oder Geistesschwäche zeugen würde, kann aus diesem Grunde die Operation von einem Mitglied der Kommission durchgeführt werden.

Belästigung durch Kennzeichnungen, die den Bürger brandmarken. Sozialdienststellen gehören zu denen, die am eifrigsten Formulare ausfüllen lassen und Aufstellungen machen. Manche Kriminologen, die mit Jugendkriminalität zu tun haben, merken langsam, daß die orthodoxen Sozialdienststellen oft junge Menschen, denen sie helfen wollen, mit einem Makel behaften, indem sie diese in ihren Statistiken als Missetäter bezeichnen.

Dr. Charles Slack, der durch seine Arbeit mit New Yorker Gangstern berühmt wurde, weil er die von ihm so genannte »Street Corner Research« erfand, teilt diese Ansicht. Anstatt viele Akten anzulegen, entlohnt er junge Kriminelle, um ihm bei seiner Forschung zu helfen, was die Zahl der »Tage ohne Verbrechen« erhöht. Er ist der Ansicht, daß Missetäter zu »gebrandmarkten Kindern« werden. Sie können das erste Mal gezeichnet werden, wenn sie ohne ordentliches Verfahren vor das Jugendgericht gebracht und verhört werden, auch wenn das nicht öffentlich geschieht. Nach diesem Vorgang können sie willkürlich als »milieugestört« oder »asozial« registriert und an die Sozialstellen ihrer Umgebung überwiesen werden. Diese Stellen gehen – in ihrem Bemühen, den Jugendlichen zu helfen, indem sie sie wie Leidende behandeln – eifrig daran, mächtige Aktenstöße über sie anzulegen, und über alle Leute, die zufällig in den Berichten erwähnt werden. Damit helfen sie in gewisser Weise weiter mit, die schon gezeichneten jungen Leute weiter zu brandmarken.

Er fügt noch hinzu, daß alle diese geheimen Akten für den verbrecherischen Jugendlichen bedeuten, daß – ohne daß er davon weiß oder es versteht – über ihn Entscheidungen auf Grund von Angaben getroffen werden, die seinem Anwalt oder seinen Freunden nicht zur Verfügung stehen. Dr. Slack führt dann aus: »Ich wundere mich nicht darüber, daß ich auf allen meinen Reisen keinen einzigen Halbwüchsigen getroffen habe, der, wenn er einmal vor Gericht gestanden hat, die leiseste Ahnung davon hatte, was ein regulärer Prozeß ist oder sein sollte. Wenn diese Jungen einmal als Verbrecher abgeurteilt wurden, haben sie kein Recht auf Privatleben mehr.«

Der Kongreß der Vereinigten Staaten hat in seiner Einsicht das Postministerium beauftragt, eine andere Art von Kennzeichnung zu schaffen, die geeignet ist, jemanden abzustempeln. Mit ihr wird jeder versehen, der aus dem Ausland »kommunistische politische Propaganda« geschickt bekommt. Zu Anfang des Jahres 1963 wurde angeordnet, daß die Postbehörde alle Sendungen, außer Briefpost, die vom Ausland an Bewohner der Vereinigten Staaten kommen und nach kommunistischer Propaganda aussehen, zurückhalten solle. In der Regel handelt es sich um Material, das nicht angefordert wurde. (Nebenbei setzte der Kongreß dies gegen die Opposition des Postministeriums, des Präsidenten, des Justizministeriums und der U.S. Information Agency durch.)

Das Postamt muß nun dem Empfänger davon verständigen, daß eine solche Sendung vorliegt und daß sie ihm ausgeliefert würde, wenn er auf einem Formular die Auslieferung verlangt. Wenn er nun das Formular mit der Bitte um Zustellung ausfüllt, kommt sein Name auf eine Liste der Personen, die kommunistische Propaganda zu empfangen wünschen. Also kommt er auf eine Liste, nur weil er von der Post verlangt, seine Sendungen nicht zu unterbrechen, und wird durch einen Vermerk gekennzeichnet.

Drei Eingaben, die diesen Erlaß auf seine Verfassungsmäßigkeit prüfen, sind auf dem Wege. Sie alle werden durch den Rechtsbeistand der American Civil Liberties Union unterstützt, die versichert, daß dieses Gesetz die Garantie der Redefreiheit aus dem Ersten, und die Klausel über ein ordentliches Gerichtsverfahren aus dem Fünften Zusatzartikel verletzt. Eine Eingabe wurde von einem 65jährigen

Lastwagenfahrer aus Pasadena in Kalifornien gemacht. Er beteuerte, Antikommunist zu sein, wolle aber nicht aufpassen und bitten – und Formulare ausfüllen –, um zu seiner Post zu kommen. Die fragliche Sendung war ihm, in englischer Sprache gedruckt, von Tokio aus unaufgefordert zugegangen.
Eine dritte Art von Kennzeichnungen, die einen Menschen brandmarken können, wird von Militärdienststellen geliefert, wenn Militärangehörige aus dem Dienst entlassen werden. Es sind die sechs Entlassungsgrade der Armee:

1. Ehrenvolle Entlassung.
2. Allgemeine Entlassung – Unter ehrenvollen Umständen.
3. Entlassung wegen mangelnder Eignung.
4. Entlassung – Unter anderen, als ehrenvollen Umständen.
5. Entlassung wegen schlechter Führung. (Auf Grund des Urteils eines Militärgerichtes.)
6. Unehrenhafte Entlassung. (Auf Grund eines Urteils des Obersten Militärgerichtes.)

Alle Grade, außer dem ersten, können als Abstempelung gelten, und den Männern das weitere Leben erschweren. Diese Handhabung schafft ungerechte Härten. Schließlich wird in unserer heutigen, militarisierten Gesellschaft jeder junge Mann einberufen, der den Anforderungen des Militärdienstes entspricht. Viele junge Männer sind offenbar – durch ihren Ordnungssinn, Konformität, und unbedingten Gehorsam – fähig, dem militärischen Geist besser zu entsprechen als andere, besonders als die, die sich gegen jede Reglementierung auflehnen. Aber wenn die Männer ins bürgerliche Leben entlassen werden, tragen sie ein bestimmtes Etikett. Dieses kommt noch zu dem hinzu, das der Rang, den sie bekleidet haben, ausdrückt. Dieser sollte eigentlich eine genügend klare Bezeichnung aller jener sein, die ihre Dienstzeit vorschriftsmäßig absolviert haben und nicht vor ein Militärgericht gestellt worden sind.
Wir beobachteten, daß Arbeitgeber in wachsendem Maße in die Gewohnheit verfallen, nach militärischen Kennzeichnungen (Entlassungsgrad) eines Mannes zu fragen, bevor sie ihn einstellen. Wenn es ein geringerer Grad als der erste ist, können sie an seiner Männlichkeit zweifeln, oder möchten wissen, ob er radikale Ideen vertritt oder vielleicht ein Unruhestifter ist.
Darüber hinaus kann es für die Einstufung eines Mannes durch die Armee noch andere Gründe geben, die nicht allein auf seiner Führung im aktiven Dienst beruhen.
Die militärischen Dienststellen haben sich während der fünfziger Jahre vielfach um das Recht bemüht, politische Verbindungen der

Soldaten vor dem Eintritt in die Armee und ihre politische Betätigung nach dem Ausscheiden – aber noch während des Wartestandes – in Betracht zu ziehen. Eine so weitreichende Überwachung könnte bewirken, daß das politische Denken aller Amerikaner schon in ganz frühen Mannesjahren erstickt wird. Die Gerichte haben in speziellen Entscheidungen bekräftigt, daß die militärischen Dienststellen politische Betätigung vor Diensteintritt bei einer Entscheidung über den Grad der Entlassung nicht in Erwägung ziehen dürfen; aber es tauchen noch Probleme auf, besonders im Hinblick auf die Betätigungen eines Mannes, während er im inaktiven Dienst steht. Eine eigenartige Situation ergab sich übrigens vor einigen Jahren, als die Frage auftauchte, ob ein Veteran mit einer ehrenvollen Entlassung in den aktiven Dienst zurückberufen werden dürfe, allein zum Zweck, ihn vor ein Militärgericht zu stellen. Das Vergehen, für das er belangt werden sollte, datierte vor seiner Entlassung. Zum Glück entschied der Oberste Gerichtshof der Vereinigten Staaten, daß er unter solchen Umständen nicht zurückberufen werden könne[2]. Hauptrichter Earl Warren kommentierte später, daß die Entscheidung dieses Falles große Bedeutung im Hinblick auf die Tatsache habe, daß es in Amerika über 22 Millionen Veteranen gibt; und daß eine Entscheidung gegen den Veteranen bedeutet hätte, daß Millionen von ehemaligen Soldaten hilflos vor »einem Wiederaufleben alter militärischer Delikte in neuerer Zeit« stehen würden.

Wir sollten eine letzte und erschreckende Möglichkeit der Brandmarkung durch Kennzeichnungen vermerken, die in Händen des Verteidigungsministeriums liegt. Es ist die Macht, jeden, der für private Verteidigungs-Kontraktfirmen arbeitet – das schließt auch Universitäten ein –, als Sicherheitsrisiko zu bezeichnen, ohne ihm eindeutig die Chance zuzugestehen, seinen Anklägern gegenübergestellt zu werden. Einige Millionen von Amerikanern wurden dieser Macht zur Kennzeichnung unterworfen. Und der Vermerk »Risiko« ist nicht nur auf den Tatsachen der Loyalität einer Person begründet, sondern auch auf dem Wohnort der Verwandten, der Gesundheit, oder auf irgendwelchen Verbindungen, die überwachungsfreudige Menschen vermuten lassen, daß diese Person nicht vertrauenswürdig sei.

Offensichtlich muß das Verteidigungsministerium die Macht haben, seine geheimen Informationen zu schützen. Aber um diesen Schutz auszuarbeiten, ist schändlicher Mißbrauch mit den Persönlichkeitsrechten getrieben worden. Und die übelsten Ungerechtigkeiten liegen in der Unmöglichkeit, seine Ankläger zu befragen, oder auch nur zu sehen. Als 1947 das erste Federal Employees' Loyalty Program erstellt wurde, ließ Präsident Harry Truman offen, bis zu welchem Grade jemand, der als Sicherheitsrisiko angeklagt wurde, das Recht habe, den Leuten, die nachteilige Fragen gegen ihn aufgeworfen hatten, gegenüberzutreten. Der erste Vorsitzende nahm an, daß es ein Recht zur Konfrontation geben müsse; aber der FBI drückte unmißverständlich aus, daß er nicht zur Mitarbeit bereit sei, wenn die Tatsachen, die von seinen Ermittlern vertraulich entgegengenommen wurden, nicht auch vertraulich behandelt würden. Anwalt Joseph Rauh Jr., erinnerte daran, indem er sagte: »So begann es. Das Prinzip des Nichtgegenüberstellens ging vom Federal Loyalty Program in die anderen Loyalitäts- und Sicherheitsprogramme im Staate über: In die Durchleuchtung von Millionen von Angestellten in Rüstungsfabriken, die mit geheimzuhaltenden Informationen zu tun haben...«[3].

Die Berufsermittler des Staates, die nachteiliges Beweismaterial gegen eine Person herbeischafften, standen einem Kreuzverhör ebensowenig zur Verfügung wie die Gelegenheitsinformanten. Zu diesen zählten »Bekannte, geschiedene Ehefrauen, Nachbarn, Hausherren, Klatschtanten und Dorftrottel« – um mit Mr. Rauh zu sprechen.

Der erste Fall um das Recht auf Gegenüberstellung, der eine Entscheidung des Obersten Gerichtshofes brachte, ging um einen Mann namens Greene, der Betriebsleiter einer ziemlich kleinen Privatfirma war, die elektronische Instrumente für die Marine herstellte. Er hatte selbst viele von den »geheimen« Informationen seiner Firma entwickelt und die Frage war, – wir verwenden Mr. Rauh's höhnische Worte – »ob man ihn damit habe betrauen können«. Obwohl er viermal Unbedenklichkeitsbescheinigungen erhalten hatte, entschied die Marine im Jahre 1953, daß er nicht länger Zugang zu Geheiminformationen der Firma haben dürfe. Er wurde bald entlassen. Der Hauptteil der Denunziationen gegen ihn reichte in die Zeit seiner Ehe mit einer Frau zurück, von der er sich hatte scheiden lassen, und betraf die Verbindungen, die er während dieser Ehe gepflegt hatte. Die Frau war offensichtlich wegen ihrer politischen Meinungen oder Verbindungen verdächtig.

Im Jahre 1959 unterstützte der Oberste Gerichtshof Greene in seiner Klage, daß er ungerechterweise seines Lebensunterhalts beraubt worden sei, ohne das Recht gehabt zu haben, seinen Beschuldigern gegenübergestellt zu werden[4]. In seiner jetzigen Entscheidung stellte der Gerichtshof fest: »Gewisse Grundsätze sind verhältnismäßig unveränderlich in unserer Rechtssprechung geblieben. Einer davon ist der, daß einer Person das Beweismaterial offengelegt werden muß, das eine Aktion der Regierung rechtfertigt, die dieser Person ernsthaften Schaden zufügen kann, damit sie die Möglichkeit hat, zu beweisen, daß das Beweismaterial unwahr ist. Wir haben diesem Schutz in der Forderung nach Gegenüberstellung und Kreuzverhör feste Formen gegeben. Diese haben alte Wurzeln.«

Anstatt auf Grund des verfassungsmäßigen Rechtes auf Gegenüberstellung zu urteilen, unterstützte das Gericht Greene, einfach weil weder der Präsident noch der Kongreß ein Sicherheitsprogramm für die Industrie gebilligt hatten, das eine Gegenüberstellung vorenthielt. Immerhin ließ es die Fülle der Anspielungen der Mehrheit auf die Ansichten über die überkommenen, verfassungsmäßigen Rechte klar erscheinen, daß zumindest fünf Richter (Warren, Black, Douglas, Brennan und Stewart) – alle sind noch am Obersten Gerichtshof – meinten, daß die »alten Wurzeln« geschützt werden müßten, wenn je ein klarer Fall wegen des Rechts auf Gegenüberstellung vor das Gericht käme.

Dieser Beschluß behagt vielen Kongreßabgeordneten nicht, und es wurden im Kongreß verschiedentlich Anstrengungen unternommen – mit zeitweilig offensichtlicher Unterstützung von Freunden im Pentagon –, einige dieser alten Wurzeln zurückzuschneiden. Der Kongreß versuchte, die Gesetze zu schaffen, deren Fehlen das Gericht bemerkt hatte und die eine Gegenüberstellung verhindern sollten.

1962 wurden wiederholt Anstrengungen unternommen, ohne Diskussion ein Gesetz durchzupeitschen, das das Recht eines Arbeiters oder Wissenschaftlers der Rüstungsindustrie, seinem Ankläger gegenübergestellt zu werden, ihn ins Kreuzverhör zu nehmen, oder Berufung gegen seine Bestrafung zu erheben, stark beschränkt würde. Dieses Gesetz bestimmte, daß der Angeklagte *gewöhnlich* ein Recht auf Gegenüberstellung und Kreuzverhör haben solle, daß aber dieses Recht aufgehoben werden könne, wenn vom Pentagon erklärt würde, daß eine Gegenüberstellung und ein Kreuzverhör nicht mit der nationalen Sicherheit in Einklang stünde. In diesem Fall kann dem Angeklagten eine »Zusammenfassung« der Anschuldigungen gezeigt werden, vielleicht nicht einmal unter Angabe seiner Ankläger. Der junge Abgeordnete John Lindsay aus New York stand zweimal im Repräsentantenhaus *allein*, um die einstimmige Verabschiedung zu verhindern. Ein paar Wochen später, als drei Stimmen nötig waren, um das Gesetz vom Abstimmungskalender herunterzubringen, konnte Mr. Lindsay von den 436 Mitgliedern des Hauses drei Verbündete gewinnen. Die Befürworter des Gesetzes wurden schließlich gezwungen, einem einstweiligen Aufschub der Verabschiedung des Gesetzes zuzustimmen. Für die Verabschiedung war eine Zweidrittelmehrheit erforderlich. Jeder Partei stand in der Debatte eine Diskus-

sionszeit von zwanzig Minuten zu. Unterstützer des Rechtes auf Gegenüberstellung, wie die AFL/CIO, die ACLU und Gruppen innerhalb der Ligue of Women Voters hatten sich inzwischen bemüht, die Kongreßmitglieder wegen der Bedeutung des Rechtes auf Gegenüberstellung zu alarmieren.
Mr. Lindsay brachte mit bemerkenswerter Beredsamkeit sein Anliegen vor das Repräsentantenhaus: »Eine der größten Gefahren für den amerikanischen ›way of life‹ ist die Überwachung des privaten Bereichs und der Beziehungen zwischen Arbeitgebern und Arbeitnehmern durch die Regierung. Ein beachtlicher und wachsender Teil von privaten Institutionen arbeitet an geheimen Projekten und ist den Verordnungen des Industriesicherheitsprogramms unterworfen.« Er glaubte, daß Amerika tatsächlich einer schweren Bedrohung gegenüberstehe, wenn man zuließe, daß das Arbeiten für die Rüstungsindustrie Rechtfertigung genug für unbegrenzte staatliche Reglementierungen der privaten Bereiche sei.
Der Abgeordnete Lindsay bemerkte, daß der Abgeordnete Gorden H. Scherer von Ohio der Meinung war, daß der Präsident »in der Lage sein würde, den Zugang einer Person zu Geheimmaterial verhindern zu können, wenn ihm dessen Nase nicht paßte«, weil dieses Material Eigentum der Regierung sei.
Mr. Lindsay fuhr fort: »Wenn dieser Standpunkt je durchdringen sollte, dann sind wir der entsetzlichen Phantasiewelt, die in Franz Kafka's erschreckender Novelle ›Der Prozeß‹ so eindringlich dargestellt wird, um einen Schritt näher. In dieser furchtbaren Allegorie des modernen Lebens werden wir in eine Welt versetzt, in der ein offensichtlich Unschuldiger für ein Verbrechen verhaftet wird, dessen Art er niemals in Erfahrung bringen kann, und der dann von einem gespenstischen, anonymen Beamtenapparat zum Tode verurteilt wird, ohne je die Gründe für seine Bestrafung zu erfahren oder die Möglichkeit zu haben, seine Ankläger kennenzulernen.«
Als die Abstimmung stattfand, hatte Mr. Lindsay genug Verbündete – und noch sechs darüber hinaus –, um zu der Zeit die gesetzlichen Verfügungen zurückzuweisen. Aber wir haben noch nicht von der letzten solcher Verfügungen gehört.
Inzwischen hat die Exekutive die Erklärung des Obersten Gerichtshofes zur Kenntnis genommen, daß der Präsident niemals ein Industriesicherheitsprogramm gebilligt habe, in dem das Recht auf Gegenüberstellung nicht enthalten ist. Mit Zustimmung des Präsidenten (Executive Order 10865) hat das Verteidigungsministerium 1960 seine Direktive 5220.6 aufgestellt, die auf 30 Seiten detaillierte Verfahren zur Überprüfung von Sicherheitsfällen aufführt,

in denen es sich um »industrielles« Personal handelt. Sie sieht Berufung vor und das Recht des Angeklagten, den Zeugen gegenübergestellt zu werden, die abträgliche Informationen über ihn geliefert haben. Aber sie sorgt auch für einige, weitgehende und unbestimmte Ausnahmen von dieser Bestimmung der Gegenüberstellung. Ein Informant, der schädigende Tatsachen vermittelt hat, muß nicht aufgefordert werden, zum Kreuzverhör zu erscheinen (1), wenn der Leiter der Abteilung, die die Informationen geliefert hat, der Meinung ist, daß es nicht im Interesse der nationalen Sicherheit liege, wenn die Identität des Informanten aufgedeckt wird; (2), wenn der Informant aus Krankheits- oder ähnlichen Gründen von Rechts wegen nicht vorgeführt werden darf; (3) wenn der Verteidigungsminister meint, daß es »gute und ausreichende« Gründe gäbe, weshalb der Informant nicht identifiziert oder verhört werden solle. Das sind drei große »Wenn«.

In der Praxis der letzten zwei Jahre schien das Verteidigungsministerium ängstlich bemüht, Kreuzverhöre zuzulassen, wo immer es möglich war, und hat sie tatsächlich auch in den meisten Fällen erlaubt. Darüber hinaus hat der im Ministerium mit Sicherheitsfragen beauftragte Walter T. Skallerup, Jr., ein erfreuliches Interesse an den Persönlichkeitsrechten der Menschen gezeigt, die mit dem Verteidigungsministerium zu tun haben.

Bis jetzt ist aber das Recht eines Menschen, seine Ankläger ins Kreuzverhör zu nehmen, offiziell nur in unbestimmter Weise geschützt. Die Millionen von Menschen, die für die Rüstungsindustrie arbeiten, können nur hoffen, daß die alten Wurzeln, an denen in den letzten Jahren so arg herumgezerrt wurde, wieder gepflegt werden, und die Möglichkeit haben, tiefer zu wachsen, bevor eine neue Welle von Massenhysterie anrollt.

16. Das Recht, vor Manipulierung der Seele geschützt zu sein

> *»Zu unserer Verfügung steht ein immer größer werdendes Aufgebot von Mitteln, die den Menschen manipulieren. Wir können auf kluge oder törichte Art davon Gebrauch machen.« – John B. de C. M. Saunders, Dekan der Medizinischen Fakultät der Universität von Kalifornien.*

Mit der Steuerung der menschlichen Seele entwickelt sich recht schnell eine faszinierende neue Wissenschaft. Neue Ausdrücke finden Eingang in unsere Sprache: »psychologische Steuerung«, »Bio-

kontrolle«, »chemopsychiatrische Steuerung«, »psychopharmakologische Lenkung« und »psychotomimetische Effekte« (induziertes Irresein). Dekan Saunders stellte fest, es herrsche zwar großer Optimismus, daß die Wissenschaftler »auf der Schwelle zu einem umfassenderen Verständnis des menschlichen Seelenlebens stehen ... Unter verantwortungsbewußten Ärzten herrscht jedoch ein ausgeprägtes Gefühl der Beunruhigung [1].«
Beunruhigt oder nicht, zahlreiche Sozialwissenschaftler, Biologen und Mediziner haben sich kopfüber in die Erforschung von Methoden gestürzt, die eine Steuerung ermöglichen. Vor einigen Jahren rief Dr. James G. Miller, der an der Universität von Michigan als Psychiater und Psychologe wirkt, eine Gruppe von sechzehn hervorragenden Wissenschaftlern zusammen. Sie stellten fest: »Wir müssen aller Wahrscheinlichkeit nach mit einem entscheidenden Fortschritt in der Steuerung der Verhaltensweise und der Meinungen der Menschen durch außergewöhnlich wirkungsvolle Ausbildungstechniken, Drogen, unterschwellige Reize, durch Manipulation von Motiven oder anderen, uns heute noch unbekannten Mitteln rechnen.« Die Wissenschaftler deuteten an, daß diese Wissenschaft von der Steuerung der menschlichen Seele größere Wirkungen hervorrufen würde als die Wasserstoffbombe. Und was unternahmen sie daraufhin? Sie forderten finanzielle Mittel, um eine Wissenschaft vom menschlichen Verhalten entwickeln zu können. Ihre Meinung folgte dem üblichen Leitsatz: Wenn wir's nicht tun, könnten uns die Kommunisten dazu zwingen.
Eine ganze Reihe von Sozialwissenschaftlern hat entdeckt, daß sie durch Anwendung ihrer Erkenntnisse Wege aufzeichnen können, wie man ein gewisses Maß von Steuerung menschlicher Verhaltensweisen erreichen kann. Sie haben Geschäftsleuten gezeigt, wie man mit dem menschlichen Unterbewußtsein spielen kann, um Waren abzusetzen; sie haben dem Management gezeigt, wie man Konformisten entdecken kann, die bequeme Mitarbeiter sein werden. Sie haben auch den Menschentyp ermittelt, der am ehesten Geständnisse ablegt, wenn bei einer Vernehmung nur die richtige Art von Druck ausgeübt wird. Sozialwissenschaftler der Universität von Texas, die die Anatomie der Konformität erforscht haben, beschrieben »die Hauptfaktoren, die wahrscheinlich die größtmögliche Beeinflußbarkeit bei jedem beliebigen Individuum bestimmen«. In Ihrem Bericht hieß es: »Das Persönlichkeitsprofil jener Menschen, die sich am wenigsten dem Zwang zur Konformität widersetzen können und vermutlich auch dem Druck eines Verhörs erliegen, zeigt Charakterzüge auf wie: Unterwürfigkeit, Mangel an Selbstvertrauen, Mangel an

Selbständigkeit, mangelnde Zielstrebigkeit und Verlangen nach gesellschaftlicher Anerkennung, unkritische, konventionelle, autoritäre Einstellung [2].« Das erklärt in hohem Maße, warum bürokratische Organisationen, inklusive einer Reihe moderner Unternehmen, so viele junge Müßiggänger für die Ausbildung zum Manager auswählen. Diese Menschen sind darin geschickt, sich die Auffassung der Mehrheit zu eigen zu machen. Gewiß können diese Erkentnisse auch benutzt werden, um Nichtkonformisten zu ermitteln (oder mithelfen, die Beeinflußbarkeit bei Vernehmungen herabzumindern). Die traurige Wahrheit ist jedoch, daß die Personalleiter großer Verwaltungsapparate – die in einer günstigeren Position als die meisten von uns sind, um die Gesellschaft zu formen –, bei weitem interessierter an der Feststellung und Auswahl von Konformisten als von Nonkonformisten sind.

Der Psychiater und Psychologe Joost A. M. Meerloo warnte: »Jedes Wissen kann einem guten wie einem bösen Zweck dienen. Auch die Psychologie unterliegt diesem allgemein gültigen Gesetz. Die Psychologie hat dem Menschen neue Mittel zur Tortur und zum Eindringen in das Seelenleben überantwortet [3].« Doch er steht mit seiner Warnung ziemlich allein. Am entgegengesetzten Ende steht der einflußreiche B. F. Skinner, Leiter einer Schule für Sozialwissenschaftler, die förmlich darauf brennen, sich als Verhaltenstechniker zu betätigen. Dr. Skinner ist der »Vater der Lehrmaschinen«.

Die Sozialwissenschaftler allein könnten mit der Beeinflussung des Verhaltens auf breiter Basis nur begrenzte Wirkungen erzielen. Ein ganz anderes und weit unheimlicheres Bild ergibt sich dagegen, sobald die Möchte-gern-Verhaltensingenieure – welchen Wissenschaftszweiges auch immer – die neuen Hilfsmittel in die Hand bekommen, die die medizinische Forschung entwickelte. Ich meine damit die Verfahren der Anwendung elektrischer Reize auf das Gemütszentrum des Gehirns und die Entdeckung von Drogen, die das Verhalten verändern.

Im Jahre 1957 schloß ich einen Bericht über die neue Begeisterung für die Verführung der Massen durch psychologische Manipulationen mit der phantastisch klingenden Vermutung ab, daß es um das Jahr 2000 den Elektronikexperten möglich sein könnte, den überwiegenden Teil aller für wünschenswert gehaltenen Manipulationen vorzunehmen [4]. Zu der Erwähnung einer solch höchst visionär anmutenden Möglichkeit war ich durch einige Spekulationen anläßlich einer in Chicago abgehaltenen Tagung von Elektronikfachleuten angeregt worden und durch Experimente an Ratten, die in Toronto gemacht wurden. Heute, nur sieben Jahre danach, sind die Mechanismen bereits gut entwickelt, um mit Hilfe elektrischer und elektrochemischer Reize auf das Gehirn ein gehöriges Maß an Steuerung zu erlangen.

Ein großer Teil der bemerkenswertesten Kunststücke auf dem Gebiet der Verhaltensveränderung durch Fernlenkung ist einem aus Spanien stammenden Physiologen gelungen, der seit 1950 an der Yale-Universität tätig ist. Es ist Dr. M. R. Delgado, Gründungsmitglied der Amerikanischen Hochschule für Neuropsychopharmakologie. Seine Hauptarbeiten führte er an einer Gruppe von Affen durch. Durch chirurgische Eingriffe pflanzte er in verschiedene Teile des Gehirns dünne, haarähnliche Elektroden ein. Diese waren mit einem auf der Außenseite der Kopfhaut befestigten Steckkontakt verbunden. Dieser wiederum ist an einen Transistorradioempfänger angeschlossen, den jeder der Affen auf dem Rücken trägt. Auf diese Weise kann Dr. Delgado in einem anderen Raum sein und trotzdem wechselseitige Radioverbindung mit seinen frei herumlaufenden Affen behalten. Offenbar ist das Wohlbefinden der Affen in keiner Weise gestört. Durch Druck auf verschiedene Knöpfe kann Dr. Delgado seine Affen veranlassen, zu laufen, Laute auszustoßen, sich auf den Boden zu kauern, wie die Furien aufeinander loszugehen und Heißhunger oder heftiges Liebesverlangen zu entwickeln.

Dr. Delgado hat daneben genügend »Vortests« für Elektrodenimplantationen bei geisteskranken Menschen zu therapeutischen Zwecken durchgeführt, um zu wissen, daß auch beim Menschen Veränderungen bewirkt werden können. Es ist ihm gelungen, bei Menschen Reaktionen wie Zuneigung, Lachen, Furcht und Verwirrung hervorzurufen. Ein Mitarbeiter der *»Yale Daily News«* beschrieb diese Entdeckungen beim Menschen in der Ausgabe vom 24. April 1963 mit folgenden Worten: »Die moderne Technik hat Instrumente entwickelt, die elektrisch die Gehirnstruktur des Menschen reizen, der bei vollem Bewußtsein ist. Elektrizität beeinflußt die Nerven, kann dem Gehirn Befehle erteilen, Bewegungen auszulösen, Gefühle zu erzeugen, Halluzinationen hervorzurufen, Stimmungen, Feindseligkeit und Wohlwollen zu entwickeln und bringt es sogar fertig, die Grundeinstellung zu verändern und die Gedankenwelt umzuformen.«

Kürzlich hat Dr. Delgado seine Steuerung der Affen noch intensiviert, indem er zusätzlich Drogen verabreichte. In das Gehirn eines jeden seiner Affen baute er einen Einsatz aus zwei feinen Röhren und einem Elektrodenpaar ein. Diesen Einsatz nennt er »Chemitroden«. Eine winzige elektrochemische Pumpe, die durch einen Empfänger gesteuert wird, pumpt auf Signal kleinste Mengen dieser Drogen in

verschiedene Bereiche des Gehirns. Die Drogen werden in einer kleinen Kapsel am Hals des Affen aufbewahrt.
Im Sommer des vergangenen Jahres beschrieb er auf einem Pharmakologenkongreß in Prag seinen Hörern, wie er die soziale Struktur der Affengruppe zeitweise verändern konnte, indem er einfach das Leittier Ali mit »Chemitroden« und einem Empfänger ausrüstete. Die übrigen Affen hatten schon bald herausgefunden, daß sie Ali durch Druck auf einen Hebel von einem Tyrannen in ein gefügiges Wesen verwandeln konnten.
Ein langfristiges Versuchsprojekt der Änderung des menschlichen Verhaltens durch elektrische Reize verschiedener Bereiche des Gehirns ist an der Medizinischen Fakultät der Tulane-Universität im Gange. Dr. Robert G. Heath von der Abteilung für Psychiatrie und Neurologie hat in den letzten Jahren eine Reihe Geisteskranker und anderer Patienten, von denen viele unheilbar krank zu sein schienen, mit transportablen Selbst-Stimulatoren ausgerüstet. Normalerweise trägt der Patient ein Gerät mit drei Druckknöpfen an seinem Gürtel. Diese Knöpfe lassen im Gehirn angebrachte Elektroden in Funktion treten. Der Patient neigt für gewöhnlich dazu, den Knopf zu betätigen, der die angenehmsten Wirkungen hervorruft. In bestimmten Fällen, wenn sich die Patienten inmitten heftiger, seelischer Anfälle befanden, betätigte Dr. Heath Elektroden ohne ihr Wissen. Einer dieser Patienten wurde ziemlich rasch aus dem Zustand unkontrollierbarer Wutausbrüche in sanfte Euphorie versetzt.
Zu den Reaktionen, die an den Patienten beobachtet werden konnten, nachdem einer der Knöpfe betätigt worden war, gehörten – wie er im Sommer 1963 berichtete – Enttäuschung, Zorn, Ängste, ein Gefühl des Elends, Glücksgefühle und sexuelle Erregung [4]. Der Knopf, der eine Elektrode in der septalen Region des Gehirns betätigt, hat in einer Reihe von Fällen derartige ekstatische Gefühle hervorgerufen. Ein Patient machte oft »mit einem breiten Grinsen« sexuelle Dinge zum Hauptthema einer Unterhaltung, bald nachdem er den entsprechenden Knopf gedrückt hatte. Ein anderer schätzte das »gute« Gefühl, das vom Druck auf diesen Knopf stammte. Er sagte, er habe das gleiche Gefühl, als nähere er sich einem sexuellen Orgasmus. Die Reaktion auf den Knopfdruck war jedoch nicht völlig zufriedenstellend. Der Betreffende war nicht fähig, den Höhepunkt sexueller Erregung zu erreichen und erklärte, der Grund, warum er den Knopf mitunter wie ein Wahnsinniger, drückte, läge in dem Verlangen, diesen Punkt zu erreichen. Eine Reizwirkung auf die übrigen Bereiche des Hirns rief hingegen bei manchen Patienten ein ohne von sexuellen Gedanken begleitetes »Glücksempfinden« hervor.

Inzwischen wurden aufsehenerregende Ergebnisse in der Veränderung der menschlichen Verhaltensweise durch die Verabreichung von Drogen, normalerweise in Tablettenform, erzielt. Als Aldous Huxley im Jahre 1931 seinen Zukunftsroman »Schöne Neue Welt« schrieb, stellte er sich einen genialen Diktator in einigen Jahrhunderten später vor, der seine Untertanen mit ihrer Technokratie zufrieden hielt, indem er ihnen »Soma« genannte Tabletten lieferte. Die früheren, schädlich wirkenden »Glücksbringer« wie Alkohol, Opium, Kokain, usw. waren aus der Mode gebracht. Der Diktator brauchte dem Volke »Soma« nicht aufzuzwingen: Das Volk schrie danach. In den fünfziger Jahren beschrieb Huxley sein wundertätiges imaginäres »Soma« als »eines der wirksamsten Instrumente in der Rüstkammer des Diktators. Die Tagesration »Soma« war eine Versicherung gegen ein gestörtes persönliches Verhältnis zur Umwelt, gegen soziale Unruhen und die Verbreitung subversiver Gedanken [5].«

Das Glücksgefühle erzeugende »Soma« besaß vier Zauberkräfte: Es beruhigte ... es regte an ... es erzeugte – in großen Dosen genommen – Visionen, ... und erhöhte die Beeinflußbarkeit. Diese letztgenannte Wirkung half dem Diktator, mit seiner Propaganda Erfolg zu haben.

Eine einzige Tablette mit allen Wirkstoffen von »Soma« muß noch erfunden werden; aber alle vier magischen Kräfte zur Veränderung des menschlichen Verhaltens sind chemisch perfektuiert worden. Die meisten Drogen, die diese Kräfte zu wecken vermögen, scheinen verhältnismäßig frei von gefährlichen schädlichen Nebenwirkungen.

Schwachwirkende und stärkste *Beruhigungstabletten* werden bereits allgemein in Millionen amerikanischen Haushalten und in Tausenden von amerikanischen Krankenhäusern wie Bonbons eingenommen. In einigen Großstädten des Mittleren Westens machen sie ein Fünftel aller verordneten Drogen aus.

Stimulantien sind fast ebenso leicht verfügbar. Amphetamine (Benzedrine) und eine Anzahl anderer Energetika sind im Handel erhältlich. Im Übermaß können sie allerdings zu Schwächezuständen, Zittern oder gar zu Süchtigkeit führen. In Japan, wo Beweise großer physischer und psychischer Energie und Schwungkraft sich außerordentlicher Achtung erfreuen, soll es mehrere hunderttausend Amphetamin-Süchtige geben. Eine neuere Art von Stimulans, Iproniazid, ein Mittel gegen Depressionen, wirkt nur sehr langsam (nach zwei Wochen ungefähr). Bei vielen ruft es aber ein allgemeines Gefühl von Wohlbehagen und Energie hervor.

»Visionserzeuger« werden in Dutzende von amerikanischen Universitäten eingeschmuggelt und eingeführt. Studenten und manche Professoren haben sie aus Sensationslust, aber auch zum Zwecke ernsthafter Experimente eingenommen. LSD-25 und Psilocybin sind die beiden stärksten Halluzinogene, die »den Geist befreien« und eine psychotomimetische Wirkung hervorrufen. Eine farbenprächtige Welt eröffnet sich denjenigen, die diese Drogen an sich ausprobieren. Alles wird lebendiger. Der Geist schwingt sich zu den Gefilden der Phantasie empor und erlebt mystische Erfahrungen. Die Zeitschrift *»Religious Education«* brachte im Sommer 1963 einen Bericht des Psychologen Timothy Leary und Walter Houston Clark von der Andover Newton Theological School über die Reaktionen einiger Theologen, die die Wirkung von Psilocybin an sich erprobt hatten. Viele dieser Theologen berichteten, daß ihre »geistige Empfindungskraft ... sich erweitert habe. Früher bedeutungslose oder blaße Bibelstellen oder religiöse Ausdrücke hätten plötzlich einen lebendigen Sinn bekommen«.

Dr. Leary spricht von »bewußtseinerweiternden« Drogen. Er behauptet, daß sie »das Ego befreien ... und den Geist. Frei wird etwas, von dem die westliche Kultur wenig Ahnung hat. Der freie, ungebundene Geist. Das keinem Einfluß unterworfene Gehirn, aufnahmefähig und aufgeschlossen für weite Bereiche.«

Er behauptet, daß es weder physische noch psychologische »Unfälle« unter den mehr als 400 Freiwilligen gegeben hätte, die die Drogen unter ärztlicher Aufsicht eingenommen haben. Eine Anzahl medizinischer Autoritäten äußerten eine in düstereren Farben gehaltene Prognose eines wahllosen und übermäßigen Gebrauchs dieser Drogen, besonders durch latent psychisch Kranke. Dr. Leary und sein Mitarbeiter Dr. Richard Alpert erhielten ihren Abschied von der Harvard-Universität, weil man der Ansicht war, sie wären im Übermaß ihrer Begeisterung mit ihren Experimenten übers Ziel hinausgeschossen.

Diese Gruppe rief kurze Zeit später von Cambridge aus die *»Psychedelic Review«* ins Leben und errichtete ein »Educational Center« in Los Angeles. Dr. Leary ließ mich wissen, daß seine Gruppe die Absicht hätte, sich als Förderer eines Forschungsvorhabens der Regierung zu qualifizieren. (Der einzige Weg, um an LSD und Psilocybin heranzukommen.) Er fügte hinzu, daß Meskalin und Purpurwindensamen, die üblicheren Bewußtseinserweiterungsmittel, nicht unter so scharfer staatlicher Kontrolle stünden. Inzwischen haben Leary und Alpert den Sitz ihres Forschungszentrums von Cambridge auf ein Grundstück bei Millbrook im Staate New York verlegt und widmen sich der Berichterstattung über ihre Forschungsergebnisse während sie auf die Genehmigung zur Weiterführung ihrer Studien warten.

Drogen zur Steigerung der Beeinflußbarkeit sind allem Anschein nach auch erhältlich. Skopolamin, Sodium Amytal und Pentothal haben offenbar einige Wirksamkeit auf diesem Gebiet aufzuweisen. Diese Mittel sind angeblich als sogenannte »Wahrheitsseren« in einigen Ländern von Polizei und Militär verwendet worden, um Informationen oder Geständnisse zu erzwingen. In vielen Fällen machen sie den Menschen offenbar gesprächiger; zugleich lassen sie die Menschen jedoch desorientiert werden, so daß die erhaltenen Informationen teilweise der Einbildung entsprungen sind. In seinem Buch *»Police Drugs«* verurteilt Jean Rolin die Anwendung derartiger Mittel aus moralischen Gründen und wegen der fehlenden Zuverlässigkeit. Er nennt ihre Anwendung das moralische Gegenstück zur Folter.

Sie scheinen wirksamer, um Geständnisse zu erzwingen. Huxley stellt fest, daß Pentothal die Wirkung haben könne, einem Verdächtigen bei der Befragung Geständnisse zu suggerieren.

Es wird ferner vermutet, daß Skopolamin in einigen der berühmten Fälle von »Gehirnwäschen« angewandt worden ist, um den Betreffenden, während er sich im Dämmerschlaf befand, für bestimmte Ideen ungewöhnlich aufnahmefähig zu machen. Wie die Wirksamkeit der Drogen zur Steigerung der Beeinflußbarkeit gegenwärtig auch immer sein mag, es scheint praktisch unvermeidbar, daß die Mittel, die diesem Verwendungszweck dienen, in den kommenden Jahren noch verbessert und vervollkommnet werden.

Nahezu alle Drogen und Verfahren des elektrischen und elektrochemischen Reizes des Gehirns, die wir hier untersucht haben, sind für wertvolle medizinische Zwecke entwickelt worden. Sie befreien von Ängsten und Depressionen, und haben schöne Erfolge gezeitigt in der Besserung oder Heilung der beklagenswerten, geistig verwirrten Menschen.

Unglücklicherweise haben viele dieser Mittel bei übermäßigem Gebrauch die Möglichkeit, beklagenswert in die inneren Bezirke des Menschen und auf die Willensfreiheit des einzelnen einzuwirken und die Einheit der Persönlichkeit des Individuums zu zerstören.

Was wird aber aus unserer Gesellschaft werden, wenn sie in zwanzig Jahren, also 1984, unter die Herrschaft politischer Führer geraten sollte, die sich begeistert auf die Pläne der Manipulation des Verhaltens stürzen, wie sie von manchen Sozialwissenschaftlern vorgebracht werden? Es ist durchaus denkbar, daß solche Führer eines Tages sagen: »Gebt uns euere Kinder eine Zeitlang in Obhut«, und diese dann in Spezialkinderheime zur »Vorbereitung auf das Leben« bringen. Die in Yale angestellten Versuche, das menschliche Verhalten durch elektrische oder chemische Reize zu modifizieren, lassen vermuten, daß die Veränderungen im menschlichen Verhalten von Dauer sind, wenn das Gehirn des Menschen mehrfach derartigen Reizen ausgesetzt gewesen ist. Kurz, das abgewandelte Persönlichkeitsmodell der Kinder – wie die politischen Führer es für wünschenswert halten mögen – könnte durchaus nach Verwirklichung schreien.

Oder nehmen wir einmal an, daß in zwanzig Jahren jeder Mensch ein Tablettenkästchen mit einem Vorrat an Beruhigungsmitteln, Energetika und »Visionserzeugern« bei sich trägt. Nehmen wir weiter an, daß er an seinem Gürtel eine elektronische Druckknopfanlage zur Aktivierung von augenblicklich spürbarem Glücksempfinden oder sexueller Erregung mit sich führt. Werden solche Menschen eine in sich gefestigte, interessante Gesellschaft abgeben? Viele der ausgeprägtesten Persönlichkeiten unserer Welt, die einfallsreichsten Politiker sowie die schöpferischsten Menschen waren angstbesessene Neurotiker. Würde die Welt nicht eintöniger sein, wenn sie fehlten?

Als Dr. Glenn T. Seaborg, der Vorsitzende der Atomkommission der Vereinigten Staaten, vor einigen Monaten aufgefordert wurde, die fünfzehn revolutionierendsten Erfindungen aufzuzählen, die er von der kommenden Generation erwartet, war eine der von ihm vorausgesagten Veränderungen diese: »Pharmazeutika, die die menschliche Persönlichkeit auf jeder gewünschten Ebene verändern und zu erhalten vermögen.« Er fügte hinzu: »Es könnte ... notwendig werden, neue gesetzliche und moralische Ordnungen zu schaffen, um eine Kontrolle über diejenigen auszuüben, die den Gebrauch solcher Mittel verschreiben.«

Noch unheimlicher als die Druckknöpfe und Tablettenschachteln des einzelnen Menschen sind die Möglichkeiten einer Massenanwendung von verhaltensändernden Mitteln. Vielleicht sollten wir wirklich nicht bereit sein, für unsere Tagesration »Soma« Schlange zu stehen, wie Huxley es sich vorstellt! Es ist jedoch heute ohne weiteres denkbar, daß stark wirkende, das Verhalten modifizierende Chemikalien dem Speisesalz zugesetzt werden, ohne das wir ja nicht leben können, oder dem Wasser, das wir trinken, oder der Luft, die wir atmen müssen. Einen ersten Schritt auf dem Wege zur medizinischen Zwangsbehandlung sehen manche in den Regierungsbeschlüssen über den Zusatz von Fluor zu unserem Trinkwasser. Die aus früheren Jahren noch erinnerliche Versetzung des Wassers mit Chlor diente lediglich der Reinhaltung des Wassers, aber der Zusatz von Fluor bringt in den betreffenden Gegenden über das Trinkwasser eine tatsächliche medizinische Behandlung mit sich. Ein Arzt äußerte sich dazu folgendermaßen: »Es wird dem Menschen gar keine andere Wahl bleiben, als das zu schlucken, was der Staat ihm anbietet.«

Sprecher der Armee haben angedeutet, daß die Armee Aerosole versprühen könnte, die in der Lage sind, in Kriegszeiten das Denken der Menschen zu steuern. Wird das Mittel nach Vorschrift angewandt, so kann der Nebel beim Gegner offenbar Mutlosigkeit erzeugen. Es erscheint durchaus gerechtfertigt, sich die Frage vorzulegen, ob das Militär sich womöglich auch schon für Chemikalien oder andere Mittel interessiert hat, mit deren Hilfe den eigenen Truppen ein draufgängerischer Kampfgeist einzuflößen ist, wie es Dr. Delgado bei seinen Experimenten mit Affen fertiggebracht hat. Es dürfte hierbei nicht uninteressant sein, daß das Marineforschungsamt angeblich die finanzielle Förderung eines großen Teils der von Dr. Delgado und anderen Wissenschaftlern an der Yale-Universität durchgeführten Forschungsaufgaben übernommen hat.

Und wer garantiert uns, daß in zwanzig Jahren eine Regierung nicht in Friedenszeiten versucht sein könnte, zur Anwendung von starken psychochemischen Mitteln zu greifen, um wenigstens in gewissem Maße das Denken oder die Stimmungen des eigenen Volkes zu lenken? Die erste versuchsweise Anwendung derartiger psychochemischer Mittel würde vermutlich in einer Zeit gewaltiger Umwälzungen im Innern des Landes, einer Zeit gegenseitiger Beschuldigungen und allgemein verbreiteter Ratlosigkeit erfolgen, um die Demokratie retten zu helfen. Zu Beginn des Jahres 1962 brachte das *»Bulletin of Atomic Scientists«* einen Artikel von Dr. James Lieberman vom James Jackson Putnam Children's Center in Boston, der sich mit einer solchen Möglichkeit auseinandersetzte. Er schilderte in düsteren Farben, daß die Regierung sehr wohl versucht sein könnte, psychochemische Mittel als Werkzeuge des Zwanges und der Kontrolle zu benutzen. Er fügte hinzu: »Unter solchen Umständen könnte eine Regierung nach außen hin die prächtigsten Gesetze politischer Freiheit aufrecht erhalten, während sie den tatsächlichen Ausdruck der Freiheit des einzelnen unmerklich mehr und mehr auslöscht.« Damit stünden wir unmittelbar vor dem äußersten noch vorstellbaren Schrecken.

17. Die »Bill of Rights« ist bedroht

»Heute, wie kaum jemals zuvor, kommt ein Fall nach dem anderen vor Gericht, in dem der einzelne darum kämpft, daß seine Ansprüche gegen die Kräfte der Regierung, des Bundes und der Bundesstaaten verteidigt werden.«

Richter William Brennan, Jr.

In der Präambel der Verfassung der Vereinigten Staaten heißt es: »Wir, das Volk der Vereinigten Staaten, in der Absicht, unseren Bund zu vervollkommnen, die Gerechtigkeit zu verwirklichen, die Ruhe im Innern zu sichern, für die Landesverteidigung zu sorgen, das allgemeine Wohl zu fördern *und das Glück der Freiheit uns selbst und unseren Nachkommen zu bewahren*, setzen diese Verfassung für die Vereinigten Staaten in Kraft.« (Hervorhebungen vom Verfasser.) In ihrer ursprünglich angenommenen Form enthielt die Verfassung eine Anzahl von Zusicherungen, die »das Glück der Freiheit bewahren« sollten. Sie schlossen beispielsweise das Recht ein auf unverzügliche Verhandlung vor einer Behörde, Schutz vor rückwirkend in Kraft gesetzten Bestimmungen und das Recht auf freie Religionsausübung. Aber etliche Gründer der Nation – besonders James Madison – befürchteten, daß das »Glück der Freiheit« nicht hinreichend gesichert worden sei. Also begannen sie mit der Ausarbeitung der Zusatzartikel zur Verfassung. Besondere Garantien wurden entworfen, damit die Regierung nicht ungerechtfertigt in die privaten Bereiche des Staatsbürgers eindringen konnte. Die ersten zehn Zusatzartikel, wie sie von Madison entworfen und anschließend angenommen wurden, sind in der Folge unter der Bezeichnung »Bill of Rights« allgemein bekannt geworden.

Heute werden durch die Angriffe neuer Techniken, ständig zunehmender Überwachung immer weitere Bereiche erfassender bürokratischer Kontrollen und der anderen Kräfte, die wir untersucht haben, die in der »Bill of Rights« niedergelegten Garantien nicht nur verwässert, sondern auch oft ignoriert. Die düstersten Äußerungen zu den heutigen Angriffen auf die »Bill of Rights« enthalten die Vorlesungen über James Madison, die vier der konsequentesten Vertreter der menschlichen Freiheit am Obersten Gerichtshof – nämlich Hauptrichter Warren und die Richter Black, Brennan und Douglas – an der New Yorker Universität gehalten haben [1].

Richter Douglas bemerkte zum Beispiel: »Die Zäune wurden niedergerissen... Die ›Bill of Rights‹ – mitsamt dem juristischen Glanz, den sie erworben hat, ist im Ganzen nicht mehr geeignet, das Individuum gegen die überhandnehmende Bürokratie zu schützen.«
Das Niederreißen jener Zäune, die die Freiheit des einzelnen schützen sollten, geschieht vielfach im Namen der Ordnung oder des »Gleichgewichts«. Anstatt die Zusatzartikel als Verpflichtung aufzufassen, sprachen Richter immer häufiger davon, sie gegen das Sicherheitsbedürfnis oder gegen die Notwendigkeit der Verbrechensbekämpfung aufzuwiegen. Hauptrichter Earl Warren kommentierte diesen Hang, soziale Rechte gegen individuelle Rechte aufzuwiegen, mit den Worten: »Legislativ- oder Exekutivmaßnahmen, die im Namen der Sicherheit die Rechte unserer Staatsbürger untergraben, können nicht – etwa nach dem Motto ›Mehrheit siegt‹ – das öffentliche Interesse gegen das Interesse des Individuums aufwiegen.«
Hauptrichter Warren zweifelte auch daran, daß die »Bill of Rights« heute angenommen würde, wenn sie dem Kongreß vorgelegt würde. Und es ist auch keinesfalls sicher, daß die Allgemeinheit die Ratifizierung dieser Rechte unterstützen würde, oder überhaupt wissen würde, was sie bedeuteten. Richter Douglas bezweifelte in seinen Vorlesungen, daß die meisten Schulleitungen oder Schulpflegschaften bei einer Prüfung über die »Bill of Rights« einigermaßen gut abschneiden würden.
Die Bedeutung der uns gewährten »Segnungen der Freiheit« wird wahrscheinlich an unseren Schulen gelehrt, aber es ist fraglich, ob dies immer in wirksamer Weise geschieht. Bei der in ganz Amerika im Jahre 1960 von der Purdue Opinion Panel durchgeführten Befragung über die Einstellung der Highschoolstudenten zu den staatsbürgerlichen Freiheiten traf man auf den weitverbreiteten Hang, einige der Rechte des einzelnen zu beschneiden.[2] Der Bericht über die Umfrage ergab zum Beispiel: Die Jugendlichen von heute stimmen deutlich einer Zensur zu. Hier sind vier bezeichnende Antworten:
– 41 Prozent stimmten zu – oder »würden wahrscheinlich« der Feststellung zustimmen: »Den Leuten, die maßlose Ideen vertreten und den gesunden Menschenverstand nicht gebrauchen, sollte das Wahlrecht aberkannt werden.«
– Ein Drittel aller Befragten war mit dem Vorschlag einverstanden: »In einigen Fällen sollte der Polizei auch ohne Vollmacht erlaubt sein, Durchsuchungen von Personen oder deren Wohnungen vorzunehmen.«
– Zwei Drittel hatten »keine Meinung« oder stimmten der folgenden Feststellung zu: »Die Polizei oder Beamte des FBI können

gelegentlich das Recht haben, den ›dritten Grad‹ anzuwenden, um jemanden zum Sprechen zu bringen.«

– Zwei Drittel äußerten sich zustimmend oder hatten keine Meinung zu der Aussage: »Manche Petitionen, die eingebracht wurden, hätten von der Regierung verboten werden müssen.«

Es ist auch fraglich, ob eine weitere Ausbildung bemerkenswerten Zuwachs an Verständnis für den Auftrag oder Glauben an den Auftrag der »Bill of Rights« bringt. Tatsächlich mag es eher einen Rückschritt geben. Der Staatsanwalt Edward Bennett Williams berichtet von einer Umfrage unter Studenten einer großen Universität im Mittleren Westen, die politische Wissenschaften zum Hauptfach gewählt haben. Die wichtigsten Grundsätze der »Bill of Rights« wurden ihnen als feststehende Tatsachen in modernen Ausdrücken vorgelesen. Die Studenten wurden aufgefordert, zu sagen, ob sie an die in diesen Sätzen zum Ausdruck gebrachten Grundsätze glaubten. Williams berichtet: »Sehr zum Erstaunen und zum Ärger der Professoren gab ungefähr die Hälfte der befragten Studenten an, nicht an das Recht aller Amerikaner zu friedlicher Versammlung zu glauben. Sie glaubten auch nicht an das jedem Angeklagten zustehende Recht, seinem Ankläger gegenübergestellt zu werden und ihn einem Kreuzverhör zu unterziehen. Und sie glaubten ebensowenig an das Recht, keine Aussagen gegen sich selbst machen zu müssen.« [3] Trotzdem, so setzte Mr. Williams hinzu, habe jeder der Studenten behauptet, er glaube an die »Bill of Rights«.

Wir wollen jetzt die imponierenden Garantien der »Bill of Rights« untersuchen, die dazu bestimmt sind, die privaten Lebensbereiche des einzelnen Bürgers zu schützen und die in den letzten Jahren höchst offenkundig mißachtet oder untergraben wurden. Diese sind: Der Erste, Fünfte, Sechste und – ganz besonders – der Vierte Zusatzartikel zur Verfassung. Wie steht es nun heute mit ihrer Befolgung und Erfüllung? Und welche Maßnahmen scheinen im einzelnen notwendig, um diese Rechte als lebenswichtige, schützende Kräfte in unserer modernen Gesellschaft zu bewahren?

Der Erste Zusatzartikel

Der Kongreß darf kein Gesetz erlassen, das die Einführung einer Staatsreligion zum Gegenstand hat, die freie Religionsausübung verbietet, die Rede- und Pressefreiheit oder das Recht des Volkes einschränkt, sich friedlich zu versammeln und die Regierung durch Petition um Abstellung von Mißständen zu ersuchen.

Richter Brennan stellte unlängst fest, daß das Recht auf Eigenleben »nur geringe Bedeutung hat, wenn es beschränkt bleibt auf die einsamen Gedanken des einzelnen und so die Verschwiegenheit begünstigt. Es muß vielmehr ein Konzept der Freiheit der Meinungsäußerung mit einschließen, wie es das in der Geschichte auch tat«. Um sich ungehindert zu äußern, bedarf es der Freiheit der Rede. Der Erste Zusatzartikel besagt ausdrücklich, daß die Redefreiheit der Bürger nicht beschränkt werden darf. Doch wie oft ist das schon geschehen!

Wir haben eine Beschränkung des Rechtes auf freie Meinungsäußerung bis zur Bedrohung der Existenz, bis auf Leben und Tod, erlebt. Dies galt für viele, die in den letzten zehn Jahren Meinungen zu vertreten suchten, die in der Gegend, in der sie lebten, als unpopulär galten. Wir haben eine derartige Beschränkung in Hunderten von Fällen erlebt, in denen Staatsbürger zu Prüfungseiden gezwungen wurden, wenn sie ihre Stellung behalten wollten. Richter Douglas führte aus: »Der Erste Zusatzartikel gebietet vor allem, daß die Regierung kein Gesetz erlassen darf, das die Bestrafung des Staatsbürgers wegen seines Glaubens, seines Gewissens oder seiner Äußerungen fordert. Die Anordnung von Loyalitätserklärungen, die einen Bürger wegen seiner Reden oder seiner Ansichten verstößt, tut aber genau das.« [4]

Der Geist des Ersten Zusatzartikels sollte den Kongreß zweifellos davon abhalten, Ansichten und Verbindungen eines Staatsbürgers zu überprüfen. Wir haben jedoch in den letzten Jahren eine Unmasse von Überprüfungen erlebt.

Darüber hinaus hat sich die Mehrheit des Obersten Gerichts hartnäckig geweigert, tätig zu werden, um solchen Überprüfungen durch Kongreßausschüsse Einhalt zu gebieten –, vorausgesetzt, daß die Fragen »zur Sache gehörig« sind. 1959 entschied das Gericht im Barenblatt-Fall, der einen Collegedozenten betraf, daß die zwingende Notwendigkeit nationaler Sicherheit zu gewissen Zeiten Vorrang haben müsse vor den Garantien des Ersten Zusatzartikels auf Rede- und Versammlungsfreiheit, so daß Vernehmungen durch den Kongreß in dieser Frage weitreichende Macht haben [5].

Eine Reihe von Fällen, die vor Gericht verhandelt wurden, betrafen Menschen, die wegen Mißachtung des Kongresses belangt wurden, da sie sich geweigert hatten, politische Fragen zu beantworten. Das House Un-American Activities Committee stellte in Erfüllung seines Auftrages, den undefinierbaren Faktor »amerikafeindliche Propaganda« zu ermitteln, oft das Recht der Amerikaner auf freie Meinungsäußerung in Frage.

Im Jahre 1961 wurde dann ein besonders eklatanter Fall von inquisitorischer Macht des Kongresses zur Überprüfung persönlicher Auffassungen und Verbindungen dem Gericht zur Revision überwiesen. Ein Mann namens Wilkinson war wegen Mißachtung des Kongresses verurteilt worden, weil er sich geweigert hatte, vor dem House Un-American Activities Committee Fragen über seine Person zu beantworten[6]. Was den Fall offensichtlich so scheußlich werden ließ, war die Tatsache, daß Wilkinson erst dann unter Strafandrohung vorgeladen worden war, als es dem HUAC-Ausschuß bereits zu Ohren gekommen war, daß Wilkinson sich nach Atlanta begeben hatte, um dort von seinem Recht auf freie Meinungsäußerung Gebrauch zu machen. Er hatte die öffentliche Meinung dahingehend zu beeinflussen versucht, daß der Kongreß die Vernehmungen durch den Ausschuß in jener Stadt unterbinden solle. Der HUAC-Ausschuß scheint seine Macht dazu gebraucht zu haben, einen Kritiker mundtot zu machen. Doch in diesem Fall bestätigte das Oberste Gericht mit 5:4 Stimmen Wilkinsons Verurteilung. Die American Civil Liberties Union, die es übernommen hatte, durch einen Rechtsbeistand aus den eigenen Reihen für Wilkinsons Verteidigung zu sorgen, kommentierte: »Der praktische Effekt des Mehrheitsbeschlusses ist es, alle Kritiker zum Schweigen zu bringen, die nicht bereit sind, über ihre Motive Rechenschaft abzulegen.«

Noch schärfer lautete die Kritik von Richter Black. Er sagte: »Meines Erachtens dürfte Klarheit darüber herrschen, daß es in diesem Fall um nicht mehr und nicht weniger geht, als um einen Versuch des House Un-American Activities Committee, die Macht des Abgeordnetenhauses, jemanden wegen Mißachtung zu belangen, als Waffe gegen diejenigen zu benutzen, die es wagen, Kritik an ihm zu üben.«

Auch andere Bestimmungen des Ersten Zusatzartikels sind im Laufe der letzten Jahre eingeschränkt worden. Wir erlebten Beschränkungen der Versammlungsfreiheit dadurch, daß von vielen Menschen verlangt wurde, sie müßten Erklärungen unterschreiben, in denen alle Vereinigungen aufzuführen waren, denen sie angehörten.

Und es hat ferner Beschränkungen des Rechts gegeben, die Regierung durch Petition um Abstellung von Mißständen zu ersuchen, wie zum Beispiel im Fall der schändlichen Behandlung der Professoren des State University College of Education in Brockport im Staate New York durch Polizeibeamte des Staates. Ihr einziges Verbrechen bestand darin, daß sie versuchten, sich mit einer Eingabe an die Regierung zu wenden.

Der Vierte Zusatzartikel

Das Recht des Volkes auf Sicherheit der Person und der Wohnung, der Urkunden und des Eigentums vor willkürlicher Durchsuchung, Verhaftung und Beschlagnahme darf nicht verletzt werden, und Haussuchungs- und Haftbefehle dürfen nur bei Vorliegen eines eidlich oder eidesstattlich erhärteten Rechtsgrundes ausgestellt werden und müssen die zu durchsuchende Örtlichkeit und die in Gewahrsam zu nehmenden Personen oder Gegenstände genau bezeichnen.

Von allen Zusicherungen der »Bill of Rights« befassen sich die in diesem Zusatzartikel verbrieften Garantien am unmittelbarsten und im wesentlichsten mit dem Recht des einzelnen auf privates Eigenleben. Und von allen Garantien der »Bill of Rights« werden diese am häufigsten verletzt.
Wir hörten von hunderttausenden Bürgern, die willkürlich »auf Verdacht« verhaftet werden... Wir sahen die wachsende Welle willkürlicher Haussuchungen ohne ordnungsmäßig ausgefertigte Durchsuchungsbefehle durch Verwaltungsbeamte... Wir lasen von tausenden willkürlichen Beschlagnahmen von Briefschaften durch die »Postkontrolle«... Und wir erfuhren von der Unmenge ungerechtfertigter Durchsuchungsfälle von Häusern und Grundstücken ohne Befugnis mit Hilfe moderner elektronischer Überwachungsvorrichtungen. Richter Douglas hat einmal gesagt, das Leitungsanzapfen sei »noch viel schlimmer als das Durchstöbern von Schreibtischen und Schränken«. Und das heimliche Benutzen von Mikrophonen ist ein noch gewaltsameres Eindringen in den privaten Bereich eines Menschen als das Anzapfen einer Leitung.
Wir wollen nun untersuchen, wie es heute um entscheidende Gesetze und Entscheidungen in bezug auf unzulässige Durchsuchungen und Beschlagnahmen steht. Vielleicht erleichtert es unsere Untersuchung, wenn wir die drei verschiedenen Arten von Durchsuchung und Beschlagnahme, mit denen am meisten Mißbrauch getrieben wurde, gesondert betrachten.

1. Durchsuchungen und Beschlagnahmen durch persönlich in Erscheinung tretende Vertreter des Staates und andere Personen.

Wir sprechen hier von Durchsuchungen, die »in persona«, und nicht etwa mit Hilfe verborgener elektronischer Vorrichtungen vorgenommen werden.
Die Frage, wer das Recht hat, ohne Erlaubnis Privaträume zu be-

treten und zu durchsuchen, ist schon lange ein Problem. Und wie nur irgendeines, löste gerade dieses Problem die Amerikanische Revolution aus.

In den Tagen der Kolonialherrschaft lebten die amerikanischen Siedler unter den Gesetzen Englands. Das Recht der Regierung, Wohnungen und andere private Räumlichkeiten zu durchsuchen, war in England wie in den Kolonien in den Jahren unmittelbar vor der Amerikanischen Revolution ein brennendes Problem. In England ging es in den großen Auseinandersetzungen um das Recht der Beamten der Krone auf Ausstellung »allgemeiner Vollziehungsbefehle«, die oft dem Zweck dienten, Kritiker ausfindig zu machen und zum Schweigen zu bringen. Mit einem solchen »allgemeinen Vollziehungsbefehl« ausgerüstet, konnten die Beamten im gesamten Britischen Kronreiche jeden durchsuchen und verhaften – mitsamt seinen Papieren –, der ihrer Meinung nach etwas mit einer bestimmten Straftat zu tun hatte. Im Jahre 1762 fahndeten königliche Beamte in England nach dem unbekannten Verfasser eines besonders kritischen Pamphlets. Dazu stellten sie ihren Beauftragten »allgemeine Vollziehungsbefehle« aus. 49 Personen wurden verhaftet, unter ihnen auch der wirkliche Verfasser John Wilkes. Dabei wurden auch eine Menge seiner nicht inventarisierten Papiere beschlagnahmt, inklusive seines Testaments. Er erhob Einspruch gegen den Vollziehungsbefehl und wurde dabei von Hauptrichter Pratt, dem späteren Lord Camden, unterstützt. Dieser stellte fest:

»Kraft eines namenlosen Vollziehungsbefehls sich den Zutritt zum Hause eines Menschen zu verschaffen, um Beweismaterial zu beschaffen, ist schlimmer als die Spanische Inquisition, unter der kein Engländer auch nur eine Stunde zu leben wünschte.«

In den Kolonien gaben die gerichtlichen Hausdurchsuchungsbefehle den Hauptgrund zur Klage. Sie wurden ursprünglich benutzt, um nach den hinter dem Rücken der Zollbeamten ins Land geschmuggelten Waren zu suchen. Diese Hausdurchsuchungsbefehle ermächtigten zwar nicht dazu, Verhaftungen vorzunehmen. Sie boten jedoch fast noch weiterreichende Möglichkeiten herumzuschnüffeln als die »allgemeinen Vollziehungsbefehle«. Die königlichen Beamten erhielten dadurch die Erlaubnis, überall und jederzeit, solange der König lebte, nach Konterbande zu suchen. Nach dem Tode von Georg II. erbaten Kaufleute aus Boston eine Verhandlung gegen die Ausstellung neuer Hausdurchsuchungsbefehle. James Otis stellte im Auftrag der Kaufleute im Jahre 1792 den Antrag, verlor den Fall aber. Dazu bemerkte John Adams später: »... Die Ansprache von Mr. Otis gegen die gerichtlichen Hausdurchsuchungsbefehle hauchte

dieser Nation den Odem des Lebens ein... In jenem Augenblick und an jenem Ort wurde das Kind ›Unabhängigkeit‹ geboren.«
Die Hausdurchsuchungsbefehle und allgemeinen Vollziehungsbefehle beherrschten das Denken der Bürger jener neuen Nation, als sie – nach Erlangung ihrer Unabhängigkeit – den Vierten Zusatzartikel annahmen. Wie wir wissen, stellt dieser Zusatzartikel die Forderung auf, daß jede Art von Vollziehungsbefehl nur dann ausgestellt werden darf, wenn ein »ausreichender Verdachtsgrund« vorliegt und in diesem Befehl die Örtlichkeit und die Personen oder Dinge, die durchsucht bzw. beschlagnahmt werden sollen, genau bezeichnet sind.
In den letzten zwei Jahrzehnten hat das Oberste Bundesgericht der USA verschiedene bezeichnende Fälle einer Verwässerung dieses Zusatzartikels zugelassen.
Im Jahre 1947 gab es (mit einer knappen 5:4-Stimmenmehrheit) seine Zustimmung zu Haussuchungen, die ohne Durchsuchungsbefehl vorgenommen wurden, wenn sie ein »Nebenumstand« einer rechtmäßigen Verhaftung waren [7]. Richter Frank Murphy wandte sich gegen diese Entscheidung und bemerkte, diese Ausnahme würde zur Folge haben, daß »ein Haftbefehl einem allgemeinen Vollziehungsbefehl oder einem Hausdurchsuchungsbefehl gleichkäme«.
In den letzten Jahren gipfelte der Streit in Fällen, in denen es um Durchsuchungen der Polizei ging, in der Frage, ob Beweismaterial, das unter Mißachtung des Vierten Zusatzartikels beschafft wurde, vom Gericht zugelassen werden dürfe. Von dem liberaleren Standpunkt des Jahres 1914, der die Verwendung solchen Beweismaterials an Bundesgerichten nicht erlaubte [8], nahm der Gerichtshof im Jahre 1949 eine nachgebendere Haltung ein; solches Beweismaterial war fortan bei Gerichten der Staaten zuzulassen, die eine solche Beweisführung nicht ausschlossen [9]. Es folgten so viele schändliche Ungerechtigkeiten, daß das Gericht 1961 entschied, seine 1949 erlassenen Bestimmungen als Irrtum zu deklarieren und unrechtmäßig beschlagnahmtes Beweismaterial vor den Gerichten des Bundes und der Staaten für ungesetzlich zu erklären [10].
Das Oberste Bundesgericht der USA bot dem Bürger allerdings in Sachen administrativer Durchsuchungen erheblich weniger Schutz. Diese betreffen die Rechte des gewöhnlichen Bürgers, der sich einer Vielzahl von Verwaltungsinspektoren gegenübersieht, von denen es seit Beginn der Verstädterung immer mehr gibt. Der Zug der Zeit richtet sich deutlich gegen den einzelnen Hausbesitzer und unterstützt die Verwaltungsbeamten des Staates.
Noch beunruhigender ist das Grundprinzip, aufgrund dessen be-

hauptet wird, der Vierte Zusatzartikel bedeute weniger, wenn er zum Schutze des Privatlebens eines einzelnen in seiner Wohnung herangezogen wird, als wenn er den einzelnen gegen die Beschaffung belastenden Beweismaterials zu schützen hat. Einige Mitglieder des Obersten Gerichtshofes sehen einen wesensmäßigen Unterschied zwischen zivilen Durchsuchungen und Durchsuchungen bei der Strafverfolgung.

Diese Unterscheidung geht auf Richter Frankfurter zurück, der die Meinung der Mehrheit des Gerichtshofes in einem Fall aussprach, in dem es um die Befugnis eines Beamten der Gesundheitsbehörde von Baltimore ging, ohne Durchsuchungsbefehl und gegen den Willen des Hauseigentümers in ein Haus einzudringen [11]. Der Inspektor des Gesundheitsamtes war auf der Jagd nach Ratten, und offenbar hatte er Grund zur Annahme, daß es in diesem Hause Ratten gäbe. Nach der Theorie der Mehrheit des Gerichtes überwog das Interesse des Staates an der Volksgesundheit die Forderung des Hausbesitzers, daß der eindringende Beamte unbedingt einen Durchsuchungsbefehl vorweisen müsse.

Richter Douglas – dessen Auffassung von Hauptrichter Warren und den Richtern Black und Brennan geteilt wurde – tadelte diese Art der Argumentation mit scharfen Worten. Er wies darauf hin, daß die Geschichte und der Geist des Vierten Zusatzartikels zeigten, daß die private Sphäre des Individuums gegen das Eindringen »übertrieben diensteifriger« Beamter geschützt werden solle; ohne Unterschied, ob die Durchsuchungen Beweise für die Verletzung »zivilrechtlicher« oder »strafrechtlicher« Verordnungen erbringen sollen oder nicht. Es besteht immerhin die Möglichkeit, daß die Gesundheitsinspektoren als vorgeschobene Beobachter der Polizei fungieren und auf die Wohnungen hinweisen, die hinreichenden Grund für eine Polizeirazzia bieten könnten. Derartige Vorkommnisse sind auch tatsächlich aus zwei Großstädten des Mittleren Westens bekanntgeworden, obgleich nicht ersichtlich war, ob man es dabei mit einer organisierten Zusammenarbeit zwischen den Inspektoren der Gesundheitsbehörde und der Polizei zu tun hatte. Wir haben schon früher (Kapitel 9) im Fall der Wohnungsinspektoren in Dayton im Staate Ohio gesehen, daß nicht einmal ein glaubhafter Grund angegeben werden muß, um Zutritt zu einer Wohnung zu verlangen.

Die Mehrzahl der Bürger wird einem Inspektor mit guten Manieren, wenn er sich ausweisen kann, gerne gestatten, die Wohnung zu betreten und auch ohne Befehl zu durchsuchen, wenn sein Auftrag begründet erscheint. Wenn die Gerichte die Notwendigkeit eines Haussuchungsbefehls in den wenigen Fällen aufrecht erhalten wollten, in denen sich Hausbesitzer Durchsuchungen widersetzen, so würde diese bescheidene Anforderung sicherlich Gesundsheits- und Wohnungsbehörden nicht wesentlich behindern. Andererseits würde das den wichtigen verfassungsmäßigen Schutz gegen unerwünschtes Eindringen aufrechterhalten. Richter Douglas wies darauf hin, daß in Großbritannien ein Durchsuchungsbefehl erforderlich sei, wenn der Wohnungsinhaber sich einer Haussuchung widersetzt. Es steht zu hoffen, daß die Gerichte in den kommenden Jahren eine größere Bereitwilligkeit zur Überprüfung ihrer Einstellung zu administrativen Durchsuchungen zeigen mögen.

2. *Durchsuchungen durch Abhören von Telephongesprächen aus dem privaten Bereich des Hauses oder des Grundstückes.*

Der Hauptunterschied zwischen dieser Art und der konventionellen, körperlichen Durchsuchung liegt darin, das sie ihrem Wesen nach heimlich vor sich geht. Das Opfer erfährt nur selten etwas davon. Richter Brandeis kritisierte in seinen Ausführungen zum Olmstead-Fall: »Als Mittel der Spionage sind die gerichtlichen Hausdurchsuchungsbefehle und allgemeinen Vollziehungsbefehle, verglichen mit dem Abhören, nichts als bedeutungslose Werkzeuge der Tyrannei und Unterdrückung.«

Dennoch hat das Oberste Gericht niemals anerkannt, daß das Abhören eine Form unrechtmäßiger Durchsuchung darstellt, die zu den Verboten des Vierten Zusatzartikels gerechnet werden müßte. Die gegenwärtige Rechtslage hinsichtlich des Abhörens in den Vereinigten Staaten wird am besten als wildes Durcheinander gekennzeichnet. Um uns über unsere heutige Situation klar zu werden, sollten wir uns das berühmte und heftig umstrittene Urteil im Olmstead-Prozeß des Jahres 1928 ins Gedächtnis zurückrufen [12].

Ein Mann namens Olmstead war mit fünfzig anderen wegen Zugehörigkeit zu einer Alkohol-Schmugglerbande angeklagt, die von Seattle aus operierte. Der größte Teil des die Bande belastenden Beweismaterials basierte auf Informationen aus dem Abhören von acht Telephonen über eine Zeit von fünf Monaten. Die Regierung produzierte nicht weniger als 775 Schreibmaschinenseiten mit Aufzeichnungen über die abgehörten Gespräche.

Die Frage, mit der sich der Oberste Gerichtshof erstmalig klar auseinanderzusetzen hatte, lautete: »Ist das Abhören von Gesprächen gemäß dem Verbot willkürlicher Durchsuchungen und Beschlagnahmen des Vierten Zusatzartikels verfassungswidrig?« Die Antwort war mit einer Stimme Mehrheit die, daß dies nicht der Fall sei. Hauptrichter William Howard Taft gab als Sprecher der Mehrheit dem Vierten Zusatzartikel eine sehr buchstabengetreue Auslegung. Er stellte die Behauptung auf:

»Der Zusatzartikel verbietet nicht, was hier getan wurde. Es hat keine Durchsuchung und keine Beschlagnahme stattgefunden. Das belastende Beweismaterial wurde mit Hilfe des Gehörs sichergestellt und mit nichts anderem. Es gab kein Betreten der Wohnhäuser oder Diensträume der Angeklagten.«

Vielleicht war es unglücklich, daß in diese erste Überprüfung des Abhörproblems das gefühlsbeladene Prohibitonsgesetz hineinspielte. Die Durchsetzung dieses Gesetzes – und der Wunsch, es funktionieren zu sehen – lag Hauptrichter Taft außerordentlich am Herzen. Henry Pringle, der große Biograph Mr. Tafts, schrieb hierzu: »Manchmal hatte es den Anschein, als gäbe es keine Grenzen, bis zu denen der Hauptrichter nicht ginge und an die er das Gericht nicht heranführen würde, um seiner Entschlossenheit Ausdruck zu verleihen, die Prohibition unter allen Umständen durchzusetzen [13].«

Das Olmstead-Urteil ist niemals aufgehoben worden. Ein Grund mag gewesen sein, daß sich der Kongreß im Jahre 1934 – offenbar rein zufällig – einmischte, um die Anwendung von Paragraph 605 des Federal Communications Act vorzuschreiben. Dieses Gesetz besteht aus rund 20 000 Worten.

Sein umstrittener Paragraph 605 bedeutet, wenn man ihn vollständig liest, ein für die gesamte Nation eindeutig ausgesprochenes Verbot jeder Art des Abhörens. Die Exekutivbehörden, einschließlich des Justizministeriums, haben sich – wie wir bereits gehört haben – entschlossen, ihm durch Verdrehung eine andere, dehnbarere Auslegung zu geben. Und der Paragraph ist nur selten durchgesetzt worden. Interessant ist aber die Tatsache, daß der Paragraph 605 ohne Debatte oder Anträge verabschiedet wurde. Seither hat der Oberste Gerichtshof in der Mehrzahl seiner Urteile, in denen es um die Frage des Abhörens ging, die Rechtsprechung in der Frage des Abhörens nur durch Interpretation des Paragraphen 605 entwickelt, statt auf die weitgehendere verfassungsrechtliche Frage des Vierten Zusatzartikels zurückzugreifen.

Exekutivbeamte, Kongreßabgeordnete und andere Verfechter des Abhörens beziehen sich häufig auf jene »einunddreißig Worte« des Paragraphen 605 als dem Kernstück und dem eigentlichen Sinngehalt des Paragraphen, soweit er das Abhören betrifft. Diese einunddreißig Worte, die Hunderte von Malen zitiert worden sind, lauten:

»... keine Person, die nicht vom Absender dazu ermächtigt ist, darf eine Mitteilung *auffangen und* Existenz, Inhalt, Gehalt, Zweck,

Absicht oder Bedeutung einer solchen abgefangenen Mitteilung unter irgendwelchen Personen *verbreiten* oder veröffentlichen.« (Hervorhebungen vom Verfasser.)
Die Verfechter eines regulierten Abhörens haben sich, wie wir wissen, entschlossen, den Sinn dieser Worte so zu interpretieren, daß von einem Verbrechen erst dann die Rede sein könne, wenn *beides*, Auffangen *und* Verbreitung gegeben seien. Sie vertreten den Standpunkt, daß jeder die Freiheit habe, Gespräche anderer abzuhören, solange er sie nicht weitergibt. Und sie beschlossen unter dem Wort »verbreiten« das öffentliche Verbreiten der abgehörten Mitteilungen zu verstehen (und nicht etwa den Bericht eines von der Regierung beauftragten Abhörers an seinen Vorgesetzten).
Weil auf die oben zitierten »einunddreißig Worte« so viel Nachdruck gelegt wird, wissen nur wenige, daß eine Passage mit fünfundsiebzig Worten folgt, in der es unter anderem heißt: »... und keine Person, die eine aufgefangene Mitteilung erhalten hat, darf dieselbe oder eine darin enthaltene Information zu ihrem eigenen Vorteil oder zum Nutzen irgendeiner nichtbefugten Person *verwenden.«* (Hervorhebung vom Verfasser.)
Wenn die bloße *Verwendung* schon ein Vergehen gegen die Bundesgesetze ist, dann gibt es keine denkbare, gesetzliche Basis für ein Abhören durch Polizei oder private Gruppen.
In den nächsten Jahren, unmittelbar nachdem der Paragraph 605 Gesetzeskraft erlangt hatte, verbot der Oberste Gerichtshof nicht nur bei allen Bundesgerichten Beweismaterial, das durch Abhören beschafft worden war[14], sondern verwarf jede Art von Beweismaterial, das sich auf Informationen gründete, die man durch Abhören erhalten hatte[15]. Dann folgten zwei Rückschläge für die Verfechter der Freiheit des einzelnen. Das Gericht entschied, daß ein Beklagter, der nicht Gesprächspartner eines abgehörten Telephongesprächs war, die Verwendung des Gesprächsinhalts zu Beweiszwecken nicht verhindern könne[16]. Und im Jahre 1952 erkannte es, daß Paragraph 605 nicht die Verbreitung des durch Abhören erlangten Beweismaterials bei staatlichen Gerichten verbiete[17]. Das wirkte auf die Polizei in jenen Staaten, in denen das Abhören nicht verboten war, wie »grünes Licht« für das Abhören.
Im Jahre 1957 nahm das Gericht allerdings einen Standpunkt ein, der die örtlichen Abhörer in ihrer Praxis vorsichtiger werden ließ und sie dazu brachte, das Abhören eher zu verwenden, um Hinweise zu erhalten, als Beweismaterial zur Vorlage bei Gericht zu beschaffen. Im Benanti-Prozeß bestimmte das Gericht, daß Bundesgerichte kein Beweismaterial gelten lassen dürfen, das von Bundesbeamten durch

Abhören von Telephongesprächen beschafft worden wäre [18]. Damit entstand eine Welle von Zweifeln wegen der Rechtmäßigkeit staatlicher Gesetze, die das Abhören sanktionierten.
Im selben Jahr konnte das Gericht jedoch nichts Unrechtes dabei finden, einer dritten Person zu gestatten, über eine Nebenleitung Zuhörer eines Telephongespräches zwischen zwei anderen Personen zu sein [19].
In den letzten drei Jahren hat sich das Gericht in zwei großen Prozessen, in denen das Abhören von Gesprächen auf angezapften Leitungen Gegenstand der Klage war, zu einer großzügigeren Auffassung bekannt [20].
Es klingt wie ein Wunder, daß das Gericht trotz aller Interpretationen des Paragraphen 605 bis auf den heutigen Tag noch niemals zu dem zentralen – und meines Erachtens lächerlichen – Anspruch Stellung genommen hat, wie ihn die Vertreter der Anklage seit mehr als zwanzig Jahren erheben: Daß das Auffangen von Mitteilungen keine strafbare Handlung sei, solange es nicht mit einer »Verbreitung« verbunden ist. Wenn das Hin und Her dieser Entscheidungen bei meinen Lesern ein leichtes Schwindelgefühl zurückgelassen hat, so können sie versichert sein, daß auch eine ganze Reihe von Rechtsanwälten dadurch verwirrt wurde. Die Staatsanwälte des Staates New York wissen zum Beispiel genau, daß sie durch Abhören sichergestelltes Beweismaterial in Prozessen vor staatlichen Gerichten verwenden können, da die Gesetzesvorschriften dieses Staates das Abhören zulassen. Sie sind aber auch gewarnt worden, daß eine Verbreitung derartigen Beweismaterials ein Vergehen gegen die Bundesgesetzgebung ist!
Deshalb haben besonders New Yorker Anwälte und Kongreßmitglieder beim Kongreß durchzudrücken versucht, daß die Exekutivorgane eine klar umrissene Befugnis zum Anzapfen von Telephonleitungen erhalten sollten.
Auch das Justizministerium wurde in wachsendem Maße von den verzwickten Lesarten verwirrt, die es zwanzig Jahre lang der gesetzlichen Auslegung des Paragraphen 605 gegeben hatte. Seit es entschieden hatte, daß die Auslegung von »unterbrechen und verbreiten« das Abhören insofern erlaube, als keine Verbreitung erfolgt, hatte es wenig Möglichkeiten, private Abhörer, die auf der Tat oder bei der Verwendung der erlangten Informationen ertappt wurden, zu verfolgen. Dasselbe galt für die Verfolgung von Exekutivbeamten, die ohne Gerichtsbeschlüsse Leitungen anzapften oder die auf diese Weise gewonnenen Informationen verwendeten. Es ist so, wie Staatsanwalt Edward Bennett Williams im Jahre 1961 dem Senate Sub-

committee on Constitutional Rights (Judiciary) sagte: »Man kann nicht mit der einen Hand abhören und mit der anderen die Abhörer verfolgen.«

In den frühen sechziger Jahren brachten mehrere Kongreßmitglieder Gesetzentwürfe ein, die das offizielle Abhören zulassen und das private Abhören verhindern sollten.

Einige Zeugenaussagen der Beamten der Exekutivbehörden vor dem Senatsunterausschuß gipfelten darin, daß für jeden, der eine Polizeidienstmarke trägt, eine nahezu unbegrenzte Erlaubnis zum Abhören gefordert wurde. Ein Zeuge nach dem anderen sprach zugunsten einer Abhörgenehmigung für die Behörden und verwies auf die Schwierigkeiten, illegale Abhörer wegen der »einunddreißig Worte« des Paragraphen 605 zu verfolgen, die es jedem verbieten, aufzufangen *und* zu verbreiten. Der Kongreßabgeordnete Robert W. Kastenmeier, ein Gegner jeglichen Abhörens, brachte einen Gesetzentwurf ein, der in seiner Einfachheit bestechend war. Er schlug vor, das »und« gegen ein »oder« auszutauschen. Das interessierte die Exekutivbehörden überhaupt nicht.

Im Jahre 1962 endlich trat das Justizministerium mit einem eigenen Gesetzentwurf an die Öffentlichkeit, um dessen Verabschiedung man noch heute mit erneuter Kraft ringt. (1963 wurde er mit S. 1308 bezeichnet.) Es wird beschrieben als ein Gesetz »zur Unterbindung des Abhörens durch Personen, *außer den dazu ordnungsgemäß ermächtigten Beamten der Exekutive,* die mit der Ermittlung oder der Verhinderung besonders zu bezeichnender Straftaten betraut sind oder andere Zwecke verfolgen.« (Hervorhebungen vom Verfasser.)

Das Gesetz sieht vor:

A. Das Justizministerium ist im Rahmen von Ermittlungen zur Aufklärung bestimmter Verbrechen wie Mord, Kindesraub, Aufruhr, Bestechung, Übermittlung von Wettinformationen, Beihilfe zur Ausbreitung organisierten Verbrechertums sowie bei Verstößen gegen die Rauschgiftgesetze zum Abhören berechtigt, sofern eine Verfügung eines Bundesgerichtshofes vorliegt.

B. Der Generalstaatsanwalt kann nach »eigenem Ermessen« das Abhören anordnen, ohne eine gerichtliche Verfügung zu erwirken, in Fällen von Spionage, Sabotage, Landesverrat, aufrührerischer Tätigkeit, subversiver Tätigkeit und unerlaubter Preisgabe atomarer Informationen, wenn er entscheidet, daß es eine »Schädigung des nationalen Interesses« wäre, wenn auf Vorlage gerichtlicher Verfügungen bestanden würde. (Der Ausdruck »subversive Tätigkeit« kann, wie wir bereits sahen, eine Unmenge angenommener Verstöße beinhalten.)

C. Generalstaatsanwälte einzelner Staaten und Staatsanwälte bei Stadtgerichten sind bei Vorliegen eines Gerichtsbeschlusses eines Richters an einem staatlichen Gerichtshof kompetenter Zuständigkeit zum Abhören berechtigt in Fällen von Mord, Kindesraub, Erpressung, Bestechung oder Verstößen gegen die Rauschgiftgesetze.

Es gibt einen offensichtlich strengen Abschnitt, der einen »genauen und vollständigen« Jahresbericht über die Zahl der Anträge auf Verfügungen bei Staats- und Bundesgerichten erfordert. Es ist aber beachtenswert, daß vom Justizministerium nicht verlangt wird anzugeben, wie oft das Abhören auf Grund »eigenen Ermessens« vom Generalstaatsanwalt genehmigt worden ist. Das Gesetz schließt außerdem neuformulierte Auszüge aus Paragraph 605 ein.

In kurzen Worten heißt das also, daß zum ersten Mal in unserer Geschichte das Abhören von Gesprächen durch die staatlichen, städtischen und bundesstaatlichen Polizeibehörden als gesetzlich zulässig anerkannt wird, sofern es in Übereinstimmung mit dem als Gesetzentwurf zur Beratung eingebrachten, neuen Federal Wire Interception Act geschieht. Interessanterweise sind die Polizeibehörden der Städte und Staaten über dieses Gesetz keineswegs besonders glücklich, da es ihnen das Abhören da nicht mehr gestattet, wo sie es am ertragsreichsten fanden: Bei der Aufklärung von verbotenen Glücksspielen und Sittlichkeitsdelikten.

Ferner ergab sich, daß sehr viele Generalstaatsanwälte der Bundesstaaten ihre Bedenken hatten, ob das Abhören sinnvoll sei. Als der Senatsunterausschuß für verfassungsrechtliche Fragen an sie herantrat, um ihre Ansichten dazu zu hören, sprachen sich lediglich 13 Juristen unter 45 Antwortenden zugunsten einer Abhörgenehmigung aus.

Übrigens sind es nur einige wenige Staaten, in denen heute jede Art amtlichen Abhörens für zulässig gilt. Dagegen unterliegt das Abhören in nahezu drei Dutzend Bundesstaaten irgendwelchen – wenn auch manchmal vagen – Einschränkungen. Die übrigen Staaten haben kein entsprechendes Gesetz. Mark Lane, Abgeordneter des Staates New York, in dem das Abhören bei Vorlage einer gerichtlichen Verfügung erlaubt ist, führte vor dem Senatsunterausschuß aus, daß die Bemühungen seines Staates um eine klare Abgrenzung zwischen zulässigem und rechtswidrigem Abhören von Gesprächen weder (1) einen Rückgang des rechtswidrigen Abhörens von Gesprächen durch die Polizei noch (2) ein Unterlassen des Abhörens von Gesprächen durch Privatpersonen ergeben haben.

Das amerikanische Volk sollte es meiner Meinung nach nicht zulassen, daß der Paragraph 605 umgangen wird, solange keine bessere

Garantie für den Schutz der Privatsphäre gegeben ist als durch das Abhörgesetz der Regierung.
Inzwischen könnte und sollte eine Anzahl partieller Rechtsmittel eingesetzt werden, um der Abhörplage Herr zu werden. Zum Beispiel:
– Der Besitz einer Abhörausrüstung sollte in allen Bundesstaaten, die das Abhören verbieten, zum Verbrechen erklärt werden. Kalifornien und New Jersey sind zwei Staaten, die den Besitz einer Ausrüstung bereits zum Verbrechen erklären.
– Privatpersonen, die entdecken, daß sie abgehört werden, sollten gesetzlich berechtigt sein, auf Schadenersatz zu klagen.
– Die Federal Communications Commission sollte sich endlich auf ihre Pflichten besinnen, das amerikanische Fernsprechnetz zu überwachen, um die Unantastbarkeit des Privatlebens des einzelnen zu wahren. Der Kongreßabgeordnete Kastenmeier bemerkte in diesem Zusammenhang: »Uns fehlen ganz einfach die Aufpasser, um auf die Aufpasser aufzupassen.« Er forderte, daß die FCC sich dieser Aufgabe nach Kräften annehmen solle und alle Telephongesellschaften aufgefordert werden müßten, alle Verteiler- und Anschlußkästen unter Verschluß zu halten (da diese häufig als Anzapfstellen benutzt werden). Und die FCC müßte eine strafrechtliche Verfolgung der Angestellten einer Telephongesellschaft zu erreichen suchen, die mit den Abhörern zusammenarbeiten und ihnen die nötigen Informationen vermitteln.
Wie die Dinge stehen, zeigt der FCC-Bericht über die Verfolgung der Abhörtätigkeit eine unglaubliche Pflichtvernachlässigung. Im Jahre 1953 übergab die FCC den ganzen Komplex der Überprüfung von Klagen über Verstöße gegen den Paragraph 605 dem FBI! In dieser Beziehung dürfte jedoch der FBI kaum eine geeignete objektive Aufsichtsbehörde darstellen. Sechs Jahre nach diesem Schritt der FCC berichtete der Generalstaatsanwalt William P. Rogers, der dem FBI die höchste Verantwortlichkeit zuspricht, laut Aussage des Kongreßabgeordneten Kastenmeier: »Es existieren keine Unterlagen darüber, daß die Bundesregierung ... Beamte der örtlichen Exekutivbehörden wegen Abhörens und Verbreitens jemals strafrechtlich verfolgt hätte.«

3. *Die Benutzung von Mikrophonen zum Mithören und zur eventuellen Wiedergabe von Worten einer Person in ihren eigenen, für unantastbar gehaltenen Räumlichkeiten.*

Wenn man ein Telephongespräch führt, weiß man, daß die eigene

Stimme nach draußen dringt. Und man ist sich der damit verbundenen Gefahr, abgehört zu werden, durchaus bewußt. Wenn man dagegen innerhalb seines eigenen Büros oder seiner eigenen Wohnung ein Gespräch führt, sollte man wohl annehmen dürfen, daß man in seinen eigenen vier Wänden wenigstens sicher sei – es sei denn, man habe die Erfahrung gemacht, daß Wände Ohren haben können. Die Benutzung eines Mikrophons ist somit ein weit tiefgreifenderer Einbruch in die persönlichen Bereiche des einzelnen. Dagegen genießt der einzelne in einem solchen Fall weniger Rechtsschutz als gegen das Abhören von Telephongesprächen. Einer der Gründe dafür ist vielleicht, daß es noch keine klare verfassungsrechtliche Möglichkeit einer umfassenden gesetzlichen Regelung gegen das Mithören auf Bundesebene gibt. Die Gesetzgebung auf diesem Gebiet hinkt noch weit hinter den technischen Fortschritten der Lauscher her.

Vom Standpunkt eines Verfechters der Freiheit des einzelnen aus betrachtet, haben die Berichte des Obersten Gerichtshofes bisher etwas Entmutigendes. Das Gericht wurde erstmalig im Goldman-Prozeß des Jahres 1942 mit dem heimlich arbeitenden Mikrophon als Hauptgegenstand der Klage konfrontiert[21]. Sicherheitsbeamte des Bundes verschafften sich auf der Suche nach belastendem Beweismaterial gegen einen Rechtsanwalt Zutritt zu einem Büro neben seiner Praxis und brachten dort ein sogenanntes »Detectaphon« an der Verbindungswand an. Das Gericht entschied, daß man dies nicht als rechtswidrige Durchsuchung bezeichnen könne, die einem Verstoß gegen den Vierten Zusatzartikel gleichzusetzen sei. Einige Beobachter glaubten die Entscheidung des Gerichts damit erklären zu können, daß das Gericht wohl befürchtete, einen Rechtsgrundsatz zu schaffen, der in Kriegszeiten ein Handikap für die Tätigkeit der Spionageabwehr der Regierung darstellen könnte.

Ein Jahrzehnt später (während des Korea-Krieges) sah sich der Oberste Gerichtshof in dem On-Lee-Prozeß mit einem noch erheblich bedeutungsschwereren Einbruch in die Privatsphäre durch Verwendung eines versteckt angebrachten Mikrophons gegenübergestellt. Aber auch diesmal konnte es keine Verletzung des Vierten Zusatzartikels feststellen[22]. Anscheinend kümmerte sich On Lee, der unter Verdacht stand, sich gegen das Rauschgiftgesetz vergangen zu haben, eines Tages gerade um seine Wäscherei in Hoboken im Staate New Jersey, als sein alter Freund und ehemaliger Angestellter Chin Poy auf einen Schwatz hereinkam. Was On Lee jedoch nicht wußte, war, daß sein alter Freund in der Zwischenzeit »Geheimagent« des Narcotics Bureau geworden war und einen kleinen Radiosender bei sich trug. Draußen hörte ein Bundesagent ihre Unterhaltung mit einem Radioempfänger ab und lieferte später dem Gericht Beweise, so daß On Lee verurteilt wurde. Die Mehrheit des Obersten Gerichtshofes verwarf in der Revision des Falles den Gedanken, daß hier von einem Verstoß gegen das Gesetz oder von einem Akt willkürlicher Durchsuchung gesprochen werden könne, da Chin Poy als Gast willkommen geheißen sei. Immerhin war es eine knappe Entscheidung mit 5:4 Stimmen. Einer der Gegner der Entscheidung, Richter Harold H. Burton, trat dafür ein, daß der nach dem Vierten Zusatzartikel eindeutig gewährte Schutz selbstverständlich auch auf nicht greifbare Dinge – beispielsweise auf Unterhaltungen – wie auf widerrechtlich beschlagnahmte dingliche Objekte ausgedehnt werden müsse.

Es sollten jedoch noch weitere neun Jahre verstreichen, bevor die elektronischen Abhörer ihre erste größere Niederlage einstecken mußten. Aber die Umstände waren kaum erfreulich für jene, die auf eine breit angelegte Interpretation des Vierten Zusatzartikels hofften. Ich spreche hier vom Silverman-Prozeß aus dem Jahre 1961, in dem es um ein Nagel-Mikrophon ging[23]. In Washington, D. C., trieben Polizisten ein etwa fußlanges Nagel-Mikrophon in die Brandmauer zwischen zwei Häusern, bis sie auf ein Heizungsrohr stießen, das wie ein riesiger Tonverstärker wirkte. Die Polizeibeamten waren auf der Suche nach Beweismaterial für gesetzlich verbotene Glücksspiele. Da hier ein Fall körperlichen Eindringens vorlag, stellte das Gericht einstimmig fest, daß eine Verletzung des Vierten Zusatzartikels gegeben sei. Doch die begrenzte, auf das körperliche Eindringen begründete Entscheidung wurde in der Erklärung des Richters Potter Stewart besonders betont. »Wir finden keine Gelegenheit, den Goldman-Fall erneut zu überprüfen; aber wir lehnen es auch ab, noch einen Schritt weiterzugehen, und sei es auch nur den Bruchteil eines Zentimeters.«

Die Überbetonung des körperlichen Eindringens schließt völlig die primäre Frage aus, ob die Unterhaltung des Bürgers in seinen privaten Räumen geschützt werden muß. Welchen Unterschied macht es im Hinblick auf das Recht auf Sicherheit aus, ob das Abhörmikrophon an einem Draht vor dem Wohnungsfenster hängt, oder mittels körperlichen Eindringens in eine Wand getrieben wird?

1963 sah sich das Oberste Gericht einem Fall gegenüber, der in gewisser Weise dem On-Lee-Prozeß vergleichbar war, nur mit dem Unterschied, daß sich der Regierungsagent persönlich in die Privatwohnung des Betreffenden begab, wobei er ein Tonbandgerät versteckt bei sich trug, so daß das Mithören nicht klar erkennbar war.

Es handelte sich um den Lopez-Prozeß, in dem die Anklage auf Versuch der Bestechung eines Beamten der Steuerfahndung lautete [24]. Das Tonband stellte tatsächlich die Bestätigung der Unterhaltung durch einen Dritten dar. Mit 6:3 Stimmen entschied das Gericht gegen den Beklagten. Aber die Entscheidung ist in zweifacher Hinsicht bedeutsam:

Es entstand Klarheit, daß eine Mehrheit von fünf Stimmen des Gerichts jetzt bereit zu sein scheint, das im On-Lee-Prozeß ergangene Urteil aufzuheben, wenn sich hierzu eine Gelegenheit bieten würde. Während ich dieses niederschreibe, haben Rechtsanwälte der American Civil Liberties Union eine befürwortende Darstellung erarbeitet, in der sie das Oberste Bundesgericht um Wiederaufnahme eines bei einem kalifornischen Gericht anhängigen Verfahrens bitten, das die Hauptmerkmale des On-Lee-Falles enthält. Ein Mann namens Carbo bekam in einem Hotelzimmer in Los Angeles den Besuch eines Freundes, der inzwischen Informant der Regierung geworden war und ein Sendegerät versteckt bei sich trug, das das Gespräch zu Polizeibeamten in einem anderen Hotelzimmer übertrug.

Ebenfalls war im Zusammenhang mit dem Lopez-Urteil die aufrüttelnde Kritik von Richter Brennan beachtenswert. Er fand es eine »unerträgliche Anomalie«, daß elektronisches Abhören »gänzlich außerhalb des Bereichs bundesstaatlicher Gesetzgebung« liege. Er sprach die warnenden Worte: »Wenn elektronisches Überwachen durch Institutionen der Regierung hinreichend weite Verbreitung gefunden hat, dann ist die Gefahr, daß wir als Volk bedrückt und hinterhältig werden könnten, nicht mehr reine Phantasie.«

Ein Beispiel dafür, was offenbar noch als gesetzlich zulässig betrachtet wird, geht aus Berichten hervor, daß Inspektoren der Federal Food & Drug Administration bei zahlreichen, wenn nicht sogar bei allen ihren Betriebskontrollen versteckt Tonbandgeräte bei sich trugen. Durch Zufall entdeckten Angestellte der American Dietaids Co., einer Firma, die Diätnahrungsmittel herstellt, daß die beiden FDA-Inspektoren, denen man bereitwillig Zutritt zu einem der Produktionsräume gewährt hatte, mit derartigen Geräten ausgerüstet waren. Betriebsangehörige haben vergeblich versucht, auf dem Gerichtswege die Herausgabe der Tonbänder und ein gerichtliches Verbot einer weiteren Benutzung zu erreichen. Das Berufungsgericht bestätigte in einer einstimmig ausgesprochenen Entscheidung die Abweisung der Klage durch das Distriktsgericht. Es erwähnte dabei jedoch, daß die Regierung der Auffassung sei, »eine derartige Verwendung von Tonbandgeräten stimme mit den üblichen Maßnahmen des Ministeriums überein« [25].

Inzwischen hat die Suche nach Rechtsmitteln zur Bekämpfung der Mikrophonbenutzung durch Schaffung von einer Reihe von Gesetzen begonnen. Einige einflußreiche Mitglieder des Senate Judiciary Committee scheinen zu glauben, daß die Gesetzgebung den Einzelstaaten überlassen bleiben sollte – da die Verbrechen auf lokaler Ebene verübt werden. Die wenigen Staaten, in denen die Benutzung von Mikrophonen überhaupt als Vergehen gilt – wie Maryland, New York und Oregon – haben meistenteils Verbote erlassen, von denen lediglich das Abhören durch Beamte der Exekutive auf Grund gerichtlicher Verfügungen ausgenommen ist.
Im amerikanischen Repräsentantenhaus hingegen gerieten die begeisterten Befürworter von heimlichen Mikrophonaufnahmen mit einem schwierigen Gegner in Konflikt. Der Abgeordnete Emanuel Celler von New York, Vorsitzender des einflußreichen House Committee on the Judiciary, hat einen durchgreifenden Gesetzentwurf eingebracht, wonach alles Beweismaterial, das mit Hilfe von Mikrophonen sichergestellt worden ist, bei bundesstaatlichen Gerichtshöfen nicht mehr zugelassen werden soll. Es gibt außerdem mindestens noch einen zweiten Weg, auf dem der Kongreß gegen die Benutzung von Mikrophonen vorgehen könnte. Er könnte für Gegenstände, die eindeutig und ausschließlich dem Abhören dienen, den Versand über die Staatsgrenzen verbieten. Eindeutige Gegenstände wären: Nagelmikrophone, Armbanduhrmikrophone, Parabolmikrophone und Vorrichtungen zum Einschalten von Tonbandgeräten, sobald Stimmen auf einer zugeschalteten Leitung zu hören sind.
Und endlich könnte und sollte die FCC ihre gesetzlichen Bestimmungen verschärfen – und eine Lizenzierung verlangen – für alle Sender mit geringer Leistung. Sie sollte auch die Benutzung von Funkgeräten zu Abhörzwecken ausnahmslos jedem untersagen, der nicht vom Gesetz dazu ermächtigt ist.
Gleichzeitig sollte allen Bundesstaaten nahegelegt werden, Gesetze zur Anerkennung des Rechtes auf Eigenleben auszuarbeiten, die dem gewöhnlichen Staatsbürger einen eindeutigen gesetzlichen Anspruch auf Schadensersatz geben, wenn er Opfer der Abhörerei geworden ist.
Wir wollen uns nun mit der zentralen Frage befassen, die hinter allen rechtlichen und gesetzlichen Erwägungen steht, in denen es um Abhören und Mithören geht: Das sehr verständliche Interesse, jede Aktion zu unterbinden, die die Regierung der Vereinigten Staaten daran hindern könnte, mit vollem Erfolg gegen jeden unzweifelhaften und unmittelbaren Angriff auf die nationale Sicherheit

vorzugehen. Dies käme für Fälle von Spionage, Sabotage und Landesverrat in Frage.

Dieses Interesse hemmte fast immer die Rechtsinstitutionen, die die Frage prüfen mußten, ob irgendeine Art elektronischen Abhörens von Worten, die in Privaträumen eines Staatsbürgers gesprochen wurden, als verfassungswidrig anzusehen sei.

Während sie noch hin und her überlegten, sind Leitungsanzapfen und heimliche Mikrophonbenutzung zum nationalen Skandal geworden. Das jedem Bürger zustehende Recht auf ein privates Eigenleben ist heute bedroht. Die Verantwortlichen unserer Regierung haben eine unheilvolle Ausbreitung der elektronischen Schnüffelei zugelassen, als sie nach Gründen suchten, den Paragraphen 605 nicht gegen das Anzapfen von Fernsprechleitungen anwenden zu müssen. Doch damit nicht genug, sie haben nach Gründen gesucht, den Vierten Zusatzartikel auch nicht bei der Benutzung von Mikrophonen und beim Telephonanzapfen in Fällen anzuwenden, in denen zweifellos das Recht der Bevölkerung auf Sicherheit der Person und der Wohnung, der Urkunden und des Eigentums gegen willkürliche Durchsuchung, Verhaftung und Beschlagnahme... betroffen war. Das Urteil im Olmstead-Prozeß, das das Anzapfen von Fernsprechleitungen gelten ließ, und das Urteil im Fall On Lee, das die Benutzung versteckter Mikrophone akzeptierte, waren – wie wir uns erinnern – sehr knappe Entscheidungen. Es scheint die Möglichkeit zu bestehen, daß der gegenwärtig amtierende Oberste Bundesgerichtshof in seiner Zusammensetzung – wenn er sich mit ähnlichen Fällen auseinanderzusetzen hätte – wohl zu einer weiter gefaßten Auslegung des Vierten Zusatzartikels neigen und damit die Urteile gegen On Lee und Olmstead aufheben würde. Es ist auch durchaus denkbar, daß er auch das Urteil im Fall Goldman, in dem das Mikrophon an einer Außenwand angebracht war, verwerfen würde.

Eine solche Revision der Fälle Olmstead, On Lee und Goldman würde praktisch alle Formen und Arten elektronischen Mithörens von Worten, die in privaten Räumlichkeiten geäußert werden, unter den Vierten Zusatzartikel fallen lassen. Würde das aber auch zugleich bedeuten, daß alle diese Arten von elektronischem Mithören automatisch unzulässig würden?

Manche juristischen Fachleute sagen nein. Sie weisen darauf hin, daß der Vierte Zusatzartikel jede gerechtfertigte Durchsuchung gestattet, wenn ein Durchsuchungsbefehl erwirkt werden kann. Um einen solchen Vollziehungsbefehl zu bekommen, muß man die zuständige Justizbehörde davon überzeugen, daß ein »hinreichender Grund« für eine Durchsuchung vorliegt. Ein guter Teil Wunschdenken über die Möglichkeiten, für elektronische Überwachung einen Durchsuchungsbefehl zu bekommen, ist im Druck erschienen. In manchen Fällen sprachen wohlbekannte Rechtsanwälte von solchen Ermächtigungen, als wären sie mit Gerichtsbeschlüssen gleichzusetzen. Sie sind es nicht.

Es ist außerordentlich unwahrscheinlich, daß zur elektronischen Überwachung eine Ermächtigung erlangt und verwendet werden könnte, denn:

– Ein Vollziehungsbefehl kann nicht erlangt werden, um lediglich nach Beweismaterial zu suchen. Die Durchsuchung muß den Tatwerkzeugen des Verbrechens, den Ergebnissen des Verbrechens oder der Sicherstellung von Konterbande dienen. Diesen Forderungen entspricht das Mithören durch Mikrophone natürlich nicht, und nur gelegentlich könnte das Anzapfen einer Leitung als Fahndung nach den Tatwerkzeugen hingestellt werden.

– Ein Vollziehungsbefehl muß die einzelnen Gegenstände genau bezeichnen, die durchsucht werden sollen. Jedes Abhören und Mithören ist aber der Natur nach nicht zu begrenzen.

– Ein Vollziehungsbefehl muß der betreffenden Person zugestellt werden, deren Räumlichkeiten durchsucht werden sollen, – es sei denn, es handelt sich um ganz besondere Umstände. Eine solche Benachrichtigung würde unvermeidlich den Wert jeder Art elektronischer Überwachung zunichte machen. Die traditionellen Voraussetzungen einer rechtmäßigen Durchsuchung würden aber mißachtet, wenn man diese Benachrichtigungen fortlassen würde.

Wenn also eine Überwachung auf elektronischem Wege ohne Vorliegen eines Vollstreckungsbefehls lt. Viertem Zusatzartikel als ungesetzlich erklärt wird, wäre wahrscheinlich damit zu rechnen, daß praktisch alle Arten des Abhörens und Mithörens aus der Welt geschafft würden. Diesem Augenblick sollten wir mit Freuden entgegensehen. Doch wie steht es mit den Fällen, denen wir alle bereitwillig eine Ausnahmebehandlung konzedieren würden, den echten und dringenden Fällen der Wahrung nationaler Sicherheit? Solche Ausnahmen können heute nicht gemacht werden, ohne sich auf die Scheinargumente einzulassen, die das Abhörverbot des Paragraphen 605 aufgehoben haben.

Dennoch scheint es eine Möglichkeit zu geben, dem dringenden Bedürfnis der Allgemeinheit nach Schutz gegen elektronisches Überwachtwerden zu entsprechen und gleichzeitig Ausnahmen für klar umrissene Fälle nationaler Sicherheit zuzulassen.

Der Kongreß sollte Maßnahmen treffen, die jedes Abhören von Gesprächen und jede Verwendung von Beweismaterial, das unter Zuhilfenahme von Mikrophonen in privaten Räumlichkeiten sichergestellt worden ist, an bundesstaatlichen Gerichten verbieten. Er sollte aber dafür sorgen, daß beide technischen Möglichkeiten in Fällen von Spionage, Sabotage oder Landesverrat angewendet werden dürfen. Diese Ausnahmen sollten nur dann zulässig sein, wenn eine gerichtliche Verfügung von einem besonders dazu ermächtigten Bundesrichter jenes Distrikts erwirkt wurde, in dessen Bereich diese Sonderregelung zur Anwendung gelangt. Wenn der Kongreß rasch handeln und einer derartigen Regelung Gesetzeskraft verleihen würde, bevor das Oberste Gericht sich noch mit einem weiteren, schwerwiegenden Fall von elektronischer Überwachung zu befassen hätte, wären die Chancen denkbar gut, daß das Gericht mit einer weiteren Auslegung der Gesetze zufrieden wäre, anstatt darüber hinaus verfassungsrechtliche Fragen behandeln zu müssen.

Andernfalls bliebe als einzige Möglichkeit eine Verfassungsänderung, mit deren Hilfe die Bundesregierung mit weitreichenden Machtbefugnissen ausgestattet würde, gegen Fälle von Spionage, Sabotage oder Landesverrat vorzugehen. Aber eine solche Regelung wäre bestenfalls eine Notlösung.

Die »Bill of Rights« verkörpert in ihrer heutigen Form ein erhabenes Leitbild für die Sicherung der »Segnungen der Freiheit«. Das soll aber nicht heißen, daß die Zusatzartikel unveränderlich seien. Die ursprüngliche »Bill of Rights« ist schon durch eine Reihe von Zusatzartikeln erweitert worden. Das könnte auch in Zukunft geschehen.

Unser Hauptanliegen muß es sein, die Schutzgarantien, die laut Viertem Zusatzartikel den Bürgern seit langem zuerkannt sind, im Hinblick auf die neuzeitlichen Entwicklungen immer fester zu verankern.

Vor unseren Augen sind die Rechte auf Eigenleben, die durch den Vierten Zusatzartikel seit langem geschützt sein sollen, gefährlich verwässert worden. Zu oft haben die Gerichte diesen Zusatzartikel zu engstirnig ausgelegt, indem sie zwischen einem außerhalb und einem zum Teil im Inneren privater Räumlichkeiten angebrachten Mikrophon unterschieden: Als wenn erst ein physikalisches Eindringen als tatsächliches, widerrechtliches Betreten des persönlichen Besitzes des einzelnen zu werten sei! Das ist keine realistische Auffassung vom Schutz des Rechtes des einzelnen, in seinem Haus vor modernen Abhörmethoden sicher zu sein. Das Gericht hat es abgelehnt, das Abhören von Telephongesprächen als Verstoß gegen das Recht des einzelnen auf »Sicherheit der Person und der Wohnung« zu werten, da nicht von physikalischer Durchsuchung und Beschlagnahme gesprochen werden kann. Es hat auch die »nebenher« erfolgende Durchsuchung von der Vorlage eines Vollziehungsbefehls ausgenommen, und eine solche Ausnahmeregelung läßt selbstverständlich Raum für Übertretungen zu. Es hat auch administrative Durchsuchungen von Wohnungen unschuldiger Personen, die keines Vergehens verdächtig waren, ohne Vorliegen eines Vollstreckungsbefehls zu einer Zeit gutgeheißen, da eine wachsende Zahl von Verwaltungsbeamten versuchen, Wohnungen durchsuchen zu können. In kurzen Worten heißt das, daß das geforderte Recht auf Privatleben, wie es in ausgeprägten Formulierungen im Vierten Zusatzartikel erklärt wird, nicht gebührend anerkannt wurde. Das Gericht muß den Forderungen unserer Zeit begegnen und besonders im Hinblick auf die Vielzahl elektronischer Überwachungsmethoden das Recht auf ein privates Leben fördern und gegen solche neuen Mittel schützen.

Wenn das Gericht meint, das nicht im herkömmlichen Rahmen des Vierten Zusatzartikels durchführen zu können, dann sollte es sich um eine neue Auffassung des Wortes »Freiheit« bemühen, das in den Klauseln über ein »ordnungsgemäßes Gerichtsverfahren« in dem Fünften (siehe unten) und im Vierzehnten Zusatzartikel verwendet wird. Es sind hoffnungsvolle Ansätze in der Argumentation und der Meinungsbildung zu erkennen, die auf eine neue Einstellung zur Frage der Freiheitszusicherungen hindeuten, so weit es sich um die Möglichkeit eines ausgedehnteren Schutzes des Rechtes auf ein privates Leben des einzelnen handelt.

Richter George Thomas Washington vom Berufungsgericht des District of Columbia gab dieser neuen Art der Einstellung in seinem Widerspruch im Silverman-Prozeß Ausdruck, wo es um ein Nagelmikrophon ging, das in eine Hauswand getrieben worden war. Er sagte: »Ein Mithören jener Art, mit der wir es hier zu tun haben, mag demnach zwar nicht als Schmälerung der im Vierten Zusatzartikel verankerten Rechte anzusehen sein. Aber nach meiner Ansicht verletzt es unsere Grundkonzeption von der Freiheit, wie sie in den Klauseln über das ordentliche Gerichtsverfahren im Fünften und Vierzehnten Zusatzartikel verankert ist [26].«

Ein abschließender Gedanke wäre folgender: Da mit dem Vierten Zusatzartikel nicht die Absicht verfolgt wurde, das Individuum gegen nichtamtliche Eindringlinge zu schützen, haben die fünfzig Bundesstaaten die Verpflichtung, ihre Gesetze und die Durchführungsbestimmungen dahingehend auszubauen, daß der einzelne vor heimlichem Belauschen und unrechtmäßigem Eindringen durch andere Privatpersonen geschützt wird.

Der Fünfte und Sechste Zusatzartikel (auszugsweise)

Zusatzartikel 5: – *Niemand darf in einem Strafverfahren zur Aussage gegen sich selbst gezwungen noch des Lebens, der Freiheit oder des Eigentums ohne vorheriges ordentliches Gerichtsverfahren nach Recht und Gesetz beraubt werden ...*

Zusatzartikel 6: – *In allen Strafverfahren hat der Angeklagte Anspruch auf einen unverzüglichen und öffentlichen Prozeß ... über die Art und Gründe der Anklage unterrichtet und den Belastungszeugen gegenübergestellt zu werden, sowie auf Zwangsvorladung von Entlastungszeugen und einen Rechtsbeistand zu seiner Verteidigung.*

Der »Rechtsbeistand« ist natürlich dann nicht mehr gewährleistet, wenn – wie es allgemein vorkommt – die angeklagte Person in einem Raum des Polizeigebäudes oder in einer Gefängniszelle in Gewahrsam gehalten wird, wo sich verborgene Mikrophone befinden.
Ich habe hier den Fünften und Sechsten Zusatzartikel zusammen aufgeführt, da der Sechste in gewisser Weise eine Erläuterung des im Fünften gebrauchten Begriffs vom »ordentlichen Gerichtsverfahren« gibt. Die von mir auszugsweise wiedergegebenen Bestimmungen des Fünften Zusatzartikels sind jene, gegen die in den letzten Jahren am häufigsten in Fällen verstoßen worden ist, in denen es um die Rechte des einzelnen ging.
In dem nachlässigen Sprachgebrauch vieler Amerikaner ist im Laufe der letzten zehn Jahre aus dem Ausdruck »sich auf den Fünften berufen« reiner Hohn geworden. Der Ausdruck erweckt heute die Vorstellung, daß sich nur jemand auf den Fünften Zusatzartikel beruft, der in irgendeiner Beziehung schuldig ist, was in manchen Situationen heißt, daß er schuldig zu sein scheint, Kommunist zu sein. Die Redewendung gibt zu verstehen, daß Schweigen ein Eingeständnis der Schuld ist. Angesehene Juristen haben dagegen auf das Recht, nicht zur Selbstbeschuldigung gezwungen werden zu können, als einem der bedeutenden Meilensteine im Kampf der zivilisierten Menschheit um ein faires, ordentliches Gerichtsverfahren hingewiesen. Beabsichtigt war, den Schuldlosen wie den Schuldigen gleichermaßen vor Anwendung brutaler Gewaltmaßnahmen zu schützen. Man stellte sich vor, daß ein völlig Unschuldiger vom bloßen Gedanken einer Strafverfolgung in Angst und Schrecken versetzt werden könnte, wenn er sich den Machtbefugnissen der Regierungsbehörden ausgeliefert fände – insbesondere, wenn die Behörden als erbarmungslos und gewalttätig bekannt wären. Und in einem Polizei-

staat könnte er sogar zur Selbstbezichtigung gezwungen werden, nur um der Folter zu entgehen.

Heute haben die Verstöße gegen diesen Zusatzartikel nicht in der Anwendung der Folterbank oder der Daumenschrauben zur Erzwingung von Geständnissen in Strafprozessen ihren Ursprung, sondern bilden die Begleitumstände der neuen Strafprozesse, wie sie sich im Laufe der Zeit gebildet haben. Es sollte nicht unerwähnt bleiben, daß der wenig später verabschiedete Vierzehnte Zusatzartikel im einzelnen besagt, daß kein Bundesstaat das Recht hat, »eine Person ihres Lebens, ihrer Freiheit oder ihres Vermögens ohne rechtmäßigen Prozeß zu berauben...« Es gibt keinen Anhaltspunkt für die Annahme, daß diese Bedingung auf strafrechtliche Fälle beschränkt sei.

In den zahlreichen, neuartigen Quasi-Prozessen ist der Beklagte keines Verbrechens angeklagt. Aber die Strafen, mit denen infolge eines ungünstig ausfallenden Urteils gerechnet werden muß, können ebenso schrecklich sein, als wenn der Beklagte eines Verbrechens für schuldig befunden worden wäre. Nachstehend sind einige der Resultate dieser neuartigen Prozesse und Ermittlungen aufgeführt:

– Im Laufe des vergangenen Jahrzehnts haben wir erlebt, daß viele Tausend Personen dem ausgesetzt waren, was im Grunde nichts anderes war als ein legislativer Prozeß. In den Sitzungen konnten sie wegen Mißachtung ins Gefängnis kommen, wenn sie eine falsche Antwort gaben. Und dabei hatten sie nicht die Schutzgarantien eines fairen Gerichtsverfahrens, die in dem Ausdruck »ordentliches Gerichtsverfahren« enthalten sind.

– Wir sind in den letzten zehn Jahren Zeuge einer in erschreckendem Maße zunehmenden Anwendung des Lügendetektors geworden, den Regierungsvertreter dazu verwandten, die der Prüfung unterzogenen Personen zu Selbstbeschuldigungen zu verleiten. Und sehr wahrscheinlich wurden chemische Mittel aus der Vielzahl der »Wahrheitsseren« ebenfalls verwendet.

– Wir haben die Riesenflut von Prüfungseiden als Vorbedingung für eine Anstellung im öffentlichen Dienst erlebt. Dabei ist von Bewerbern und Festangestellten häufig verlangt worden, sich mit ihren Aussagen über Jahre zurückliegende Verbindungen selbst zu belasten.

– Und wir haben einen fünfzehn Jahre lang an vielen Fronten geführten Kampf miterlebt, den durch die Behörden unter Anklage gestellten Menschen das Recht zu sichern, ihre Ankläger ins Kreuzverhör zu nehmen. Dieses Recht ist eine Grundforderung eines ordnungsgemäßen Gerichtsverfahrens. Aber nicht immer ist dieses Recht dem Beklagten zugebilligt worden.

Die »Segnungen der Freiheit« wären zweifellos in unserer heutigen Welt gesicherter, wenn der Fünfte Zusatzartikel dahingehend erweitert würde, daß seine Schutzgarantien auf alle administrativen Verfahren gegen den einzelnen, sofern wesentliche Belange des einzelnen auf dem Spiele stünden, angewendet würden, und nicht nur auf strafrechtliche Fälle.

Solange das nicht erreicht ist, könnten verschiedene Regierungsinstitutionen auf drei verschiedene Arten einem großen Teil der Verstöße gegen den Geist des Fünften Zusatzartikels steuern, die es im Zeitraum der letzten Jahre gegeben hat. Die hierzu notwendigen Maßnahmen wären etwa folgende:

1. Es besteht die dringende Notwendigkeit, daß der Kongreß zur Durchführung seiner Quasi-Prozesse einen eigenen, allgemeine Anwendung findenden Strafkodex für Verhandlungen gegen Einzelpersonen schafft, die bei Strafandrohung vorgeladen wurden. Andernfalls müßte es dem einzelnen so vorkommen, als hätte man ihn vor ein Gericht gezerrt, das nur der Spanischen Inquisition vergleichbar wäre. In den Jahren 1962 und 1963 sah sich der Oberste Gerichtshof gezwungen, Verurteilungen wegen Mißachtung des Kongresses aufzuheben und rückgängig zu machen, da nicht einmal die elementaren Prozeßrechte von den Ausschüssen erfüllt worden waren. Der Kongreß als eine der drei gleichberechtigten Institutionen der Bundesregierung sollte sich nicht damit zufrieden geben, daß die wichtigsten Grundregeln in allen ihren Einzelheiten von anderen festgelegt und in Kraft gesetzt werden.

2. Das Recht auf Gegenüberstellung und Kreuzverhör der Zeugen der Anklage, deren Aussagen von der Regierung verwendet werden könnten, um jemanden mit der Entlassung aus seiner Stellung zu bedrohen, sollte ohne Ausnahme allen Staatsbürgern zugebilligt werden. Es ist uns nicht entgangen, daß es auf diesem Gebiet bereits gewisse Fortschritte zu verzeichnen gibt, und daß den Angestellten von Kontraktfirmen, die für die Regierung tätig sind, in beschränktem Maße das Recht auf Gegenüberstellung schon gewährt wird. Im Jahre 1962 war es die Atomkommission, die als erste Institution ihren Bediensteten die Wahrung des Rechtes auf Gegenüberstellung in begrenztem Umfang zusicherte. Ich wurde außerdem dieser Tage davon in Kenntnis gesetzt, daß nun auch das Verteidigungsministerium ernsthaft die Möglichkeiten prüft, seinen Zivilangestellten dieses Recht zuzubilligen. Der wunde Punkt bei einem solchen Vorhaben ist jedoch, daß Beamte der verschiedenen Behörden die Preisgabe der Ankläger aus den verschiedensten Gründen – einschließlich des Hinweises auf »gute und ausreichende Gründe« – verwei-

gern können. Jedenfalls sollte in den Fällen, in denen angeblich die nationale Sicherheit durch eine Gegenüberstellung gefährdet werden könnte, zumindest die Gewähr gegeben sein, daß der Tatbestand durch ein unbeeinflußtes und unvoreingenommenes Gremium, bestehend aus angesehenen Vertretern der Bürgerschaft, geprüft wird.

3. Den einzelnen Staaten sollte nahegelegt werden, die Anwendung des Lügendetektors als Vorbedingung für eine private Beschäftigung zu verbieten. Derartige Gesetze sind in einer Reihe von Bundesstaaten bereits in Kraft. Und in Kalifornien berät man zur Zeit über die Verabschiedung eines solchen Gesetzes.

Dem Recht des einzelnen auf sein privates Leben sollte per se auf die eine oder andere Art durch Gesetze und die Auslegung der Verfassung durch die Gerichte zu einer offenkundigeren, selbstverständlicheren Anerkennung verholfen werden. In einem großen Teil der Bundesstaaten sind heute schon Gesetze in Kraft, die dem Recht auf ein privates Leben des einzelnen eine gewisse – gewöhnlich zwar noch geringe –, Anerkennung zusichern. Angesichts des Tatbestandes, daß unsere Privatsphäre auf hunderterlei heimtückische Arten verletzt wird, wäre es nicht mehr als angebracht, wenn der Oberste Gerichtshof endlich dieses verfassungsmäßig verbriefte Recht entsprechend würdigte, indem er zumindest – vielleicht als einem Aspekt einer übergeordneten Freiheit – die Festlegung gewisser Richtlinien in Erwägung ziehen würde.

Morris Ernst und Alan Schwartz gelangten auf dem Wege über ihre Studien über das »junge« Recht auf Privatleben zu der Schlußfolgerung, daß »der einzelne sich mit fortschreitender Zeit immer mehr auf dieses Recht berufen und stützen wird, um die für ihn geltenden, ureigensten Leitsätze vor der Gleichmachung und Verschmelzung mit denen der großen Masse zu bewahren«.

18. Was wir zu unserem Schutz tun können

> *»... Achtung vor dem privaten Leben. Ebensosehr wie durch andere einzelne Merkmale unterscheidet sich auch in diesem Punkt die freie Gesellschaft vom totalitären Staat.«*
>
> *Alan Barth*[1]

Wir begannen diese Untersuchung mit den Worten des Richters Learned Hand, die Verteidigung der Freiheit müsse aus den Herzen der Männer und Frauen kommen. Auf den vorausgegangenen Seiten haben wir einige der gesetzlichen Handhaben geprüft, die zur Verteidigung der Freiheit offenbar notwendig sind. Aber wie Richter Hand betonte, können Verfassungen, Gesetze und Gerichte selbst im besten Fall nur einen begrenzten Beitrag liefern. Vielen der Eingriffe in unser privates Leben, die wir hier untersucht haben, ist mit Gesetzen nicht beizukommen. Und selbst wenn dies der Fall wäre, so werden Gesetze, Richter und Beamte der Exekutive doch weitgehend davon beeinflußt, bis zu welchem Grad die Bürger selbst die Segnungen der Freiheit zu verteidigen entschlossen sind.

Einige Jahre vor seinem Tode sagte Aldous Huxley, die Tatsache, »daß wir auf die ›Wackere neue Welt‹ zugetrieben werden, ist offenkundig. Aber nicht weniger offenkundig ist die Tatsache, daß wir uns, wenn wir es wollen, weigern können, mit den uns treibenden blinden Mächten zusammenzuarbeiten«.

Wenn wir beschließen, den »blinden Mächten« Widerstand zu leisten, dann wird das natürlich von jenen nicht unbemerkt bleiben, die über die »Mächte« eine gewisse Kontrolle ausüben. Es sind dies ehrbare, anständige Bürger, die, wie die meisten von uns, vom Zeitgeist beeinflußt werden. Während der letzten zehn Jahre haben die Mächte, die massive Angriffe gegen unser Privatleben richten, manchmal überhand genommen, weil sie ihre Zeit und die ständig fortschreitende Technik reflektierten – und weil die Bürger andere Sorgen hatten.

Vielleicht bin ich zu optimistisch, aber mir scheint, die allgemeine Stimmung ist in einem Wandel begriffen. Der ständige Ansturm auf das Individuum, den Senator Edward Long erwähnte, wird in weiten Kreisen empfunden; man ist ungehalten und setzt sich zur Wehr. Diese neue Stimmung könnte zum Beispiel durchaus die mit Sicherheitsfragen und mit der Durchführung der Gesetze betrauten Staatsbeamten bewegen, ihre Methoden und auch ihr Gewissen zu prüfen. So ist es beachtlich, welch große Bedeutung leitende Beamte des Verteidigungsministeriums den Rechten des einzelnen beimessen. Walter T. Skallerup Jr., Sachbearbeiter für Sicherheitsfragen im Verteidigungsministerium, hat ein Memorandum veröffentlicht, in dem er sich an die Staatssekretäre des Heeres, der Marine und der Luftwaffe wendet. Hier nennt er 26 Fragen, die bei Loyalitätsüberprüfungen Verwendung finden und die er als »unpassend und nicht relevant« bezeichnet. Es ist nicht statthaft, sagt er, Fragen wie die folgenden zu stellen:

»Betrachten Sie sich selbst als liberal oder konservativ?«

»Haben Sie je eine politische Eingabe unterzeichnet? Nennen Sie Einzelheiten.«

»Was halten Sie von der Aufhebung der Rassentrennung?«
»Wie stehen Sie zu Entscheidungen des Obersten Gerichtshofes (zum Beispiel zum gemeinsamen Beten in den Volksschulen, zur Beseitigung der Rassentrennung, in Fällen wegen kommunistischer Parteizugehörigkeit)?«
»Sind Sie Atheist oder Agnostiker?«
Wie die *»New York Times«* in einem Leitartikel bemerkt, ist es erschreckend, daß Sicherheitsoffiziere es sich überhaupt je hätten einfallen lassen können, derartige Fragen in Loyalitätsüberprüfungen zu stellen. Aber es ist ermutigend, daß ein hoher Beamter des Verteidigungsministeriums es unternommen hat, die Sicherheitsbeamten daran zu erinnern, daß »gesetzlich festgelegte private und öffentliche Rechte respektiert werden sollten«. Das Memorandum ermahnt die Ermittler »politische Betätigung innerhalb des gesetzlichen Rahmens nicht zu hemmen und die freie Meinungsäußerung nicht einzudämmen«.
Zum ersten Mal erwähnte Mr. Skallerup die Existenz dieses Memorandums während einer Konferenz mit Leitern der American Civil Liberties Union. Dort wurden verschiedene Möglichkeiten diskutiert, das Sicherheitsprogramm im Hinblick auf die Rechte des einzelnen verbessern zu können. Es ist erwähnenswert, daß die ACLU-Führer auch mit den Polizeichefs großer Städte Beratungen durchgeführt haben; wie sie berichten, konnten sie eine ganz neue Bereitschaft feststellen, die Behandlung verhafteter Personen durch die Polizei einer Überprüfung zu unterziehen. Sie berichten ferner von einem verstärkten Gefühl für die Rechte des Individuums bei der Polizei in mehreren Städten, zum Beispiel in Detroit und New York. Philadelphia war die erste großte Stadt der USA, die ein sogenanntes Independent Citizens' Police Review Board errichtete, einen Ausschuß, der alle Beschwerden prüft, die von den Bürgern gegen die Polizei vorgebracht werden. Unter den kleineren Städten war Rochester diejenige, die als erste einen solchen Bürgerausschuß schuf. Los Angeles hat keinen derartigen Ausschuß, aber immerhin werden schriftliche Beschwerden dieser Art nun an die Polizeikommission weitergeleitet und nicht, wie früher, an das Polizeipräsidium. Diese Kommission besteht aus fünf Geschäftsleuten und Angehörigen freier Berufe, die vom Bürgermeister ernannt werden.
Möglicherweise wurde das öffentliche Interesse für die Bemühungen um die Rechte des Bürgers vom höchsten Exekutivbeamten des Landes, dem Leiter des FBI, J. Edgar Hoover, noch verstärkt. Mr. Hoover hat kürzlich die Beamten der Exekutive Amerikas dazu aufgefordert, einen Moralkodex zu entwickeln, um Übergriffe auf die Rechte der

Staatsbürger auszuschalten. Solche Übergriffe durch Beamte der Exekutive, meinte er, »entspringen selten einem bösen Willen; sie rühren vielmehr daher, daß Beamte ungenügend ausgebildet wurden und daß ihr Berufsethos unzureichend entwickelt wurde«.

Ein Punkt in diesem Kodex, der gleichermaßen für Polizei- und Sicherheitsbeamte gelten sollte, könnte zum Beispiel ein verstärktes Verantwortungsgefühl für die Geheimhaltung der Informationen umfassen, die in der Zentralkartei enthalten sind. Weiterhin sollten Polizei- und Sicherheitskräfte strengere Strafen gegen die Mitarbeiter entwickeln und durchsetzen, die Zugang zu derartigen Informationen haben und sie durch Verkauf oder Tausch in die Hände Unbefugter gelangen lassen.

Alle Staatsbürger – ob sie als einzelne Bürger auftreten oder als Personen, denen ihre Stellung einen größeren Einfluß verleiht – können und sollen dazu beitragen, daß die in letzter Zeit so heftig angegriffene Freiheit des einzelnen gesichert wird.

Was Wirtschafts- und Gewerkschaftsführer tun können: Von ihrem Gesichtspunkt aus haben beide gute Gründe, jedem Menschen, der dem Unternehmen angehört, ein Gefühl von persönlicher Würde, Erfüllung und Verantwortlichkeit zu vermitteln. Und doch haben beide – mit verhältnismäßig wenigen Ausnahmen – bisher ein allzu geringes Interesse dafür an den Tag gelegt.

Viele erniedrigende, in das Privatleben des einzelnen eingreifende Praktiken in den Betrieben müßten abgewandelt und überarbeitet werden. Zum Beispiel:

Jeder Betrieb, der als angenehme Arbeitsstelle bekannt werden möchte, sollte Lügendetektoren vollständig abschaffen; Betriebs- wie auch Gewerkschaftsführer sollten auf dieses Ziel hinarbeiten.

Ebenso sollte ein solcher Betrieb die Verwendung von Tonbandgeräten bei allen Gesprächen mit Bewerbern ausschalten, es sei denn, man weist sie ausdrücklich darauf hin.

Jedes Unternehmen, das sein Personal achtet, wird Geheimagenten – wenn überhaupt – nur dazu einsetzen, bestimmte Vergehen gegen die Firma aufzuklären, diese aber nicht als eine Art umfassende »Versicherung« betrachten.

Weiterhin muß die Firma über die Verwendung von Kameras oder Betriebsfernsehanlagen absolute Offenheit walten lassen; photographische Apparaturen jeglicher Art müssen leicht sichtbar angebracht werden und dürfen nur die Arbeitsplätze und die Eingänge kontrollieren.

Wenn ein Unternehmen wünscht, daß seine leitenden Angestellten sich regelmäßig einer ärztlichen Untersuchung unterziehen, so mag es diese finanzieren. Es darf aber nicht verlangen, daß es vom Untersuchungsergebnis unterrichtet wird. Die Firma sollte eindeutig klarstellen, daß die Befunde eine streng vertrauliche Angelegenheit zwischen dem Arzt und dem Angestellten sind.

Wenn eine Firma sich noch immer für die Idee begeistert, ihre leitenden Angestellten Persönlichkeitstests zu unterziehen, dann dürfte dies nur unter den gleichen Bedingungen zugelassen sein, wie wir sie eben für ärztliche Untersuchungen vorschlugen. Ein qualifizierter Psychologe, der das Vertrauen eines Angestellten genießt, kann diesem durch seinen Rat oft dazu verhelfen, seine Stellung besser auszufüllen; in manchen Fällen kann ihm auch ein Test tiefere Einblicke verschaffen, oder eine Diagnose bestätigen. Gegen eine solche Anwendung von Tests kann man nichts einwenden. Aber wenn die Firma erwartet, einen Bericht über das Testergebnis oder über die Beratung zu bekommen, ist das Vertrauensverhältnis zwischen Psychologen und Angestellten erschüttert; aus jedem Persönlichkeitstest wird dann nur – eine recht unzuverlässige – Form von Spionage.

Was Architekten und Stadtplaner tun können: Der New Yorker Architekt Philip Ives nannte die Wahrung der Privatsphäre »die erste Grundbedingung in einer übervölkerten Welt«. Und eines der unangenehmsten Merkmale der Übervölkerung ist der Lärm. Da der überwiegende Teil der Amerikaner bereits in städtischen Wohngebieten lebt und die Kraftfahrzeuge sich voraussichtlich doppelt so schnell vermehren werden wie die Bevölkerung, ist es höchste Zeit, den Lärm als einen der schlimmsten Störenfriede der Privatsphäre zu erkennen.

England ist den USA in der nationalen Kampagne gegen die »Lärmverseuchung« weit voraus. Dort betrachtet man den Lärm als eines der schlimmsten Zivilisationsübel unserer Zeit; als ebenso gefährlich wie schlechte Wohnverhältnisse oder Schmutz. Von den 93 Quadratkilometern der Londoner Innenstadt hat man eine »Lärmkarte« entworfen; die erste derartige Karte im großen Maßstab, die je in einem Lande erstellt worden ist[2]. Diese Untersuchung bewies, daß für das menschliche Ohr Hauptverkehrsstraßen ebenso störend, ja oft sogar noch störender sind als Eisenbahnlinien. Auch von Gebäuden geht oft störender Lärm aus. Als Ergebnis der umfassenden Untersuchungen, die das Ministerium für Wissenschaft durchführen ließ, werden radikale Veränderungen in der britischen Städteplanung erwartet. Das Committee on Noise setzt für verschiedene Gebäudetypen in Städten »Lärmgrenzen« fest, die nicht überschritten werden dürfen.

Man hält es für wahrscheinlich, daß Architekten und Städteplaner in Großbritannien in Zukunft die Innenhof- oder »Kreuzgang«-Form für ihre Gebäude bevorzugen werden. Das britische Recht vertritt übrigens den Standpunkt, daß Ruhe eine Grundbedingung für die Freude am Wohnen ist[3].

Mitchell Gordon berichtet in seiner eben zitierten Studie über »kranke Städte«, daß in Paris und Mexiko City bedeutende Fortschritte zur Wiederherstellung der Ruhe in der Stadt gemacht wurden, indem man eine strikte Einhaltung des Hupverbots durchsetzte. Und in Paris sind die lärmenden Metallräder der Untergrundbahnen durch Gummibereifung ersetzt worden. Mr. Gordon führt Schätzungen an, nach denen New York seinen Lärmpegel um 80 Prozent senken könnte, »wenn man für Lastwagen und Busse wirksame Schalldämpfer vorschriebe, die Müllabfuhr dazu bringen würde, Gummipolster an der Rückseite ihrer Fuhrwerke anzubringen und die Hausbesitzer dazu bewegen könnte, nichtmetallische Mülltonnen zu verwenden«.

In den USA gibt die Federal Housing Administration zur Zeit Empfehlungen heraus, wie man bei der Planung neuer Wohnblocks den Lärm berücksichtigen und kontrollieren kann.

Diese Empfehlungen wurden von den Akustikfachleuten Bolt, Beranek und Newman ausgearbeitet. Aber noch sind diese Empfehlungen nicht verbindlich. Viele Bauunternehmer bestehen auch auf der Meinung, daß der Erfolg nur gering sein wird, solange sie keine bindenden Vorschriften geworden sind. Der Konkurrenzkampf im Baugewerbe ist groß, und Einsparungen sind das Gebot des Tages.

Die erfreulichste Entwicklung in den USA ist wohl, daß die neue New Yorker Bauordnung, die 1965 in Kraft treten wird, Vorschriften über die Schallisolierung in neuen Mietshäusern vorsieht. Der Leiter der städtischen Bauaufsichtsbehörde begründet dies damit, daß die Schöpfer der bestehenden veralteten Bauordnung »sich die grenzenlose Kakophonie einfach nicht vorstellen konnten, die aus der disharmonischen Symphonie von Radioapparaten, Fernseh- und Hi-Fi-Geräten, Waschmaschinen, Klimaanlagen, Ventilatoren und Geschirrspülmaschinen entsteht... Sie konnten auch das Geräusch ausströmenden Wassers in verborgenen Badezimmern nicht voraussehen... noch dachten sie daran, wie störend laute, lärmende, streitende Nachbarn oder das Trippeln kleiner Füße um drei Uhr nachts sein können«.

Er fügte hinzu: »Das Recht auf ungestörten Genuß des Privatlebens muß keine abstrakte Gesetzesphrase sein. Eine Wohnung kann ein Refugium, ein friedvoller Winkel, sein, wo ein Mensch all den unangenehmen neumodischen Apparaten entgehen kann, die unaufhörlich sein seelisches Gleichgewicht angreifen und es zu zerstören drohen [4].« Einige neue Wohnungen in New York werden bereits mit dem Hinweis auf »schallschluckende Fußböden und Wände« angepriesen. Gesetzlich erforderlich aber ist zur Zeit nur eine Feuer-, keine Lärmisolierung.

Ebenso sollten die Städte anfangen, sich mit dem schlimmsten Lärmerzeuger zu befassen – dem Auto. Es ist zu hoffen, daß die Autoindustrie sich im Interesse der eigenen Zukunft diesen Bemühungen anschließt. Nachdem die Möglichkeiten, das Motorengeräusch durch Isolierung und entsprechende Schalldämpfer zu verringern, erforscht worden sind, könnte man sich auf eine maximale Phonstärke einigen, die ein Auto oder ein Lastwagen verursachen darf, wenn es in einer Entfernung von 15 Metern mit etwa 50 km/h Geschwindigkeit an einem Phonmeßgerät vorbeifährt.

Was Erzieher und Wissenschaftler tun können: Natürlich können sie eine ganze Menge tun, um unsere persönlichen Freiheiten zu stärken und zu sichern. Ich will hier nur einige Möglichkeiten nennen.

Hochschulfakultäten sollten Richtlinien erarbeiten, welche Informationen über Studenten billigerweise an Ermittler und zukünftige Arbeitgeber weitergegeben werden dürfen, und in einem Standardformular erklären, warum sie es nicht für angebracht halten, Fragen über Glauben, Ansichten, Verbindungen usw. eines *jeden* derzeitigen oder ehemaligen Studenten zu beantworten.

Die Lehrkräfte höherer Schulen sollten alle Methoden zur Überwachung der Schüler prüfen, die sie eingeführt haben, und alle Methoden ausschalten, die sie in einer Schüler- oder Elternversammlung nur ungern beschreiben würden.

Die gleichen Lehrkräfte sollten darauf bestehen, alle Familienverhältnis-Inventare und »Persönlichkeits«-Testlisten einzusehen, die bei den Schülern angewendet werden. Sie müßten alle Maßnahmen verwerfen, die tiefer in die Privatsphäre der schutzlos ausgelieferten Schüler eindringen, als dies einer öffentlichen Einrichtung anständigerweise erlaubt sein sollte. Solche Mittel dürften nur bei nachweislich seelisch gestörten Kindern mit Einwilligung der Eltern angewandt werden, und vorzugsweise durch unabhängige, ausgebildete Psychologen. Die National Education Association könnte hier einen wertvollen Beitrag leisten, wenn sie einen Ausschuß von qualifizierten Erziehern und Sozialwissenschaftlern gründete, der alle für den Schulgebrauch verwendeten, oder in Betracht gezogenen Persönlichkeitstests untersuchte. Die NEA müßte später die Entscheidung dieses Ausschusses an die Schulen weiterleiten.

Verwaltungskräfte an Hochschulen und Oberschulen sollten die

Qualität des Unterrichts über die Beziehungen des einzelnen zur Gesellschaft und besonders über Inhalt und Bedeutung der »Bill of Rights« überprüfen. Ein Beispiel für Erwachsenenbildung gibt die Universität von Kalifornien in ihrer Zweigstelle in Los Angeles. Dort wurde eine Serie von Vorträgen über die »Bill of Rights« mit dem Titel »Diskussionen im Klassenzimmer« gehalten. Schulen und andere Institutionen, die einen Einfluß auf die Gesellschaft ausüben, müßten größeres Gewicht auf die Durchführung der »Woche der Bill of Rights« legen. Die New Yorker Zeitung *»Post«* zum Beispiel druckt in jedem Jahr während dieser Woche die »Bill of Rights« ab. 1963 kommentierte die *»Post«* in einem Leitartikel, daß die »Bill of Rights« »die Träume der Völker verkörpern, in denen Tyrannei den menschlichen Geist verwundet und knebelt«.

Die Probleme der Wissenschaftler sind im wesentlichen die Probleme der Moral und des Verantwortungsgefühls. Es ist leicht denkbar, daß sie – in Zusammenarbeit mit Regierung und Industrie – einen gewissen Einfluß auf die Entwicklung und Anwendung von elektronischen »Gedächtnisbanken« nehmen können, indem sie dafür sorgen, daß diese Anlagen nicht zu zweifelhaften Zwecken mißbraucht werden.

Auf kürzere Sicht können die Wissenschaftler mit Hilfe ihrer Berufsverbände bestimmt darauf hinwirken, Richtlinien für die Anwendung von Techniken zur Manipulierung der Seele auszuarbeiten. Sie sollten sich um strengere Bundesgesetze und Bestimmungen bemühen, die jede Verwendung gewisser Drogen und elektrischer Stimulatoren verbieten, außer in der Behandlung bestimmter schwerer physischer und psychischer Schäden.

Dr. Robert S. Morison, Direktor der medizinisch-naturwissenschaftlichen Forschungsabteilung der Rockefeller-Stiftung, erklärte, er traue der wissenschaftlichen Entwicklung durchaus zu, daß sie über kurz oder lang eine noch weitergehende Steuerung des menschlichen Verhaltens ermöglichen werde. Er meinte, man müsse jetzt schon überlegen, »wie wir mit der erhöhten Verantwortung fertig werden wollen, die dieses Wissen mit sich bringen wird«. Und er fügte hinzu: »Sehr viele Leute sind sogar der Ansicht, daß wir damit heute schon im Rückstand seien.« Seiner Meinung nach ist die wichtigste Frage, ob es der Gesellschaft gelingen wird, die Macht der Wissenschaft unter ihre Kontrolle zu bringen, »ähnlich wie es demokratische Gesellschaften im Lauf der letzten 500 Jahre in bezug auf die politische Macht gelernt haben«. Wie er sagt, besteht die Notwendigkeit, »klarer zu erkennen, daß größeres Wissen erhöhte Verantwortung mit sich bringt«.

Was jeder einzelne tun kann: Jemand, der seinen privaten Bereich schätzt, braucht nicht gegen die Gesellschaft eingestellt zu sein. Gute Bürger wissen, daß sie ihrer Gesellschaft verantwortlich sind, und sie kommen dieser Verantwortung gern nach. Aber sie wissen auch, daß sie bessere Staatsbürger sein können, wenn sie einen Teil ihres Lebens uneingeschränkt ihr eigen nennen können.

Wie kann sich ein Bürger zum Beispiel gegen Leute schützen, die mit Mikrophonen oder durch angezapfte Leitungen Gespräche abhören wollen, die er in seinem Heim oder von seinem Haus aus führt? Er kann von seinen Abgeordneten beim Staat oder beim Bundesstaat verlangen, daß sie möglichst bald einen wirksamen gesetzlichen Schutz gegen derlei Manipulationen erwirken, der auch die Chance hat, durchgesetzt zu werden. Wenn er inzwischen eine Angelegenheit besprechen will, die einem eventuellen Mithörer mehr als 100 Dollar wert sein könnte, muß er mit der Möglichkeit elektronischen Abhörens rechnen. Für diesen Fall sollte er bei wichtigen Gesprächen das Telephon meiden und kluge Maßnahmen ergreifen, eventuelle Mikrophon-Abhörer auszuschalten.

Die Einrichtungen, mit denen sich die Bundesregierung und große Gesellschaften gegen das Abhören von Gesprächen schützen, sind teuer und kommen daher für den Durchschnittsbürger nicht in Betracht. Er kann es sich nicht leisten, ein abhörsicheres Extrakabel an seinem Telephon anbringen zu lassen. Und wenn er nicht gerade ein texanischer Millionär wie Clint Murchison Jr. ist, wird ihm wahrscheinlich auch ein Inverter für Telephongespräche zu teuer sein. Er kann es sich auch nicht leisten, seine Wohnung zum Preise von 25 Dollar pro Zimmer auf die herkömmliche Weise von Abschirmfachleuten mit Spezialgeräten durchkämmen zu lassen. Selbst wenn er ein spezielles Abschirmgerät bezahlen könnte (es wird an der Decke des Zimmers angebracht und schafft durch kegelförmig gebündelte Strahlen eine abhörfreie Zone), ist dies vorläufig noch nicht möglich. Dieses Gerät wird nämlich erst entwickelt, und sehr wahrscheinlich wird es für Privatpersonen ohnehin zu teuer sein.

Welche Möglichkeiten bleiben also für den Bürger? Das Beste, was er tun kann, ist immer noch, seine Gespräche neben einem laut spielenden Radio zu führen. Glücklicherweise hat das menschliche Ohr gegenüber dem elektronischen einen großen Vorteil. Es kann nämlich Nebengeräusche ausfiltern, was einem Mikrophon nicht möglich ist. Als zweite Möglichkeit könnte man wichtige Gespräche in einem Zimmer führen, in dem man dies normalerweise am allerwenigsten tun würde, also zum Beispiel im Kinderzimmer oder in der Küche.

Wer auf eine vertrauliche Behandlung seiner Privatangelegenheiten Wert legt, sollte dies tunlichst den Leuten mitteilen, die von Ermittlern üblicherweise zuerst befragt werden, also seiner Bank und, wenn er in einem Miethaus wohnt, dem Hausmeister des Gebäudes. Wir wollen noch hinzufügen, daß jeder Amerikaner sich bis zu einem gewissen Grad gegen ärgerliche und unstatthafte Zudringlichkeit schützen kann. Wenn er es satt hat, jeden Tag seinen Briefkasten halbvoll mit umfangreichen, uninteressanten Werbesendungen zu finden, kann er zurückschlagen. Er kann beigefügte Freiumschläge leer an den Absender zurückschicken, und er kann die Annahme unerwünschter Zusendungen verweigern, die den Vermerk »Rücksendung erbeten« tragen [5]. Die Absender werden den Wink sehr bald verstehen. Ich mache das jetzt mit besonders unerwünschten und umfangreichen Sendungen, die ich, wie mir scheint, seit mehr als einem Jahr erhalte. Diese Rücksendungen kosten den Firmen, die sie bekommen, jeweils einen Mindestbetrag von sechs Cent. Wenn auch nur einer von je hundert Haushaltsvorständen, die auf der Versandliste stehen, die Taktik anwenden würde, unerwünschte Sendungen oder Umschläge zurückzuschicken, dann säßen die Versandfirmen sehr bald mit millionenschweren Kopfschmerzen da und würden in der Auswahl der Leute, die an ihren Sendungen Interesse haben könnten, wohl etwas vorsichtiger werden.

Unsere belästigten Bürger könnten sich auch prinzipiell weigern, sich mit allen Ermittlern zu unterhalten, die sich nach den Lebensgewohnheiten von Nachbarn oder Mitarbeitern erkundigen. Mein holländischer Verleger erzählte mir, die Holländer hätten einen derartigen Respekt vor anderer Leute Privatleben, daß es ihnen nicht im Traum einfallen würde, solche Informationen weiterzugeben, selbst dann nicht, wenn ein guter Freund danach fragt.

Wenn ein Bürger auf der Suche nach Ruhe und Einsamkeit an einen Badestrand oder in einen öffentlichen Park kommt und sich dann darüber ärgert, daß wenige Meter weiter ein Transistorgerät losplärrt, kann er (1) den Störenfried höflich bitten, sein Gerät leiser zu stellen, (2) eine Verordnung der lokalen Behörden zu erlangen versuchen, die solchen Unsinn verbietet, oder (3) sich mit Hilfe seines eigenen Transistorradios wehren. Ein Fachmann auf dem Gebiet der Elektronik erklärte mir, dies sei möglich, indem man ganz einfach sein eigenes Gerät auf eine Wellenlänge von 460 Kilohertz unterhalb der Station einstellt, die die Störung verursacht. Dabei braucht Ihr Apparat gar nicht zu spielen, er muß nur eingeschaltet sein. (Ihr Gerät hat einen eingebauten kleinen Sender.) Wenn also die ruhestörende Rock-and-Roll-Musik auf einer Wellenlänge von

1060 Kilohertz gesendet wird, stellen Sie Ihren Apparat auf 600 Kilohertz, und wenn Sie Glück haben, ertönt aus dem Gerät des rücksichtslosen Nachbarn ein schrilles Pfeifen.

Aber genug von den kleinlichen Racheakten.

In unseren Bemühungen um unser Recht auf Privatleben können wir alle etwas sehr Wichtiges tun. Wir können nämlich den Meinungen anderer Leute, auch wenn diese von unseren eigenen abweichen, eine angemessene Toleranz, wenn nicht gar Achtung entgegenbringen. Eine Republik kann unmöglich dadurch geschwächt werden, daß jemand unpopuläre Meinungen äußert. Die Gefahr, die von gewissen Gruppen der extremen Rechten in den USA ausgeht, liegt darin, daß sie gewisse Taktiken der Geheimhaltung, Verstohlenheit und Tarnung übernommen haben, die von den Kommunisten der extremen Linken häufig angewendet werden. Aber wo Menschen offen ihre Meinung sagen wollen, verdient die Bemerkung Woodrow Wilsons noch immer Anerkennung. Er sagte:

»Das Gescheiteste, was man mit einem Narren machen kann, ist es, ihn zu ermutigen, einen Saal zu mieten und seinen Mitbürgern Vorträge zu halten. Nichts wirkt so ernüchternd auf dumme Gedanken wie ihre Preisgabe vor allen Leuten.«

Alle Amerikaner, die sich über die Versuche zur Unterminierung der persönlichen Freiheit in ihrem Land Sorgen machen, könnten sich auch entschließen, Organisationen zu unterstützen, die als Vorkämpfer für den Schutz dieser Rechte eintreten. Ich meine Organisationen wie die League of Women Voters, die Americans for Democratic Action und die American Civil Liberties Union. Nach Meinung mancher Leute fand sich die ACLU kürzlich in einer etwas prekären Lage. Denn die Presse berichtete oft, daß sie für die gesetzlichen Rechte von Linksgerichteten einträte, denen nach Ansicht der ACLU ihre verfassungsmäßigen Rechte vorenthalten werden. Sie trat für das Recht des Segregationisten, Gouverneur Ross Barnett von Mississippi ein, vor ein Schwurgericht gestellt zu werden, als er sich wegen Mißachtung der Gesetze zu verantworten hatte. Dabei war an der Sache durchaus nichts Merkwürdiges. Die ACLU verlangte lediglich, daß ihm das Recht eingeräumt würde, das nach dem Sechsten Zusatzartikel der »Bill of Rights« jedem freien Amerikaner zusteht. Sie hat sich auch erboten, für das Recht der rechtsextremen John-Bircher-Gesellschaft einzutreten, Plakate anzubringen, auf denen diese ein Verfahren wegen Amtsmißbrauch gegen den Obersten Bundesrichter Earl Warren forderte.

Über 800 amerikanische Rechtsanwälte bearbeiten auf Wunsch der ACLU freiwillig und unentgeltlich Fälle, bei denen es um verfassungsrechtliche Fragen geht. Whitney North Seymour, ein früherer Präsident der American Bar Association, sagte dazu:

»Als Rechtsanwalt bin ich manchmal nicht mit der ACLU einverstanden, was die Wahl der Rechtsfälle und manchmal auch ihre Rechtspositionen betrifft. Aber als Bürger bin ich froh, daß es eine Gruppe gibt, die die oftmals unpopuläre Aufgabe übernimmt, im Kampf um die Grundrechte jeden Zentimeter Boden zu verteidigen[6].«

Wenn wir unser Recht auf persönliche Freiheit wahren wollen, dürfen wir nicht länger Angst haben, allein dazustehen. Wir dürfen uns keine Sorgen mehr darüber machen, ob wir nicht vielleicht unseren Kopf zu weit vorstrecken oder ob jemand uns über die Achsel ansehen könnte. Wir wollen uns doch auf uns selbst besinnen und offen unsere Meinung sagen, wollen unseren Überzeugungen gemäß handeln und mit unserem Unwillen nicht hinter dem Berg halten.

Ein seinem Beruf ergebener Landarzt auf der Insel Martha's Vineyard in Massachusetts, der meine Familie behandelte, war vor einigen Monaten sehr aufgebracht. Der Mann ist auf der Insel geboren; er war Zeit seines Lebens Republikaner und konservativ und ging so in seiner Praxis auf, daß er bis dahin verhältnismäßig wenig Interesse für kommunale oder nationale Probleme gezeigt hatte. Aber was er über die unerhörten Angriffe auf die menschliche Würde in Williamston in Nordkarolina las, brachte ihn dazu, daß er etwas für ihn ganz Außergewöhnliches tat. Er verließ seine Insel und fuhr mit einem Bus 36 Stunden über Land, ohne zu schlafen, bis er nach Williamston kam. Dort nahm er an passiven Demonstrationen teil und tat was er nur konnte, um die Bürger in ihrem lokalen Kampf für menschliche Würde zu unterstützen. Als alles vorüber war und er sich auf den Weg zur Busstation machte, um nach Hause zu fahren, wurde er von zwei Männern angegriffen und beschimpft.

Verschiedene Leute in Neuengland fanden, er wäre 700 Meilen weit gefahren, nur um sich Ärger einzuhandeln. Ich glaube, er ist überzeugt, daß diese Erfahrung ihn zu einem besseren, aufgeklärteren Bürger gemacht hat. Ich finde, daß wir heute dringend Menschen wie ihn brauchen, die auch Unbequemlichkeiten und persönliche Opfer nicht scheuen, wenn es gilt, für die menschliche Integrität einzutreten. Solche Menschen mögen der Beschreibung Henry David Thoreaus entsprechen: »Zeigt mir einen Mann, der wirklich ein Mann ist und ... ein Rückgrat hat und der für seine Überzeugung geradesteht.«

Das Wichtigste schließlich: Jeder Amerikaner muß, um sein überkommenes Recht auf persönliche Freiheit zu schützen, dieses Recht auch in seinem eigenen Heim respektieren. Das bedeutet zum Beispiel, daß Eltern nicht ohne Klopfen oder Rufen das Zimmer ihres Kindes betreten sollten, wenn die Tür geschlossen ist. Das ist nicht mehr als einfache Höflichkeit. Wir wollen uns daran erinnern, daß Goethe sagte: »Es bildet ein Talent sich in der Stille.« Man kann das auch so ausdrücken: »Ein Talent entwickelt sich am besten in ungestörtem Alleinsein.« Ob wir es nun Stille oder Alleinsein nennen wollen; es trifft in jedem Fall zu, daß auch Träume und Pläne und Selbstvertrauen und das Gefühl, Vertrauen zu genießen – ebenso wie Talente – in dieser Atmosphäre gedeihen. Ein Kind, dessen Individualität von klein auf respektiert wird, wird einmal größere innere Reserven haben, von denen es als Erwachsener zehren kann.

Und in der Welt, in der es einmal als Erwachsener steht, wird die Achtung vor der persönlichen Freiheit und Individualität sicherlich ein Problem von zunehmender Bedeutung sein.

Alan Schwartz äußert die Ansicht, daß Achtung vor der Privatsphäre des anderen ein Symptom einer hochentwickelten, rücksichtsvollen Gesellschaft darstellt. Er erinnert daran, daß ein Privatleben »in den meisten primitiven Gesellschaften unbekannt ist, und ebenso in allen Diktaturen – ausgenommen das Privatleben des Diktators selbst[7]«. Er nennt noch einen zweiten, nach meinem Dafürhalten äußerst wichtigen Punkt. Er sagt, daß die Achtung vor der privaten Zone des Menschen »eine deutliche Distanz zwischen Individuum und Gesellschaft schafft, eine Distanz, die meiner Ansicht nach das Kernstück unserer bürgerlichen Freiheiten bildet. An dem Maße, in dem eine Gesellschaft diesen menschlichen Antagonismus in ihrer Mitte nicht nur duldet, sondern fördert, kann man eine demokratische Gesellschaft erkennen.«

Vielleicht werden die meisten unserer Zeitgenossen Emersons Ausspruch, daß das Privatleben eines jeden Menschen eine erhabenere Monarchie darstelle als jedes Königreich, nie aus eigener Erfahrung bestätigen können.

Aber wir sollten die Möglichkeit haben, es zu versuchen.

Die Zusatzartikel der Verfassung

Die Zusatzartikel I-X bilden die sogenannte »Bill of Rights« und sind 1791 in Kraft getreten.

Zusatzartikel I

Der Kongreß darf kein Gesetz erlassen, das die Einführung einer Staatsreligion zum Gegenstand hat, die freie Religionsausübung verbietet, die Rede- oder Pressefreiheit oder das Recht des Volkes einschränkt, sich friedlich zu versammeln und die Regierung durch Petition um Abstellung von Mißständen zu ersuchen.

Zusatzartikel II

Da eine gut ausgebildete Miliz für die Sicherheit eines freien Staates erforderlich ist, darf das Recht des Volkes, Waffen zu besitzen und zu tragen, nicht beeinträchtigt werden.

Zusatzartikel III

Kein Soldat darf in Friedenszeiten ohne Zustimmung des Eigentümers in einem Hause einquartiert werden und in Kriegszeiten nur in der gesetzlich vorgeschriebenen Weise.

Zusatzartikel IV

Das Recht des Volkes auf Sicherheit der Person und der Wohnung, der Urkunden und des Eigentums, vor willkürlicher Durchsuchung, Verhaftung und Beschlagnahme darf nicht verletzt werden, und Haussuchungs- und Haftbefehle dürfen nur bei Vorliegen eines eidlich oder eidesstattlich erhärteten Rechtsgrundes ausgestellt werden und müssen die zu durchsuchende Örtlichkeit und die in Gewahrsam zu nehmenden Personen oder Gegenstände genau bezeichnen.

Zusatzartikel V

Niemand darf wegen eines Kapitalverbrechens oder eines sonstigen schimpflichen Verbrechens zur Verantwortung gezogen werden, es sei denn auf Grund eines Antrages oder einer Anklage durch ein Großes Geschworenengericht. Hiervon ausgenommen sind Fälle, die sich bei den Land- oder Seestreitkräften oder bei der Miliz ereignen, wenn diese in Kriegszeit oder bei öffentlichem Notstand im aktiven Dienst stehen. Niemand darf wegen derselben Straftat zweimal durch ein Verfahren in Gefahr des Leibes und des Lebens gebracht werden. Niemand darf in einem Strafverfahren zur Aussage gegen sich selbst gezwungen noch des Lebens, der Freiheit oder des Eigentums ohne vorheriges ordentliches Gerichtsverfahren nach Recht und Gesetz beraubt werden. Privateigentum darf nicht ohne angemessene Entschädigung für öffentliche Zwecke eingezogen werden.

Zusatzartikel VI

In allen Strafverfahren hat der Angeklagte Anspruch auf einen unverzüglichen und öffentlichen Prozeß vor einem unparteiischen Geschworenengericht desjenigen Staates und Bezirks, in welchem die Straftat begangen wurde, wobei der zuständige Bezirk vorher auf gesetzlichem Wege zu ermitteln ist. Er hat weiterhin Anspruch darauf, über die Art und Gründe der Anklage unterrichtet und den Belastungszeugen gegenübergestellt zu werden, sowie auf Zwangsvorladung von Entlastungszeugen und einen Rechtsbeistand zu seiner Verteidigung.

Zusatzartikel VII

In Zivilprozessen, in denen der Streitwert zwanzig Dollar übersteigt, besteht ein Anrecht auf ein Verfahren vor einem Geschworenengericht, und keine Tatsache, über die von einem derartigen Gericht befunden wurde, darf von einem Gerichtshof der Vereinigten Staaten nach anderen Regeln als denen des gemeinen Rechts erneut einer Prüfung unterzogen werden.

Zusatzartikel VIII

Übermäßige Bürgschaften dürfen nicht gefordert, übermäßige Geldstrafen nicht auferlegt und grausame oder ungewöhnliche Strafen nicht verhängt werden.

Zusatzartikel IX

Die Aufzählung bestimmter Rechte in der Verfassung darf nicht dahingehend ausgelegt werden, daß durch sie andere dem Volke vorbehaltene Rechte versagt oder eingeschränkt werden.

Zusatzartikel X

Die Machtbefugnisse, die von der Verfassung weder den Vereinigten Staaten übertragen noch den Einzelstaaten entzogen werden, bleiben den Einzelstaaten oder dem Volke vorbehalten.

Danksagung

Ich schulde so vielen Menschen Dank, die mir im Laufe der Materialsammlung zu diesem Buch Hilfe zuteil werden ließen, daß mir die Entscheidung schwer fällt, wo ich mit meiner Danksagung anfangen und wo aufhören soll. Sehr viele dieser Menschen beantworteten geduldig meine fast zahllosen Fragen, und mehr als einmal verschafften sie mir Material und vermittelten Einblicke, die meiner Aufmerksamkeit entgangen waren. Von einigen weiß ich, daß sie es nicht gern sähen, an dieser Stelle öffentlich genannt zu werden. Mir sei daher erlaubt, einfach die Namen von einigen Dutzend Helfern aufzuführen, denen ich mich besonders verpflichtet fühle.

Hierbei denke ich in erster Linie an die Angehörigen zweier Organisationen, deren Hilfe für mich von ganz außerordentlichem Wert war. Insbesondere gilt mein aufrichtiger Dank John de J. Pemberton jr., Alan Reitman, Melvin L. Wulf, Lawrence Speiser und Eason Monroe von der American Civil Liberties Union sowie William P. Fidler und Louis Joughin von der American Association of University Professors. Mir erscheint es einfacher, wenn ich versuche, im folgenden diejenigen, denen gegenüber ich in besonders tiefer Dankeschuld stehe, nach Berufen geordnet zu nennen.

Angehörige juristischer Berufe:

Frank C. Newman, Dekan der juristischen Fakultät der Universität von Kalifornien; Samuel Dash, Philadelphia; Joseph L. Rauh, Jr., Washington, D. C.; Edward Mosk, Hollywood; Morris L. Ernst, Harriet F. Pilpel, Alan U. Schwartz, William D. Zabel, Nancy F. Wechsler, Julia Perles und Leonard Garment, New York City.

Regierungsbeamte:

Senator Edward V. Long, Missouri; die Abgeordneten John V. Lindsay, New York; Robert W. Kastenmeier, Wisconsin; John M. Ashbrook, Ohio. Die Vorsitzenden von Kongreßausschüssen William Creech, Bess E. Dick und Samuel J. Archibald; Walter T. Skallerup, Jr. und Charles M. Trammell, Jr. vom Verteidigungsministerium; Edwin O. Guthman vom Justizministerium; P. L. Rothchild vom Schatzministerium; Lee C. White vom Weißen Haus; John C. Harrington von der Federal Communications Commission.

Mediziner und Sozialwissenschaftler:

Dr. Robert S. Morison, Rockefeller Foundation; Robert G. Heath, M. D., Tulane-Universität; Dr. Chris Argyris, Yale-Universität; Dr. Jay L. Otis von der Western Reserve-Universität; Dr. Abraham Maslow, Brandeis-Universität; Dr. Jerry Weisbrodt, Purdue-Universität; und der Psychologe Dr. Timothy Leary.

Mitglieder von Organisationen, die sich mit Ermittlungen oder Sicherheitsfragen befassen:
N. Morgan Woods, Claims Bureau of the Association of Casualty & Surety Companies; William M. Chiariello, Bishop's Service; T. Hutchinson Leeth, Retail Credit Company; Norman Jaspan, Norman Jaspan & Ass.; Vincent W. Gillen, Fidelifacts; W. Sherman Burns, William J. Burns International Detective Agency; R. M. Walker, American Society for Industrial Security; G. Ralph Kiel von der Wackenhut Corporation; George W. Lindberg, John E. Reid & Ass.; John Cye Cheasty (von seiner eigenen Organisation) und Leonard S. Lowell von Dale System, Inc.
Führende Persönlichkeiten von Unternehmen, die Hersteller- und Lieferfirmen von technischen Ausrüstungen und Geräten für Ermittlungszwecke sind:
Coleman London und Ralph V. Ward von der Mosler Research Products, Inc.; Lee Bunting von der Bell Television, Inc.; Max J. Kanter von ITV, Inc.; Raymond Farrell von der Bondwitt Sound Engineering Company; N. M. Marshall vom General Precision Laboratory; Harry Cowan von der Regiscope Corporation of America.
Persönlichkeiten aus der Welt der Massenmedien und der Vergnügungsindustrie:
Creed C. Black vom *Wilmington News-Journal* und Vorsitzender des Freedom of Information Committee der American Society of Newspaper Editors; Buck Harris von der Screen Actors Guild; Dore Schary; Frank Stisser von der C. E. Hooper, Inc.; Richard Doan von der *New York Herald Tribune;* Irving Kahn von TelePrompTer; und Ira Kamen von Teleglobe.
Nicht in Kategorien einzuordnen sind:
Theodore McNulty vom Educational Testing Service; Bernard S. Benson von der Benson-Lehner Corporation; Arthur H. Kuriloff von Non-Linear Systems, Inc.; Ralph E. Peterson vom National Council of the Churches of Christ; Wesley McCune von der Group Research Inc.; William F. Rickenbacker; Stanley Warren von Muzak; Edward J. Van Allen, East Meadow, L. I.; Richard Banks von der Yale-Universität; James Mills von Home Facts, Inc.; Dr. James K. Feibleman von der Tulane-Universität; Andrey J. Biemiller, AFL/CIO; Mrs. Alexander P. Guyol von der League of Women Voters und Mrs. G. A. Cunningham.
Der Leser geht keineswegs fehl in der Annahme, daß nicht alle der hier genannten Personen in den in diesem Buch geäußerten Ansichten und Auffassungen mit mir übereinstimmen.
Mein Dank gilt ferner einer Reihe von Personen, die in bestimmten

Phasen der Forschungsarbeit entscheidende Beiträge zur Enstehung dieses Manuskripts geleistet haben.
Hier möchte ich vor allem die Verdienste von Guenther Reinhardt würdigen. Er verhalf mir gleich 1962, bei Beginn meiner Forschungsarbeit über heutige Ermittlungstechniken und -praktiken, aufgrund seiner Erfahrungen aus 30 Jahren privater und staatlicher Ermittlungsarbeit, zu einem ersten Überblick. Auch später verdankte ich ihm noch manchen wertvollen Hinweis. Bei der Abfassung des endgültigen Manuskripts waren Marion Fuller und Ann Bridgman sowie mein Sohn Randall von unschätzbarer Hilfe. Meine Tochter Cynthia Ann hat sich unverdrossen der Fleißarbeit angenommen, das gedruckte Quellenmaterial und die noch unveröffentlichten Unterlagen, die man mir freundlicherweise zeitweilig zur Verfügung stellte, nach Themen zu ordnen.
Zu guter Letzt möchte ich meine Dankbarkeit gegenüber Kay und Jack Tebbel, Nancy und Charles Saxon, Jane und Edward Eager, Audrey und William Roos, Eleanor und Kennett Rawson, meinem Sohn Vance und meiner Frau Virginia zum Ausdruck bringen für ihre konstruktive Kritik, ihren ermutigenden Zuspruch und ihre wertvollen Anregungen und Hinweise.

New Canaan, Conn., U.S.A. — Vance Packard
3. Februar 1964

Anmerkungen

Zum 1. Kapitel

1. Ralph S. Brown, Jr., »Loyalty and Security: Employment Tests in the United States«, New Haven 1958, Yale University Press; S. 181.
2. Aus dem Informationsmaterial, das mir von Walter T. Skallerup, Jr., dem Sachbearbeiter für Sicherheitsfragen im Verteidigungsministerium, zur Verfügung gestellt wurde.
3. Samuel Dash in Zusammenarbeit mit Richard F. Schwartz und Robert E. Knowlton, »The Eavesdroppers«. – Eine Studie auf Anregung und mit Unterstützung des »Pennsylvania Bar Association Endowment-Fund«. Rutgers University Press, New Brunswick 1959.

Zum 2. Kapitel

1. Morris L. Ernst und Alan U. Schwartz, »Privacy: The Right To Be Let Alone« – Milestones of Law Series; The Macmillan Company, New York 1962.

Zum 3. Kapitel

1. Bemerkung von Dr. Robert McMurry von der McMurry Company. Siehe hierzu ferner Kapitel 4 von »Die Pyramidenkletterer« von Vance Packard (Econ-Verlag, Düsseldorf-Wien, 1963).
2. »Don't trust the Lie Detector«, Aufsatz von Richard A. Sternbach, Lawrence A. Gustafson und Ronald L. Colier in: »Harvard Business Review«, Ausgabe von November/Dezember 1962.
3. Die nachstehend genannten Bücher sind als Beispiele angeführt und enthalten sämtlich ein oder zwei Kapitel, in denen die Anwendung von Persönlichkeitstests im Wirtschaftsleben erörtert wird: »Die Seelentester« von Martin L. Gross; »Das Leben im Glaspalast« von Alan Harrington; »Die Pyramidenkletterer« von Vance Packard, »Herr und Opfer der Organisation« von William H. Whyte, Jr. (alle im Econ-Verlag, Düsseldorf-Wien) und »The Tyranny of Testing« von Banesh Hoffman.
4. Alan Harrington »Das Leben im Glaspalast«, Seite 98 (Econ-Verlag, Düsseldorf-Wien, 1961).

Zum 4. Kapitel

1. »Wall Street Journal«, Ausgabe vom 21. Juni 1963.

Zum 5. Kapitel

1. »Management Review«, Mai 1957. Bericht über eine Untersuchung, durchgeführt von Lydia Strong.
2. Frederick Herzberg, Bernard Mausner und Barbara Block Snyderman: »The Motivation to Work«, erschienen bei John Wiley & Sons, New York 1962; S. 130.
3. Chris Argyris, »Interpersonal Competence and Organizational Effectiveness«, bei Irwin-Dorsey, Homewood/Illinois 1962.

Zum 7. Kapitel

1. Auszugsweise Wiedergabe eines im Sommer 1961 im »AAUP Bulletin« veröffentlichten Briefes; Abdruck aus »Newsweek« vom 22. Mai 1961.
2. C. Vann Woodward, »The Unreported Crisis in Southern Colleges«, in: »Harper's«, Oktober-Ausgabe 1962.
3. »Life«, Ausgabe vom 26. April 1963.
4. Louis Joughin, »Scrutiny of Professors«, in: »Bulletin« der »American Association of University Professors« Frühjahr 1958.

Zum 8. Kapitel

1. Aus dem Sitzungsbericht des »Representative Assembly« der Universität von Kalifornien vom 28. Oktober 1958.
2. Hierzu siehe Text der politischen Erklärung, im Wortlaut abgedruckt in: »School and Society» vom 7. Oktober 1961.

3. Martin L. Gross, »Die Seelentester«, Econ-Verlag, Düsseldorf-Wien, 1964.
4. Hillel Black, »They Shall Not Pass«, bei William Morrow, New York 1963; S. 133.

Zum 9. Kapitel

1. Vereinigte Staaten von Amerika gegen On Lee, C. A., N. Y. 1951, 193 F. 2, 306, 315.
2. »New York Times«, Ausgabe vom 11. August 1963. Grace und Fred Hechinger sind die Verfasser des Buches »Teen-Age Tyranny«.
3. Rechtsstreit Frank gegen den Staat Maryland, 359 V. S. 360 (1959). Zitiert von Richter Douglas in einem Plädoyer, abgedruckt in: »The Great Rights«, bei The Macmillan Company, New York 1963.
4. Irvine gegen den Staat Kalifornien, 347 USA 128 (1954).
5. Rechtsstreit gegen Cahan, 44 Cal. 2, 434 (1955).

Zum 10. Kapitel

1. Hillel Black, »Buy Now, Pay Later«, bei William Morrow, New York 1961.

Zum 12. Kapitel

1. Norman Cousins, »The Noise Level Is Rising«, in »Saturday Review«, vom 8. Dezember 1962.
2. Rechtsstreit Yoeckel gegen Samonig, 272 Wisconsin 430, 95 N. W. 2, 925 (1956).
3. Harriet F. Pilpel, »What Will They Think of Next?« in »Publishers' Weekly«, vom 31. Juli 1961.
4. »Remember Marylin«, in »Life«, vom 17. August 1962.
5. »Time«, Ausgabe vom 10. Mai 1963.
6. Rechtsstreit Kent gegen Dulles, 357 USA 116 (1958).

Zum 13. Kapitel

1. James A. Wechsler, »News Control«, in »New York Post«, Ausgabe vom 11. März 1963.
2. Edward Bennett Williams, »One Man's Freedom«, bei Atheneum Publishers, New York 1962; S. 77.
3. Frank J. Donner, »The Un-Americans«, bei Ballantine Books Inc., New York 1961; S. 59.
4. Rechtsstreit Kilbourn gegen Thompson, 103 USA 168, 190.
5. Robert K. Carr, »The House Committee on Un-American Activities, 1945–1950«, bei Cornell University Press, Ithaca 1952; S. 328.
6. Richter William O. Douglas, »The Right of the People«, bei Pyramid Publications. Inc., New York; S. 61. Neudruck der im Januar 1958 bei Doubleday & Company, Inc. erschienenen Ausgabe.
7. John Cogley, »Report on Blacklisting« – I: Movies; The Fund for the Republic, 1956. Hierzu ferner sein Bericht II: »Schwarze Listen bei Funk und Fernsehen«.
8. Harold Horowitz, »Loyalty Tests for Employment in the Motion Picture Industry«, in »Stanford Law Review«, 1954; 6 : 438.
9. Merle Miller, »The Judges and the Judged«, bei Doubleday & Co., Inc. New York 1952.
10. Rechtsstreit Watkins gegen Vereinigte Staaten von Amerika, 354 USA 178 (1957).
11. Tom Braden, »I Was The Target of a Hate Campaign«, in »Look«, Ausgabe vom 22. Oktober 1963.

Zum 14. Kapitel

1. Samuel Dash, u. a., a. a. O., S. 135.
2. Alan Barth, »The Price of Liberty«, bei The Viking Press Inc., New York 1961; S. 11.
3. R. E. L. Masters, »The Homosexual Revolution«, bei Julian Press Inc., New York 1962; S. 186–88.
4. Rechtsstreit Rochin gegen den Staat Kalifornien, 342 USA 165, 170 (1952).
5. Rechtsstreit Leyra gegen Denno, 347 USA 556 (1954).
6. Bericht vom Jahre 1958 des »Joint Legislative Committee« über: »Privacy of Communication and Licensure of Private Investigators, S. 25.
7. »American Bar Association Journal«, Oktober-Ausgabe 1963; S. 1015.

Zum 15. Kapitel

1. William F. Rickenbacker, »The Fourth House«, in »National Review«, Ausgabe vom 21. Mai 1960.

2. Vereinigte Staaten ex rel. Toth gegen Quarles, 350 USA 11 (1955).
3. Joseph L. Rauh, Jr., »Nonconfrontation in Security Cases: The Greene Decision«, in »Virginia Law Review«, Bd. 45, Nr. 7, 1959.
4. Rechtsstreit Greene gegen McElroy, 360 USA 474 (1959).

Zum 16. Kapitel

1. »Control of the Mind«, ed. Seymour M. Farber und Roger H. L. Wilson, bei McGraw-Hill Book Company Inc., New York 1961; S. XII.
2. »The Manipulation of Human Behavior«, ed. Albert D. Biderman und Herbert Zimmer, bei John Wiley & Sons Inc., New York 1961; S. 267. Auszug aus dem Bericht »The Experimental Investigation of Interpersonal Influence«, von Robert R. Blake und Jane S. Mouton.
3. Joost A. M. Meerloo, »The Rape of the Mind«, bei World Publishing Company, 1956; S. 27.
4. Vance Packard, »Die geheimen Verführer«, S. 285 (Düsseldorf: Econ-Verlag 1958).
5. Robert G. Heath, »Electrical Self-Stimulation of the Brain in Man«, in »American Journal of Psychiatry«, Ausgabe von 1963; 120 : 571.
6. Aldous Huxley, »Brave New World Revisited«, bei Harper & Brothers, New York 1958; S. 85–86.

Zum 17. Kapitel

1. Die vier Vorträge sind enthalten in: »The Great Rights«, ed. by Edmond Cahn, bei The Macmillan Company, New York 1963. Die Äußerung von Richter Brennan zu Beginn des Kapitels wurde dem im Text zitierten Vortrag entnommen.
2. Umfrage-Bericht 61 der Purdue-Meinungsbefragung vom November 1960; Division of Educational Reference, Purdue Universität, Lafayette/Ind.
3. Edward Bennett Williams, a. a. O., S. 8.
4. Richter William O. Douglas, a. a. O., S. 79.
5. Rechtsstreit Barenblatt gegen Vereinigte Staaten von Amerika, 360 USA 109 (1959).
6. Rechtsstreit Wilkinson gegen Vereinigte Staaten von Amerika, 365 USA 399 (1961).
7. Rechtsstreit Harris gegen Vereinigte Staaten von Amerika, 331 USA 145 (1947).
8. Rechtsstreit Weeks gegen Vereinigte Staaten von Amerika, 232 USA 383 (1914).
9. Rechtsstreit Wolf gegen Staat Colorado, 338 USA 25 (1949).
10. Rechtsstreit Mapp gegen Staat Ohio, 367 USA 643 (1961).
11. Rechtsstreit Frank gegen Staat Maryland, 359 USA 360 (1959).
12. Rechtsstreit Olmstead gegen Vereinigte Staaten von Amerika, 277 USA 438 (1928).
13. Henry Pringle, »The Life and Times of William Howard Taft«, bei Farrar, New York 1939; S. 989.
14. Rechtsstreit Nardone gegen Vereinigte Staaten von Amerika, 302 USA 379 (1937).
15. Rechtsstreit Nardone gegen Vereinigte Staaten von Amerika, 308 USA 338 (1939).
16. Rechtsstreit Goldstein gegen Vereinigte Staaten von Amerika, 316 USA 114 (1942).
17. Rechtsstreit Schwartz gegen Staat Texas, 344 USA 199 (1952).
18. Rechtsstreit Benanti gegen Vereinigte Staaten von Amerika, 355 USA 96 (1957).
19. Rechtsstreit Rathbun gegen Vereinigte Staaten von Amerika, 355 USA 107 (1957).
20. Rechtsstreit Pugach gegen Dollinger, 365 USA 458 (1961) und Rechtsstreit gegen Dinan, 371 USA 877 (1962).
21. Rechtsstreit Goldman gegen Vereinigte Staaten von Amerika, 316 USA 129 (1942).
22. Rechtsstreit On Lee gegen Vereinigte Staaten von Amerika, 343 USA 747 (1952).
23. Rechtsstreit Silverman gegen Vereinigte Staaten von Amerika, 365 USA 505 (1961).
24. Rechtsstreit Lopez gegen Vereinigte Staaten von Amerika, 373 USA 427 (1963).
25. 317 F., 2., 658 (2. Cir. 1963).
26. 275 F, 2. 179 D. C. Cir. 7, in Äußerungen von Richter George Thomas Washington vom Berufungsgericht des Distrikts von Columbia.

Zum 18. Kapitel

1. Alan Barth, a. a. O., S. 75.
2. »New House Rules Mean Changes in Building Design«, in »The London Observer«, Ausgabe vom 19. Mai 1963.
3. Mitchell Gordon, »Sick Cities«, bei The Macmillan Company, New York 1963; S. 224.
4. »The New York Times«, Ausgabe vom 12. September 1963.

5. Sam Blum, »The List-Makers – How They Find You«, in »Pageant«, August 1962.
6. »Wall Street Journal«, Ausgabe vom 30. Oktober 1963.
7. Auszugsweise Wiedergabe einer Abhandlung von Alan U. Schwartz, »Privacy – The Right To Be Let Alone«; Beitrag für eine Schriftensammlung zum Thema »The Right of Privacy and the Mass Media«, Herausgeber: »School of Journalism« an der Universität des Staates Pennsylvania.

Knaur-Taschenbücher
Vollständige
Textausgaben

132 ∷	Rudolf Pörtner	Die Erben Roms. *Städte und Stätten des deutschen Früh-Mittelalters Mit 44 Abbildungen*
136 ·	Dag Hammarskjöld	Zeichen am Weg
137 ·	Richard E. Kim	Die Märtyrer. *Roman*
138 ···	Jürgen Thorwald	Macht und Geheimnis der frühen Ärzte. *Ägypten, Babylonien, Indien, China, Mexiko, Peru Mit 300 Abbildungen*
140 ···	Willi Heinrich	Maiglöckchen oder ähnlich. *Roman*
141 ···	Hans Bernd Gisevius	Adolf Hitler. *Eine Biographie – Versuch einer Deutung*
143 ···	Harold Robbins	Wohin die Liebe führt. *Roman*
144 ···	Rudolf Pörtner	Mit dem Fahrstuhl in die Römerzeit *Städte und Stätten deutscher Frühgeschichte. Mit 118 Abbildungen*
	Rudolf Pörtner	Band 69, 132, 144 in einer Kassette. DM 14,80
145 ∷	Johannes M. Simmel	Liebe ist nur ein Wort. *Roman*
147 ···	James A. Michener	Karawanen der Nacht. *Roman*
151 ···	Tatsuo Ishimoto	Japanische Blumenkunst *Mit 146 Abbildungen*
155 ··	Gilbert K. Chesterton	Das fliegende Wirtshaus. *Roman*
156 ··	Mary McCarthy	Sie und die Anderen. *Roman*
157 ··	Jürgen Thorwald	Das Jahrhundert der Detektive Band I: Das Zeichen des Kain *Mit 37 Abbildungen*
158/9 ···	Arthur M. Schlesinger	Die tausend Tage Kennedys. *2 Bd.*
160 ···	Jürgen Thorwald	Das Jahrhundert der Detektive Band II: Report der Toten *Mit 20 Abbildungen*
161	Redaktion Life	Die großen Religionen der Welt *Mit 100 farb. Abbildungen.* DM 7,80
163 ···	Honoré de Balzac	Tolldreiste Geschichten. *Mit 100 Zeichnungen von Fritz Fischer*
164 ···	Jürgen Thorwald	Das Jahrhundert der Detektive Band III: Handbuch für Giftmörder *Mit 17 Abbildungen*
165 ···	Stefan Andres	Die Biblische Geschichte
166 ··	Peter Bamm	Ex ovo. *Essays über die Medizin*
168 ···	Herbert Read	Erziehung durch Kunst. *Mit 104 Abb.*
169 ··	Mary McCarthy	Venedig. *Mit 15 Illustrationen*
171 ··	André Maurois	Von Proust bis Camus

·	Einfachband	DM 2,80
··	Zweifachband	DM 3,80
···	Dreifachband	DM 4,80
∷	Vierfachband	DM 5,80

Knaur-Taschenbücher
Vollständige
Textausgaben

240 · · ·	Westerman/Schumann	Knaurs Konzertführer *Mit 370 Notenbeispielen*
241 : :	Ernst Samhaber	Knaurs Geschichte der Entdeckungs- reisen Die großen Fahrten ins Unbekannte *Mit 172 Abbildungen*
242 · · ·	Gaby von Schönthan	Madame Casanova. *Roman*
243 : :	Edwin O'Connor	Es hatte ein Mann drei Söhne. *Roman*
244 · · ·	Jürgen Thorwald	Die Traum-Oase
245 ·	John K. Galbraith	Die McLandress-Dimension *Mit 32 Illustrationen*
246 · · ·	Morris L. West	Der Turm von Babel. *Roman*
247 · · ·	Jan de Hartog	Kapitän Harinx. *Roman*
248 · ·	Peter F. Drucker	Die ideale Führungskraft
249 · · ·	Hans Wilh. Vahlefeld	100 Millionen Außenseiter *Mit 14 Abbildungen*
250 ·	C. Northcote Parkinson	Mrs. Parkinsons Gesetz
251 : :	Elia Kazan	Das Arrangement. *Roman*
252 ·	Gilbert K. Chesterton	Der Mann der Donnerstag war *Roman*
253 · ·	Erich von Däniken	Erinnerungen an die Zukunft *Mit 26 Abbildungen*
254 · ·	Klaus Harpprecht	Willy Brandt. *Porträt und Selbstporträt*
255	Walter R. Fuchs	Knaurs Buch der modernen Physik *Mit 300 meist farbigen Abbildungen* DM 7,80
256 · · ·	Frank Hercules	Ich will eine schwarze Puppe. *Roman*
257 · ·	Gerhard Zwerenz	Erbarmen mit den Männern. *Roman*
258 · · ·	Helen MacInnes	Das Spiegelbild. *Roman*
259 · ·	Henry Jaeger	Der Club. *Roman*
260 : :	Verner Arpe	Knaurs Schauspielführer
261 : · :	Masters/Houston	Psychedelische Kunst. *Mit 140 teils farbigen Abbildungen*
262 : :	Johannes Mario Simmel	Alle Menschen werden Brüder *Roman*
263 · · ·	John O'Hara	Lunch am Samstag. *Novellen*
264 · ·	Fritz Zwicky	Entdecken, Erfinden, Forschen *Mit 34 Abbildungen und Diagrammen*
265 : :	Peter Bamm	Alexander der Große. *Bildband*
266 · · ·	William Styron	Die Bekenntnisse des Nat Turner. *Roman*
267	Walter R. Fuchs	Knaurs Buch der modernen Mathematik *Mit 200 meist farb. Abb.* DM 7,80

·	Einfachband	DM 2,80
· ·	Zweifachband	DM 3,80
· · ·	Dreifachband	DM 4,80
: :	Vierfachband	DM 5,80
: · :	Fünffachband	DM 6,80

Knaur-Taschenbücher
Vollständige
Textausgaben

268 : :	Peter F. Drucker	Die Zukunft bewältigen
269 : :	Charlotte Bühler	Psychologie im Leben unserer Zeit
270 · ·	Reinisch/Hoffman (Hrsg.)	Führer und Verführer
271	Neil Sheehan (Hrsg.)	Die Pentagon-Papiere. DM 9,80

Als weitere Bände erscheinen:

272 ·	Peter Bamm	Adam and der Affe. *Essay*
273 : :	Clay Blair	Die Aufsichtsratssitzung. *Roman*
274	Vance Packard	Die sexuelle Verwirrung. DM 7,80
275 · · ·	Jürgen Thorwald	Das Jahrhundert der Chirurgen
276 · · ·	Charlotte Bühler	Wenn das Leben gelingen soll *Psychologische Studien über Lebenserwartungen und Lebensergebnisse*
277 : :	Hans Habe	Das Netz. *Roman*
278 · · ·	Michael Crichton	»Andromeda«. *Roman*
279	Hans-Joachim Bogen	Knaurs Buch der modernen Biologie *Mit 166 meist farbigen Abbildungen* DM 9,80
280 · · ·	Martin Beheim-Schwarzbach	Knaurs Schachbuch
281 : :	Jürgen Thorwald	Das Weltreich der Chirurgen
282 · · ·	Ernst Augustin	Mamma. *Roman*
283 · ·	Håkan Hedberg	Die japanische Herausforderung
284 · · ·	Ernst von Khuon (Hrsg.)	Waren die Götter Astronauten
285 ·	Jerzy Kosinski	Aus den Feuern. *Roman*
286 · ·	John O'Hara	Danke für gar nichts. *Roman*

·	Einfachband	DM 2,80
· ·	Zweifachband	DM 3,80
· · ·	Dreifachband	DM 4,80
: :	Vierfachband	DM 5,80